भारतीय उपमहाद्वीप की त्रासदी

सत्ता, साम्प्रदायिकता और विभाजन

भारतीय उपमहाद्वीप की त्रासदी

सत्ता, साम्प्रदायिकता और विभाजन

डॉ. रज़ी अहमद

वाणी
प्रकाशन

प्रकाशन के उत्कृष्टतम 61 वर्ष

सजिल्द पहला संस्करण : 2013
सजिल्द दूसरा संस्करण : 2024

vaniprakashan.com

वाणी प्रकाशन

4695, 21-ए, दरियागंज, नयी दिल्ली-110 002

फ़ोन : +91 11 23273167, 23275710

शाखाएँ

अशोक राजपथ, पटना-800 004, बिहार

कॉफ़ी हाउस कैम्पस, महात्मा गांधी मार्ग, प्रयागराज-211 001, उत्तर प्रदेश

महात्मा गांधी अन्तरराष्ट्रीय हिन्दी विश्वविद्यालय, वर्धा-442 001, महाराष्ट्र

36/ए, शेक्सपियर सरणी, रानी बिरला गर्ल्स कॉलेज के पास, कोलकाता-700 017, प. बंगाल

sales@vaniprakashan.in
vaniprakashan@gmail.com

BHARATIYA UPAMAHADWEEP KI TRASADI
SATTA, SAMPRADAYIKTA AUR VIBHAJAN
by Dr. Razi Ahmad

ISBN : 978-93-5072-590-0
Social Studies

मूल्य : ₹ 695

जी.एस. ऑफ़सेट द्वारा दिल्ली-110 095 में मुद्रित

वाणी प्रकाशन का लोगो मक़बूल फ़िदा हुसेन की कूची से

श्रद्धेय माता-पिता की स्मृति में बहन,
भाइयों, पत्नी और बच्चों के साथ
इस उपमहाद्वीप की नयी नस्ल
को समर्पित

अनुक्रम

यह किताब क्यों?

प्राचीन सभ्यताओं का गहवारा रहे प्लूरल सामाजिक संरचना वाले मुल्क हिन्दुस्तान का इतिहास अपने पन्नों में अपने वैभव की दास्तानों के साथ अपने गुलाम होने और बंट जाने की तकलीफदेह घटनाओं की तफ़सील भी समेटे हुए है। वर्षों पहले आज़ादी का देखा हमारा सपना बड़ी जद्दोजेहद के बाद पूरा हुआ और हम 15 अगस्त 1947 को गुलामी का जुआ उतार फेंकने में कामयाब हुए, लेकिन साथ ही हमें दो हिस्सों में बंट जाने का दर्द भी झेलना पड़ा। उस बंटवारे का ज़ख़्म अभी भी हरा है, लिहाज़ा उसकी आड़ में की जा रही राजनीति कम उलझी हुई नहीं है।

जिस विषय पर मैं कुछ कहने जा रहा हूँ, वह महत्वपूर्ण होते हुए भी बहुत कम चर्चित है, यानी "हिन्दू-मुस्लिम रिश्तों की संवेदनशीलता और हिन्दुस्तान के इतिहास और वर्तमान राजनीति पर उसके प्रभाव"। यह एक ऐसा विषय है, जिस पर क़लम उठाना चुनौतियों से भरा रहा। घटनाओं को मैंने ऐतिहासिक वास्तविकताओं की रोशनी में निष्पक्षता से देखने की कोशिश की है, ताकि हिन्दुओं और मुसलमानों के रिश्तों को प्रभावित करती ग़लतफहमियों का कोहरा कुछ छंटे और "हम सब हिन्दुस्तानी हैं" की मानसिकता मज़बूत हो, साथ ही इस उपमहाद्वीप में शांति और सह-अस्तित्व का माहौल बना रहे।

15 अगस्त, 1947 को हिन्दुस्तान आज़ाद हुआ। सब लोगों ने आज़ाद फ़िज़ा में सांस ली। बंटवारे के दर्द के बावजूद वे अब आज़ाद हैं, इस एहसास ने उन्हें दिली सुकून पहुंचाया। लेकिन हिन्दुस्तानी मुसलमानों के बीच वह स्वाभाविक उल्लास की फ़िज़ा नहीं बन सकी थी, जैसी हिन्दुओं के बीच बनी थी, क्योंकि "मुसलमानों ने तो पाकिस्तान बनवा ही लिया, अब उनके लिए यहाँ क्या बचा," इस मानसिकता का इज़हार भी लोगों के बात-व्यवहार से हो रहा था। संजीदा लोगों ने इस रवैये को आने वाले दिनों के लिए अच्छा सगुन नहीं माना था। इस "पाकिस्तान बनवा लेने" के इल्ज़ाम में कितना वज़न है, उसकी ही तफ़तीश करने की छोटी सी कोशिश यहाँ हमने की है। उन गुमराह करते तथ्यों की वास्तविकता को सामने लाना चाहा है, जिनकी वजह से हिन्दुस्तान की स्थिति अकसर उलझती

रही है और यहां की दूसरी बड़ी आबादी, जो "मुसलमान" है, की तस्वीर धूमिल होती है, और वे बेवजह अकेले अपराध बोध के बोझ से दबे एहसास-कमतरी में मुबतला अपने घरौंदों में सिमटे हुए नाइंसाफियां झेल रहे हैं उनकी सलाहियतों का देश के निर्माण में मुनासिब इस्तेमाल सम्भव नहीं हो रहा है।

6 दिसंबर, 1992 को एक ख़तरनाक राजनैतिक साज़िश के तहत सेक्युलर हिन्दुस्तान की व्यवस्था को चैलेंज देते बाबरी मस्जिद को तोड़े जाने के बाद हिन्दुस्तान "सांप्रदायिक दंगों" के सुनामी से दो-चार हो गया। 6 दिसंबर की घटना उस ड्रामे का ड्रॉपसीन था, जो 22-23 दिसंबर 1949 की रात में अयोध्या में शुरू हुआ था। साढ़े चार सौ वर्ष पुरानी पुरातात्विक महत्व की मस्जिद का उस दिन विध्वंस नहीं था, बल्कि लिबरल हिन्दुस्तानी ईथोस और गंगा-जमुनी संस्कृति के दामन का तार-तार किया जाना था। उसके बाद गुजरात, महाराष्ट्र और कई जगहों पर साम्प्रदायिक दंगों का ऐसा तांडवी दृश्य देखने में आया, जहां सरकारी-तंत्र भी सक्रियता से दंगाइयों के साथ सहयोगी बना दिख रहा था। बदहवास बना हिन्दुस्तानी मुसलमान अपने को एक ऐसे चौराहे पर पा रहा था, जहाँ हर तरफ धुआं-ही-धुआं था। सेक्युलर स्टेट की मुकम्मल नाकामी ने उसे मायूसी, ग़म और गुस्से के ज़ेहनी तनाव में मुबतला कर दिया। वह करे, तो क्या करे। अपना दर्द कहे, तो किस से कहे। यह स्थिति पैदा हो गई थी। इसी बीच बम्बई और कई शहरों में सिलसिलेवार बम-ब्लास्ट हुए। बहुत सी बेगुनाह जानें गई और लोगों को जो ज़ेहनी और माली नुकसान उठाना पड़ा, वह अलग। ब्लास्ट की ज़िम्मेदारी के शक की सुई अब तक के अपनाये सरकारी रवैये के मुताबिक, बिना तहक़ीक़ात किये फ़ौरन मुस्लिम संगठनों की ओर ही घूमी थी। ब्लास्ट और उसके नतीजों पर मुसलमानों के बीच मिली-जुली प्रतिक्रिया देखी गई थी। ब्लास्ट की भर्त्सना तो चारों ओर से हुई, लेकिन "संतोष" की एक अजीब लहर भी उनके बीच महसूस की गई, "ठीक ही तो हुआ है, यह तो होना ही चाहिए था।" मुझ जैसे लोगों के लिए यह "सोच" आने वाले दिनों के लिए अच्छे इशारे नहीं थे। मैंने अपनी फ़िलिंग को अपने दोस्तों से शेयर करते हुए कहा था कि "बाबरी मस्जिद का निकला जिन्न" अब शायद हिन्दुस्तान को चैन से नहीं रहने देगा। परिस्थिति की गंभीरता के मद्देनज़र उसी समय इस किताब की योजना बनाई और काम करना शुरू किया, ताकि हिन्दुओं और मुसलमानों के बीच मौजूद उन ग़लतफहमियों को जिनको आधार बनाकर राजनैतिक लाभ के लिए स्थिति को उलझाया जाता रहा है, ऐतिहासिक तथ्यों की रोशनी में दूर करने की कुछ कोशिश संभव हो सके। अपने वरिष्ठ मित्र कुलदीप नय्यर, प्रभाष जोशी, (जो अब नहीं रहे) श्रीकांत, इतिहास के कई प्रोफेसर मित्र और दलित आंदोलन में गहरी रुचि रखने वाले ई. राजेन्द्र प्रसाद

आदि से जब इस किताब की मैंने चर्चा की तो उन लोगों ने न सिर्फ पसंद किया, बल्कि मुझे काफी प्रोत्साहित भी किया मैं इन सब विद्वानों के क़ीमती मशविरों के लिए उनका हृदय से आभारी हूं।

हिन्दू-मुस्लिम रिश्तों के उतार-चढ़ाव और पाकिस्तान के बनने के संबंध में झूठी-सच्ची जानकारियों से फैली ग़लतफहमियों को मैंने ऐतिहासिक तथ्यों की रोशनी में समझने की कोशिश की है। यह हमारी बदकिस्मती है कि हमलोग हर चीज़ को "हिन्दुस्तानी" नहीं, "हिन्दू" और "मुस्लिम" होने के नज़रिये से देखने के आदी-से हो गये हैं, इसलिए हर इशू पर भ्रम पैदा होने की गुंजाइश तो हमेशा बनी ही रहती है, और आगे भी बनी रहेगी। तथ्यों की गहराइयों में जाकर जब हम निष्पक्षता से विचार करते हैं, तो हिन्दू-मुस्लिम रिश्तों के किए आकलन में इंसाफ का पहलू कमज़ोर नज़र आता है और ग़रीबी, अशिक्षा और घोर अभाव के गर्त में पड़े मुसलमानों को देख कर इस नतीजे पर पहुंचते हैं कि वजह चाहे जो भी रही हो, आज़ादी के बाद किए गए सारे लुभावने वादों और दावों के बावजूद मुसलमानों के साथ बड़ी नाइंसाफी की गयी है। डॉ. गोपाल सिंह, जस्टिस रंगनाथ मिश्र और जस्टिस सच्चर कमीशन की रिपोर्ट्स इसी तल्ख़ हक़ीक़त को उजागर कर रही हैं।

बाबरी मस्जिद के विध्वंस के बाद देश में जो साम्प्रदायिकता का उफान आया, उससे पूरा देश प्रभावित हुआ। महाराष्ट्र गुजरात और भारत सरकार की मुसलमानों के प्रति अपनाई गई नीतियां सवालों के घेरे में आ गईं। संघ-परिवार से जुड़े संगठनों की जग-ज़ाहिर "उग्र-साम्प्रदायिकता" के साथ कांग्रेस की "सूक्ष्म-साम्प्रदायिकता" और सेक्यूलर पार्टियों की "ठिठुरन" भी देखने में आई, आख़िर उन्हें भी तो वोट की राजनीति करनी है! "सरकार" और "सरकारी तंत्र" के दोहरे चरित्र ने यह स्पष्ट कर दिया कि हिन्दुस्तान की "सेक्युलरिज़्म" और सारे संवैधानिक प्रावधान अल्पसंख्यकों के लिए ज़्यादातर कागज़ों की शोभा बढ़ाने तक ही सीमित रही हैं।

मुसलमानों ने बाबरी मस्जिद के तोड़े जाने के दर्द को शिद्दत से महसूस किया, जबकि संघ-परिवार और उनसे नज़दीकी रखने वालों ने उसे अपनी बहादुरी का कारनामा माना और "शौर्य दिवस" का जश्न मना कर सेक्युलरिज़्म को शर्मसार किया। लेकिन उसी मायूसी के माहौल में खुशवंत सिंह, कुलदीप नय्यर, सुरेन्द्र मोहन, वी. एम. तारकुंदे, राजेन्द्र सच्चर, बरखा दत्त, राजदीप सरदेसाई, उषा मेहता, तीस्ता शीतलवाड़, ए. के. हंगल, महेश भट्ट, प्रभाष जोशी, हर्ष मंदर, राम पुनियानी जैसे सैकड़ों मानवतावाद के प्रखर समर्थकों की साम्प्रदायिक उफान के खिलाफ दृढ़ता से मैदान संभालने की नज़ीर भी सामने आई। यही सिल्वर-लाइनिंग सेक्युलर-हिन्दुस्तान के वजूद की मज़बूत ज़मान्त है।

मेरे ड्राफ्ट को पुस्तक का रूप देने में आसिफ़ वसी की मुख्य भूमिका रही है। मेरी कमज़ोर लिखावट के साथ हिन्दुस्तानी शैली की कम्पोज़िंग, डिजाइनिंग और उसे प्रिंटिंग स्टेज तक पहुंचाने का पूरा क्रेडिट उनको ही जाता है। वह हमारे धन्यवाद के पात्र हैं। प्रूफ़ रीडिंग के मुश्किल और टेढ़े काम को कुमार अनिल ने बख़ूबी अंजाम दिया है, हम उनके अत्यंत आभारी हैं। इंडेक्स तैयार करने में पुस्तकालय के हमारे सहयोगी सुदर्शन राम ने भी काफ़ी मेहनत की है, वह भी हमारे धन्यवाद के मुस्तहक़ हैं।

संदर्भ पुस्तकों के लेखकों और प्रकाशकों का अत्यंत आभारी हूं क्योंकि उनकी पुस्तकों ने उन ऐतिहासिक तथ्यों को जानने और समझने का सुअवसर दिया, जिनकी बुनियाद पर इस पुस्तक का ताना-बाना संभव हो सका है।

मैं वाणी प्रकाशन के अरुण माहेश्वरी का विशेष रूप से आभारी हूं, क्योंकि श्रीकांतजी के साथ उनके तकाज़ों की भी इस पुस्तक के लिखे जाने और प्रकाशन में अहम भूमिका रही है।

अंत में मैं कहना चाहूंगा कि कुछ घटनाओं के ग़लत इंटरप्रेटेशन को लंबे अर्से तक प्रचारित करने से हिन्दुओं और मुसलमानों के बीच जो ग़लतफहमियां पैदा हुई हैं, उनको देशहित में दूर करना मेरा मक़सद है, ताकि हमें उन त्रासदियों से फिर नहीं गुज़रना पड़े और प्लूरल सामाजिक बनावट वाले हिन्दुस्तान की आने वाली नस्लें अपने बुजुर्गों वाली ग़लतियां फिर न दुहराएं और उनके अन्दर का इंसान तड़पे नहीं, मरे नहीं।

मेरा पैग़ाम मोहब्बत है, जहां तक पहुंचे।

रज़ी अहमद

गांधी संग्रहालय
उत्तर-पश्चिम गांधी मैदान
अशोक राजपथ
पटना - 800 00 1
15 अगस्त 2013

हमें भी कुछ कहना है...!

हमलोगों ने हिन्दुस्तान की आज़ादी की लड़ाई का वह आख़री दौर देखा है, जब "अंग्रेज़ों भारत छोड़ो" और "लड़ के लेंगे पाकिस्तान, मर के लेंगे पाकिस्तान" के नारों से फिज़ा गूंज रही थी और यूरोपीय देशों की आपसी प्रतिस्पर्द्धा की पैदावार दूसरा विश्व-युद्ध (1939-1945) समाप्ति की ओर बढ़ रहा था। ग्रेट ब्रिटेन सहित यूरोप के अन्य सभ्य और विकसित होने के दावेदार साम्राज्यवादी देशों की स्थिति हर दृष्टि से ख़स्ता हो चुकी थी और एक सुपर पावर की हैसियत में अमेरिका दुनिया के नक़्शे पर उभर रहा था। जापान के हथियार डाल देने के बावजूद 6 अगस्त, 1945 को हिरोशिमा और 9 अगस्त, 1945 को नागासाकी पर एटम बम गिरा कर अपनी उस अपार शक्ति का वह प्रदर्शन कर चुका था, जिसके बूते वह मिनटों में लाखों लोगों को तड़पा-तड़पा कर मौत के मुंह में झोंक सकता था। इधर, हिन्दुस्तान में सत्ता में हिस्सेदारी की कशमकश के नतीजे में बिखरे क़ौमी ताने-बाने ने भयावह स्थिति बना रखी थी। बड़े पैमाने पर हो रहे खून-ख़राबे के उसी माहौल में आज़ादी के सूरज का उदय हुआ। इसी दुखद माहौल में हिन्दुस्तान की कोख से नये देश "पाकिस्तान" का जन्म हुआ था। हिन्दू-मुस्लिम दंगों की तपिश हमने भी महसूस की। बहुतों को पाकिस्तान जाते देखा। उनमें अपने अज़ीज़ भी थे और इलाके के परिचित लोग भी। हमारे इलाके के ज़्यादातर लोग पहले से परिचित बंगाल, जो बाद में पूर्वी पाकिस्तान बना, (और अब बांग्लादेश है) गये थे। यहां के लोग पहले से ही वहां के चटकलों और दाल की मिलों के कारोबार से जुड़े हुए थे। ढाका, चटगांव, दीनाजपुर, सैदपुर आदि जगहों में बहुतों की दुकानें और दाल की मिलें थीं। बहुत से लोग रेलवे की नौकरियों के सिलसिले में भी वहां पहले से थे और बंटवारे के बावजूद बराबर आना-जाना लगा रहता था। पचास के दशक में जब दोनों देशों के बीच वीज़ा सिस्टम लगा, तब हमलोगों को एहसास हुआ कि वह दूसरा देश बन चुका है। यहां से "पाकिस्तान" जाने और वहां से "हिन्दुस्तान" आने वालों की बरबादी की दर्दनाक दास्तानों ने भी हमें परेशान किया। उस वक्त जो परिस्थिति बनी थी, उस में अपने और अपने इलाके के मुसलमानों की

जान-माल की सुरक्षा का प्रश्न बड़ा गंभीर था। और आने वाले दिनों की पेचीदगियों की कल्पना ने भी हमारी नींदें उड़ा रखी थीं। इन परेशानियों के ज़िम्मेदार कौन हैं, इस संवेदनशील सवाल ने भी हमें काफी उलझनों में डाला। लेकिन इस उलझी परिस्थति की सच्चाई का पता लगाना उस वक्त आसान नहीं था। अगर इतिहास-चक्र क्रूर है, तो समय भी कम बलवान नहीं। बड़े-से-बड़े ज़ख्मों को भर देने की वह क्षमता तो रखता ही है, सच्चाइयों को भी वह सामने ला देता है। कुछ दिनों बाद ही ऐतिहासिक तथ्यों की खोज शुरू हुई और उन तथ्यों पर आधारित शोध पुस्तकें सामने आने लगीं। उन पुस्तकों की निष्पक्ष समीक्षा के बाद यह हक़ीक़त सामने आती गई कि सत्ता में हिस्सेदारी की कशमकश और "स्ट्रगल-फॉर- इकज़िस्टेन्स" के राजनैतिक हमाम में सब दावेदारों की एक ही कैफ़ियत रही है। सब नंगे हैं। हां कोई कुछ कम, तो कोई कुछ ज़्यादा। कहीं हिन्दू अपनी हदों से बाहर निकले नज़र आते हैं, तो कहीं मुसलमान और सिख। और इस क़ौमी त्रासदी से लुत्फ़अन्दोज़ होती नज़र आती है ब्रिटिश साम्राज्यवाद और उसकी पोषक शक्तियां। जब सत्ता में हिस्सेदारी के सवाल पर उभरी हिन्दू-मुस्लिम रिश्तों की तलख़ियां न सुलझने की हदों तक पहुंच गई, तो उससे निबटने के लिए देश के बंटवारे जैसी तकलीफदेह विकल्प को अपनाना पड़ा था। लेकिन उस दुखद फैसले का अंजाम भुगतने के बावजूद हिन्दुस्तान में हिन्दू-मुस्लिम रिश्तों की उलझनें ज्यों-की-त्यों बनी रहीं और आज भी वह अनेक परेशानियों की वजह बनी हुई है।

हिन्दुस्तान की उलझी सामाजिक वास्तविकताओं के बैकग्राउंड में स्वतंत्रता संग्राम की कमान संभाले हुए गांधीजी ने हिन्दुस्तान की आज़ादी, उसकी अखंडता, समृद्धि और विकास के लिए हिन्दुस्तान की दोनों महत्वपूर्ण इकाइयों के सौहार्दपूर्ण रिश्तों को हमेशा प्राथमिकता दी। इसी सिलसिले की पहली बड़ी अहम पहल थी 1920 के स्पेशल कांग्रेस अधिवेशन में ख़िलाफ़त आन्दोलन और असहयोग आन्दोलन का संगम, उसे कांग्रेस का कार्यक्रम मान लेना। हिन्दुओं और मुसलमानों के संबंधों की बेहतरी के रास्ते वह हमेशा सुझाते रहे, लेकिन यहां के ज़िम्मेदार लोगों ने राजनीतिक कारणों से अक्सर उन्हें नज़रअंदाज़ किया। हिन्दू और मुसलमान आपस में खूब लड़े और फिर मुल्क का बंटवारा भी हो गया।

यह ऐतिहासिक सच्चाई है कि जब हिन्दू-मुस्लिम रिश्ते प्रायः सामान्य थे, हिन्दू महासभा और कांग्रेस के सम्मानित नेता लाला लाजपत राय ने 1923-24 में ही हिन्दुओं और मुसलमानों को दो अलग क़ौम मान लिया था और उसी आधार पर 1928-29 में विनायक दामोदर सावरकर ने अपने "हिन्दुत्व" और "हिन्दू-राष्ट्र" की परिकल्पना तैयार की थी। आगे चल कर डॉ हेडगेवार, गुरु

गोलवालकर और उनके अनुयायियों ने तो दस क़दम आगे बढ़ कर मुसलमानों को हिन्दुस्तानी मानने से ही इनकार कर दिया। सत्ता में भागीदारी की कशमकश में हिन्दुओं के एक बड़े जागरुक वर्ग के द्वारा अपनाऐ उसी फॉर्मूले को अपनाते हुए गोखले के शिष्य और तिलक के सहकर्मी कांग्रेस के बड़े नेता रहे मुस्लिम लीग के नेता मिस्टर मोहम्मद अली जिन्ना ने भी अपने "टू-नेशन" के सिद्धान्त को 1940 में राजनीति के बिसात पर रख दिया और सत्ता में भागीदारी की कशमकश का नया अध्याय शुरु हो गया। अंग्रेज़ों की मौजूदगी में दो-राष्ट्र के सिद्धांत ने रंग लाया और उसका राजनैतिक असर पूरे मुल्क पर पड़ा। हालात ने जो करवट ली, वह त्रासदियों से भरी रही। जो परिस्थिति बनी थी, उसमें मुसलमानों को ही ज़्यादा नुकसान उठाना पड़ा। हिन्दुस्तानी मुसलमानों पर यहां की ज़मीन जब तंग होती जा रही थी, उस वक्त गांधीजी ने खुलूसे-दिल से उनकी पुश्तपनाही की। संकीर्ण विचारवाले कटट्र हिन्दुओं ने उसे पसंद नहीं किया और अंततोगत्वा उन्हें मार ही डाला। कांग्रेस और मुस्लिम लीग की आपसी प्रतिस्पर्धा अब हिन्दुओं और मुसलमानों की सत्ता में भागीदारी की कशमकश बन चुकी थी। उसने अंग्रेज़ी साम्राज्यवादियों को अपने षड्यंत्र के आख़िरी पासे को फेंकने का अवसर भी दे दिया। हिन्दुओं और मुसलमानों की बाईज़्ज़त जीने की जद्दोजेहद को हालात ने जिस मोड़ पर ला दिया, वह इस महाद्वीप के इतिहास का एक टर्निंग प्वाइंट होने के साथ बहुत अफसोसनाक अध्याय भी है। त्रासदियों का न ख़त्म होनेवाला जो सिलसिला शुरू हुआ वह देश के बंटवारे की शक्ल में अपनी चरम सीमा पर पहुँचा। सारी कोशिशों के बावजूद गांधीजी भी इस अनहोनी को नहीं टाल सके।

संकीर्ण मान्यताओं में यक़ीन रखनेवाले कटट्र तत्वों की मौजूदगी के बावजूद आज़ादी की लड़ाई के बीच गांधीजी के नेतृत्व में सह-अस्तित्व और सर्वधर्म समभाव आधारित सेक्युलरिज़्म का रंग लिये जो क़ल्चर परवान चढ़ा था, आज़ादी के बाद भी कांग्रेस ने बहुत हद तक उसे बरकरार रखा। समय बीतने के साथ राजनैतिक कारणों से उसकी मज़बूत पकड़ कमज़ोर होती गई। लेकिन वह मानसिकता एकदम मरी नहीं। आज़ादी के बाद जिस तरह की फिज़ा बनी और "साम्प्रदायिकता" ने जिस आग और ख़ून का चक्रवादी माहौल बनाया था, उसी सेक्युलर कल्चर में यकीन रखने वालों ने साम्प्रदायिकता के खिलाफ कामयाबी से मैदान संभाला। उनके इस अभियान में कम्युनिस्टों और सोशलिस्टों का भी महत्वपूर्ण योगदान रहा। यह सही है कि आज़ादी के बाद साम्प्रदायिक दंगों का सिलसिला नहीं रुका है और हिन्दू-मुस्लिम एकता की कोशिशें भी पूरी तरह कामयाब नहीं हो सकी हैं। कल भी सत्ता की भागीदारी और नेताओं के ईगो के टकराव ने समस्या को उलझाया और आज भी कमोबेश वही स्थिति है,

लेकिन अब उसकी शक्ल कुछ बदली हुई है। आज अंग्रेज़ नही हैं, लेकिन संसदीय लोकतंत्र में वोट आधारित जनतंत्र के ग़लत इस्तेमाल के बढ़े रुझान ने सामाजिक ताने-बाने को उलझाने के साथ हिन्दू-मुस्लिम रिश्तों को भी प्रभावित किया है। मूल्यविहीन सत्ता की राजनीति और मर्यादाओं पर पड़ रही चौतरफ़ा चोट के असर से जो मानसिकता पनपी और मज़बूत हो रही है, सत्ता की प्रतिस्पर्द्धा में हिन्दू-मुस्लिम रिश्तों पर भी उसका असर पड़ना स्वाभाविक है।

परिस्थितियाँ मायूस करनेवाली रही हैं। और अकसर लोगों को कहते भी सुना जाता है कि "हिन्दुओं" की "मुसलमानों" से एकता संभव ही नहीं है। यह एक साथ प्रेमपूर्वक रह ही नहीं सकते, क्योंकि दोनों की सोच में कुछ बुनियादी फ़र्क़ है। इस नतीजे पर पहुंचनेवालों ने शायद यह ध्यान नहीं दिया है कि मानव सभ्यता न तो सीधी डगर पर विकसित हुई है, और न ही हिन्दुस्तानी समाज कभी सीधा सपाट समाज रहा है। अगर कुंठित मानसिकता से ऊपर उठ कर हम देखें, तो पता चलेगा कि तथाकथित मतभेदों की तुलना में दोनों महत्वपूर्ण इकाइयों के बीच जोड़नेवाले हज़ारों तत्व यहां मौजूद रहे हैं। ऐतिहासिक विरासत, संगीत, वास्तुकला, संस्कृति और सभ्यता की रंगीनियां सब साझी और एक हैं। अगर इन जोड़नेवाली बातों के रचनात्मक पहलू पर ध्यान दिया जाए, दिलाया जाए, तो भेद-भाव पैदा करनेवाली मानसिकता को उभरने का मौक़ा नहीं मिल सकता। यहां हमारे बीच राजनीतिक इच्छाशक्ति और मतभेदों को ईमानदारी से सुलझाने की मंशा का अभाव नज़र आता है, यही हमारी सबसे बड़ी बदक़िस्मती, कमज़ोरी और त्रासदी रही है।

यह हक़ीक़त अपनी जगह मुसल्लम है कि हिन्दुस्तान की दो प्रमुख इकाइयों, हिन्दू और मुसलमानों के बीच एकता और उनके सौहार्दपूर्ण रिश्तों की बुनियाद पर ही हिन्दुस्तान के भविष्य का दारोमदार है। लिहाज़ा मतभेद पैदा करनेवाली बातों के सिलसिले में काफी चौकस रहने की हमें ज़रुरत है और मतभेदों को दूर करने के लिए एक सौहार्दपूर्ण माहौल विकसित करना ज़रूरी है। आपसी मतभेदों की बुनियाद पर टकराव और ख़ासकर साम्प्रदायिक दंगे, हमारी ऐसी उलझी राष्ट्रीय समस्या है, जिसकी वजह से विश्व बिरादरी के सामने अकसर हमारे सिर शर्म से झुक जाते हैं। इसके बावजूद कि यह बीमारी बहुत ख़तरनाक है, बहुसंख्यक समुदाय के लोग इससे ज़्यादा चिंतित नहीं नज़र आते, यह भी हक़ीक़त है। चूंकि फ़सादों और साम्प्रदायिक दंगों के अधिकतर शिकार अल्पसंख्यक समुदाय के लोग ही होते हैं, यह प्रश्न भी प्रायः उनका ही मान लिया गया है, जो किसी भी हालत में उचित नहीं है। फ़सादों के नतीजे में जान-माल और मानसिक पीड़ा को अधिकतर अल्पसंख्यक समुदाय अवश्य झेलता है, लेकिन फ़साद तो पूरे समाज को प्रभावित करते हैं। पूरा समाज ही

उलझ जाता है। लेकिन, यह भी हक़ीक़त है कि इस समस्या को अल्पसंख्यक समुदाय के लोग जिस नज़रिये से देखते हैं, बहुसंख्यकों का वह नज़रिया नहीं है। दंगों से जुड़े मसले बहुसंख्यकों को उस तरह नहीं झंझोरते, जिस तरह अल्पसंख्यकों को परेशान करते हैं।

हिन्दुस्तान का इतिहास अनेक समाज सुधारकों की उपलब्धियों की दास्तानों से भरा हुआ है। उन बड़े लोगों की एक-दूसरे से तुलना करना न उचित है और न संभव ही। इसके बावजूद एक सच्चाई सामने आती है कि वर्तमान हिन्दुस्तानी विचारकों में महात्मा गांधी की शख़्सियत बहु-आयामी और ज्यादा आकर्षक रही है। स्वतंत्रता संग्राम का उन्होंने कुशल नेतृत्व किया और राजनीति में नैतिक मूल्यों को स्थापित करते साधन की शुद्धता को प्राथमिकता दी, ताकि जो भी रचनात्मक परिवर्तन समाज में आये, वह स्थायी, सर्वमान्य और सार्वभौम हो। लोगों की समस्याओं को उसकी गहराई में जाकर समझा, उसे जीया और झेला और उन उलझनों से निकलने की अपनी मर्यादाओं के आधार पर उचित राह प्रशस्त की। हिन्दुस्तान की बहुआयामी प्लूरल बनावट और यहां की पेचीदा धार्मिक और सामाजिक स्थिति के मद्देनज़र "सर्वधर्म सद्भाव" के आधार पर सब हिन्दुस्तानियों के जज़्बात को एक मज़बूत कड़ी में पिरोने की उन्होंने कोशिश की। एक धार्मिक व्यक्ति होते हुए भी उन्होंने अपने धर्म को कभी भी सर्वश्रेष्ठ धर्म नहीं कहा, दुनिया के सब धर्मों की अच्छाइयों पर ज़ोर दिया। अपने सनातन-धर्म के प्रति पूर्ण आस्था रखते हुए मूल्यों पर आधारित सिविल सोसाइटी का एक सुन्दर ख़ाका उन्होंने तैयार किया। उसके मुख़तलिफ गोशों में विभिन्नता के बावजूद "एकता" का प्रमुख अंश हमेशा बरकरार रहा, ताकि विभिन्न धर्मों को माननेवालों की अपनी पहचान भी बनी रहे और वह जज़्बाती तौर पर एक इकाई के सूत्र में संगठित भी रहें। वर्तमान हिन्दुस्तान के एक व्यक्ति जिस पर सब हिन्दुस्तानियों को गर्व होना चाहिए था, वह निस्संदेह महात्मा गांधी हैं। लेकिन, अजीब विडंबना रही कि ऐसा नहीं हो सका। मुसलमानों की अकसरियत ने उन्हें मुसलमानों का विरोधी माना, उनके ख़ुलूस पर भरोसा नहीं किया और हिन्दुओं के एक वर्ग ने उन्हें हिन्दू और हिन्दुस्तान का दुश्मन नंबर एक माना। उनका वजूद भी उनके लिए असहनीय हो गया और उन लोगों ने उन्हें कत्ल ही कर दिया।

हिन्दू-मुस्लिम रिश्तों की पेचीदगियां बहुत संवेदनशील हैं और देशहित में उनका सुलझना निहायत ज़रूरी है। हिन्दुस्तानियों की सामूहिक सोच पर इस समस्या का हल कल भी निर्भर करता था और आज भी निर्भर करता है। इस संवेदनशील मसले पर जितनी संजीदगी और गहराई से गांधीजी ने विचार-मंथन किया, शायद ही किसी और ने किया हो। लेकिन, बदकिस्मती से हिन्दुस्तान की

दोनों महत्वपूर्ण इकाइयों के बीच राजनैतिक कारणों से एकता क़ायम नहीं हो सकी और सत्ता में भागीदारी के प्रश्न पर देश बंट गया। देश के बंटवारे ने लोगों को जो गहरा ज़ख़्म दिया था, हिन्दू और मुसलमानों के बीच जो गहरी खाई पैदा हुई थी, उसको पाटने में, ज़ख़्मों पर मरहम लगाने में उनकी भूमिका सराहनीय रही। शांति और सौहार्द का माहौल पैदा करने की कोशिशों में वे शहीद ही हो गये।

हमारी बदकिस्मती रही है कि आज़ाद हिन्दुस्तान में हज़ारों छोटे-बड़े हिन्दू-मुस्लिम दंगे हुए। कुछ दंगों के बाद जांच कमीशन बहाल हुए, उनकी रिपोर्टें भी आईं। कहीं-कहीं उनकी सिफारिशों पर कुछ अमल भी हुआ। लेकिन, आमतौर पर उन्हें सर्द ख़ाने में ही बंद कर दिया गया, क्योंकि उनकी रोशनी में कदम उठाने की राजनैतिक इच्छा- शक्ति और प्रतिबद्धता का हमेशा अभाव रहा। अकसर देखा गया है कि बात होती है बहुत छोटी सी, लेकिन अगर एक पक्ष "मुसलमान" है, तो बड़ी आसानी से उसे साम्प्रदायिक रंग दे दिया जाता है। एक छोटी सी बात बड़े दंगे की वजह बन जाती है और आज की सियासत उस आग पर घी का काम कर जाती है। मामला ज़मीन-जायदाद का हो, व्यापार या राजनीति की प्रतिस्पर्द्धा, मुसलमानों की छवि में विदेशी हमलावर, देश को विभाजित करानेवाले मुसलमान की छवि हिन्दुओं के मानस पर उभर आती है और मामला उलझ जाता है। मुसलमानों को देशद्रोही और पाकिस्तान का एजेंट घोषित कर उसे आसानी से प्रताड़ित किया जाता है। कानून की आड़ में बगैर उचित जाँच-पड़ताल के उसे जेलों में बंद कर दिया जाना आम बात है। पूरे देश में एक नहीं, सैकड़ों मिसालें देखने को मिलती हैं, जहाँ बेवजह बेकसूर मुसलमान शारीरिक और मानसिक यातनाएं झेल रहे हैं। हिन्दुस्तान की अपनी उदार संस्कृति विरासत यहां विफल झेंपी-झेंपी सी नज़र आती है। सेक्युलर स्टेट कटघरे में दिखती है और मुसलमान खुद को ठगा-सा महसूस करते हैं।

आज़ादी के बाद इन 64 वर्षों में हिन्दुस्तान के हर क्षेत्र में सकारात्मक तबदीलियां आई हैं। यहां राजनीतिक परिपक्वता का एहसास पुख्ता हुआ है। अपने इर्द-गिर्द के देशों की तुलना में यहां लोकतंत्र की जड़ें भी मज़बूत हुई दिखती हैं। यहां शाांतिपूर्ण तरीके से सत्ता में परिवर्तन होता है, जो तीसरी दुनिया के अन्य देशों के लिए एक मिसाली मॉडल है। राजनीति के चरित्र में आती जा रही गिरावट को आमतौर पर लोग पसंद नहीं करते, यह फिज़ा यहां मज़बूत हुई है। लेकिन यह दुर्भाग्यपूर्ण परिस्थिति भी तकीलफदेह है कि नेताओं की लंबी कतार में कोई स्टेट्समैन नज़र नहीं आता, जो आनेवाले दिनों की गंभीर चुनौतियों की उलझनों से मुकाबला करने के लिए यहां फिज़ा बनाए, लोगों को तैयार कर सके। सारी चीज़ें सत्ता, पद व प्रतिष्ठा के इर्द-गिर्द घूमती नज़र आ रही है। और

उस होड़ में संकीर्णताओं को बढ़ावा देने के सुअवसर भी मौजूद हैं। अपने हितों को साधने के लिए उस मानसिकता का इस्तेमाल करना आसान हो रहा है। अंग्रेज़ों की मौजूदगी में अपनी कमज़ोरियों को छुपा कर अपनी सारी उलझनों को अंग्रेज़ों के सिर मढ़ देना आसान था। आज जब धर्म, ज़ात-पात, भाषा और क्षेत्रीयता की आड़ में आम हिन्दुस्तानियों के बीच जो कशमकश की स्थिति बन रही है वह अंततोगत्वा हिन्दुस्तान के लिए बहुत नुकसानदेह सिद्ध होगा। आज की स्थिति के लिए किसे हम ज़िम्मेदार मानें ? हिन्दू-मुस्लिम मतभेदों के प्रश्न हिन्दुस्तान को उलझाने के लिए काफी थे, अब हिन्दू-ईसाई, हिन्दू-सिख कटुता भी उभर रही है और अंतर्जातीय टकराव तो आनेवाले दिनों में विकराल रूप लेने वाला है। ऐसी फ़िज़ा बन रही है।

आज़ादी की लड़ाई का इतिहास मुख्यत: कांग्रेस पार्टी के बड़े अम्ब्रेला के तहत चले जद्दोजेहद का इतिहास रहा है। 1885 के बाद से ही उसने देश की वास्तविकताओं के मद्देनज़र हिन्दुस्तानियों में रचनात्मक मानसिकता विकसित करने की कोशिश की। 1920 के बाद से आज़ादी की लड़ाई का इतिहास गांधी युग का इतिहास मान लिया गया और इस अवधि में उनकी सोच और बनाई रणनीति की मुख्य भूमिका रही। कुछ संकीर्ण विचार आधारित संगठनों को छोड़ कर यहां सोशलिस्ट और कम्युनिस्ट पार्टियों ने भी देश में सेक्यूलर और रचनात्मक दृष्टिकोण को मज़बूत बनाने की महत्वपूर्ण कोशिश की है। लेकिन समय बीतने के साथ वह प्रक्रिया कमज़ोर होती गई है। जिस तरह की प्रतिबद्धता, सेवा और समर्पण भाव की ट्रेनिंग राजनीतिक कार्यकर्ताओं को पहले दी जाती थी, अब वह स्थिति नहीं रह गई है। राजनीति और पार्टियों के चरित्र में अब बुनियादी बदलाव आया है। राजनीतिज्ञों की प्राथमिकताओं के साथ उनकी सोच में गिरावट आई है, उनकी कार्य-पद्धति से सियासी कैनवास का चरित्र और रंग बदल गया है। स्वतंत्रता संग्राम के बीच क़ुरबानी के जो जज़्बे थे, सुदृढ़ राष्ट्र उत्थान के लिए नेताओं के दिल में जो ललक थी, देश के नव निर्माण का जो उत्साह भरा उमंग था, दुर्भाग्य से आज के राजनीतिज्ञों के बीच उनका एक अंश भी नहीं बचा है। देश और समाज के लिए त्याग और बलिदान की जगह सत्ता प्राप्ति की होड़, परिवारवाद और खुदगर्ज़ी ने ले लिया है। ज्यादा-से- ज्यादा धन संपत्ति जमा कर लेना आज राजनीति का मुख्य उद्देश्य बन कर रह गया है।

इसमें कोई शक नहीं कि अपने अड़ोस-पड़ोस के देशों की तुलना में यहां प्रजातंत्र की जड़ें गहरी हो चुकी हैं। चुनाव के समय लोग जागरूकता का कुछ परिचय देते हैं और देश के भविष्य के संबंध में लोग संवेदनशील हैं। इसकी अखंडता पर अब किसी तरह की चोट पड़ने नहीं देना चाहते। लेकिन, आम लोगों के बीच अपने राजनैतिक जिम्मेदारियों के निर्वाह के सिलसिले मे अभी वैसी

जागरूकता नहीं पाई जाती, जैसी 64 वर्षों के तजुरबे के बाद पाई जानी चाहिए थी। लोकतंत्र के जो बुनियादी तकाज़े हैं, उनके प्रति वैसी सजगता हमारे बीच नहीं आई है, जो आनी चाहिए थी। हम वोट अवश्य दे देते हैं, लेकिन फिर पांच वर्षों तक हमारी कुछ भूमिका ही नहीं रह जाती। यह स्थिति प्रजातंत्र की सेहत के लिए ठीक नहीं। और वह प्रजातंत्र, जिसका सपना आज़ादी की लड़ाई के बीच देखा गया था, वह तो अभी सपना ही है। हमने "स्वराज्य" का ख़ाका तैयार किया था और पार्टीसिपेटरी डेमोक्रेसी हमारी मंज़िल थी, लेकिन विडंबना है कि हम पश्चिमी प्रजातंत्र के मॉडल पर आकर ठहर गये हैं। नतीजतन जनता वोट देने के बाद अपने प्रतिनिधियों के काले-सफेद कारनामों को भुगतती रहती है। वोट के दबाव की राजनीति के तजुरबे अच्छे नहीं रहे हैं। अपने प्रतिनिधियों पर हम कैसे अंकुश लगाएं, यह कोशिश चली थी और Right to Recall पर विचार-विमर्श भी हुआ, पर बात आगे नहीं बढ़ सकी।

गांधीजी ने अपनी गौरवपूर्ण विरासत के परिप्रेक्ष्य में आजाद हिन्दुस्तान का बहुआयामी ब्लूप्रिन्ट तैयार किया था। 1909 में प्रकाशित पुस्तक "हिन्द स्वराज्य" से 29 जनवरी, 1948 के "आख़िरी वसीयतनामे" के बीच की अवधि गांधीजी की व्यस्त सक्रिय जिन्दगी हिन्दुस्तान की आज़ादी की अहिंसक लड़ाई, हिन्दुस्तानियों की बेहतरी और मानवता के कल्याण के लिए समर्पित तत्परता की दास्तान है। सारी व्यस्तताओं के बीच वह महत्वपूर्ण मुद्दा, जिसे उन्होंने प्राथमिकता दी थी, वह था हिन्दू-मुस्लिम एकता का प्रश्न। दक्षिण अफ्रीका के दिनों से ही गांधीजी हिन्दू-मुस्लिम सौहार्द के प्रश्न पर सबसे अधिक संवेदनशील रहे। हिन्दुस्तान की प्लूरल बनावट और यहां के सामाजिक ताने-बाने की कमज़ोरियों और पेचीदगियों के सिलसिले में भी गांधीजी बहुत सतर्क थे। प्रचलित वर्ण व्यवस्था की कुरीतियां, ज़ात-पांत और अभिशाप बनी छुआछूत की स्थिति उनके लिए असह्य पीड़ा थी। छुआछूत की जड़ता भरी मानसिकता को वह हिन्दू-समाज का कोढ़ मानते रहे। दक्षिण अफ्रीका से आने के बाद जब उन्होंने अहमदाबाद में कोचरब आश्रम की स्थापना की थी, तो उसी समय इस समस्या से उन्हें जूझना पड़ा था। लोगों को जब पता चला कि आश्रम में एक हरिजन परिवार भी रहता है, तो लोगों ने आश्रम चलाने के लिए आर्थिक सहयोग देना बंद कर दिया था। गांधीजी उस परिवार को वहां से हटाएं, उनपर चौतरफा दबाव डाला गया। लेकिन उन्होंने दबाव के आगे झुकना कबूल नहीं किया। कुछ दिनों के बाद आश्रम की स्थिति सामान्य हुई और लोगों का सहयोग मिला। बाद में वह आश्रम साबरमती नदी के किनारे ले जाया गया और वह "हरिजन आश्रम" ही कहलाने लगा और आज भी वह "हरिजन आश्रम" के नाम से ही जाना जाता है। गांधीजी यहीं रुकते हुए नज़र नहीं आते। हिन्दुस्तान में व्याप्त अंधविश्वास से

वे विचलित रहे और जितनी भी अन-साईनटिफिक सामाजिक मान्यताएं थीं, उनकी परिभाषा को ही उन्होंने बदल दिया। इसी क्रम में सनातन हिन्दू धर्म को धर्म के ठेकेदार, पोंगापंथियों से निजात दिलाने की भी पहल की। मन्दिरों के दरवाज़े सब के लिए, ख़ास कर अछूत हरिजनों के लिए खुलें, उसके लिए देशव्यापी अभियान चलाये और कट्टर हिन्दुओं के हाथों कई बार अपमानित भी हुए। शिक्षा को "पोथियों" तक सीमित नहीं रहने दिया, उसे शारीरिक श्रम से जोड़ा। गांधीजी ने Bread labour की अहमियत पर ज़ोर दिया और उसे हिन्दुस्तान के लिए उपयुक्त नई तालीमी शिक्षा पद्धति का एक ज़रूरी अंग माना। वर्णाश्रम व्यवस्था की जड़ता के बंधनों को तोड़ते हुए उसके एक महत्वपूर्ण स्तंभ "क्षत्रिय" यानी "सेनानी" की परिभाषा को भी बदल दिया। आज़ादी की लड़ाई में "सत्याग्रह" के अहिंसक शस्त्र अपनाए लोगों को उन्होंने "स्वतंत्रता सेनानी" की संज्ञा दी। उन सेनानियों ने सरकार की यातनाएं झेलीं, गोली खाई, फांसी पर भी चढ़े, लेकिन हिंसा के रास्ते को अपनाने से गुरेज़ किया।

1905 में रुस-जापानी वार में एशिया के एक छोटे से देश जापान के हाथों यूरोप के रूस जैसे बड़े देश की हार ने यूरोप के अधीन उपनिवेश बने एशियाई देशों में एक नई चेतना जगाई थी। उन देशों में आत्मसम्मान की भावना जगी और सांस्कृतिक-राष्ट्रवाद की हलचल शुरू हुई थी। हिन्दुस्तान में भी पुनर्जागरण की लहर ने जागृति ला दी। बंकिमचन्द्र, तिलक, गोखले, दयानन्द सरस्वती, राणा डे, फिरोजशााह मेहता, अरविंदो घोष, शाह वलीउल्लाह, सर सैयद अहमद खां, अमीर अली, चिराग अली, मौलाना हाली, डॉ मुहम्मद इकबाल आदि ने उस सिलसिले को उस मक़ाम से आगे बढ़ाया, जहां विभिन्न समाज सुधारकों ने पहले लाकर छोड़ा था। इसी बीच एक सोची- समझी रणनीति के तेहत अंग्रेज़ों द्वारा बंगाल को दो भागों में बांटा गया। इसकी तीव्र हिंसक प्रतिक्रिया हुई। बंगाल के क्रांतिकारियों ने स्वदेशी आंदोलन के तहत बड़े हिस्से में सरकारी व्यवस्था को चैलेंज देना शुरू किया।

बालगंगाधर तिलक, बिपिन चन्द्र पाल, लाला लाजपत राय, (बाल-पाल-लाल) के साथ संकीर्ण राष्ट्रवाद के प्रवर्तक विनायक सावरकर, डॉ हेडगेवार और गुरु गोलवरकर ने हिन्दुत्व, हिन्दू राष्ट्र और हिन्दू-पद-पादशाही के आकर्षक नारों के तहत हिन्दुओं को संगठित करना शुरू कर दिया था। ऐसी सोच पनप रही थी कि अंग्रेज़ों को तो जाना ही है। अत: उनके जाने के बाद हिन्दुस्तान में बहुसंख्यक हिन्दुओं की ही हुकूमत स्थापित होगी और होनी ही चाहिए। लेकिन, सत्ता में भागीदारी के प्रश्न पर मुस्लिम लीग के नेतृत्व में कुछ पढ़े-लिखे मुसलमान भी सक्रिय हो चुके थे और लीग और कांग्रेस की राजनैतिक कशमकश धीरे-धीरे हिन्दुओं और मुसलमानों का मसला बनता गया।

वहाबी आन्दोलन के गहरे प्रभाव के साथ 1857 के बाद की उत्पन्न परस्थिति में मुसलमानों ने अंग्रेज़ दुश्मनी में हर उस चीज़ की मुख़ालफत की, जिसका अंग्रेज़ों से सरोकार रहा। यहां तक कि उन्होंने अंग्रेज़ी शिक्षा का भी बहिष्कार किया। अंग्रेज़ विरोधी मानसिकता की वजह से उन्नीसवी सदी की चुनौतियों का मुकाबला करने के लायक वे नहीं रहे। नतीजतन हर क्षेत्र में वे पिछड़ते चले गये थे। बाद में सर सैयद अहमद खां और उनके दोस्तों ने अंग्रज़ी शिक्षा की अहमियत को समझा और उसे अपनाने की मुहिम चलाई थी। इस पहल का सकारात्मक असर मुसलमानों पर पड़ा। मुसलमानों के बीच भी अब पढ़ा-लिखा ऐसा वर्ग पैदा हो चुका था, जिसने 1857 के हौलनाक त्रासदी की मार झेली मानसिकता से उबर कर अपनी सम्मानपूर्ण ज़िंदगी की दौड़ में सक्रिय होकर हिन्दुओं के मुकाबले सामने आ गया था। मुस्लिम लीग और कांग्रेस ने हिन्दुस्तानियों के अन्दर राजनीतिक चेतना पैदा कर दी थी, लिहाज़ा सत्ता में हिस्सेदारी की दोनों में कशमकश जारी थी। गांधीजी ने दोनों प्रतिद्वंदियों के बीच सेतु बनाने की कोशिश की थी, लेकिन अंग्रेज़ों की नपी-तुली नीतियों के कारण स्थिति उलझती ही गई और वह अपनी कोशिशों में मात खा गये।

ऐसे हिन्दू जो संकीर्ण हिन्दुत्व और सांस्कृतिक-सह-धार्मिक राष्ट्रवाद के पोषक थे, उनके लिए मनुवाद को चैलेंज देते तत्वों, अंग्रेज़ों और मुसलमानों से निबटने से ज्यादा मुश्किल सनातन-धर्मी हिन्दू गांधी और उनके मानवीय मूल्यों पर आधारित अभियान सिद्ध हो रहे थे। आज़ादी और सत्ता के हस्तांतरण की फिज़ा बन रही थी, लेकिन वह सत्ता सिर्फ हिन्दुओं को नहीं सौंपी जानी थी। हिन्दुओं और मुसलमानों दोनों को सत्ता का भागीदार बनाया जाना था। यह परिस्थिति संकीर्णता के पोषक हिन्दुओं को किसी तरह सुहा नहीं रही थी। सब को बराबरी के आधार पर संयुक्त रूप में सत्ता सौंपी जाये, गांधीजी इसी के पक्षधर थे। हिन्दुओं से मुसलमान अलग नहीं हैं, मुसलमानों से हिन्दू अलग नहीं हैं, दोनों को समझाने के अथक प्रयासों में वह लगे हुए थे। कटट्रपंथी हिन्दुओं की दृष्टि में गांधीजी मुसलमानों का बेजा तुष्टीकरण (Appeasement) कर रहे थे। इसी बीच राजनैतिक घटनाचक्र ने देश के विभाजन की बात सामने ला दी और आज़ाद हिन्दुस्तान में धर्मनिरपेक्ष प्रजातंत्र स्थापित होना भी तय हो गया। हिन्दुस्तान न हिन्दू राष्ट्र बना, न सत्ता सिर्फ हिन्दुओं के सुपुर्द हुई, बल्कि देश विभाजित हो गया और अधिकांश मुसलमान यहीं रह भी गये और हिन्दुओं के बराबर सब संवैधानिक अधिकार भी उन्हें मिलना तय था, यानी कटट्रपंथी हिन्दुओं के लिए स्थिति करैले पर नीम साबित हो रही थी। संकीर्ण राष्ट्रवादियों के लिए वह फ़िज़ा असह्य थी लिहाज़ा उन्होंने अपना सारा गुस्सा दुर्बल, निहत्थे गांधीजी पर ही उतार दिया। प्रार्थना सभा में जाते हुए उन्हें शहीद कर अपनी

समझ से अपनी बहादुरी और असीम "पराक्रमी देशभक्ति" का परिचय दिया।

गांधीजी का मारा जाना एक दुखद घटना थी। लेकिन उनकी हत्या ने गांधीजी को "सत्य" की खोज में शहीद होनेवाले ईसा मसीह, सुक़रात, मंसूर, गैलेलियो जैसे महापुरुषों की कतार में स्थापित कर दिया। सावरकर और उनके षंड्यंत्रकारी परिवार के सदस्यों को अगर यह अन्दाज़ा होता कि गांधी को मार देने से गांधी और भी बड़े और ऊंचे हो जायेंगे, तो शायद वे यह कदम नहीं उठाते। आज़ादी की लड़ाई का 1920 के बाद का इतिहास गांधी-युग का इतिहास रहा। लेकिन, जब आज़ाद हिन्दुस्तान ने गांधी के सपनों के खाके में रंग भरने की तरफ तवज्जो देना भी ज़रूरी नहीं समझा, तो देश की स्थिति बदली। स्वराज्य का सपना अधूरा रह गया और आज ग्लोबलाइज़ेशन के शिकंजे में जकड़ा हिन्दुस्तान गुलामी की कगार तक पहुंच चुका है।

जिस वक्त हिन्दुस्तान के क्षितिज पर अपने वैभवों के साथ आज़ादी के सूर्य का उदय हुआ, यहां का वातावरण जली-अधजली लाशों की सड़ांध से दूषित था और लुटी-जली परिसंपत्तियां अपनी बरबादी का डरावना दृश्य पेश कर रही थीं। दो-राष्ट्रीय दृष्टिकोण, नेताओं की अदूरदर्शिता, उनका अहंकार, उनकी ज़िद और बेलचक मानसिकता के साथ साम्राज्यवादी षंड्यत्र की चालबाज़ियों ने कुछ ऐसी परिस्थिति पैदा कर दी थी कि आज़ादी के वर्षों की तमन्ना पूरी हो जाने के बावजूद वातावरण मातम का बना रहा। हिन्दुस्तान और पाकिस्तान में हर्ष और उल्लास की जो समान्य स्थिति होनी चाहिए थी, वह थी नहीं। देश के बंटवारे का दर्द हर कोई महसूस कर रहा था। सत्ता का हस्तांतरण हुआ और आज़ादी की कीमती दौलत हमें प्राप्त हुई, लेकिन अधिकांश हिन्दुओं और मुसलमानों के बीच सदियों के मेल-जोल के नतीजे में रिश्तों की जो गर्माहट थी, वह बहुत हद तक सर्द हो चुकी थी। मज़बूत रिश्ते कमज़ोर हो चुके थे। कुछ घरों और सरकारी इमारतों पर चिराग़ां किये गये, उत्सव भी मनाया गया, लेकिन सबके-सब बेजान तमाशे लग रहे थे। और वह व्यक्ति, जिसके नेतृत्व में देश आज़ाद हुआ, वह कलकत्ता के बेलया घट्टा स्थित हैदरी हाऊस के एक अंधेरे कमरे में मायूस, गुम-सुम बैठा अकेले अपने टूटे सपनों का दर्द झेल रहा था। उसके कमरे में चारों तरफ शीशे के टुक्ड़े बिखरे पड़े थे, दंगाईयों ने खिड़कियों पर पत्थर मार-मार कर उसे बदशक्ल बना दिया था।

लगभग डेढ़ सौ वर्षों के बाद 15 अगस्त, 1947 को हिन्दुस्तानियों ने आज़ाद वातावरण में सांस ली थी, लेकिन इस लक्ष्य की प्राप्ति के लिए उन्हें बड़ी कीमत चुकानी पड़ी। उन्हें आग और ख़ून की नदी से गुजरना पड़ा था। वह हिन्दुस्तान जो विभिन्नताओं में एकता का जीवित नमूना कभी समझा जाता था और वह हिन्दुस्तानी जो माले के दाने की तरह अलग हाने के बावजूद स्नेह और

साझी सांस्कृतिक विरासत के एक कीमती धागे में पिरोये हुए थे, एकदम अलग हो गये, धागा टूट गया और दाने बिखर-से गये। अनगिनत लोगों का इधर-से-उधर जाना और उधर-से-इधर आना, रास्तों के जानलेवा हमले, दोनों ओर सीमाओं पर हत्या और तबाही की घटनाएं, कुछ ऐसी अनहोनियां थीं, जिनकी मिसाल विश्व इतिहास में नहीं मिलती। युगों-युगों से एक साथ रहनेवाली दो प्रमुख इकाइयां एक-दूसरे से बुरी तरह डरने लगीं, मुसलमानों और हिन्दुओं का एक-दूसरे के प्रति जो विश्वास का रिश्ता था, वह प्रायः समाप्त हो गया। स्थिति को देखते हुए 1945 से 47 तक के हिन्दुस्तान के इतिहास को अविश्वास, घृणा, खून-ख़राबे और शैतानी नृत्य का दुखद इतिहास यदि कहा जाए, तो वह अनुचित नही होगा।

धर्म के नाम पर हिन्दुओं और मुसलमानों ने एक-दूसरे पर जो कहर ढाया था, वह धर्म का अपमान था। वह हिन्दू धर्म, जो कण-कण में ईश्वर को देखता हो और वह इस्लाम जो पूरे विश्व के लिए शांति का संदेश लेकर आया, कैसे इस बात की इजाज़त दे सकते थे कि आदमी, आदमी को इस तरह ज़लील करे, एक-दूसरे के लिए अभिशाप बन जाए और सिर पर हैवानियत इतनी चढ़ जाए कि अच्छे और बुरे की तमीज़ ही ख़त्म हो जाए। उस दौर में यहां हत्या, लूट-मार, आगज़नी, सामूहिक बलात्कार, अपहरण और वह कौन-सी बर्बरता थी, जिसका प्रदर्शन जय बजरंगबली, हर-हर महादेव और अल्ला-हो-अकबर के नारों के साथ नहीं किया गया।

हिन्दुस्तान के बड़े हिस्से में आग और ख़ून की जो होली खेली गई थी, वह हिन्दुओं और मुसलमानों के बीच मौजूद मतभेदों के उभार की चरम सीमा थी। जब आपसी मतभेद घृणा का रूप ले लेती है, तब मानवता को अकाल्पनिक बरबादी से जूझना पड़ता है। हिन्दुस्तान इसी त्रासदीपूर्ण स्थिति से गुज़र रहा था। मुसलमानों के बीच दो राष्ट्रीयता की लहर बंगाल से पंजाब तक चली थी और परिणाम स्वरूप एक नया देश पाकिस्तान, हिन्दुस्तान के एक हिस्से को काट कर बना था। इस दृष्टिकोण के आधार पर बने नये देश के कर्णधार हिन्दुस्तान के विभिन्न हिस्सों में बसनेवाले उस दृष्टिकोण के समर्थकों और विरोधी मुसलमानों को अल्लाह के भरोसे छोड़ कर अपनी नई जन्नत बसाने में लग गये थे। बरबादी और भगदड़ के उस माहौल में ख़ौफ से रू-ब-रू हिन्दुस्तानी मुसलमान, जिन्होंने पाकिस्तान की मांग का समर्थन किया हो या जिन्होंने विरोध, नई परिस्थिति में बिल्कुल बेयार-बेमददगार नहीं हुए। क़ौमी त्रासदी के उस ख़तरनाक माहौल में जब "कोई किसी का नहीं" की स्थिति थी, बदहवास नेशनलिस्ट मुसलमानों के साथ मानवीय मूल्यों और सेक्यूलर विचारों में यकीन रखनेवाले बहुत-से प्रभावशाली हिन्दू आगे आये। उनके कंधों पर स्नेह भरा हाथ रखा और कंधे से कंधा मिला कर खड़े हो गये। उनकी मदद की, उन्हें संरक्षण दिया और पूरी

निष्ठा से यह चाहा कि मुसलमान अपना वतन छोड़ कर पाकिस्तान न जाएं। उन्हें विश्वास दिलाया कि हिन्दुस्तान में रहनेवाले मुसलमानों की भी देश की सत्ता में वैसी ही भागीदारी होगी, जैसी अन्य हिन्दुस्तानियों को प्राप्त होगी। वही अधिकार मुसलमानों को भी प्राप्त होंगे, जो हिन्दुओं या दूसरे हिन्दुस्तानियों को प्राप्त होंगे, और इस दृढ़ निश्चय को वास्तविक रूप देने में गांधीजी सबसे मुखर और सक्रिय थे। उधर, पाकिस्तान से हिन्दू और सिख भाग रहे थे, भगाये जा रहे थे। लूटे-पिटे हज़ारों-हज़ार की संख्या में शरणार्थी पानीपत, कुरुक्षेत्र से दिल्ली की गलियों तक पनाह की तलाश में परेशान भटक रहे थे और मुसलमानों का वजूद उन्हें खटक रहा था। अराजकता के माहौल में बदहवासी में मुबतला किस मुसलमान को यक़ीन हो सकता था कि हिन्दुस्तान में उनको वही अधिकार और सम्मान प्राप्त होंगे, जो उनलोगों को प्राप्त होंगे, जिन्होंने पाकिस्तान के दृष्टिकोण का विरोध किया था। लेकिन, 30 जनवरी, 1948 की शाम जब गांधीजी अपनी संयुक्त-राष्ट्रीयता, इनसान-दोस्ती और मानव मूल्यों को स्थापित करते मुसलमानों की पुश्तपनाही के जुर्म में शहीद कर दिये गये, तो यह बात साफ हो गई कि शंका की कोई गुंजाईश नहीं, हिन्दुस्तान का इथोस अभी मरा नहीं है। इसकी परंपरा अभी जीवित है और मुसलमान हिन्दुस्तान के वैसे ही सम्मानित नागरिक हैं और रहेंगे, जैसे कि अन्य लोग, क्योंकि राष्ट्रपिता महात्मा गांधी की शहादत से बढ़ कर इस दावे की सच्चाई को सिद्ध करने के लिए कोई दूसरा प्रमाण पेश करना असंभव था।

ज्यों-ज्यों हिन्दुस्तान की आज़ादी नज़दीक नज़र आने लगी थी, सत्ता में भागीदारी की कशमकश तेज़ हुई। अपनी पहचान को बरकरार रखने और अपने दावों को सही साबित करने की कोशिश में मुस्तैद कांग्रेस और मुस्लिम लीग के परस्पर विरोध उभर कर सामने आ रहे थे। नतीजतन राजनीति में दिलचस्पी रखनेवाले तो अलग, आम हिन्दुओं और मुसलमानों के बीच तनाव बढ़ता जा रहा था। मुसलमानों की सत्ता में भागीदारी के प्रश्न पर दो-राष्ट्र का सिद्धांत मुसलिम लीग ने सामने लाया था, उसी तरह हिन्दुओं के बीच भी कटट्र संकीर्ण विचारों वाला मुस्लिम विरोधी संगठन आर.एस.एस. और हिन्दु महासभा काफी मज़बूत थे जो कांग्रेस और ख़ासकर गांधीजी के विश्व बंधुत्व के आधार पर विकसित राष्ट्रीय दृष्टिकोण को अच्छी नज़रों से नहीं देख रहे थे। जब देश विभाजित हो गया, तो एसे संगठनों के गांधी और कुछ मुसलमानें की पार्टी रही मुस्लिम लीग दुश्मन मानसिकता को बड़ी ताकत मिली। अब उसने खुल्लम-खुल्ला कहना शुरू किया .... देखो इस गांधी को, मुसलमानों ने देश का बंटवारा करा लिया, पाकिस्तान भी बनवा लिया, इसके बावजूद गांधी और उनके अनुयायी मुसलमानों का समर्थन कर रहे हैं और यहां रह गये मुसलमानें को हिन्दुओं के बराबर ही

अधिकार और सहूलियत दिया जाए, उस पर ज़ोर दे रहे हैं... हद हो गई, भारत माता और हिन्दुओं का इससे ज़्यादा और क्या अपमान हो सकता है ?

हिन्दुस्तान की भौगोलिक, सांस्कृतिक, ऐतिहासिक, सामाजिक और इथिनिक बनावटों को नज़रअंदाज़ करती सिर्फ गिनती की पहेलियां बुझाती वह संकीर्ण हिन्दू-महासभाई मानसिक-प्रवृत्ति, जिसका प्रतिनिधि बन कर नाथूराम गोडसे सामने आया था, कुछ समय से बहुत सक्रिय था, लेकिन गांधीजी के व्यक्तित्व और उनके सहयोगियों की लोकप्रियता के कारण उसे खुलकर सामने आने का मौक़ा नहीं मिल रहा था। देश के विभाजन ने उसे अपने दृष्टिकोण के "वज़न" को साबित करने का अच्छा अवसर दे दिया। लोगों के सामने गांधीजी और कांग्रेस की पॉलिसियों को वे देश और विशेषकर हिन्दुओं के लिए हानिकारक सिद्ध कर सकें, हिन्दुओं को मुसलमानों के विरुद्ध उभार सकें, इसका अब पूरा मौका उन्हें हासिल था। उन्हें अपनी कोशिशों में कामयाबी भी मिली, क्योंकि हिन्दुस्तान का वातावरण कुछ ऐसा दूषित हो गया था कि ऐसे लोग जिनके मुसलमानों से दांत काटी रोटी का संबंध था और जिन्होंने खून-ख़राबे और जुल्म के बढ़े हुए हाथ को कभी पसंद नहीं किया, वे भी भ्रमित हो गये। उनके मानस के किसी-न-किसी गोशे में भी यह बात उभर रही थी कि मुसलमानों के यहां रहने का अब कोई तर्क नहीं, कोई औचित्य नहीं...।

मुग़ल वैभवों के प्रतीक शाहजहाँ द्वारा निर्मित दिल्ली का लाल किला और उसके दीवाने-ए-ख़ास और दीवाने-ए-आम, हिन्दुस्तान की तारीख़ के कई ऊंच-नीच के चश्मदीद गवाह हैं, उनमें वहां चले तीन मुकदमों की बड़ी अहमियत है। उस ऐतिहासिक लाल किला के दरो-दीवार ने उस वक्त ख़ून के आंसू बहाये होंगे, जब उसके निर्माताओं के वंश के आख़िरी ताजदार वारिस मुगल सम्राट शहंशाह बहादुर शाह ज़फर पर अंग्रेज़ों का विरोध करते 1857 के बाग़ी फ़ौजियों की अगुआई करने के जुर्म में राजद्रोह का मुकदमा उसी प्रांगण में चलाया गया। दीवाने-आम के उस झरोखे पर अभी वह अंग्रेज़ षड्यंत्रकारी जनरल बैठा था, जहां से मुगल सम्राट लोगों को कभी दर्शन दिया करते उनके फरियाद सुना करते थे। वह दर्शन देने वाला आख़री सम्राट मुजरिमों की तरह झरोखे के नीचे आज हाथ बांधे खड़ा होने पर मजबूर था। अंग्रेज़ी फ़ैसले के मुताबिक उसे हिन्दुस्तान का दुश्मन साबित कर रंगून जलावतन कर दिया गया और उसके साथ मुगल सम्राज्य का दुखद अंत हुआ। षड्यंत्रकारी अंग्रेज़ हिन्दुस्तान के मालिक बन बैठे। टिमटिमाती अंग्रेज़ी उपनिवेशवादी सरकार ने लाल क़िला के दीवाने-आम में उसी जगह दूसरा राजद्रोह का मुकदमा आज़ाद हिन्द फौज के जांबाज़ हिरोज़, "दिल्ली चलो" की आवाज़ बुलंद करनेवाले नेताजी सुभाष चन्द्र बोस के सहयोगियों लक्ष्मी सहगल, ढिल्लो और जनरल शाह

नवाज़ पर चलाया था। और अब ऐसा तीसरा अवसर था, जब उसी जगह आज़ाद हिन्दुस्तान के "राष्ट्रपिता" के क़ातिलों पर आज़ाद हिन्दुस्तान की सरकार द्वारा मुक़दमा चलाया जा रहा था।

इंडियन सिविल सर्विस, ज्यूडिशियल ब्रांच के माननीय सदस्य आत्माचरण अग्रवाल की विशेष अदालत में 22 जून, 1948 से मुकदमे की कार्रवाई शुरू हुई। मुल्ज़िम थे :

1. नाथूराम गोडसे, आयु 37 वर्ष, संपादक-हिन्दू-राष्ट्र, पूना
2. गोपाल गोडसे, आयु 27 वर्ष, स्टोरकीपर, आर्मी डिपो, पूना
3. नारायण आप्टे, आयु 34 वर्ष, प्रबंध निदेशक, हिन्दू-राष्ट्र प्रकाशन लिमिटेड, पूना
4. विष्णु करकरे, आयु 37 वर्ष, अहमदनगर के एक रेस्तरां का मालिक
5. मदन लाल पहवा, आयु 20 वर्ष, अहमदनगर रिफ्यूजी कैंप
6. शंकर कुष्टिया, आयु 27 वर्ष, घरेलू नौकर, पूना
7. दत्तात्रिया परचूरे, आयु 49 वर्ष, डाक्टर, ग्वालियर
8. विनायक दामोदर सावरकर, आयु 65 वर्ष, बैरिस्टर, बम्बई

तीन फरार हो गये अभियुक्तों- गंगाधर डण्डवते, गंगाधर यादव और सरयूदेव शर्मा पर भी उनकी अनुपस्थिति में मुकदमा चलाया गया था।

सरकार की ओर से उस समय के बम्बई के महाधिवक्ता सी. के. दफ्तरी ने कार्रवाई आरंभ की। 24 जून, 1948 से गवाहियां गुज़रनी शुरू हुई, जो 6 नवंबर को समाप्त हुई। इस मुकदमे की कार्रवाई पर पूरे विश्व की नज़र लगी हुई थी। कार्रवाई के दौरान पत्रकारों को कार्रवाई लिखने और उन्हें प्रकाशित करने की पूरी इजाज़त थी। हज़ारों लोगों ने कार्रवाई को देखा, बहुत सारे साक्षी गुज़रे और बड़ी संख्या में दस्तावेज़ों की परख एवं जांच की गई। लगभग एक माह बहसों का सिलसिला चला और 10 फरवरी, 1949 को फैसला सुनाया गया। फैसले के अनुसार विनायक सावरकर को बेनिफ़िट ऑफ़ डाऊट के आधार पर मुक्त कर दिया गया। नाथूराम गोडसे और उसके साथी नारायण आप्टे को फांसी की सज़ा दी गई और शेत्र पांच अभियुक्तों को आजीवन कारावास का दंड दिया गया। अपराधियों को उच्च न्यायालय में अपील करने की अनुमति भी दी गई। चार दिनों के बाद सात व्यक्तियों ने इस सहूलियत का लाभ लेते हुए पंजाब हाईकोर्ट में अपील दायर की। नाथूराम गोडसे ने अपने लिए मृत्युदंड के फैसले के विरुद्ध अपील करने से इनकार कर दिया, लेकिन षड्यंत्र के प्रश्न पर उसने अपील की और महात्मा गांधी की हत्या की पूरी ज़िम्मेदारी अपने सिर लेते हुए उसमें किसी और के शरीक रहने की संभावनओं से इनकार किया।

उन दिनों पंजाब हाईकोर्ट शिमला में हुआ करता था। तीन जजों, जस्टिस जी.

डी. खोसला, जस्टिस यू. एन. भंडारी और जस्टिस जे.अच्छू राम के खंडपीठ में विश्व इतिहास को प्रभावित करने वाले उस मुकदमे की सुनवाई हुई। 2 मई, 1949 को मुक़दमे की कार्रवाई शुरू हुई। आप्टे और मदन लाल पहवा की ओर से पैरवी के लिए कलकत्ता के एक सीनियर वकील बनर्जी, करकरे के लिए डागले और पंजाब हाईकोर्ट के एक वकील अवस्थी को लोगों ने कुष्टिया की ओर से रखा था। बम्बई हाईकोर्ट के ईनामदार, परचुरे और गोपाल गोडसे की ओर से पैरवी के लिए अदालत में मौजूद थे। नाथूराम गोडसे ने अपना कोई वकील नहीं रखा था, उसने खुद ही अपने मुक़दमे की पैरवी की। प्रॅास्एक्यूशन की ओर से बम्बई के महाधिवक्ता दफ्तरी, एन. के. पटींगर और करतार सिंह चावला पेश हुए। कार्रवाई आरंभ हुई और लंबी बहसें हुईं। नाथूराम गोडसे ने अपनी बहस शुरू की और बड़े तर्कपूर्ण ढंग से गांधीजी की हत्या के अपने घृणित कार्य को उचित बताते हुए पांच घंटों तक बयान दिया था। जस्टिस खोसला ने अपनी पुस्तक "दी मर्डर ऑफ महात्मा" पृष्ठ 201-245, में इस मुकदमे का ब्योरा दिया है। वे कहते हैं कि गोडसे ने जो वक्तव्य शैली अपनाई थी, उससे मुकदमे की कार्रवाई के दौरान हाईकोर्ट में उपस्थित लोगों पर सकते (संपूर्ण ध्यानमग्न) की हालत छाई हुई थी। उसकी बयानशैली और घटनाओं की सिलसिलेवार कड़ी के विवरण के साथ अपने कार्य के समर्थन में धार्मिक ग्रंथों से दिये गए उदाहरणें ने लोगों के दिलों में उसके लिए सहानुभूति पैदा कर दी थी। जब उसने अपना बयान समाप्त किया, तो अदालत में सन्नाटा छाया हुआ था। लोग भावविह्वल थे और वहां उपस्थित महिलाओं की आंखें गीली थीं और दबी-दबी सिसिकियों के बीच खांसने की आवाज़ इधर-उधर से सुनाई दे रही थी। जस्टिस खोसला का कहना है कि यदि उस दिन कार्रवाई के दौरान उपस्थित व्यक्तियों के हाथ में मुकदमे का फ़ैसला दे दिया जाता, तो लोग नाथूराम गोडसे को निश्चित तौर से आरोपमुक्त कर देते।

हाईकोर्ट ने आप्टे और नाथूराम गोडसे की फांसी की सज़ा को उचित ठहराया। परचुरे और शंकर कुष्टिया को बेनीफिट ऑफ डाउट के आधार पर बरी कर दिया और पांच अन्य अपराधियों के आजीवन कारावास की सज़ा बरक़रार रही। आप्टे और गोडसे को 15 नवंबर, 1949 को अंबाला जेल में फांसी दे दी गई।

गांधीजी की हत्या के बाद गोडसे को अपना बयान तैयार करने का लंबा मौका मिला था। वह पढ़ा-लिखा तो था ही, लिहाज़ा अपने घृणित कार्य को सही साबित करने के लिए विस्तार से मवाद जमा किया और शत-प्रतिशत झूठ को सही बताने की कामयाब कोशिश की। एक वकील अपने तर्क से जजों को अकसर लाजवाब कर देता है, पर झूठ हमेशा झूठ ही होता है, वह सच नहीं हो सकता। लिहाज़ा बड़ी कोशिशों के बावजूद गोडसे भी अपनी जुर्म से बरी नहीं हो सका।

गोडसे ने गांधीजी की हत्या को उचित बताते हुए अदालत में एक वकील

की तरह जो तर्क दिए, वह लोगों को गुमराह करनेवाले तो थे ही, लेकिन उसके कुछ भाग दिलचस्प हैं। उसने कहा था :

"...मैं एक धार्मिक ब्राह्मण घराने में पैदा हुआ, अतः मैं हिन्दू धर्म, हिन्दू इतिहास और सभ्यता का भक्त हूं। हिन्दू होने पर मुझे गर्व है। ज्यों-ज्यों बड़ा होता गया, स्वतंत्र अंदाज़ में सोचता रहा। कभी धार्मिक या राजनैतिक कट्टरपन को नहीं अपनाया। मैंने छुआछूत समाप्त करने जैसे कार्यों में रुचि ली और इस निष्कर्ष पर पहुंचा कि बिना व्यावसायिक भेदभाव के सब हिन्दू बराबर हैं और धार्मिक दृष्टिकोण से उन्हें एक ही मानना चाहिए।...

मैंने दादा भाई नौरोजी, विवेकानंद, गोखले और तिलक की रचनाओं के साथ प्राचीन और आधुनिक हिन्दुस्तान के इतिहास का गहन अध्ययन किया है। इंग्लैंड, फ्रांस, रूस और अमेरिका का इतिहास भी पढ़ा है। यही नहीं, मैंने कम्युनिज़्म और समाजवाद का भी गंभीर अध्ययन किया है। वीर सावरकर और गांधीजी की पुस्तकों का गहराई से अध्ययन करने का भी दावा कर सकता हूं। उनके लेखन और भाषणों ने मेरे व्यक्तित्व को बनाने में अहम योगदान किया है। आधुनिक हिन्दुस्तान के पच्चास वर्षों के इतिहास पर इन दो व्यक्तियों के गहरे छाप से इनकार नहीं किया जा सकता। इन अध्ययनों ने मुझे हिन्दुओं के विकास और हिन्दू देश के कल्याण के लिए एक देशभक्त और मानवमित्र के रूप में गम्भीरता से विचार करने पर मजबूर किया, कारण स्पष्ट है-तीस करोड़ हिन्दुओं की आज़ादी, उनके अधिकार और कल्याण की बात करना पूरे विश्व की जनसंख्या के पचासवें भाग की सेवा करने जैसा है। इसी भावना के अंतर्गत मैं हिन्दू संगठन का सक्रिय सदस्य बना। जब श्यामा प्रसाद मुखर्जी हिन्दू महासभा के अध्यक्ष हुए, उस समय यह संगठन कांग्रेस की तुलना में बहुत कमज़ोर था। उस समय गांधीजी और उनके अनुयायी एक ऐसी पॉलिसी पर चल रहे थे, जो हिन्दुओं के लिए ज़हर जैसा था और दूसरी ओर मुस्लिम लीग हिन्दुओं को समाप्त करने पर तुली हुई थी। हिन्दू महासभा इतनी शक्तिशाली नहीं थी कि एक साथ दोनों से टक्कर ले और मैं इस निष्कर्ष पर पहुंचने पर मजबूर था कि महासभा हिन्दुओं को संगठित करने की क्षमता नहीं रखती। अतः, अपने विचारों से सहमत हिन्दू नौजवानों का एक अलग संगठन बनाना तय किया। इस प्रकार मैंने बुजुर्ग नेताओं से सलाह लिए बिना गांधीवाद और मुस्लिम लीग से एक साथ मुकाबला करने की योजना बनाई।

...1946 और उसके आस-पास बंगाल की सुहरवर्दी सरकार के प्रोत्साहन से नोवाखाली में मुसलमानों ने हिन्दुओं पर जो अत्याचार किये, उससे हमारा खून खौलने लगा था। हमारे अपमान सहने की सीमा का अंत उस समय हुआ, जब गांधीजी सुहरवर्दी की ढाल बन गए और अपनी प्रार्थना सभाओं में शहीद सुहरवर्दी कह कर उन्हें संबोधित किया। यही नहीं, जब वे दिल्ली आ गये, तो भंगी कॉलोनी के मंदिर में पुजारियों और अन्य लोगों के विरोध के बावजूद कुरान पढ़वाना शुरू कर दिया। किसी मस्जिद में गीता पढ़वाने का उन्हें साहस नहीं हुआ, क्योंकि मुसलमान इसका विरोध करते। अत:, उन्होंने हिन्दुओं की उदार मानसिकता को ही चोट पहुंचाई। मैंने भी उसी वक्त तय किया कि गांधीजी को बता देना चाहिए कि जब हिन्दुओं की मान-मर्यादा पर चोट पहुंचती है, तो वह सहनशक्ति की सीमाओं को तोड़ भी सकते हैं। अत:, हमलोगों ने योजना बनाई कि उनकी प्रार्थना सभाओं में गड़बड़ी पैदा करेंगे।... इसी दौरान पंजाब और अन्य भागों में मुसलमानों की सांप्रदायिकता रंग लाने लगी। जब हिन्दुओं ने बिहार, कलकत्ता, पंजाब और अन्य स्थानों पर प्रतिशोध का प्रदर्शन किया, तो कांग्रेस सरकार ने निर्दयता से उन्हें गोली मारी, उन पर मुकदमे चलाए और उन्हें परेशान किया। जब पंजाब में हिन्दुओं पर कयामत ढाई जा रही थी, उनका खून पानी की भांति सस्ता हो गया था, लोक-लाज को कहीं रख कर यहां 15 अगस्त, 1947 का उत्सव मनाया जा रहा था। हमारे समर्थक महासभाइयों ने उत्सव के बहिष्कार का निर्णय लिया और मुस्लिम अत्याचारों से मुक़ाबला करना तय किया।

...पांच करोड़ हिन्दुस्तानी मुसलमान अब निश्चित रूप से हमारे देश के वासी नहीं। पश्चिम बंगाल में अल्पसंख्यकों का सफाया किया जा चुका है। शताब्दियों से बनी बनाई उनकी गृहस्थी नष्ट कर दी गई है। उनकी जड़ें खोदी जा रही हैं। उनकी हत्या की गई, अत्याचार का निशाना बनाया गया। यही सिलसिला पूर्वी पाकिस्तान में भी चल रहा है। लाखों-लाख उजड़ गये, उसमें कुछ मुसलमान भी होंगे, परंतु अभी तक गांधीजी मुसलमानों की तुष्टिकरण (Appeasement) की पॉलिसी पर ही जमे हुए थे। हमारा खून इन चीज़ों को देख कर खौल रहा था, अत:, इनको और सहन करना हमारे लिए असंभव था।... गांधीजी ने अंग्रेज़ों की लड़ाओ और शासन करो की पॉलिसी को सफल बना दिया, उन्होंने हिन्दुस्तान के विभाजन में अंग्रेज़ों की सहायता की।

...गांधीजी की 22 वर्षों की उत्तेजना पैदा करनेवाली कोशिश अपनी चरम सीमा पर उस समय पहुंची, जब उन्होंने मुस्लिम समर्थन में व्रत

रखा। यह अंत था मेरी सहनशीलता का, और मैंने तय किया कि अब उनको शीघ्रातिशीघ्र खत्म ही कर देना चाहिए।"[1]

गांधीजी की हत्या कोई साधारण घटना नहीं थी।[2] उनकी हत्या ने अनेक ऐसे प्रश्नों को सामने लाया, जिनके समाधान की खोज उसी समय से हो रही है, जब अंग्रेज़ों के आने और यहां जम जाने के बाद सुनियोजित तरीके से हिन्दुस्तान में एक नई स्थिति और व्यवस्था पैदा करने की कोशिश की गई और हिन्दू और मुसलमान किसी न किसी वजह से प्रतिद्वंद्वियों की तरह आमने-सामने खड़े हो गये थे। आज भी वे प्रश्न अपनी जगह पर ज्यों-के-त्यों मौजूद हैं और उचित हल की खोज भी जारी है। पूरे उपमहाद्वीप हिन्दुस्तान, पाकिस्तान और बांग्लादेश का वर्तमान और उज्ज्वल भविष्य इसी खोज की उपलब्धियों पर निर्भर करता है।

हिन्दुस्तान में जब-जब हिन्दुओं के पुनर्जागरण के प्रयास हुए या उनके बीच सामाजिक सुधार के आंदोलन चले, जाने या अनजाने वे आंदोलन एक ऐसे मोड़ पर जा पहुंचे हैं, जहां यह अंतर करना कठिन हो गया है कि वे हिन्दुओं के अंदर नई सोच पैदा करना चाहते हैं या मुसलमानों के विरुद्ध हिन्दुओं को एकजुट करना उनका मुख्य उद्देश्य है। कमोबेश यही स्थिति मुस्लिमों में चले सुधार आंदोलनों की भी रही, उनकी हदें भी हिन्दू मुख़ालफत को छूती नज़र आती हैं। 19वीं शताब्दी के अंतिम दौर और 20वीं शताब्दी के शुरू के चौथाई वर्षों में हिन्दुओं और मुसलमानों के बीच सुधार के कई आन्दोलन चले, लेकिन एक समय ऐसा आया, जब अपनी सुधार और विदेशी शासन से निजात पाने की कोशिश के बजाय उन्हें एक-दूसरे के सामने लाकर खड़ा कर दिया। उन्हें इतना गुमराह किया कि मंज़िल पर पहुंचना तो दूर, साथ मिल कर मंज़िल की तलाश भी जाती रही, वे एक-दूसरे से उलझ कर रह गये। विदेशी साम्राज्यवादी शासकों ने इन गुमराह हिन्दुस्तानियों को और भटकाया। हिन्दुस्तान के ऐतिहासिक तथ्यों को इतना तोड़ा-मरोड़ा कि सही जानकारी नामुमकिन हो गई और ग़लतफहमियों की चादर दोनों संप्रदायों के बीच नफरत की मज़बूत दीवार साबित हो गई। लड़ाओ और शासन करो की नीतियों का तरह-तरह से इस्तेमाल किया गया, जिनकी वजह से परिस्थिति उलझती ही गई।

यह कितने आश्चर्य की बात है कि सदियों एक साथ रहने के बावजूद आज भी हिन्दुओं और मुसलमानों की अकसरीयत एक-दूसरे के रस्मो-रिवाज, शादी-ब्याह के तौर-तरीकों और खान-पान के ढंग से अच्छी तरह परिचित नहीं। सैकड़ों वर्षों से एक साथ रह रहे लोगों को जिस तरह घुल-मिल जाना चाहिए था, वैसा हो नहीं पाया। और "इस" नहीं होने में ऐतिहासिक कारणों का जितना हाथ नहीं रहा, उससे ज्यादा राजनीति और ख़ासकर सत्ता की राजनीति करनेवालों

की योजनाबद्ध कूटनीतियां रही हैं। शुरू से ही अंग्रेज़ शासकों ने लड़ाओ और शासन करो की नीति को अपनाया और विभिन्न समुदायों के बीच मौजूद विरोधाभाषों से अनुचित लाभ उठाया। उन्हें एकजुट तो होने नहीं ही दिया, उनके मतभेदों को बढ़ा-चढ़ा कर पेश किया। इस नीति की सफलता में उन्हें अपनी "स्थिरता" की जड़ें नज़र आईं। अतः, उन्होंने ऐसा रास्ता अपनाया जिसकी वजह से यह दूरी बढ़ती गई और जितनी यह दूरी बढ़ती गई, हिन्दुस्तान में उनका भविष्य उतना ही उज्ज्वल होता चला गया। एक सुनियोजित रणनीति के तहत ईसाई धर्म के प्रचार-प्रसार पर सरकार ने विशेष ध्यान दिया। स्कूल और कॉलेज खोले गये, ताकि उनकी सीख लिये शिक्षितों का एक वर्ग तैयार हो, जो उनकी दूरगामी नीतियों की सफलता के वाहक बन सकें। सच्चाइयों को तोड़-मरोड़ कर इतिहास की ऐसी पुस्तकें तैयार कराई गईं, जिसने नये शिक्षित हिन्दुओं और मुसलमानों के बीच की खाई को काफी गहरा बना दिया।

1857 के जन-विद्रोह के बाद की परिस्थितियों से अंग्रेज़ इस नतीजे पर पहुंच चुके थे कि विभिन्न धर्मों के माननेवाले हिन्दुस्तानी समाज में मौजूद कमज़ोरियों और मतभेदों के बावजूद हिन्दुओं और मुसलमानों के बीच मतभेदों की जड़ें अधिक गहरी नहीं हैं। औरंगज़ेब की मृत्यु (1707) के बाद पतनशील मुगल साम्राज्य का बिखरना शुरू हो चुका था और विधि व्यवस्था की स्थिति चिंताजनक हद तक बिगड़ गई थी। हर सूबे में केंद्र से बग़ावत और खुदमुख्तारी की फिज़ा बन चुकी थी और कमज़ोर केंद्रीय सरकार अंतिम सांसें ले रही थी। सच्चाई तो यह थी कि दिल्ली के आस-पास भी मुगल शहंशाह का शासन नहीं के बराबर ही था। अराजकता की स्थिति थी। इसके बावजूद कि आए दिन मुगल सल्तनत के बिखराव की बुरी ख़बरें ही सुनने में आ रही थीं, लेक़िन उस अवधि में भी हिन्दुओं और मुसलमानों के बीच धर्म के नाम पर किसी टकराव का कोई सबूत नहीं मिलता। लंबी अवधि तक मुस्लिम हुकूमत रहने के बावजूद इन दोनों मुख्य समुदायों के बीच घृणा की कोई फिज़ा नहीं बनी थी। और जब अंग्रेज़ों से विद्रोह का समय आया, तो हिन्दुस्तान के बाग़ी हिन्दू राजाओं और मुसलमान नवाबों ने लड़खड़ाते मुगल साम्राज्य के "शहंशाह" बहादुर शाह ज़फर को ही अपना लीडर बनाया। 1857 के विद्रोह को सख़्ती से दबा दिया गया। इस क्रम में हिन्दुस्तानियों पर जो मुसीबतों के पहाड़ टूटे, उसने अंग्रेज़ों के सभय होने पर ही प्रश्न चिहन लगा दिया। इस बगावत से अंग्रेज़ों ने एक अहम सीख ली, वे इस नतीजे पर पहुंचे कि जब तक हिन्दुओं और मुसलमानों के बीच नफ़रत की दीवार नहीं खड़ी की जाती हिन्दुस्तान में उनकी हुकूमत स्थिर नहीं हो सकती। अतः, उन्होंने बड़ी सूक्ष्मता से लड़ाने और राज करने की नीति पर ध्यान देना शुरू किया।

अंग्रेज़ों ने शुरू से ही दोहरी पॉलिसी अपनाई थी, ताकि हुकूमत चलाने में ज़्यादा दिक्कत नहीं हो। 1857 के विद्रोह को दबा दिये जाने के बाद आख़िरी मुगल शहंशाह देशद्रोह के मुजरिम करार देकर रंगून जलावतन कर दिये गये। विद्रोह के बीच ही उनके वारिसों के कटे सिर उन्हें पेश कर बता दिया गया था कि अब उनका नामलेवा भी कोई नहीं रहा और मुग़ल हुकूमत ख़त्म हो चुकी है। उसके बाद उनका क़हर मुसलमानों पर टूटा। मुसलमान नवाब, जागीरदार, रईस और खाते-पीते लोग उनके ज़ुल्मों के शिकार हुए। हज़ारों मुसलमानों को बेदर्दी से फांसी दे दी गई। उनकी संपत्ति ज़ब्त कर ली गई और हर वह मुमकिन उपाय किये गये, जिससे उनकी कमर बिल्कुल टूट जाये और पुनः सिर उठाने का साहस भी उनके अंदर पैदा नहीं हो सके। हुकूमत गई, नवाबी गई, रियासत ख़त्म हुई, मुग़ल दरबार से मिलनेवाली पेंशन और तनख्वाह बंद हुए, जागीरदारियां नीलाम हुई, अर्थात देखते-देखते रईस व अमीर भिखारियों की पंक्ति में लाकर खड़े कर दिए गए। अधमरे मुसलमानों को परिस्थितियों की मार ने सिसक-सिसक कर जीने पर मजबूर कर दिया। एक ओर एक सोची-समझी योजना के अंतर्गत मुसलमानों की यह दुर्गति बनाई गई, तो दूसरी ओर सरकार ने हिन्दुओं के लिए संरक्षण और प्रोत्साहन के दरवाज़े खोल दिये। उन्हें सरकारी नौकरियाँ दी गई, सम्मानों से नवाज़ा गया। सरकार की पूरी कोशिश रही कि उनकी आर्थिक और सामाजिक स्थिति ऐसी अच्छी हो जाए कि लुटे-पिटाए मुसलमान रईस और अमीरों के दिलों में इनके प्रति नफरत पैदा हो जाए, मुसलमान हिन्दुओं से घृणा करने लगें और दोनों के बीच दूरी पैदा हो जाए। लार्ड एलेम्ब्रो ने डियूक आफ विलिंग्टन को स्पष्ट शब्दों में लिखा था- "हमें इस तथ्य से आंख नहीं बंद करनी चाहिए कि मुसलमान साधारणतः हमारे विरोधी हैं। अतः, हमारी पॉलिसी है कि हिन्दुओं को अपना समर्थक बनाया जाए, इनकी दिलदारी की जाए।"[3] इस पॉलिसी पर पूरी मुस्तैदी के साथ काम किया गया, जिसका मनचाहा परिणाम जल्द सामने आया। मुसलमानों के दिलों में पैदा हुई ईर्ष्या ने धीरे-धीरे हिन्दुओं के प्रति उनके दिलों में घृणा के बीज बो दिए और उनकी हिन्दुओं से दूरी बढ़ती चली गई। जब मुसलमानों के बीच हिन्दुओं के प्रति घृणा की जड़ें पूरी तरह जम गई, तब अंग्रेज़ों ने दूसरा पासा फेंका। विपत्तियों से घिरे, सिसक-सिसक कर दम तोड़ रहे कभी के सम्मानित रहे मुस्लिम वर्गों को पीठ थपथपानी शुरू की। अंग्रेज़ आक़ाओं ने उनके साथ मेहरबानियां शुरू कीं, उनके बीच पद और पदवियां बांटी। बदलती हुई स्थिति का जो अनिवार्य परिणाम सामने आना चाहिए था, वह उभर कर सामने आया। विशेष दर्जा प्राप्त प्रभावशाली हिन्दू वर्ग अंग्रेजों के रवैये से चौंका और इस नई पहल के प्रति उसके बीच नकारात्मक प्रतिक्रिया हुई। उसके अंदर भी अब मुसलमानों के प्रति वही द्वेष और ईर्ष्या उभरी, जो

मुसलमानों के अंदर कभी इसके प्रति उभरी थी। सर जॉन एस्ट्रेची ने स्पष्ट शब्दों में कहा था, "इन दो विरोधी ख़ेमों का अस्तित्व हमारी राजनैतिक स्थिरता का बहुत ही महत्वपूर्ण पहलू है। मुसलमानों का प्रभावशाली वर्ग हमारे लिए अत्यधिक सहायक है, जो हमारी शक्ति के लिए ज़रूरी है, वह हमारी कमज़ोरी नहीं। ये संख्या में कम ज़रूर हैं, परंतु प्रभावी और सक्रिय हैं। राजनीतिक दृष्टि से इनकी संस्कृति हमसे मिलती-जुलती है।" इसी बीच डब्ल्यू. डब्ल्यू. हेंटर की पुस्तक " दी इंडियन मुसलमान्स" सामने आई, जहां बंगाल के मुसलमानों की दुखद स्थिति को उजागर करते खूब आंसू बहाये गये और सरकार से अनुशंसा की गई कि मुसलमानों की हालत को प्राथमिकता के आधार पर सुधारा जाना चाहिए। अर्थात् अंग्रेज़ी सरकार ने अपनी जड़ों को मज़बूत बनाने के लिए हिन्दुस्तान की दो श्रेष्ठ और बड़े समुदायों को एक ऐसे मोड़ पर ला खड़ा करना ज़रूरी समझा, जिसके आगे आपसी घृणा, अविश्वास और एक-दूसरे के प्रति शंकाएं ही मौजूद थीं।

यह ऐतिहासिक सच्चाई है कि कांग्रेस पार्टी ने आज़ादी की लड़ाई में सबसे महत्वपूर्ण भूमिका निभाई है। उसके बैनर तले देश आज़ाद हुआ और गांधीजी इस संगठन के सर्वमान्य नेता रहे। उनकी अथक कोशिश रही कि कांग्रेस पार्टी सिद्धांतों पर आधारित एक ऐसी पार्टी बनी रहे, जिसे देश के हर सामुदाय और धर्म के माननेवालों का विश्वास प्राप्त हो और वह संगठन राष्ट्रीय चेतना और उमंगों की "प्रतिनिधि" समझी जाए। कांग्रेस पार्टी और आज़ादी की लड़ाई का गांधीयुग जब शुरू हुआ, तो धीरे-धीरे यह वास्तविकता स्पष्ट होकर सामने आई कि गांधीजी किसी विशेष माटी के बने "मार्गदर्शक" हैं और उनके हौसले की मंज़िलें कुछ और ही है। अब तक कांग्रेस चैंबरी की राजनीति करनेवाले बड़े लोगों, ख़ासकर वकील और बैरिस्टरों की पार्टी थी। उसके वार्षिक अधिवेशन होते, कुछ प्रस्ताव पारित होते, जिन्हें सरकार को भेज दिया जाता और लोग निश्चिंत हो जाते। उनके वार्षिक अधिवेशनों या प्रत्येक अधिवेशन में पारित प्रस्तावों से आमलोगों का दूर का भी वास्ता नहीं था। कांग्रेस के संस्थापक ए. ओ. ह्यूम (A.O. Hume, 1829.1912) के सामने जिस भारतीय राष्ट्रीय कांग्रेस के संगठन का नक्शा था, वह सब हिन्दुस्तानियों की आकांक्षाओं को पूरा करते हुए किसी स्पष्ट चित्र के प्रारूप में रंग भरने का नहीं था। कुछ पढ़े-लिखे प्रभावशाली विशिष्ट व्यक्तियों के अधिकार और हितों की ज़मानत और सरकार से उनके अच्छे संबंध बनाए रखने के लिए यह संगठन बनाया गया था। लेकिन, जब बात आगे बढ़ी, तो इसमें महत्वपूर्ण ऐतिहासिक अध्याय जुड़ते चले गए और एक समय ऐसा आया कि यह साधारण हिन्दुस्तानियों की भावनाओं और आकांक्षाओं का प्रतीक बन गई। 1885 में मुश्किल से एक सौ लोग इस संगठन

से जुड़े थे, लेकिन 1886 में इसके सदस्यों की संख्या 434 और 1887 में प्रतिनिधियों की संख्या 607 हो गई।[4] बड़ी तेज़ी के साथ भारतीय राष्ट्रीय कांग्रेस के सदस्यों की संख्या बढ़ी और इसके साथ ही इसके उद्देश्य और कार्यक्रम भी स्पष्ट और विस्तृत होते चले गए। वह अब चंद विशिष्ट व्यक्तियों की प्रतिनिधि नहीं रही, बल्कि उसके दायरे में साधारण हिन्दुस्तानी और संपूर्ण हिन्दुस्तानी समाज आ गया। एच.एन. कुंजरू ने कांग्रेस के विस्तृत होते स्वरूप के बारे में लिखा कि कांग्रेस एक विशेष दल अथवा प्रांत की उन्नति के लिए नहीं बल्कि पूरे देश के लिए सक्रिय है।[5] सुरेन्द्र नाथ बनर्जी ने और स्पष्टता से कहा, हमारे सामने एक संयुक्त हिन्दुस्तान है, जो हिन्दू, मुस्लिम, ईसाई, पारसी और सिखों पर आधारित है। हमारा प्लेटफॉर्म सामूहिक है। यहां हमने अपने मतभेदों को समाप्त कर देने का तय किया है। हम एक ही सरकार, राजनीतिक आस्था और शासन के अधीन हैं। हमारे अधिकार और शिकायतें भी एक ही जैसे हैं।[6]

सामाजिक प्रश्नों और राजनैतिक मुद्दों को लेकर हिन्दुस्तान में अनेक आंदोलन चले। उनमें कांग्रेस द्वारा चलाया हुआ आंदोलन एक विस्तारित और सर्वमान्य आंदोलन रहा। इसने पूरी कोशिश की कि वह यहां के हर वर्ग और उसकी सोच, हर क्षेत्र के लोगों की भावनाओं का प्रतिनिधित्व कर सके। इस कोशिश में बड़ी हद तक उसे कामयाबी भी मिली। लेकिन, यह सच्चाई भी अपनी जगह बहुत दिलचस्प है कि 1886 के दूसरे कांग्रेस अधिवेशन के बाद से ही इस संगठन के उद्देश्यों और कार्यकलापों को चुनौतियों का सामना भी करना पड़ा। इसी प्लेटफॉर्म से आई.सी.एस. की परीक्षाओं और उत्तरी हिन्दुस्तान में बंगालियों के बढ़े वर्चस्त्र के विरोध में सवाल उठाए गए। कुछ हिन्दू रिवाईवलिस्ट्स तत्वों द्वारा, कांग्रेस पर हावी होने को कोशिश भी हुई, जिसकी वज़ह से मुसलमानों के बीच लोकप्रियता प्राप्त करने में कांग्रेस को बड़ी कठिनाई हुई। एक ओर कांग्रेस बहैसियत एक संगठन प्रयत्नशील रही कि उसका क्षेत्र विस्तृत हो और वह किसी विशेष धार्मिक या क्षेत्रीय सोच रखनेवालों का प्रतिनिधि न बने, तो दूसरी ओर बाल गंगाधर तिलक, विपिन चन्द्र पाल, मदन मोहन मालवीय, लाला लाजपत राय जैसे वरिष्ठ नेताओं ने राष्ट्रीयता को धर्म का लबादा ओढ़े "हिन्दुतत्व" से उसे जोड़ना चाहा, जिसकी वजह से ग़ैरहिन्दुओं के बीच उसके प्रति शंकाएं पैदा हुईं। तिलक और उनके महाराष्ट्र के सहयोगियों ने राजनैतिक उद्देश्यों और समाज में अपनी पकड़ मज़बूत बनाने के लिए मुस्लिम-मुग़ल शासकों से संघर्षशील रहे शिवाजी को "हिन्दुओं" के अग्रणी नायक के रूप में पेश किया। बात यहीं पर नहीं रुकती, कांग्रेस के प्लेटफॉर्म से गाय के संरक्षण के प्रस्ताव पारित किये गये। कांग्रेस और गौ-रक्षा समिति के संयुक्त अधिवेशन आयोजित हुए। कांग्रेस की इस कार्यशैली को देखते हुए

वाइसराय लेन्डस डाऊन ने कांग्रेस पार्टी को कट्टरपंथी हिन्दुओं और आम हिन्दुओं से समन्वय स्थापित करने वाली कड़ी माना। अतः शुरू से ही कुछ हिन्दू रिवाइवलिस्ट्स मनोवृत्ति वालों की गतिविधियों के कारण मुसलमानों के बुद्धिजीवी वर्ग ने उसे शंका की नज़रों से देखा और इससे अलग रहने की अपनी कोशिशों को न सिर्फ ठीक माना, बल्कि उसके मुकाबले में एक उचित विकल्प की खोज उन्हें हमेशा रही। ऐसा लगता है कि अपने प्रारंभिक दिनों में कांग्रेस के नेताओं ने अपने बड़े-बड़े दावों के मद्देनज़र अपनी अंदरुनी कमज़ोरियों पर अधिक ध्यान नहीं दिया, अतः अंग्रेजों ने, और खुद हिन्दुस्तानी विरोधियों ने आगे चल कर इस संगठन के लिए कठिनाइयां पैदा कीं। सबके प्रतिनिधित्व का दावा करनेवाली कांग्रेस निर्विवादिता के आधार पर विकसित नहीं हो सकी।

हिन्दुस्तान में गुलाम वंश (1206-1290) की हुकूमत क़ायम हो जाने के बाद ही यह स्पष्ट हो गया था कि अब मुसलमानों ने अपना भाग्य हिन्दुस्तान की सरज़मीन से जोड़ देना तय कर लिया है। सैकड़ों वर्षों की उनकी हुकूमत और उसकी बहुआयामी उपलब्धियां सिद्ध करती हैं कि मुसलमानों ने हिन्दुस्तान को समृद्ध बनाने और एक बहुआयामी इन्फ्रास्ट्रक्चर के माध्यम से हिन्दुस्तान को मज़बूत बनाने में कंजूसी से काम नहीं लिया। कुतुबुद्दीन ऐबक से बहादुरशाह ज़फर तक के काल को (1206-1857) यदि निष्पक्ष भाव से देखा जाये, तो मानना पड़ेगा कि मुसलमानों ने हिन्दुस्तान को अपना मादरे-वतन माना। अपने कौशल और क्षमता का प्रयोग हिन्दुस्तानी समाज के हर क्षेत्र में एक से बढ़कर एक आकर्षक रंग भरने में किया और अपनी मातृभूमि को जन्नत-निशां ही नहीं सोने की चिड़िया भी बनाया। मुसलमान एकाएक विजयी के रूप में यहां नहीं आये थे। अरबों और अरब-देशों से हिन्दुस्तान का गहरा व्यावसायिक और सांस्कृतिक संबंध बहुत पुराना है। मलिक काफूर के दक्षिण भारत में पहुंचने से बहुत पहले मुसलमान व्यवसायी यहां आबाद हो चुके थे। स्थानीय राजाओं ने उन्हें मस्जिदें बनाने की अनुमति दे दी थी और स्थानीय लोगों में ये घुल-मिल चुके थे और यही मेल-जोल ने रिवेटेन्स और लावेस (Ravettans & Labbese) समुदायों को जन्म दिया। उनकी अपनी कुशल व्यावसायिक सूझ-बूझ, स्थानीय हितों के प्रति समर्पण और प्रतिबद्धता के कारण उन्हें राजनैतिक संरक्षण और सम्मान भी प्राप्त था। मारकोपोलो ने राजा सुंदर पाण्डियान के एक वरष्ठि मुसलमान मंत्री तक़ीउद्दीन की चर्चा अपने संस्मरण में की है। उसके पुत्र सिराजुद्दीन और पौत्र निज़ामुद्दीन को भी वही सम्मान राज दरबार में प्राप्त था। कुबलई खां (1286) के दरबार में पाण्डियान राजा का जो राजदूत गया था, वह मुसलमान फ़ख़रूद्दीन अहमद नामी व्यक्ति था। मलिक काफूर की फ़ौज का राजा वीर बलाल की सेना से घमासान युद्ध हुआ था, जिसमें बीस हज़ार फ़ौजी

मुसलमान थे।[7] अतः जब मुसलमान विजयी बन कर आए, तो यहां के वातावरण में घुल-मिल जाने में उन्हें ज़्यादा कठिनाई नहीं हुई। उदार हिन्दू दर्शन पर आधारित हिन्दुओं ने धर्म के आधार पर उनकी कभी मुख़ालफत नहीं की, सहज तरीके से उन्हें स्वीकार किया। यहां के सामाजिक जीवन को दोनों ने मिलकर और आकर्षक बनाया तथा स्थानीय लोगों के मेल-जोल से एक नई गंगा-यमुनी संस्कृति को जन्म दिया। प्रख्यात कवि-साहित्यकार रामधारी सिंह दिनकर कहते हैं "जब इस्लाम आया, उसे इस देश में फैलने में देर नही लगी। तलवार के भय अथवा पद के लोभ से बहुत थोड़े ही लोग मुसलमान हुए, ज़्यादा तो ऐसे ही थे, जिन्होंने इस्लाम का वरण स्वेच्छा से किया। बंगाल, कशमीर, पंजाब में गांव-के-गांव एक साथ मुसलमान हो गए।"[8]

यहां एक ऐतिहासिक तथ्य ध्यान में रखना चाहिए कि अन्य आक्रमणकारी और हिन्दुस्तान को वतन बनानेवाली दूसरी क़ौमों की तरह मुसलमानों ने यहां के सामाजिक व्यवस्था को स्वीकारा, लेकिन उसमें अपने को पूरी तरह विलीन नहीं किया, अपनी पहचान को बाकी रखा। आर्यों से लेकर अफ़ग़ानों के आने तक हूण, शक, सीथियन, कुशान इत्यादि कई समूह विजेता के रूप में हिन्दुस्तान आए और वे यहां के स्थानीय रंग में पूरी तरह रच-बस गए। उनकी अपनी पहचान बाकी नहीं रही। लेकिन, मुसलमानों के साथ ऐसा नहीं हुआ। उन्होंने यहां शादी-ब्याह किए, रीति रिवाजों को अपनाया, खान-पान अपनाए, लेकिन अपनी अलग पहचान बनाये रखी। स्वतंत्रता संग्राम के बीच कांग्रेस के नेताओं की चेतना में भी यह सच्चाई पूर्णतया व्याप्त रही और शुरू से ही इस बात का हर संभव ख्याल रखा गया कि मुसलमानों की उपेक्षा नहीं हो। कांग्रेस ने अपने प्रत्येक फ़ैसले में मुसलमानों की भावनाओं का आदर किया और इसी का नतीजा था कि उस समय के मुस्लिम संगठनों से उसे पूरा सहयोग मिला। सुरेन्द्र नाथ बनर्जी ने कलकत्ता के सेंट्रल मोहम्डन एसोसिएशन, जिसके कर्ता-धर्ता जस्टिस अमीर अली थे, से सहयोग लिया। लखनऊ और इलाहाबाद के वरिष्ठ मुस्लिम नेताओं से भी सहयोग प्राप्ति की पूरी कोशिश रही, ताकि देशव्यापी आन्दोलनों में देश की दूसरी सबसे बड़ी धार्मिक इकाई भागीदार बने। किसी ग़लतफ़हमी की बुनियाद पर कोई अड़चन न पैदा हो, इसका पूरा ध्यान रखा गया। हिन्दुओं और मुसलमानों के सम्मान और परस्पर हितों के मद्देनज़र एक कारगर नीति कांग्रेस ने तैयार की थी। उसी की रोशनी में अमीर अली, सैयद अहमद खां, अब्दुल लतीफ़, बदरूद्दीन तैयबजी जैसे प्रतिष्ठित मुस्लिम बुद्धिजीवियों का समर्थन पाने की कोशिश हुई। कांग्रेस के शुरू के दिनों में मुसलमानों ने पूरा नैतिक और वित्तीय सहयोग उसे दिया भी। शुरू में ही मीर हुमायूंजाह ने कांग्रेस को पांच हज़ार रुपये अनुदान दिए थे और अली मोहम्मद भीम नाम के बम्बई के एक

बड़े व्यापारी ने कांग्रेस के उद्देश्यों को लोगों तक पहुंचाने के लिए बहुत-सी जगहों का दौरा किया। अलीगढ़ के लुतफुल्लाह और मुज़फ्फरनगर के मुल्ला मोहम्मद मुराद ने हिन्दुओं से सहयोग करने के फ़तवे (धार्मिक निर्देश) भी जारी किए थे।

सन्दर्भ

1. जी.डी. खोसला, दी मर्डर ऑफ महात्मा, शेटू एंड विन्डस्, लंदन, 1963, पृष्ठ 238-240
   गोपाल गोडसे, गांधी वध्य क्यों, दी तिस्ता प्रकाशन, पूना, 1972, पृष्ठ 62-72
2. गांधीजी के सिक्रेट्री, प्यारे लाल ने अपनी पुस्तक "दी लास्ट फेज़", भाग-2, पृष्ठ 719 में पूरी तफसील दी है।
3. डब्लयू. सी. स्मिथ, मॉडन इस्लाम इन इंडिया, विक्टर कोलिंस, लंदन, 1946, पृष्ठ 190
4. मुशीरूल हसन, नेशनलिज़्म एंड कम्युनल पॉलिटिक्स इन इंडिया, मनोहर पब्लिकेशन, नई दिल्ली, 1979, पृष्ठ 19 संदर्भ "ट्रिब्यून", इलाहाबाद, 23 जनवरी 1889
5. वही, पृष्ठ 29
6. स्पीचेज़ एंड राईटिंग्स ऑफ सुरेन्द्र नाथ बनर्जी, पृष्ठ 265, संदर्भ, मुशीरूल हसन, पृष्ठ 30
7. अशोक मेहता और अचूत पटवर्धन, दी कम्युनल ट्रैंगल इन इंडिया, किताबिस्तान, अलाहाबाद, 1942, पृष्ठ 11,12
8. रामधारी सिंह दिनकर, संस्कृति के चार अध्याय, राजपाल एंड सन्स, दिल्ली, 1956, पृष्ठ 207

हिन्दू और मुसलमान : रिश्तों के तानेबाने...

साथ-साथ रहने का जितना लंबा इतिहास होगा, आपसी मतभेदों की सूची के लंबे होने की भी गुंजाइश होती है। यही मामला है हिन्दुस्तान के हिन्दुओं और मुसलमानों का। आज यह बात स्पष्ट होकर साम्ने आ चुकी है कि हिन्दुओं और मुसलमानों के बीच तनाव के कारणों में सिर्फ धर्म कभी नहीं रहा है। लेकिन, अपनी सांप्रदायिकता को छुपाने के लिए धर्म का नाम अवश्य लिया जाता रहा है। सैकड़ों वर्षों का हिन्दुस्तानी इतिहास इसकी गवाह है। डॉ. रामगोपाल ने अपनी पुस्तक "इंडियन मुस्लिम्स" में बड़ी संजीदे ढंग से हिन्दुस्तान के इस जटिल प्रश्न पर प्रकाश डाला है और जवाहरलाल नेहरू इस समस्या पर कहते हैं, "डर वास्तविक सांप्रदायिकता है और राजनैतिक प्रतिक्रिया नकली"।[1] इस दृष्टिकोण की पुष्टि डब्ल्यू. सी. स्मिथ के इन शब्दों से होती है, "सांप्रदायिकता आर्थिक, मनोवैज्ञानिक, धार्मिक इत्यादि अनेक उलझी हुए समस्याओं के कारण हैं। इनमें कौन सबसे अधिक महत्वपूर्ण है, का अर्थ यह है कि किसको आसानी से इस्तेमाल किया जा सकता है"।[2] हमारे अपने अनुभव बतलाते हैं कि धर्म आदमी का एक ऐसा संवेदनशील पहलू है, जिसे बड़ी आसानी से उत्तेजित किया जा सकता है और जन साधारण की उत्तेजित भावनाओं को धार्मिक उन्माद की सीमा तक पहुंचा देना अक्सर बहुत आसान हो जाता है। हिन्दुस्तान के राजनैतिक इतिहास के उतार-चढ़ाव के अध्ययन से बड़ी आसानी के साथ यह बात समझ में आ जाती है। इस ऐतिहासिक परिप्रेक्ष्य में सांप्रदायिकता के उलझे प्रश्न को देखना उचित होगा, और तब ही हम किसी निष्कर्ष पर पहुंचने में कामयाब हो सकते हैं। एक पश्चिमी स्कॉलर की यह मान्यता काफी महत्व की है, " वे लोग जिन्होंने पाकिस्तान के लिए जद्दोजेहद किया, उनका बैकग्राउंड मज़हबी और शरियत के कानूनों का नहीं था। वे राजनीतिज्ञ थे और पश्चिमी कानूनदानी उनका क्षेत्र था, देवबंद की जगह कैम्ब्रिज और इन्स-ऑफ-कोर्ट के वे पैदावार थे। मिस्टर जिन्ना और उनके दायां-हाथ माने जानेवाले लियाक़त अली ख़ां ने पाकिस्तान बनवाया। ये लोग मज़हबी नहीं कहे जा सकते। उन्होंने सियासी जद्दोजहद की और मज़हब के नाम पर एक हुकूमत क़ायम की"।[3]

हिन्दुस्तानी समाज के उलझे ताने-बाने और पेचीदा राजनीति की नब्ज़ पर पकड़ रखनेवाले प्रसिद्ध समाजवादी विचारक स्वतंत्रता सेनानी जयप्रकाश नारायण ने 1944 में इस समस्या पर बड़ी गहराई से रोशनी डाली थी। वे कहते हैं :

"अकसर यह सुनने में आता है कि मुसलमानों के लिए धर्म ही सब कुछ है, परंतु मुझे इसमें यक़ीन नहीं। यदि ऐसी बात होती, तो मुसलमानों पर ऊलेमा (धार्मिक गुरू) और उनके फ़तवों का असर होना चाहिए था न कि राजनीतिज्ञों और ख़ानबहादुरों का। यह आश्चर्यजनक तथ्य है कि ऊलेमा हमेशा नेशनलिस्ट रहे, परन्तु साधारण लोगों ने मुस्लिम लीग का ही साथ दिया। मौलाना हुसैन अहमद मदनी और मिस्टर जिन्ना में मौलाना मदनी निःसंकोच इस्लाम के सही प्रतिनिधि कहे जा सकते हैं, लेकिन क़ायद-ए-आज़म मिस्टर जिन्ना ही मुसलमानों के नुमाइन्दे कहलाए, मौलाना नहीं। मेरे विचार में हिन्दुस्तान की राजनीति सम्पूर्ण रूप से मध्यम वर्ग की राजनीति है, दूसरों की तरह ही मुस्लिम मध्यम वर्ग के सामने भी धर्म से अधिक नौकरियाँ, सत्ता, सहूलियत और पहुँच का प्रश्न है और इन क्षेत्रों में ऊलेमा का असर नहीं। साधारण मुसलमान धार्मिक हैं लेकिन वहाँ तक ऊलेमा पहुँचते नहीं। राजनीति के क्षेत्र में भी मध्यम वर्ग की ही पैठ है, वे जनसाधारण की राय को प्रभावित करते हैं। ऊलेमा ग़रीब हैं और नवाबज़ादे अमीर, ऊलेमा अंग्रेज़ी के जानकार नहीं, नाइट्स जानकार हैं। ऊलेमा अंग्रेज़ों के विरोधी रहे हैं, वे वाइसराय काउंसिल के सदस्य नहीं हो सकते, ऊंचे पदों को चाहनेवाले नहीं हो सकते हैं। ऊलेमा राजनैतिक खेल के विशेषज्ञ नहीं, जबकि राजनीतिज्ञ वकीलों की यही पूंजी है। इसका परिणाम यह है कि इसके बावजूद कि मुसलमानों के लिए रोटी के अतिरिक्त धर्म सब कुछ नहीं, तो भी बहुत कुछ होते हुए ऊलेमा उनके नेता नहीं बन सके। उनके मार्गदर्शक तो वे चालाक मध्यवर्ग के व्यक्ति हुए, जिनके लिए धर्म ने एक ऊपरी लबादे से अधिक महत्व नहीं रखा।[4]

हिन्दुस्तान की राजनीति और यहां की सांप्रदायिकता को पूरी तरह धर्म से जोड़ना अनुचित ही नहीं, बल्कि तर्कहीन भी लगता है। पाकिस्तान का हिस्सा रहे वर्तमान बांग्लादेश में मुस्लिम पाकिस्तानी फौजियों द्वारा किए गए क्रूर व्यवहार, खून-ख़राबे की कोख से पैदा हुए बांग्लादेश, इसके बाद बांग्लादेश में ग़ैर-बंगाली, जो साधारणतः बिहारी मुसलमान कहलाते हैं, के साथ किए गए बंगाली मुसलमानों के बर्बरतापूर्ण व्यवहार, इस तथ्य को क्या स्पष्ट नहीं करते कि धर्म और धार्मिक संकीर्णता हिन्दू और मुसलमानों के बीच के मतभेदों की अकेली वजह नहीं? आपसी संघर्ष और मतभेदों की जड़ें हमें इतिहास और वर्तमान के सामाजिक और आर्थिक कशमकश की पृष्ठभूमि में खोजनी होगी।

मानव इतिहास के अध्ययन से स्पष्ट होता है कि विभिन्न दौर में अतीत के विरोध और अस्तित्व की आपसी खींचातानी की दबी-दबाई यादें वर्तमान की कशमकश और ज़िंदगी की भाग-दौड़ के उलझे हुए टेढ़े-मेढ़े रास्तों में ज़िंदा हो जाती हैं और तरह-तरह की शंकाएं पैदा कर देती हैं। हिन्दुस्तान के हिन्दू-मुस्लिम रिश्तों की उलझनों को इस नज़र से भी देखना होगा ताकि कोई स्पष्ट राय बनाने या समस्या के समाधान की खोज में कुछ सकारात्मक पहल मुमकिन हो सके। हिन्दुस्तान में सदियों तक चली मुसलमानों की हुकूमत की यादें, स्थानीय हिन्दुओं का अपना इतिहास और गौरवपूर्ण परंपरा, अंग्रेज़ों का आना और उनकी हुकूमत का कायम होना, फिर उस हुकूमत की स्थिरता के लिए अपनाई गई उनकी ख़तरनाक दोहरी पॉलिसी, सबने मिल-मिला कर एक ऐसी परिस्थिति को जन्म दिया, जहां सारी समस्याएं एक-दूसरे में इस तरह गडड-मडड हो गयीं कि एक-दूसरे को अलग करना मुश्किल ही नहीं, असंभव भी है। यहां अगर सामाजिक दृष्टि से इस समस्या को देखते हैं, तो समाज की पेचीदा बनावट के बावजूद लोगों के आपसी मज़बूत संबंधों की अनदेखी करना कठिन हो जाता है और जब इस गुत्थी को सुलझाने की कोशिश होती है, तो दो सभ्यताओं की आपसी कशमकश और टकराव सामने आता है। आर्थिक हितों के टकराव से उत्पन्न परिस्थिति और सत्ता के बंटवारे और इसमें मुनासिब साझेदारी के प्रश्न से पैदा होनेवाली उलझनों को भी हम नज़रअंदाज़ नहीं कर सकते। और, जब इन पहलुओं को सामने रख कर किसी निष्कर्ष पर पहुंचने की कोशिश की जायेगी, तो एक नया पहलू सामने आयेगा कि विभिन्न ज़माने में इन्हीं परिस्थितियों में उलझनों का स्वरूप एक जैसा नहीं रहा है। मुसलमानों का हिन्दुस्तान से शुरुआती रिश्ता तिजारती रहा। फिर हमलावर के रूप में अरब सिंध तक आए, आगे नहीं बढ़े। दूसरा दौर लूट-खसोट और युद्ध के बाद हाथ लगे माल व दौलत का आया, लेकिन जब विजयी बन कर यहां आए और अपनी हुकूमत की नींव डाली, यहीं के हो रहने का तय किया, तो दूसरी और भिन्न परिस्थिति पैदा हुई। यहां के हिन्दू बहुसंख्यकों और स्थानीय राजाओं को अपने उज्ज्वल अतीत का गहरा एहसास रहा हो या नहीं रहा हो, लेकिन अपनी परंपरा, अपना धर्म और अपनी मातृभूमि, यह एहसास तो अवश्य रहा होगा।[5] और जब बाहर से आए मुसलमानों ने उनके इलाक़ों को ज़ोर-ज़बरदस्ती से अपने आधीन लाया होगा, तो उनके दिलों में उनके प्रति घृणा पैदा हुई होगी। आत्मसमर्पण करने के कचोटते ज़ख्म और अपनी कमज़ोररियों के एहसास से लोगों के स्वाभिमान को चोट भी अवश्य पहुंची होगी। लेकिन मुसलमानों की फौजी बरतरी और राज्य-शक्ति के आगे उन्होंने खुद को मजबूर पाया होगा और परिस्थितियों से समझौता किया होगा, पर उनके मन से नफरत, द्वेष और प्रतिशोध की भावना

मरी नही होगी। उसी समय अनेक मुस्लिम संत और दरवेश (सूफ़िया-ए-कराम) यहां आए। उन संतों ने अपने साथ बराबरी, प्रेम और सहनशीलता के सिद्धांतों पर आधारित इसलाम लाया था। अपने सेवा-भाव और हृदय-परिवर्तन के इसलामी सिद्धांतों को स्थानीय लोगों ने अपनाया। इसलाम और उसकी इंसाफ और भाईचारे के उसूलों पर आधारित शांति और इनसान-दोस्ती का रचनात्मक असर हुआ। नतीजतन बड़ी संख्या में लोगों ने इसलाम कबूल किया। इस पहल का अच्छा परिणाम सामने आया। स्थानीय लोगों के विरोध में वह ज़ोर बाकी नहीं रहा। धार्मिक संबंध क़ायम हो जाने के बाद लोगों के सोचने का अंदाज़ बदला और बड़ी संख्या में लोग नई शासकीय व्यवस्था के समर्थक बन गए।[6]

यहाँ एक बात ज़ेहन में रखनी चाहिए कि जिस दौर की हम चर्चा कर रहे हैं, वह जागीराना-सामंती दौर था और वह सामंती दौर वह दौर नहीं था, जो आज हम पश्चिमी चिंतकों की अवधारणाओं के अनुसार समझते हैं। जनता और शासक वर्ग का संबंध पूर्णतः नगण्य था। शासकों का जनता से कोई सीधा संवाद था ही नहीं। जनता और शासकों के बीच व्यवस्था की कई सीढ़ियां थीं। दूसरे शब्दों में हम कह सकते हैं कि शासक वर्ग अपनी प्रजा से पूर्णतः कटा हुआ था। बीच के कर्मचारी ही काम करनेवाले हुआ करते थे। अतः, हिन्दुस्तानी रजवाड़े हों या विदेशी व्यवस्था, जनसाधारण की जीवनशैली में कोई बुनियादी परिवर्तन कभी देखने में नहीं आया, स्थानीय व्यवस्था वही रही और कोई प्रत्यक्ष फ़र्क़ नहीं पड़ा। सूफ़ियों के ख़ानक़ाहों (मठों) के दरवाज़े जनसाधारण के लिए हमेशा खुले रहे और समाज पर आस्था-भरा उनका दबदबा क़ायम था। अमीरों तथा बादशाहों ने भी इनका समर्थन प्राप्त करने की कोशिश की। अर्थात ख़ानक़ाहें ऐसे केंद्र थे, जहां राजा और प्रजा दोनों समान श्रद्धा से पहुंचा करते थे। इसकी वजह से आपसी रिश्तों के बेहतर होने में बहुत मदद मिली। हुकूमत की ओर से मिलने वाली सहूलियतें और सम्मान, पद और पदवियां और शादी-ब्याह के रिश्तों ने स्थानीय लोगों के ज़ख़्मों पर मरहम लगाने का काम किया और एक नई फिज़ा बनी। मुग़ल दौर में ये रिश्ते और भी मज़बूत हुए। शासक वर्ग और इसके अधीन के रईसों और सरदारों के बीच बड़ी संख्या में शादी-ब्याह के रिश्तों ने बिल्कुल नया वातावरण पैदा कर दिया। लेकिन, यह बात भी अपनी जगह एक वास्तविकता बनी रही कि "हिन्दू हिन्दू" हैं और "मुसलमान मुसलमान"। चाहे हिन्दुओं और मुसलमानों के रिश्तों में कड़वाहट नहीं रही हो, लेकिन उनकी चेतना में कहीं-न-कहीं "अलग-अलग" होने की बात बैठी रही होगी। इसी बीच अंग्रेज़ यहां आते हैं और अपने पांव जमाने की कोशिश में हर वह संभव ओछे हथियार प्रयोग करते हैं, जो बाहर से आये विजयी शासकों को यहां अपनी स्थिति को मज़बूत बनाने के लिए करना चाहिए। इनके लिए हिन्दुओं और

मुसलमानों के बीच पड़ी सूक्ष्म धार्मिक और सामाजिक भिन्नता की लकीर को खूब उभार कर सामने लाना बहुत आसान और फ़ायदोमंद रहा।

कोई समाज न शून्य में विकसित होता है और न ही अपने ईद-गिर्द की घटनाओं के असर से बचता है। यही सच्चाई हिन्दुस्तान की भी रही। हिन्दुस्तान का जब यूरोप से संबंध स्थापित हुआ, तो यूरोप में चल रही पुनर्जागरण की लहरों का प्रभाव यहां भी महसूस किया जाने लगा। इंग्लैंड में औद्योगिक क्रांति के परिणामस्वरूप उपनिवेशवाद का जन्म हो चुका था और बाज़ार की तलाश में निकले अंग्रेज़ों की स्थानीय मसलों में घुसपैठ भी होने लगी थी। अंग्रेज़ों के जब यहां पांव जम गए तब औद्योगिक क्रांति की सकारात्मक उपलब्धियों से ज़्यादा उसकी बुराइयां यहां के हिस्से में आईं। अंग्रेज़ों ने अपनी स्थिति को मज़बूत बनाने के लिए स्थानीय समर्थन प्राप्त करने पर ध्यान दिया। इसी क्रम में क्लर्क पैदा करने की पॉलिसी के अंतर्गत अंग्रेज़ी शिक्षा का प्रचार-प्रसार शुरू किया। इस प्रकरण में अपनी परंपरागत शिक्षा के अतिरिक्त पश्चिमी शिक्षा के मशहूर केंद्रों तक हिन्दुस्तानियों की पहुंच संभव हुई, विचारों के आदान-प्रदान का सिलसिला चला और हिन्दुस्तान में भी पुनर्जागरण की लहरें उठीं। उस अवधि में अंग्रेज़ों के अलावा अन्य यूरोपीय देशों से भी हिन्दुस्तान का संपर्क स्थापित हुआ और वहां से विद्वानों का आना-जाना शुरू हुआ और उनकी कोशिशों से हिन्दुस्तान के आकर्षक अतीत के पन्नों पर जमी धूल की परतें झड़ीं और धीरे-धीरे हड़प्पा-मोहनजोदड़ो, अजंता और एलोरा की शानदार ऐतिहासिक उपलब्धियां सामने आईं। शिक्षित हिन्दुस्तानियों ने अपनी प्राचीन सभ्यता और सांस्कृतिक धरोहरों की खोज पर बड़े लगन और संजीदगी से काम करना शुरू किया। अंग्रेज़ों ने इनको पूरा सहयोग दिया, क्योंकि इस पुनर्जागरण की उठी लहर का तात्कालिक परिणाम उनके हितों में ही जानेवाला था। अर्थात हिन्दुस्तानियों के अतीत की खोज हिन्दुओं की समृद्ध संस्कृति की ही खोज थी, और उस अतीत की समृद्धि में मुसलमानों का कोई योगदान नहीं रहा। हिन्दुस्तानी पुनर्जागरण ने हिन्दुओं के अंदर स्वाभाविक तौर पर गर्व की भावना को उभारा। अंग्रेज़ शासकों ने इस मानसिकता को प्रोत्साहित किया और हमेशा कोशिश की कि हिन्दुओं के अंदर यह भावना उभरे और मुसलमानों के प्रति उनका रवैया तल्ख़ हो। हिन्दुओं और मुसलमानों के बीच परस्पर विरोध की भावनाओं की जड़ों को खूब सींचा गया और कमाल यह कि उसे ज़ाहिर भी नहीं होने दिया गया। वे दोनों के ही शुभचिंतक बने रहे और इस भीतरघात का आगे चलकर बड़ा ख़राब नतीजा देखने को मिला। पढ़े-लिखे हिन्दुओं के बीच अपनी रंगारंग सांस्कृतिक परंपरा पर गर्व करनेवालों की बड़ी संख्या सामने आयी, जिसने हिन्दुस्तान में मुसलमानों के आने और उनकी हुकूमत को हिन्दुस्तानी संस्कृति और सभ्यता के लिए

हानिकारक मानने की मानसिकता को मज़बूत किया। अंग्रेज़ों का समर्थन पाए कटट्र सांप्रदायिक तत्वों ने मुसलमानों के लंबे शासन-काल में जो कुछ हिन्दुस्तान को बनाने और सजाने के कार्य हुए या गंगा-यमुनी संस्कृति की जो नींव डाली थी, उसे न सिर्फ हिन्दुस्तान के इतिहास का काला अध्याय माना, बल्कि इसकी सार्थकता और संस्कृति की निरंतरता की कड़ी होने से भी इनकार किया। अंग्रेज़ों की ख़तरनाक कूटनीति के कारण हिन्दुओं और मुसलमानों के बीच मतभेदों की कशमकश का सिलसिला चलता रहा, लेकिन खुल कर दुश्मनी के रूप में वह कभी उभरा नहीं, मामला समाज के उच्च वर्ग तक ही सीमित रहा। बाद के दिनों में एक समझी-बुझी पॉलिसी के तहत अंग्रेज साम्राज्यवादियों ने हिन्दुओं और मुसलमानों के मतभेदों से खूब फायदा उठाया।

हिन्दुस्तान में पुनर्जागरण की उठी लहरों के प्रभाव से मुसलमान भी अछूते नहीं रहे, लेकिन यहां इसका स्वरूप कुछ भिन्न रहा। मुगल साम्राज्य के पतन के बाद लगभग सभी सूबों ने खुदमुख्तार होने की घोषणा कर दी थी। दुर्रानी और अहमदशाह अब्दाली के लगातार हमलों के कारण दिल्ली का कमज़ोर प्रशासन चरमराया हुआ था। दिल्ली और उसके आस-पास मराठों के हमलों का सिलसिला चल रहा था। और कभी सिख, तो कभी जाट दिल्ली पर आफत की तरह चढ़ दौड़ते। पिंडारियों के खुराफ़ाती तूफान भी नहीं थम रहे थे। ऐसे ऊहापोह की परिस्थिति में भी धर्म की बुनियाद पर हिन्दू और मुसलमानों के विवाद का प्रश्न कभी नहीं उठा। मुग़ल साम्राज्य के बड़े हिस्से मुसलमानों के हाथों से निकल कर हिन्दुओं के हाथों में चले गए, लेकिन मुसलमानों ने उसे स्थानीय समस्या ही माना, उसे हिन्दुओं के हाथ अपनी हार नहीं समझी, आम हिन्दुओं के लिए उनके दिलों में कभी घृणा या दूरी की कटु भावना नहीं पैदा हुई। लेकिन, जब अंग्रेज़ों ने उन पर (मुसलमान) वर्चस्वता प्राप्त कर ली, तो मुसलमानों ने उसे अंग्रेज़ों के हाथों अपनी हार मानी, उनकी हुकूमत अंग्रेज़ों ने छीनी, यह बात उनके दिलों में बैठ गई, अतः अंग्रेज़ों के विरुद्ध इनके दिलों में दुराग्रह, आक्रोश और घृणा के भाव भरे हुए थे। लिहाज़ा अंग्रेज़ों द्वारा उठाए गए हर क़दम को उन्होंने अपने लिए षड्यंत्र ही समझा, यहां तक कि अंग्रेज़ी शिक्षा का भी कड़ा विरोध किया। परिणाम यह हुआ कि औद्योगिक क्रांति की देन के रूप में जो सामाजिक, आर्थिक और सांस्कृतिक परिवर्तन हुए, मुसलमानों ने न सिर्फ उसे अपनाने से इनकार किया, बल्कि उसकी शदीद मुख़ालफत की। अंग्रेज़ों ने भी शुरू में मुसलमानों की भावनाओं पर गहरे चोट पहुंचाए, आर्थिक रूप में उन्हें मजबूर बना कर छोड़ दिया। नवाबों, अमीरों, जागीरदारों और रईसों को सत्ता की कुर्सियों से हटा कर फांसी के तख़्ते पर पहुंचाया, हर क़दम पर उन्हें अपमानित किया। मानसिक रूप से पहुंचाये गए झटके रूपी इन ज़ख़्मों ने

मुसलमानों को पस्त-हिम्मत और मजबूर बना कर रख दिया। एक ओर हिन्दुओं के बीच पुनर्जागरण के फलस्वरूप गर्व की भावना का उत्साह और अंग्रेज़ शासकों का संरक्षण था, तो दूसरी ओर मुसलमानों के लिए ज़मीन सिकुड़ती चली जा रही थी। बदहवासी के आलम में उन्हें न तो अपनी बहादुरी याद आ रही थी और न अपनी शानदार कारगुज़ारियां और क्षमता, न अपने निर्माण और वैभव के साक्ष्य दिल्ली, आगरा, मुर्शीदाबाद, लाहौर, हैदराबाद, जौनपुर, अहमदाबाद, लखनऊ और हिन्दुस्तान के अन्य इलाकों में फैली हज़ारों बेमिसाल कृतियां। उनके दिलों में अंग्रेज़ों के विरुद्ध घृणा की भावना व्याप्त तो थी ही, उनके प्रशंसक और कल के मुसलमानों के प्राधीन रहे हिन्दुओं के प्रति भी गुस्सा, नफरत और ईर्ष्या की जड़े मज़बूत होती गई। लेकिन, अंग्रेज़ी व्यवस्था की मौजूदगी में उसे ज़ाहिर करने की स्थिति में वे नहीं थे अतः, अपने आप में यह भी अंदर-अंदर कुढ़ते और सुलगते रहे और जब मौका मिला अपनी-अपनी जगहों पर सुलगनेवाले ये हिन्दू और मुसलमान एक-दूसरे से भिड़ पड़े। अतीत के शिकवे व शिकायत ने वर्तमान के वातावरण को दूषित कर दिया और अंग्रेज़ी साम्राज्यवादी तत्वों ने उसी मनोवृत्ति को बढ़ावा दिया, बल पहुंचाया।

हिन्दुस्तान के इतिहास पर नज़र डालने से यह बात स्पष्टता से सामने आती है कि हिन्दुओं और मुसलमानों के बीच मतभेदों की कोई एक वजह नहीं रही। कभी धर्म ने प्रत्यक्ष रोल अदा किया, तो कभी आर्थिक भाग-दौड़, राजनैतिक वर्चस्वता और सत्ता में भागीदारी की खींचातानी ने। कुछ चिंतकों ने इस समस्या की जड़े हिन्दुओं और मुसलमानों की "मॉडर्नाइज़ेशन" की प्रवृत्तियों को नहीं अपनाना माना है। उनका ख्याल है कि मुसलमानों के बीच कटट्रवादी फ्यूड्ल प्रवृत्ति की जड़ें ज्यादा गहरी होने के कारण "मॉडर्नाइज़ेशन" की उपलब्धियों से वे अधिक दिनों तक वंचित रहे और अंग्रेज़ी शासन की बरकतों को उन्होंने बहुत देर से समझा।[7] जवाहर लाल नेहरू भी इसी दृष्टिकोण को मानते थे। अपने विचारों को व्यक्त करते हुए उन्होंने कहा :

"हिन्दुओं और मुसलमानों के मिडिल क्लास के बीच एक पीढ़ी या इससे ज़्यादा का फर्क रहा है और यह फर्क आज भी राजनैतिक, आर्थिक और जीवन के दूसरे क्षेत्रों में मौजूद है। इसी फर्क और पिछड़ेपन ने मुसलमानों के बीच एहसासे-कमतरी और खौफ की मानसिकता पैदा कर दी थी"।[8]

जवाहर लाल नेहरू ने हिन्दुओं और मुसलमानों के इस तनाज़े को मिड़िल क्लास की समस्या माना और स्पष्ट शब्दों में कहा कि एक समुदाय की आर्थिक और राजनैतिक बेहतरी के लिए सधर्मियों की भावनाओं को इस्तेमाल किया गया। इस नज़रिये को रजनी पाम दत्त ने और स्पष्ट किया है। वे कहते हैं :

"कटट्र सांप्रदायिक सोच के पीछे सामाजिक और आर्थिक प्रश्न हैं। मध्य

वर्ग से संबंध रखने वाले सांप्रदायिक लोगों की अपनी पोज़िशन और सत्ता प्राप्त करने की निरंतर कोशिश से यह स्पष्ट हो जाता है, उसका तात्कालिक प्रभाव जनसाधारण पर पड़ना भी अनिवार्य और स्वाभाविक है। बंगाल और पंजाब के हिन्दू जमींदार और महाजन हैं। उनका तिजारती और सूदी लेन-देन का कारोबार है। मुसलमान प्रायः ग़रीब किसान हैं और सूद के बोझ से दबे हुए हैं। जहां मुसलमान जमींदार हैं, वहां हिन्दू ग़रीब किसान हैं। हिन्दुओं और मुसलमानों के बीच बार-बार का टकराव वास्तव में मुस्लिम किसानों में हिन्दू ज़मींदारों के खिलाफ नाराज़गी का होना और मुस्लिम कर्ज़दारों का हिन्दू महाजनों के खिलाफ गुस्से का इज़हार है।[9]

इस मध्यवर्गीय थ्योरी पर ज़ोर डालते हुए ए.आर. देसाई स्पष्ट करते हैं :

मुसलमानों के बीच मॉडर्न अन्दाज़ लिये मुस्लिम बुद्धिजीवी मध्य वर्ग हिन्दुओं के बीच उभरे मध्य वर्ग की तुलना में देर से उभरा। उसका नतीजा यह हुआ कि मुसलमानों ने अपनी हैसियतवाले हिन्दुओं को सरकारी नौकरियों, उद्योग और व्यवसाय में काफी जमा हुआ पाया। अतः, उस नौकरी, उद्योग और व्यवसायों में अपने को स्थापित करने की प्रतिस्पर्द्धा में आम मुसलमानों का समर्थन और सहयोग जुटाना उनके लिए ज़रूरी हो गया था। लिहाज़ा, अपने तबके की कोशिशों और प्रतिस्पर्द्धाओं को सांप्रदायिकता का ग़लत रंग दे दिया गया और आगे चल कर यह झगड़ा हिन्दुओं और मुसलमानों का झगड़ा बन गया।[10]

अंग्रेज़ों की हुकूमत जब मज़बूती से जम गई, तब ऊंचे पदों और प्रभावी जगहों पर कार्यरत मुसलमानों का स्थान धीरे-धीरे हिंदुओं ने ले लिया। मुसलमान अमीर व उमरा न सिर्फ तत्कालीन अंग्रेज़ी व्यवस्था की मेहरबानियों पर निर्भर हो गये, बल्कि ऊंचे पदों से वंचित भी किये गये, साथ ही उनके आक्रोशों के शिकार भी हुए। हिन्दुओं की स्थिति दूसरी रही। मुसलमानों के शासन काल में कुछ सुधारों को छोड़ कर, चूंकि स्थानीय व्यवस्था को वस्तुतः पहली ही स्थिति में रखा गया था, अतः, सरकारी कर्मचारियों की अकसरियत हिन्दुओं की ही रही, वही महाजन और व्यवसायी थे और वही दरबारों से जुड़े व्यक्ति, जागीरों के मालिक भी। फ़्यूडल मानसिकता रखनेवाले हिन्दुओं के पांव के नीचे से जब ज़मीन खिसकी, तो उनके बीच पहले से मौजूद छोटे पूंजीपति, व्यवसायी और नौकरशाही से संबंधित वर्ग ने अपनी कोशिशों से अपनी स्थिति को मज़बूत बनाया, जिसने हिन्दुओं की गिरती हुई प्रतिष्ठा को सहारा दिया, इस वर्ग को आर्थिक और मानसिक रूप से पूर्णतः धारासाई और मजबूर नहीं होने दिया। अर्थशास्त्री गुन्नार मिर्डल की परिभाषा के अनुसार कहा जा सकता है कि अंग्रेज़ी दौर के समयबद्ध आधुनिकीकरण का प्रभाव हिन्दुओं पर एक ही समय में

"स्प्रड" और "बैकवर्ड इफेक्ट" दोनों रूपों से पड़ा, जबकि मुसलमानों को "बैकवर्ड इफेक्ट" से ही वास्ता पड़ा, क्योंकि दूसरे अन्य दरवाज़े उनके लिए बंद थे। इसका अनिवार्य परिणाम यह निकला कि अपनी प्रतिष्ठा, अपनी सत्ता, प्रभाव और आर्थिक सम्मान की समाप्ति ने उनके अस्तित्व को ही ख़तरे में डाल दिया। इसलिए परिस्थिति की जटिलताओं ने मुसलमानों के अंदर आत्मरक्षा की मनोवृत्ति को जन्म दिया और यही वह मनोवृत्ति थी, जिसने मुस्लिम बुद्धिजीवियों को आगे चल कर आम मुसलमानों के हितों और उनके अधिकार के प्रश्न को उठा कर उनके लिए एक अलग राज्य का दावा पेश करने का मौका दिया। एक वक्त ऐसा आया, जब इस मांग का समर्थन मुसलमानों के प्रायः सभी वर्गों ने किया और धर्म को भी इसके लिए इस्तेमाल किया गया। अलग राज्य के सपनों को साकार करने में मुसलमानों के हर छोटे बड़े वर्ग ने (विशेष कर हिन्दू साहूकारों और जमींदारो द्वारा सताये हुए लोग) अपने को सुरक्षित समझा और अपने सर्वव्यापी विकास के रास्ते को सुलभ और सुरक्षित समझते हुए हिंदू दबावों से मुक्त मंज़िल माना।[11]

प्रख्यात चीनी दार्शनिक ला-ऊतसे का मानाना था कि पढ़े-लिखे लोग ही सामाजिक कुरीतियों के जन्मदाता और पोषक होते हैं। अतः लोगों को पढ़ने-लिखने से परहेज़ करना चाहिए। इस सोच में वज़न होने के बावजूद शिक्षा की रोशनी ने मनुष्य को अज्ञानता के गहरे अंधेरों से बाहर निकाला है और सभ्यता के विकास की मंज़िलों को पाने में भी महत्वपूर्ण रोल अदा किया है। लेकिन, अजीब दुर्भाग्य रहा कि आधुनिक शिक्षा की हिन्दुस्तानी समाज को तोड़ने और ख़ासकर सांप्रदायिकता को बढ़ाने में भी बड़ी भूमिका रही है और ला-ऊतसे की मान्यताएं सही होती नज़र आती हैं। अंग्रेज़ों के यहां आने और जम जाने से पहले तक हिन्दुस्तान में शिक्षा रोज़ी-रोटी हासिल करने के लिए अनिवार्य शर्त कभी नहीं रही। प्रमाणपत्र और डिग्रियां अच्छी नौकरियों की ज़मानत नहीं थी, क्योंकि समाज की बनावट ही दूसरी थी और नौकरी करनी इज्ज़त की बात नहीं समझी जाती थी। अंग्रेज़ों के पांव जब अच्छी तरह यहां जम गये, तो अपनी व्यवस्था को अच्छी तरह चलाने के लिए उन्हें स्थानीय कामगारों और किरानियों की ज़रूरत हुई और उसके लिए अंग्रेज़ी स्कूल और कॉलेज खोले गये। डिग्रियां दी जाने लगीं। वही डिग्रियां अच्छी नौकरियां और सरकारी सम्मान प्राप्त करने का ज़रिया हुए और आगे चल कर वही डिग्रीयाफ्ता वर्ग अंग्रेजों की व्यवस्था को कायम रखने की ज़मानत बना। अंग्रेज़ी शिक्षा को पहले बंगाल में हिन्दुओं ने खुशदिली से अपनाया, हिन्दुओं के अंदर शिक्षित लोगों की संख्या जैसे-जैसे बढ़ती गई, उनके बीच एक मध्यवर्ग उभरता चला गया। समय बीतने के साथ उसका दायरा बढ़ता और फैलता गया और समाज में इसकी हैसियत

स्थापित होती गई। दूसरी ओर मुसलमानों के लिए यहां की ज़मीन सिकुड़ चुकी थी और वे आर्थिक और मानसिक चोट खाये हुए परेशान थे, वे संभलने की स्थिति में बिल्कुल नहीं थे। इनकी हालत लगातार बिगड़ती और पस्त होती गई। यहां भी अंग्रेज़ों ने नपे-तुले अंदाज़ में उसी मनोवैज्ञानिक मार के हथियार को इस्तेमाल किया, ताकि हिन्दुओं और मुसलमानों के बीच के मतभेदों का दायरा बढ़ता रहे और दोनों के बीच टकराव की स्थिति बनती रहे।

1871 में डब्ल्यू.डब्ल्यू. हंटर की किताब "इंडियन मुसलमान्स" सामने आई। इस किताब में बंगाल के मुसलमानों की हालत पर विशेष रूप से रोशनी डाली गई और यह स्पष्ट किया गया कि अंग्रेज़ों के पक्षपातपूर्ण नीतियों का मुसलमानों पर किस तरह बुरा प्रभाव पड़ा और उनकी हालत कितनी ख़स्ता हो गई है। इस किताब ने मुसलमानों के पढ़े-लिखे वर्ग को झंझोर दिया। नतीजतन उनके अंदर न केवल शिक्षा प्राप्ति और उसके विस्तार की ललक पैदा हुई, बल्कि अपनी दुखद स्थिति से मुक्ति पाने की राह खोजने की हिम्मत भी पैदा हुई। इस किताब में उजागर किये तथ्यों के कारण मुसलमानों की दयनीय स्थिति से लोग अवगत हुए और उनके लिए आम सहानुभूति का वातावरण बना। बंगाल और पंजाब में मुसलमानों की अकसरियत थी, लेकिन वहां हिन्दुओं की तुलना में उनके बीच शिक्षा की बहुत कमी थी। अधिकतर मुसलमान छोटे किसान और भूमिहीन मज़दूर थे। उच्च शिक्षा के क्षेत्र में मुसलमानों का अनुपात और भी कम था। उस समय किए गए एक सर्वेक्षण के अनुसार स्कूलों में मुस्लिम छात्रों की स्थिति निम्न प्रकार थी :

1871.1872

प्रांत	**मुस्लिम संख्या का अनुपात**	**स्कूल में मुसलमानों का अनुपात**
मद्रास	6.0	4.4
बम्बई	15.4	8.42
बंगाल और असम	32.3	14.4
अवध	9.92	5.3
पंजाब	51.6	34.9

निम्न आंकड़े बताते हैं कि आगे के दिनों में भी परिस्थिति बेहतर नहीं हुई :

1931.32

प्रांत	**मुस्लिम जनसंख्या**	**स्कूल में मुस्लिम छात्र**
मद्रास	7.1	10.9
बम्बई	20.4	19.9
बंगाल	54.9	51.7

महाराष्ट्र	11.3	13.5
यू.पी.	14.8	18.6
पंजाब	56.5	50.6
सी.पी. बरार	4.4	10.7
असम	32.0	29.0

1927.32 के शैक्षणिक रिपोर्ट के अनुसार बंगाल में हिन्दुओं और मुसलमानों के बीच उच्च शिक्षा संबंधी क्षेत्रों को स्थिति निम्न प्रकार थी :

क्षेत्र	**हिन्दू**	**मुसलमान**
कानून और अदालत	2061	444
डॉक्टर	1144	104
इंजीनियर	259	34
कॉमर्स	654	15

विश्वविद्यालयों और इंटरमीडिएट में पढ़नेवाले हिन्दू छात्रों की कुल संख्या 17110 थी और उनमें मुस्लिम छात्रों की संख्या 2875 थी, जबकि 1911 की जनगणना के अनुसार मुसलमानों की जनसंख्या बंगाल में 52.7 प्रतिशत थी।[12] ऐसे प्रांत, जहां मुसलमान अल्पसंख्या में थे, वहां तुलनात्मक दृष्टि से स्थिति अच्छी थी। जनसंख्या के अनुपात से इनके यहां शैक्षणिक गतिविधियां बेहतर थीं। बम्बई प्रेसिडेंसी में (सिंध को छोड कर) मुसलमानों की आबादी कुल आबादी की 8.6 प्रतिशत 1927 में थी और छात्रों की कुल संख्या में 13.8 प्रतिशत मुसलमान थे। बिहार, उड़ीसा, मद्रास और यू.पी. में मुसलमानों की स्थिति बहुत अच्छी थी। 1927 ई. में 14.4 प्रतिशत मुसलमानों की जनसंख्या थी, जबकि स्कूल के छात्रों की संख्या 18.1 थी। कॉलेज में पढ़नेवाले मुसलमान छात्रों की संख्या 24.1 प्रतिशत थी। बंगल की तुलना में हिन्दुस्तान के अन्य क्षेत्रों ने अंग्रेज़ी शिक्षा को विलंब से अपनाया था, इसलिए हिन्दुस्तान में अंग्रेज़ी पढ़े-लिखों की संख्या बंगाल में सबसे ज्यादा थी और अकसरियत हिन्दुओं की थी। इसलिए, जब पूरे हिन्दुस्तान का नक्शा सामने रख कर अनुपात का विश्लेषण करेंगे, तो मुसलमानों की संख्या बहुत कम हो जाती है और जब सरकारी नौकरियों की बात आयी, तो मुसलमानों के हिस्से में कम ही नौकरियां आयीं। जब हिन्दुओं से तुलना करने का प्रश्न उठा, तो मुसलमानों ने अपने आपको बहुत घाटे की स्थिति में पाया। इसलिए उत्तर प्रदेश में, जहां मुसलमानों को कभी वर्चस्व प्राप्त था, सरकारी नौकरियों में आरक्षण की बातें उठीं, जो आगे बढ़ते-बढ़ते विशेषाधिकार की मांग से लेकर अलहदगी तक पहुंच गई।[13]

ज़रा एक नज़र हम मुड़ कर इतिहास की तरफ देखें। पलासी (1757) और बक्सर (1764) की लड़ाइयों ने अंग्रेज़ों की सैनिक और राजनैतिक बढ़तरी सिद्ध

कर दी थी और दीवारों पर लिखी सच्चाई उभर कर सामने आ गई थी कि ईस्ट इंडिया कंपनी को अपने व्यापारिक हितों से ही सरोकार नहीं है, वह एक मज़बूत राजनैतिक शक्ति के रूप में अपनी अहमियत हिन्दुस्तानियों से मनवाना चाहती है। लड़खड़ाता हुआ मुगल साम्राज्य और विभिन्न प्रांतों के खुदसर बने शासक और आपसी कलह से ग्रसित विद्रोही सूबेदार सशस्त्र अंग्रेज़ी तूफान से टकराने के लायक नहीं रह गये थे। बक्सर की लड़ाई में (1764) बंगाल, अवध और दिल्ली के शासकों की सामूहिक शक्ति को शर्मनाक पराजय का मुंह देखना पड़ा था, इससे अंग्रेज़ों का हौसला बहुत बुलंद था। शाह आलम द्वितीय से बंगाल, बिहार और उड़ीसा की दीवानी, जब उन्हें 1765 में मिली, तो उनके स्वर और तेवर ही बदल गये। ईस्ट इंडिया कंपनी को दीवानी का दिया जाना हिन्दुस्तान की गुलामी का परवाना सिद्ध हुआ और समय बीतने के साथ स्थानीय शक्तियां माटी के माधो बन कर रह गईं। अंग्रेज़ों की राजनैतिक कूटनीति, चालबाज़ी, तोड़-जोड़, रिश्वतख़ोरी और सैनिक वर्चस्व के सामने एक-के-बाद एक हिन्दुस्तान की रियासतों ने घुटने टेक दिए और अंग्रेज़ों की सहानुभूति और समर्थन प्राप्त करने में ही अपना भला देखा। हर फ्रंट पर अंग्रेज़ों की लगातार जीत और एक-के-बाद एक इलाकों का उनकी अधीनता में जाना मुसलमान रईसों के लिए विशेष रूप से आसमानी क़हर साबित हुआ, इनके पैरों के नीचे की ज़मीन जबरदस्त झटके के साथ खिसक गई।

अंग्रेज़ों के कहर के पहले शिकार बंगाल और बिहार (बिहार उस समय बंगाल का हिस्सा था) के मुस्लिम रईस हुए। खुदसर नवाबों के दौर में यह लोग सरकार और तहसीलदारों के बीच की एक कड़ी मात्र थे; इनकी कोई महत्वपूर्ण ज़िम्मेदारी नहीं थी। यद्यपि इनका अस्तित्व महत्वपूर्ण नहीं था, लेकिन मुस्लिम शासकों के लिए जनसाधारण से समन्वय की वही एकमात्र महत्वपूर्ण कड़ी भी थे। इनके स्थानीय प्रभाव और दबदबे का फायदा शासकों को मिलता था, लेकिन ईस्ट इंडिया कंपनी के लिए इनकी हैसियत बेमानी थी। जब कंपनी ने अपनी स्थिति को सुदृढ़ बना लिया, तब इन रईसों और अमीरों का अस्तित्व उनके लिए बोझ नज़र आने लगा। कंपनी ने एक-के-बाद एक कई भूमि सुधारों की पहल की, जो 1763 ई. में परमानेंट सेटलमेंट पर आकर समाप्त हुई। उसके परिणामस्वरूप अमीरों की बची हुई साख भी समाप्त हो गई। इनकी जगह हिन्दू तहसीलदारों ने ले ली और स्थानीय रूप में वही कंपनी बहादुर के प्रतिनिधि माने जाने लगे। मुसलमानों के हाथों से अंग्रेज़ों ने राजसत्ता छीनी थी, इसलिए फ़ौजी ओहदों से भी उन्हें बरतरफ़ कर दिया गया और उनके लिए रोटी-रोज़ी का प्रश्न भी संगीन बन गया। नतीजतन नवाबों, अमीरों, जागीरदारों और रईसों के लिए ज़मीन पूरी तरह तंग हो गई।

अंग्रेज़ों ने शुरू में चूंकि मुसलमानों द्वारा चलाये न्यायिक प्रणाली को बाकी रखा था, फारसी सरकारी माध्यम की भाषा बनी रही। लेकिन, धीरे-धीरे हिंदी को फारसी की जगह पर इस्तेमाल किया जाने लगा और एक समय ऐसा आया कि फारसी को दफ्तरी कामों से हटा दिया गया। अंग्रेजों के इस क़दम ने हिन्दुओं के लिए अदालती ओहदों के दरवाज़े खोल दिये, जो मुसलमानों के लिए नई और गहरी चोट सिद्ध हुई। पहले गवर्नर जेनरल वारेन हेस्टिंग्स के आदेशानुसार मुसलमानों के लिए कलकत्ता मदरसे की नींव रखी गयी थी, जहां परंपरागत तरीके की शिक्षा की व्यवस्था थी और यहां से पढ़ कर निकले लोग सरकारी अदालतों में मुन्सिफ इत्यादि नियुक्त होते थे। बनारस में संस्कृत कॉलेज की नींव भी इन्हीं दिनों पड़ी थी, ताकि हिन्दुओं के बीच भी उनकी परंपरागत शिक्षा व्यवस्था विकसित हो सके। यहां से पढ़कर निकले हिन्दू छात्रों को भी अब अदालतों में नौकरियां मिलने लगीं।

1813 में ईस्ट इंडिया कंपनी के चार्टर का नवीनीकरण किया गया और स्थानीय लोगों के लिए आधुनिक शिक्षा के दरवाज़े खोलना तय हुआ। इसके लिए शैक्षनिक संस्थाओं को एक लाख रुपये तक की सरकारी सहायता की गुंजाइश रखी गई। इस सहूलियत से हिन्दुओं ने अत्यधिक लाभ उठाया। राजा राममोहन राय ने सबसे पहले बदलती हुई परिस्थितियों को समझा और सरकारी नीतियों का स्वागत किया। उन्होंने एक सक्रिय संगठन बनाया और 1817 ई. में उच्च शिक्षा के उद्देश्य से एक हिन्दू कॉलेज स्थापित करने में अहम भूमिका निभाई।[14] 1818 ई. में कलकत्ता के बिशप ने मुसलमानों और हिन्दुओं के बीच अंग्रेज़ी शिक्षा को प्रचलित करने के लिए कलकत्ता में अनेक संस्थाएं स्थापित कीं। चूंकि अब रोज़ी-रोटी, मान-सम्मान अंग्रेज़ी शिक्षा से जोड़ी जा चुकी थी, अंग्रेज़ी शिक्षा का महत्व स्थानीय लोगों की समझ में आया। नतीजतन कलकत्ता मदरसा और बनारस संस्कृत कॉलेज में अंग्रेज़ी शिक्षा की व्यवस्था की गई। 1835 ई. में एक समस्या पैदा हुई कि शिक्षा का माध्यम कौन-सी भाषा हो; फ़ारसी, अरबी, संस्कृत और अंग्रेज़ी के बीच चयन करना था। लोक प्रशासनसमिति (Committee of Public Instruction) ने निर्णय के लिए सरकार से संपर्क किया और परिणामस्वरूप लार्ड मेकाले का सुप्रसिद्ध ऐतिहासिक दस्तावेज सामने आया, जिसने अंग्रेज़ी के पक्ष में रास्ता प्रशस्त कर दिया।

7 मार्च, 1853 को गवर्नर जेनरल ने लार्ड मेकाले के फॉमूले को स्वीकृति प्रदान कर दी और फैसला किया कि अंग्रेज़ी और आधुनिक वैज्ञानिक शिक्षा के प्रचार और प्रसार के लिए ही अब सरकारी अनुदान मिला करेगा।[15] इस पॉलिसी के फलस्वरूप स्थानीय शिक्षा पद्धति और ज्ञान के विकास के लिए काम करनेवाली संस्थाओं और छात्रों को मिलनेवाली सहायता के सरकारी दरवाज़े

मुसलमानों के लिए बंद हो गए। पढ़े-लिखे हिन्दुओं ने सरकार की इस नीति का स्वागत किया, जबकि मुसलमानों ने इस फैसले को हिन्दुस्तानियों को ईसाई बनाने का षड्यंत्र माना और उसका विरोध किया। परिणाम यह निकला कि अंग्रेज़ी के माध्यम से आधुनिक ज्ञान के जो दरवाज़े हिन्दुस्तानियों के लिए खुले, मुसलमानों ने उनका स्वागत तो अलग, उनकी ओर झांकना भी गुनाह समझा। उस समय के हिन्दू बुद्धिजीवियों ने, ख़ासकर राजा राममोहन राय और उनके सहयोगियों ने हिन्दुओं को प्रोत्साहित किया और अंग्रेज़ी शिक्षा से अधिकाधिक लाभ उठाने के लिए उनकी सहायता की, उनकी हिम्मत बढ़ाई। 1844 में सरकार ने निर्णय लिया कि सरकारी नौकरियों में अंग्रेज़ी जाननेवाले को ही प्राथमिकता दी जाएगी, अर्थात मुसलमानों के लिए सरकारी नौकरियों के दरवाज़े पूरी तरह बंद कर दिए जाने की घोषणा कर दी गई। मुसलमानों को नुकसान पहुंचानेवाली सरकार की यह नीति बड़ी घातक सिद्ध हुई, तो दूसरी ओर उसकी स्वाभाविक प्रतिक्रिया में हिन्दुओं के लिए मुसलमानों के दिलों में नफ़रत की जड़ें जमाने में मददगार भी हो गई। अंग्रेज़ों की इस ख़तरनाक नीति ने भविष्य के हिन्दुस्तान के लिए अत्यधिक जटिल समस्याओं की नींव डाल दी। पढ़े-लिखे जागरूक बुद्धिजीवी हिन्दू, प्रायः सरकार और सरकारी नीतियों के पक्ष में हो गए और मुसलमान आमतौर पर विरोध में। 19वीं शताब्दी के आरंभिक वर्षों में बंगाल के वरिष्ठ नेताओं, बुद्धिजीवियों और पत्र-पत्रिकाओं ने मुसलमानों पर ओछे हमलों का सिलसिला भी शुरू किया। मुस्लिम शासनकाल की कड़ी आलोचना की जाने लगी, उसे हिन्दुस्तान और हिन्दुओं के लिए अभिशाप माना और अंग्रेज़ी सरकार की नीतियों की प्रशंसा में वे बहुत आगे निकल गए। उस समय देश के अंदर जितनी भी बुराइयां मौजूद थीं, उनका एकमात्र कारण मुसलमानों की हुकूमत को माना गया।[16] परिणामस्वरूप अविश्वास की फिज़ा बनी और हिन्दुओं और मुसलमानों के बीच की खाई बढ़ती गई और एक समय ऐसा आया कि मात खाये हुए मुसलमान अमीरों और रईसों ने साधारण मुसलमानों को हिन्दुओं के विरुद्ध एकजुट होने का वातावरण बना दिया। हिन्दुओं और मुसलमानों का वह बुद्धिजीवी मध्य वर्ग, जिसे ऊपरी वर्ग के लोगों की खींच-तान से दूर का भी वास्ता नहीं था, वह भी एक-दूसरे का मद्देमुकाबिल विरोधी बन गया, हिन्दुओं और मुसलमानों के बीच पैदा हुई खाई बड़ी गहरी होती चली गई।

अंग्रेज़ों के पांव जमने के कुछ दिनों के अंदर ही मुसलमानों ने अपना परंपरागत सम्मान और दबदबा खो दिया। 1838 तक सरकारी पदों पर उनका वर्चस्व बना रहा। हिन्दू और अंग्रेज़ अफसरों की संख्या, जहां सात हुआ करती थी, वहीं मुसलमान कम-से-कम छह होते थे। 1851 के बाद जब अंग्रेज़ी भाषा

सरकारी माध्यम हो गई, स्थिति में तेज़ी से बदलाव आने लगा। 1852-1868 के बीच जो सरकारी वकील नियुक्त किए गए, उनकी संख्या 240 थी, उनमें 239 हिन्दू थे और केवल एक मुसलमान। सरकारी नौकरियों में तो मुसलमान मुश्किल से नज़र आने लगे। चूंकि मुसलमानों ने कई कारणों से, जिनमें वहाबी आंदोलन का प्रभाव महत्वपूर्ण था, आधुनिक अंग्रेज़ी शिक्षा को नहीं अपनाया था, दूसरे क्षेत्रों में भी इनकी संख्या नहीं के बराबर देखी जाने लगी। 1869 में सरकार से स्वीकृत चिकित्सकों की संख्या 104 थी, इनमें 98 हिन्दू, 5 अंग्रेज़ और एक मुसलमान था। कलकत्ता विश्वविद्यालय से डॉक्टरी की डिग्री पानेवाले चार थे, तीन हिन्दू थे और एक अंग्रेज।[17] 1901 की जनगणना के अनुसार सरकारी नौकरियों में स्थिति निम्न प्रकार थी :

	कुल संख्या	हिन्दू	मुसलमान
हाईकोर्ट जज	3	2	1
ज़िला-सत्र न्यायधीश	10	8	2
सब-जज	62	61	1
मुन्सिफ	340	322	18
प्रांतीय जज	3	3	0
अपर न्यायाधीश	7	7	0
डिप्टी मैजिस्ट्रेट कलक्टर	529	453	76
सरकारी वकील	215	204	[18]

हालात के निष्पक्ष विश्लेषण से यह स्पष्ट होता है कि सुनियोजित तरीके से हर क्षेत्र में मुसलमानों को दरकिनार कर अत्याधिक चोट पहुंचाई जा रही थी। वे पिछड़ते जा रहे थे, उनका भविष्य अंधकारमय होता जा रहा था। परिस्थितियां कुछ ऐसी बन रही थीं कि मुसलमान हिन्दुओं से और हिन्दू मुसलमानों से बदगुमां होने लगे, जिसने आगे चल कर हिन्दुस्तान के इतिहास को एक नया मोड़ दे दिया। यहां पर यह बात याद रखनी चाहिए कि साधारण हिन्दुओं और मुसलमानों को ऊपरी वर्ग के मान-दान, नौकरी और सरकारी ओहदों की छीना-झपटी से कोई सरोकार नहीं रहा, लेकिन दोनों सांप्रदायों के बुद्धिजीवी ऊपरी वर्ग की खींचा-तानी ने देश की राजनीति को प्रभावित किया और ऊपरी लोगों की वह समस्या हिन्दू और मुसलमानों की समस्या बन कर ऊभरी।

मुसलमानों की ख़स्ताहाली की दुखद दास्तान उस समय के ऊर्दू अख़बारों में प्रकाशित हो रहे थे। उस सिलसिले में कलकत्ता से अब्दुर रऊफ़ के संपादन में प्रकाशित अख़बार "दूरबीन" दिनांक 14 जुलाई, 1899 के लेख का यह हिस्सा बहुत महत्वपूर्ण है :

"हर तरह की छोटी-बड़ी नौकरियां मुसलमानों से छीन कर दूसरों को, ख़ासकर हिन्दुओं को दी जा रही है। सरकार को अपनी सब रेयाया को एक नज़र से देखना चाहिए, लेकिन अब ऐसा वक्त आ गया है कि सरकारी गज़ट और इश्तहारों द्वारा मुसलमानों से भेद-भाव किया जा रहा है, सरकारी नौकरियों में उन्हें नहीं लेने की बात की जाती है। अभी सुंदरबन कमिश्नर के मातहत बहुत से पदों पर नियुक्तियों का इश्तहार गज़ट में दिया गया, जहां स्पष्ट शब्दों में यह कहा गया कि यह नौकरियां केवल हिन्दुओं को दी जाएंगी। अब मुसलमान इतने ज़लील हो गये हैं कि क्षमता और दक्षता रखने के बावजूद सरकारी विज्ञापन देकर नौकरियों में उनके लिए गुंजाइश नहीं रहने दी जाती है। इन मजबूरों को कोई पुरसांहाल नहीं। उच्चाधिकारी तो उनके अस्तित्व को मानने से भी इनकार करते हैं।"[19]

1871 में डब्ल्यू.डब्ल्यू. हन्टर की पुस्तक के सामने आने के बाद आधुनिक अंग्रेज़ी शिक्षा को नहीं अपनाने के नुकसानदेह असर ने लोगों को अपना रवैया बदलने पर मजबूर किया था और पढ़े-लिखे मुसलमानों के बीच अपनी स्थिति को बदलने का एहसास जागा। सरकार और बुद्धिजीवी मुसलमानों का ध्यान भी इस ओर गया, नतीजतन मुसलमानों के बीच रचनात्मक शैक्षणिक गतिविधियां तेज़ हुईं। शिक्षा के प्रचार एवं प्रसार के लिए अनेक संगठन पूरे देश में स्थापित हुए। 1886 में कलकत्ता में मिस्टर अब्दुल लतीफ ने मोहम्डन लिट्रेरी एंड सान्टिफिक सोसाइटी (Mohammdan Literary & Scientific Society) की नींव रखी और मुसलमानों के बीच शैक्षणिक चर्चा शुरू हुई। यू.पी. में सर सैयद अहमद खां के नेतृत्व में शैक्षणिक बदहाली के समाधान पर बड़ी मुस्तैदी से ध्यान दिया गया। उन्होंने 1871 में मुसलमानों के अंग्रेज़ी शिक्षा से दूर रहने के कारणों का पता लगाने के लिए एक समिति गठित की थी। उसकी रिपोर्ट की रोशनी में मुसलमानों के अंदर पुनर्जागरण का अपना कार्यक्रम तैयार किया। 1875 में उन्होंने अलीगढ़ में मुसलमान लड़कों के लिए एक अंग्रेज़ी हाई स्कूल अपने सहयोगियों की सहायता से स्थापित किया। पांच वर्षों के अंदर उसे डिग्री कॉलेज का रूप दिया। यहां आधुनिक शिक्षा के साथ धार्मिक शिक्षा की भी व्यवस्था की गई। 1878 में सर सैयद ने गत बीस वर्षों का मुसलमानों की शैक्षणिक स्थिति जानने के लिए शैक्षणिक सर्वेक्षण कराया। उससे प्राप्त आंकड़ों ने मुसलमानों की शैक्षणिक बदहाली और उससे उत्पन्न हानिकारक प्रभाव को उजागर किया था। उस रिपोर्ट ने मुसलमानों की अशिक्षा और विशेषकर नौकरीपेशा वर्ग की दुखद स्थिति और सरकारी नौकरियों में मुसलमानों की गुंजाइश का जो चित्र पेश किया, वह बड़ा चौंका देनेवाला था। उस सर्वेक्षण के अनुसार कानूनी डिग्री रखने वाले 155 हिन्दुओं की तुलना में मुसलमानों की

संख्या केवल 57 थी। यही हाल डॉक्टरी और इंजीनियरिंग पेशों का था। कला-स्नातकों में जब हिन्दुओं की 1373 संख्या थी, तो मुसलमान केवल 30 थे। हिन्दू 326 एम.ए. थे, तो मुसलमान 5।[20] बंगाल में मुसलमानों की स्थिति और भी दयनीय और गंभीर थी। 1880-81 में हाई स्कूलों के हिन्दू छात्रों की संख्या 36686 थी, जबकि मुसलमानों की सिर्फ 363 थी।[21]

यही वह समय है, जब भाषा और शिक्षा के माध्यम की बात भी उठी। बंगाल में बांग्ला जब सरकारी भाषा बनी, तो ग़ैर बांग्लाभाषी मुसलमानों के लिए (विशेषकर उच्च वर्ग के लिए) यह बड़ी परेशानी की वजह बनी। उत्तरी भारत में उर्दू-हिंदी के प्रश्नों पर आपसी कशमकश भी सामने आई, साथ ही संस्कृत, फ़ारसी और अरबी के सवाल भी उठे। मदरसा, मकतब और स्कूलों में हिन्दू शिक्षकों की नियुक्ति, इन पर पक्षपात करने के आरोप जैसे उलझनों से भरी समस्याएं भी सामने आई। जब 1883 में फ़ारसी-लिपि की जगह पर देवनागरी लागू करने की सरकारी घोषणा हुई, तो मामला हिंदी-उर्दू से आगे बढ़ा, और वह हिन्दुओं और मुसलमानों की समस्या बन कर उभर आई। मुसलमानों के बीच सर सैयद अहमद खां की अलीगढ़ तहरीक (आंदोलन) और बंगाल में सैयद अमीर अली की कोशिशें कामयाब होती नज़र आने लगीं। इसी समय हिन्दुस्तान में आई.सी.एस. की परीक्षाओं की बात भी चली। हिन्दुस्तान में यह परीक्षा आयोजित हो या नहीं हो, इस मुद्दे पर बहुत बहसें हुईं। सर सैयद अहमद खां आदि ने हिन्दुस्तान में परीक्षा हो, इसका विरोध किया था। चूंकि मुसलमानों के बीच उच्च शिक्षा की कमी थी, अतः मुसलमानों के लिए नामांकन को ही बेहतर विकल्प माना। यही सवाल सरकारी नौकरियों के संबंध में उठा और आगे चल कर काउंसिल में सीटों के आरक्षण पर समाप्त हुआ।

एक के बाद एक संवेदनशील प्रश्न उठने लगे थे और सरकारी नीति स्थिति को उलझाने वाली ही रही, ताकि हिन्दू और मुसलमान आपस में उलझते रहें। अलीगढ़ कॉलेज के अंग्रेज़ प्रिंसिपल मिस्टर थियोडर बेक के समय स्थिति ज्यादा उलझ गई। कांग्रेस एक व्यापक आंदोलन का रूप लेने लगी थी। उन्होंने कांग्रेस की गतिविधियों के दूरगामी असर को अच्छी तरह भांप लिया और इस नतीजे पर पहुंचे थे कि बहुत जल्द कांग्रेस सरकार के लिए चिंता की स्थिति पैदा करने वाली है। मिस्टर बेक ने कूटनीति और दूरदर्शिता को चतुराई से इस्तेमाल किया और अलीगढ़ आंदोलन को अंग्रेज़-हित में प्रभावित करते मोड़ने की कोशिश की। वह आंदोलन सरकार मुख़ालिफ़ आंदोलन न बने, उस कोशिश में उन्हें सफलता मिली। उन्होंने पढ़े-लिखे मुसलमान नौजवान के बीच ऐसी ज़ेहनियत की बीज बो दी, जिसने आगे चल कर "स्ट्रगल फॉर एग्ज़िस्टेन्स" के जद्दोजेहद में हिन्दू विरोध का पहलू अपना लिया। उन दिनों हिन्दुओं के तेवर भी

बदले हुए नज़र आते हैं। 1870 के कलकत्ता रिव्यू में इस संबंध में जेम्स ओकनीली के सिलसिलावार लेख प्रकाशित हुए। उन्होंने मुसलमानों की बदहाली के मद्देनज़र उनको दी जानेवाली सरकारी सहायताओं पर हिन्दुओं की जो तल्ख़ प्रतिक्रिया हो रही थी, उसकी एक संक्षिप्त समीक्षा प्रकाशित की, वह कहते हैं :

"जब अंग्रेज़ों और मुसलमानों का प्रभावशाली वर्ग सरकार पर ज़ोर दे रहा था कि मुसलमानों को उनकी बदहाली की स्थिति से ऊपर उठाया जाए और उनको सरकारी सहूलियतों से लाभान्वित होने के योग्य बनने में मदद की जाए, हिन्दुओं का एक ज़िम्मेदार वर्ग सामने आकर लोगों को वरग़लाने की कोशिश करता रहा कि मुसलमानों का एक बड़ा वर्ग सरकार का ग़ैर-वफ़ादार है और उसे प्रायः सभी मुसलमानों की सहानुभूति प्राप्त है"।[22]

हिन्दुओं के सोचने के अंदाज़ और उनकी तल्ख़ प्रतिक्रिया ने करेले पर नीम का काम किया। हिन्दुओं और मुसलमानों के बीच कशमकश के बढ़ते हुए रुझान को ऐसी ही विकृत सोच ने तकवियत पहुंचाई। यहां विस्तार की गुंजाइश नहीं, हमारा उद्देश्य केवल यह स्पष्ट करना है कि शिक्षा और ज्ञान का प्रकाश अज्ञानता के अंधेरे से लोगों को बाहर प्रकाश की ओर लाता है, शिक्षा, जिसका मुख्य उद्देश्य मानवता को ऊंचाई प्रदान करना, मानवता के सर्वव्यापी रचनात्मक पहलूओं को उजागर करना, लोगों की मानसिकता को उदारता प्रदान करना, सहिष्णुता, निष्ठा और नम्रता की खूबियों से मालामाल करना रहा है, लेकिन उसने अंग्रेज़ों के संरक्षण में हिन्दुस्तान के शिक्षित वर्ग को संकीर्ण बना गुमराह किया। उनके अंदर केवल सरकारी नौकरियां और दान-मान प्राप्त करने की होड़ पैदा की। नतीजतन स्वाभाविक तौर पर हिन्दुओं और मुसलमानों के बीच की खींचातानी ने कटुता का रूप ले लिया। योजनाबद्ध तरीके से ऐसे क़दम उठाए गए कि पता भी नहीं चला और बहुत से हिन्दुओं और मुसलमानों ने एक-दूसरे के दुश्मन के रूप में मैदान संभाल लिया।

दिल्ली के सम्राट शाह आलम द्वितीय द्वारा अंग्रेज़ों को "दीवानी" प्रदान किए जाने (1765) से 1857 तक हिन्दुस्तानी इतिहास को संक्षेप में अंग्रेज़ों की मेकाविलियन नीति, राजनीतिक दूरदर्शिता, व्यापारिक मनोवृत्ति की परिपक्वता और उनके द्वारा हिन्दुस्तान के धन की लूट, हिन्दुस्तानियों की आपसी खींचा-तानी, कलह-द्वेष और संघर्ष का इतिहास कहा जा सकता है। इस दौर में हिन्दुस्तान और हिन्दुस्तानियों पर क्या कुछ गुज़रा, कहने की यहां गुंजाइश नहीं, केवल इतना कहना काफी होगा कि हिन्दुस्तानियों पर अंग्रेज़ों ने चौतरफा वार किया। यहां की आर्थिक, राजनैतिक, सामाजिक और सैनिक ढांचे को हिला कर रख दिया। यही नहीं, मानसिक और नैतिक रूप में उन्हें कमतरी के शिकंजे में बुरी तरह जकड़ जाने पर मजबूर कर दिया। 1857 में जब अपनी लड़खड़ाई

स्थिति, बेबसी और मूल्यों में गिरावट का एहसास हिन्दुस्तानियों को हुआ, तो बंगाल से दिल्ली तक ज़बरदस्त तूफान उठा, बग़ावत बरपा। चिराग़े-सेहरी की तरह टिमटिमाते हुए मुगलवंश के आखिरी शहंशाह बहादुर शाह ज़फर को बाग़ी हिन्दुस्तान का शहंशाह घोषित किया गया और ऐसा लगा कि अब अंग्रेज़ों के पांव उखड़ने ही वाले हैं, परंतु ऐसा हुआ नहीं। बावजूद अपनी एकता, बहादुरी और कुरबानी के जज़्बे के यह विद्रोह अंग्रेज़ों की सैनिक शक्ति का मुकाबला नहीं कर सका। स्थानीय सरदारों की ग़द्दारी और कुछ देशी रियासतों की अंग्रेज़परस्ती ने बची-खुची साख को भी बरबाद कर दिया। लाल किला से बैरकपुर छावनी तक अंग्रेज़ों के अत्याचारों और बर्बरता का नंगा नाच हुआ। हर जगह पीपल, बरगद और अन्य बड़े पेड़ों पर आत्मसम्मान रखनेवाले हिन्दुस्तानियों को लटका दिया गया। मुग़ल सम्राट, उनका ख़ानदान, मुगल शहज़ादे, मुगल शहज़ादियां, दिल्ली के रईस, ख़ास व आम हुमांयु के मक़बरे में पनाह लेने पर मजबूर कर दिए गए। "सम्राट" के सामने उनके लड़कों के कटे सिर पेश किए गए। यही नहीं, आख़िरी मुगल सम्राट बहादुरशाह ज़फर को रंगून जलावतन कर दिया गया और वहीं उनकी मृत्यु हुई, मुगल साम्राज्य का चिराग़ सदा के लिए बुझ गया : दो गज़ ज़मीन भी न मिली कोये यार में...। इसके साथ ही हिन्दुस्तानियों की रही सही शक्ति का भी अंत हो गया, उनका पूरा कस-बल निकल गया और वे पूरी तरह अंग्रेज़ों के गुलाम बन गए, उनका पुरुषार्थ इतिहास की चीज़ हो गई। इंग्लैंड के प्रधानमंत्री पामरस्टन (1784-1865) ने हिन्दुस्तान के गवर्नर जेनरल लार्ड केनिंग को अपने दिनांक 9 अक्टूबर, 1857 के पत्र द्वारा आदेश दिया कि मुसलमानों की ऐतिहासिक, सांस्कृतिक धरोहरों की गुलकारियों के बहुमूल्य प्रमाणस्वरूप भवनों, जामा मस्जिद को ध्वस्त कर दिया जाए, ताकि मुसलमानों की कीमती निशानियां यहां बची न रहें। इसी बीच बोर्ड ऑफ कंट्रोल के अध्यक्ष मिस्टर स्मिथ ने लार्ड क्रनिंग को सूचना दी कि टाईम्स लंदन ने क्रूसेड (धार्मिक युद्ध) के आह्वान के साथ मुसलमानों के कंठ में सलीब (क्रास) उतार दिए जाने का ऐलान किया है।[23] उस समय जो भयावह स्थिति बनी थी, उसका अनुमान इन पत्रों से ही हो जाता है। यह भी स्पष्ट होता है कि विशेष रूप से मुसलमानों पर ही अत्याचार हुए, साज़िशों के वही शिकार बने और उन पर ही ख़ासतौर से कहर टूटा। 1857 के बाद दिल्ली, मेरठ, कानपुर, झांसी, लखनऊ, पटना, जौनपुर, बिजनौर, मुर्शीदाबाद, कलकत्ता और उसके चारों ओर क्या-क्या हुआ, बहुत सी पुस्तकें प्रकाशित होकर हमारे सामने आ चुकी हैं। संक्षेप में यह कहना काफी होगा कि 1857 के बाद किसी हिन्दुस्तानी को सिर उठाने की हिम्मत करने के लायक भी नहीं छोड़ा गया। विशेषकर मुसलमानों को तो ऐसे मोड़ पर ला खड़ा किया गया, जहां उनकी स्थिति लुटे-लुटाए क़ाफ़िले की हो

गई। वे सिर छुपाने और रोज़ी-रोटी की तलाश में इधर-उधर भटकने पर मजबूर हो गए। वह देश, जहां उनकी तूती बोला करती थी, उसका ही कण-कण नुकसान पहुंचाने पर उतारू हो गया। इनके लिए ज़मीन तंग होकर रह गई।

अंग्रेज़ों ने सबसे पहले बंगाल में अपने क़दम जमाए और फिर वे धीरे-धीरे बढ़ते गए, यहां तक कि पूरे हिन्दुस्तान के वे शासक बन बैठे। उत्तरी हिन्दुस्तान ने हमेशा हिन्दुस्तान के दिल की हैसियत रखी है और यहां के राजनैतिक परिवर्तनों का असर देश के अन्य जगहों पर पड़ता रहा है। यहां काफी समय तक किसी-न-किसी रूप में मुसलमान ही सत्ता में रहे, इसलिए उन्हें केंद्रीय हैसियत प्राप्त रही। चूंकि मुसलमानों से हुकूमत छीनी गई थी, अंग्रेज़ों की कोशिश रही कि पहले हर तरह से इनको अपने रहमोकरम का मुहताज बना दिया जाये और जब मुसलमानों को यह एहसास हो जाए कि बिना अंग्रज़ों की मर्ज़ी के वे बाइज़्ज़त तरीके से जी भी नहीं सकते, तो फिर उन पर कुछ मेहरबानियां की जाएं। इसी पॉलिसी के मद्देनज़र हिन्दुओं को खुलकर प्रोत्साहित किया गया। मुसलमानों पर स्पष्ट कर दिया गया कि इनको भी अब अगर सम्मानित ढंग से जीना है, तो उन्हें वही रास्ता चुनना होगा, जो अंग्रेज़ उनके लिए तय करेंगे। अकबर और औरंगज़ेब के कारनामे और उपलब्धियां श्रेष्ठता के मापदंड न होकर समुएल स्माईल्स (Samual Smiles), काबडियन और ब्राईट के कामों को आदर्श मानना होगा।[24]

मुसलमानों के विजेता के रूप में आने और यहां जम जाने के बाद आम हिन्दू जिस मानसिक स्थिति से गुज़रे होंगे, सत्ता छिन जाने के बाद मुसलमानों की भी लगभग वही मानसिक स्थिति रही होगी। मुसलमानों के दिलों में कड़वाहट ज्यादा रही होगी, क्योंकि मुसलमान जिस वक्त हिन्दुस्तान आये थे, उस वक्त कहीं आना-जाना, आवागमन और किसी से संपर्क करने की कठिनाइयों के साथ छोटे-छोटे हिस्सों में बंटे हिन्दुस्तान में कोई हिन्दुस्तानव्यापी दृष्टिकोण मौजूद नहीं था। एक जगह पर घटनेवाली घटनाओं का असर मुश्किल से ही दूसरी जगहों पर महसूस किया जाता था। लेकिन, मुसलमानों के लंबे शासनकाल में कंधार से कन्याकुमारी तक आमदरफ्त का सिलसिला क़ायम हो चुका था। अकबर और औरंगज़ेब के समय में तो मुग़ल शासन की सीमाएं ही बहुत फैल चुकीं थीं और हिन्दुस्तान के एक कोने से दूसरे कोने तक संपर्क का कोई-न-कोई कारगर सिलसिला बन चुका था। जब केंद्रीय मुग़ल प्रशासन व्यवस्था कमज़ोर होकर डगमगाई, तो लगभग सभी सूबों के सूबेदारों ने खुदसर होने की घोषणा करने के बावजूद दिल्ली में बैठे शहंशाह को हमेशा मान और सम्मान दिया और जब वह हुकूमत अपनी आख़िरी सांस ले रही थी, तो 1857 में आख़िरी शहंशाह बहादुर शाह ज़फर को ही सबने अपना पेशवा बनने पर

मजबूर किया। शहंशाह को इसके लिए बड़ी कीमत चुकानी पड़ी। अंग्रेज़ों द्वारा उनके लड़कों के कटे सिर उन्हें पेश किए गए। हुमांयु के मकबरे में सपरिवार उन्हें पनाह लेनी पड़ी और फिर रंगून में जलावतनी की हालत में सिसक-सिसक कर ज़िंदगी के बाकी दिन गुज़ारने पड़े। इस ड्राप-सीन से पहले का अंतिम अध्याय तो और भी त्रासदियों से भरा रहा। उसे उस दीवाने-आम के झरोखे के नीचे जहां उनके दर्शन के लिये हज़ारों रेयाया एकत्र हुआ करती थी, एक मुजरिम की तहर हाथों में हथकड़ियां बांधे अपने विरुद्ध देशद्रोह का फैसला सुनना पड़ा। मुसलमानों को जिन आज़माइशी स्थितियों से लगातार गुज़रना पड़ा वे बड़े तकलीफ़हेह थे। उसने उनके अंदर मायूसी की ज़ेहनियत पैदा कर दी। अपने अस्तित्व और पहचान के प्रश्नों पर वे हमेशा चौकन्ने रहने लगे।

सन्दर्भ

1. जवाहर लाल नेहरू, रिसेन्ट एसेज़ एंड राईटिंग्स, इलाहाबाद, 1934, पृष्ठ 49
2. डब्ल्यू. सी. स्मिथ, मॉडन इस्लाम इन इंडिया, लाहौर, 1959, पृष्ठ 188
3. किथ कलाड, पाकिस्तान ए पोलिटिकल स्टडी, जार्ज एल्सन एड एन विन, लंदन, 1957, पृष्ठ 200
4. जय प्रकाश नारायण, इन द लाहौर फोर्ट, पटना, 1947, पृष्ठ 136-137
5. हिन्दुस्तान के प्राचीन इतिहास और उज्ज्वल अतीत की निशानियां हड़प्पा मोहनजोदड़ो से लेकर अजन्ता और एलोरा तक की जीवित राष्ट्रीय धरोहर की खोज सब यूरोपवासियों ओर विशेषकर अंग्रेज़ों की मेहनत का परिणाम है। जिस समय मुसलमान विजयी के रूप में यहाँ आये हिन्दुस्तानी राजाओं को अपने महान अतीत, वह अतीत जिस पर आज हम हिन्दुस्तानी गर्व करते हैं, का कदापि एहसास भी नहीं रहा होगा बल्कि मातृभूमि और देशभक्ति का क्षेत्र भी वहीं तक सीमित रहा होगा, जहां तक उनका राज्य रहा होगा।
6. देशभक्ति और मातृभूमि की जो कल्पना आज हमारे सामने है, वह उस समय एक दम नहीं थी। यह तो उन्नीसवीं शताब्दी के अंतिम वर्षों की देन है। फिर आम जनता की स्थिति की कल्पना आज के जनसाधारण की स्थिति से हम कर सकते हैं। बीसवीं शताब्दी की संपूर्ण उपलब्धियों के बावजूद आज सुदूर के गांव के बसने वाले हिन्दुस्तानियों की सुविधा सम्पन्न सत्ताधारी वर्ग और उनकी कृपा दृष्टि से क्या सम्बन्ध? दो समय की रोटी और ज़िन्दा रहना ही बड़ी बात है। कैसा प्रजातंत्र, कहाँ का प्रजातंत्र,कौन सा प्रजातंत्र और उसकी नेमतें? कैसा देश और कैसी देशभक्ति, रोज़ी, रोटी और तन ढ़ांकने के लिए कपड़ा जब आज केन्द्र बिन्दु हैं, तो शताब्दियों पूर्व सामंती व्यवस्था में क्या स्थिति रही होगी, हम कल्पना कर सकते हैं।
7. पी. सी. जोशी, संदर्भ बी. आर. नन्दा, एसेज़ ऑन इन्डियन हिस्ट्री, आक्सफोर्ड यूनिवर्सिटी प्रेस, 1980, पृष्ठ 171
8. जवाहर लाल नेहरू, डिस्कवरी ऑफ इन्डिया, आक्सफोर्ड यूनिवर्सिटी प्रेस, 1981, पृष्ठ 352
9. रजनी पाम दत्त, इंडिया टुडे पीपुल्स पब्लिकेशन हाऊस, बम्बई, 1949, पृष्ठ 428
10. ए. आर. देसाई, सोशल बैकग्राऊंड ऑफ इडियन नेशनलिज़्म, पोपुलर बुक डिपो 1954, पृष्ठ 347
11. पी. सी. जोशी, वही, पृष्ठ 172-173
12. बी. आर. नन्दा, एसेज़ ऑन मॉडर्न इन्डियन हिस्ट्री, आक्सफोर्ड यूनिवर्सिटी प्रेस, 1980, पृष्ठ 225-226
13. वही, पृष्ठ 226-227

14. डॉ राम गोपाल, इन्डियन मुस्लिम्स, पोलिटिकल हिस्ट्री, 1858-1947, एशिया पब्लिशिंग हाउस, 1959 पृष्ठ 17
15. वही, पृष्ठ 18
16. वही, पृष्ठ 20
17. वही, पृष्ठ 28
18. अमलेन्दू डे, इस्लाम इन मॉडर्न इंडिया, माया प्रकाशन, कलकत्ता, 1982, पृष्ठ 31
19. डॉ. राम गोपाल, पृष्ठ 27
20. वही, पृष्ठ 34
21. वही, पृष्ठ 35
22. तुफैल अहमद, मुसलमानों का रौशन मुसतकबल, मकतबा जामिया, नई दिल्ली, 1945 पृष्ठ 177
23. वही, पृष्ठ 177
24. पी. हार्डी, दि मुस्लिम ऑफ ब्रिटिश इंडिया, कैमब्रिज यूनिवर्सिटी प्रेस, 1972, पृष्ठ 71

जीने की जद्दोजेहद : मुनासिब रास्ते की तलाश

मध्यकालीन एशिया और यूरोप के समाज में संतुलन बनाए रखने में मज़हब और मज़हबी रहनुमाओं का अहम रोल रहा है। सरकारों को बनाने और बदलने तक में उन्होंने प्रभावी भूमिका अदा की है। हिन्दुस्तान में उनकी पकड़ कुछ और ज्यादा सख़्त थी। परंपराओं पर आधारित यहां की सामाजिक संरचना पर औद्योगिक क्रांति के फलस्वरूप विकसित संस्कृति उपनिवेशवादियों के साथ यहां देर से पहुंची। मुसलमानों के आने से पहले तक वर्ण व्यवस्था पर आधारित हिन्दुस्तानी समाज में केवल ब्राह्मण ही शिक्षा और ज्ञान प्राप्त करने के अधिकारी थे। अत:, ब्राह्मणों की पकड़ समाज पर अत्यधिक थी, उन्हें देवताओं-सा स्थान प्राप्त था। उनकी इच्छा भगवान की ही इच्छा मानी जाती थी। राजे-महाराजे भी ब्राह्मणों के विरोध का साहस नहीं करते थे और अनपढ़-से-अनपढ़ ब्राह्मण भी पूज्य माना जाता था, लोग उनके चरणस्पर्श को अपने लिए गर्व की बात समझते थे। वर्ण-व्यवस्था और उससे उत्पन्न ज़ात-पांत की मानसिकता के कारण लोगों के बीच नहीं पाटी जानेवाली खाई बनी हुई थी। लेकिन, मुसलमानों की सामाजिक बनावट भिन्न थी। मुसलमानों के बीच ब्राह्मणों जैसी कोई विशेष ज़ात नही थी। इस्लामी मान्यताओं और शिक्षा की देन, समता और समानता के उसूलों ने कभी "उलेमा" को ब्राह्मणों जैसा स्थान नहीं लेने दिया। ब्राह्मणों की तरह कोई विशेष जमात कभी भी मुसलमानों की गर्दनों पर सवार नहीं हो सका। लेकिन, शरीयत और इस्लामी जानकारियां रखने की वजह से समाज पर उनकी कुछ पकड़ तो थी ही, लोगों की मानसिकता बनाने में निस्संदेह उन्होंने महत्वपूर्ण भूमिका निभाई है। मुसलमान जब तक "शासक" के रूप में यहां रहे, दरबारों में उलेमा की पूछ थी, क्योंकि इस्लामी शरीयत के अनुरूप हुकूमतों के कानून बनाए जाते थे (इन नियमों पर उस समय के शासकों और उनके अधिकारियों ने कितना अमल किया, यह विवादग्रस्त विषय है)। जब मुसलमानों की हुकूमत ख़त्म हुई, तो उलेमा का मान और सम्मान जो दरबारों में था, वह तो समाप्त हो गया, लेकिन सार्वजनिक जीवन में उनका प्रभाव बाकी रहा। लेकिन अब नई परिस्थिति थी। अंग्रेज़ शासकों के सहयोग से ईसाई मिशनरी ने अंग्रेज़ी शिक्षा और सामाजी सुधार के

कार्यों के माध्यम से खुद को लोकप्रिय बना लेना अपनी प्राथमिकता बना ली थी। बंगाल के बड़े हिन्दू जमींदारों और राजाओं ने तो अंग्रेज़ी शिक्षा और अंग्रेज़ों के बढ़ते प्रभाव को मुस्लिम प्रभावों से अपनी मुक्ति का ज़रिया माना और अंग्रेज़परस्ती में अपनी मर्यादाओं का भी ख्याल नहीं रखा। कुछ प्रभावशाली व्यक्तियों ने तो ईसाई धर्म को भी अपना लिया और नए शासकों के सहयोगियों की श्रेणी में खड़े हो गये। लेकिन, उलेमा के प्रभाव से मुसलमानों ने अंग्रेज़ी शिक्षा और शिक्षा-प्रणाली को अपने लिए अंग्रेज़ों का षड्यंत्र माना और उसका कड़ा विरोध किया। नतीजतन आगे चल कर अपनी इस मानसिकता की उन्हें बड़ी कीमत चुकानी पड़ी।

अंग्रेज़ों के हिन्दुस्तान में जम जाने के बाद बहुत दिनों तक मुसलमान असमंजस की स्थिति में रहे। अंग्रेज़ों की चौतरफा मार और अपने हमवतन हिन्दुओं के बदले हुए तेवर और व्यवहार ने उन्हें बहुत दिनों तक ऊहापोह की स्थिति में रखा। आर्थिक कठिनाइयों के कारण मुसीबतों के आए सैलाब के साथ मानसिक उत्पीड़न के चौतरफा हमलों का मुसलमानों ने हिम्मत के साथ मुकाबला किया। अपने अस्तित्व को बचाए रखने की कोशिशों में वे कामयाब रहे, जिसे एक न यक़ीन करने वाला चमत्कार ही कहा जा सकता है। ऊहापोह की उस लंबी अवधि में उलेमा ने अत्याधिक हौसले, दृढ़ता, संयम और संकल्प का प्रमाण दिया । एक साथ अंग्रेज़ों और हिन्दू रिवाइवलिस्ट्स के हमलों से मुक़ाबला करते हुए आम मुसमलानों के वे मार्गदर्शक बने रहे। यह एक सच्चाई है कि उस क़यामत की घड़ी में, जब मुसलमानों पर हर तरफ से राजनैतिक, आर्थिक, सांस्कृतिक और धार्मिक हमले हो रहे थे, अगर इन उलेमा ने मैदान नहीं संभाला होता, तो आज इस उपमहाद्वीप हिन्दुस्तान, पाकिस्तान और बंग्लादेश में जो मुसलमान नज़र आ रहे हैं, वे हरग़िज नहीं होते। स्पेन की तरह इनका भी पूरा सफ़ाया हो चुका होता और ये इतिहास का एक दुखद अध्याय बन कर रह गए होते।

हिन्दुस्तान में मुसलमानों की लंबी हुकूमत रही, यहां के लोगों से मेल-जोल और मुगलों के समय अपनाई गई "सुलेहकुल" की सामाजिक नीतियों और शादी-ब्याह के रिश्तों की वजह से मुस्लिम समाज के बुनियादी ढांचे पर बहुसंख्यक हिन्दुओं का बहुत प्रभाव पड़ा। कटट्र उलेमा ने इस तबदीली को पसंद नहीं किया था और इस बाहरी असर से इस्लाम को पाक-साफ करने की वे लगातार कोशिश कर रहे थे। उन सुधारकों में सक्रिय थे शाह वलीउल्लाह, शाह अब्दुल अज़ीज़ और सैयद अहमद बरेलवी। इनके द्वारा संचालित मुस्लिम पुनर्जागरण के आंदोलनों ने मुसलमानों के प्रायः सभी वर्गों को प्रभावित किया था । हिन्दुस्तान के बड़े हिस्से में इनकी तहरीक चली थी। अंग्रेज़ों

के यहां जम जाने को इन उलेमा ने कभी पसंद नही किया, उनके खिलाफ माहौल बनाते रहे। नतीजतन एक ऐसा माहौल बना हुआ था, जहां बाद के दिनों में अंग्रेज़ों की हुकूमत को न सिर्फ मुसलमानों के लिए, बल्कि पूरे हिन्दुस्तान के लिए नुकसानदेह साबित करना आसान हुआ। वहाबी आंदोलन की वजह से इस विचार का लोगों ने समर्थन किया और इसी बीच अंग्रेज़ी हुकूमत के दारूल-हरब (युद्ध का स्थान) और दारूस्सलाम (सलामती व शांति का स्थान) होने, न होने, की बहस मुसलमानों के बीच होने लगी। अंतरराष्ट्रीय स्तर पर वहाबी आंदोलन का ज्यादा असर पड़ा हो या न पड़ा हो, इसने हिन्दुस्तान के बिहार, बंगाल, यू.पी., पंजाब और उत्तर पश्चिमी सीमावर्ती प्रांतों में ज़बरदस्त हलचल पैदा कर दी थी। पंजाब और उसके आस-पास के सिख शासकों की नीतियों को मुसलमानों ने अपने ख़िलाफ़ माना और आगे चल कर सिखों से उनकी मुठभेड़ भी हुई। हिन्दुस्तान से अफ़ग़ानिस्तान की तरफ हिजरत और अंग्रेज़ों के ख़िलाफ़ जेहाद (धर्मयुद्ध) के प्रयासों से उत्पन्न स्थिति का जन-साधारण पर जो प्रभाव पड़ा, उसकी तफ़सील कई पुस्तकों में आ चुकी है, और यहां उसे दुहराने की ज़रूरत नहीं। हिजरत और जेहाद के आंदोलन मूल रूप से मुसलमानों के बीच अंग्रेजों के विरुद्ध वातावरण बनाने के प्रयास थे, लेकिन दुर्भाग्यवश अपने ही देशवासियों, सिखों से टकराव हो गया, जिसकी वजह से कुछ इलाकों में मुसलमानों के विरुद्ध फ़िज़ा बन गई।

लगभग इसी समय बंगाल में मुसलमानों के बीच दो और आंदोलन चले। बुनियादी तौर पर वे धार्मिक और सामाजिक सुधारों के उद्देश्य से शुरू हुए थे, लेकिन एक समय ऐसा आया, जब उन आंदोलनों का स्वरूप भी सांप्रदायिक हो गया। पहला आंदोलन फ़राइज़ी तहरीक के नाम से मशहूर है। इस आंदोलन के सूत्रधार वर्तमान बांग्लादेश के फ़रीदपुर ज़िले के शमायली कसबे के हाजी शरीयतुल्लाह (1781-1840) थे। 1821 के करीब उन्होंने बंगाल के मुसलमानों के बीच शरई एहकाम की पाबंदी और मुसलमानों के पुनर्जागरण के लिए यह तहरीक चलाई थी। उन पर शाफई मसलक के इमाम हज़रत इमाम शाफई का गहरा असर था। उन्होंने जुमा और ईद-बक़रीद की नमाज़ों में लोगों को यह संदेश देना शुरू किया कि चूंकि बंगाल ग़ैर मुस्लिम अंग्रेज़ों के आधीन है, अतः यह दारूल हरब है, इसलिए यहां जुमा और ईद-बक़रीद की नमाज़ें ज़रुरी नहीं। बंगाल के मुसलमानों के बीच अंग्रेज़ों के विरुद्ध उन्होंने आंदोलन अवश्य चलाया, लेकिन उन्होंने खुल्लम-खुल्ला जिहाद की बात नहीं की। इनके लड़के दादू मियां (मोहम्मद मोहसिन 1819-1862) ने इस आंदोलन को राजनीतिक रूप देकर उसे विस्तार दिया। ग़रीब किसान और खेत-मज़दूरों को उन्होंने जमींदारों के अनुचित टैक्सों, शोषण और अत्याचारों के ख़िलाफ़ आवाज़ उठाने के लिए

संगठित किया। दादू मियां का कहना था, ज़मीन ख़ुदा की है और इसके लिए ज़मींदारों को लगान देना ख़ुदा के कानून का उल्लंघन है, लिहाज़ा ज़मीन्दारों को लगान नहीं देना चाहिए।[1] बंगाल में बड़े ज़मींदारों की अधिक संख्या हिन्दुओं की थी और किसान व खेतिहर मज़दूर अधिकतर मुसलमान थे, अतः अपने सुधार, उचित अधिकार और ज़मींदारों के अनुचित रवैये के विरुद्ध संघर्ष ने सांप्रदायिकता की सीमाएं छू लीं। बंगाल का दूसरा संगठित आंदोलन तीतूमीर (मीर निसार अली 1782-1831) का था। बंगाल में ग़रीबों के शोषण के अनेक तरीके तो थे ही, मुसलमानों की दाढ़ी पर भी ज़मींदारों ने टैक्स लगा रखा था। तीतूमीर ने इसके ख़िलाफ़ आंदोलन चलाया, साथ ही ज़मींदारों की मनमानी और अत्याचारों के ख़िलाफ़ लोगों को संगठित किया। चूंकि बंगाल में मुसलमानों की ही ज़्यादा आबादी थी, ज़मींदारों के हाथों ये ही अधिक सताये हुए भी थे। अतः, साधारण ग़रीब मुसलमान किसानों की ज़मींदारी से अपनी मुक्ति के प्रयासों को भी परिस्थिति ने सांप्रदायिकता की सीमओं तक पहुंचा दिया। तीतूमीर के आंदोलन ने जब तेज़ी पकड़ी, तो उसे दबाने के लिए हिन्दू और मुसलमान ज़मींदारों को सरकार से सैनिक मदद लेनी पड़ी थी। तीतूमीर के समर्थकों तथा ज़मींदारों के बीच कई खूनी झड़पें हुईं। लेकिन, सैनिक हस्तक्षेप के बाद यह आंदोलन कमज़ोर हो गया और बारासात ज़िले के नर्कूलबाड़ी की लड़ाई में तीतूमीर की मृत्यु हो गई। उनके तीन सौ से ज्यादा साथी गिरफ्तार कर लिए गए और वह आंदोलन समाप्त हो गया। आंदोलन तो ख़त्म हो गया, लेकिन उसने जो असर छोड़ा था, वह स्वस्थ नहीं कहे जा सकते। उस आंदोलन के प्रभाव से जो मानसिकता बनी, वह आज के वर्गीय संघर्ष की नहीं बनी, बल्कि धर्म के आधार पर हिन्दू और मुसलमानों के बीच की बात हो गई, जिसने आगे चल कर जटिल समस्याओं को जन्म दिया।

18-19वीं शताब्दी में हिन्दुस्तानी मुसलमानों के बीच पुनर्जागरण के जो आंदोलन चले, वे मुगल साम्राज्य की गिरती हुई दीवारों को सहारा देने के उद्देश्य से कतई नहीं चलाये गये और न उनका उद्देश्य पुनः मुसलमानों की हुकूमत क़ायम करना था। मुसलमानों के दिन अब गए, लोगों ने मान लिया था। उन आंदोलनों का उद्देश्य मुसलमानों के सम्मानित अस्तित्व को बरकरार रखना था। हिन्दुओं के असर से धर्म के नाम पर जो चीजें मुसलमानों के बीच प्रचलित हो गई थीं, उनको दूर कर शुद्ध बनाना दूसरा मक़सद था। जब इन आंदोलनों का ज़ोर बढ़ा, तो इसका स्वभाविक असर हिन्दुओं पर पड़ा और उन्होंने इन आंदोलनों को कुछ हद तक हिन्दू विरोधी आंदोलन माना। 1863 में कलकत्ता में मिस्टर बब्दुल लतीफ़ ने मोहम्मडन लिटरेसी एंड साइन्टिफिक सोसाइटी (Mohamdan LitrecyAnd Scientific) की नींव रखी। 1877 में कलकत्ता में ही जस्टिस

अमीर अली ने सेंट्रल नेशनल मोहम्मडन एसोसिएशन (Central National MohammdanAssociation) स्थापित किया। सर सैयद अहमद खां के असर में 1886 में ऑल इंडिया मुस्लिम एजुकेशन कॉन्फ्रेंस (All India Muslim Education Conference) स्थापित किया गया। लेकिन, 1890 में उसका नाम बदल कर मुस्लिम एजुकेशन कॉन्फ्रेंस (Muslim Education Conference) कर दिया गया। 1883 में यूनाइटेड इंडियन पैट्रियोटिक एसोसिएशन (United Indian PatrioticAssociation) और 1893 में मोहम्मडन एंग्लो ओरिएंटल डिफेंस एसोसिएशन ऑफ अपर इंडिया (MohamdanAnglo Oriental DefenceAssociation of Upper India) जैसे संगठन बने। इनका उद्देश्य भी मुसलमानों के बीच आधुनिक शिक्षा को प्रचलित करना और उनको अज्ञानता की गहराइयों से बाहर निकालना था। प्रभावशाली व्यक्तियों के संरक्षण में बननेवाले इन ऑल इंडिया संगठनों के अतिरिक्त स्थानीय स्तर पर भी बहुत से मुस्लिम संगठन इस दौर में बने ताकि मुसलमानों के अन्दर सामूहिक रूप से सुधार की फ़िज़ा बन सके। उनमें अन्जुमने इस्लाम, अमृतसर (Anjuman Islam,Amritsar) 1883, अन्जुमन इस्लाम, बरेली, (Anjuman Islam, Bareli), अन्जुमन मोहम्मदी, लखनऊ (Anjuman Mohammadi, Lucknow) मोहम्मडन एसोसिएशन, अलवर, (MohamdanAssociation,Alwer) अन्जुमन हेमायतुल इस्लाम, लाहौर (Injuman Himaytul Islam, Lahore) अन्जुमन इस्लाम, बम्बई (Anjuman Islam, Bombay) क़ाबिले ज़िक्र हैं। इस दौर की पत्रिकाओं और समाचारपत्रों ने भी मुसलमानों के अंदर बेदारी पैदा करने में महत्वपूर्ण भूमिका निभाई। वे पत्रिकाएं थीं "तहज़ीबुल एख़लाक" 1872 "अवध पंच", 1887 , "रफ़ीकुल हिन्द", लाहौर, 1884, "पैसा अख़बार", लाहौर, 1888 उस समय मुसलमानों के बीच जो मानसिकता विकसित हुई, 20वीं शताब्दी के मध्य तक इसके प्रभाव मुसलमानों पर हावी रहे। उन पत्रिकाओं के उद्देश्य भी हिन्दू दुश्मनी के कभी नहीं रहे, लेकिन जो प्रतिक्रिया सामने आई वह पूरी तरह हिन्दू मुख़ालिफ नहीं होते हुए भी हिन्दू विरोध का पहलू तो वहां मौजूद था ही।

अंग्रेज़ों के हिन्दुस्तान में जम जाने के बाद मुसलमानों पर जो कठिन घड़ी आई, वह मुस्लिम हिन्दुस्तान या इस्लामी दुनिया के राजनैतिक उतार-चढ़ाव के इतिहास में कोई पहली घटना नहीं थी। इससे पहले बग़दाद के अब्बासियों के दौर में संस्कृति के शिखर पर पहुंचे बग़दाद की ईंट-से-ईंट बज चुकी थी। लेकिन बरबादी के उस मलबे के नीचे ज़िंदगी के कुछ अंकुर मौजूद रहे, जिसने कुछ दिनों बाद अपनी खोई हुई हैसियत की वापसी की जद्दोजेहद शुरू कर दी। स्पेन में क़रतबा और अलहमरा के दरव दीवार मुसलमानों के वैभव और बरबादी की कहानी आज भी सुनाते हैं। लेकिन, अभी हिन्दुस्तान की स्थिति भिन्न थी।

सदियों की हुकूमत के बाद मुसलमान यहां पराधीनता के दौर से गुज़रने पर मजबूर थे। उन पर एक ऐसी शैक्षणिक और राजनैतिक व्यवस्था थोपी जा रही थी, जिसके लिए मानसिक, सांस्कृतिक और मज़हबी तौर पर वह तैयार नहीं थे। यानी मुसलमान एक ऐसे दोराहे पर खड़े थे, जहां ज़िंदगी और ज़िंदा रहने के महत्वपूर्ण प्रश्नों के साथ उनकी धार्मिक और सांस्कृतिक पहचान के अस्तित्व को ज़बरदस्त चुनौतियों का सामना करना था। अंग्रेज़ों द्वारा लाई शैक्षणिक पद्धति, औद्योगिक क्रांति के नतीजे में पैदा की गई नई-नई खोजों, वैज्ञानिक उपलब्धियों के साथ ईसाई मिशनरियों की सुनियोजित पेशकदमियों ने इस्लाम और मुसलमानों पर चारों ओर से हमलों का सिलसिला चला रखा था। इसी बीच करैले पर चढ़े नीम को चरितार्थ करता ग़ैर मुस्लिम देशवासियों के बदले तेवर ने मुसलमानों के लिए नई पेचीदा परिस्थिति पैदा कर दी। इस उलझी परिस्थिति का मुसलमानों ने धैर्य से मुकाबला किया। एक ओर उलेमा ने धार्मिक मैदान संभाला, तो दूसरी ओर सर सैयद अहमद खां (1817-1898), अमीर अली (1849-1928), और उनके सहयोगियों ने बौद्धिक प्रहारों का जवाब उनके ही अंदाज़ में दिया और मुसलमानों को मानसिक रूप से एकदम टूट जाने से बचा लिया। उनके अंदर जीने का उत्साह भरा और ज़माने के बदले तेवर से मुकाबला करने का साहस पैदा किया। नये दौर की मांगों को पूरा करने के साथ अपनी सामूहिक पहचान को बनाए रखने के लिए अब भी कुछ किया जा सकता है, उसके लिए रास्ते प्रशस्त करने की कोशिशों ने उनको चारों ख़ाने चित होने से बचाया।

1871 के बाद मुसलमानों के अंदर अपनी हालत को सुधारने और नए माहौल के मुताबिक़ रणनीति अपनाने के जो आंदोलन चले थे, वे बहुत जल्द कामयाब होते नज़र आए। 1885 तक मुसलमानों का एक शिक्षित और जागरूक वर्ग पैदा हो चुका था, जिसके अंदर अपनी सहूलियत और अधिकारों को प्राप्त करने की मानसिकता मज़बूत हो रही थी, उसे हर हाल में हासिल करने के लिए वह पर तौलने लगा था। अंग्रेज़ शासक भी अब अपना अंदाज़ बदल चुके थे और मुसलमानों को कहीं-कहीं सरकारी पदों पर मनोनीत किया जाने लगा था। अब वाइसराय कॉउंसिल, लोक सेवा आयोग, म्युनिसिपल कमिटियों इत्यादि में कहीं-कहीं मनोनीत मुसलमान सदस्य नज़र आने लगे थे। इसका परिणाम यह हुआ कि मुसलमानों के अंदर आत्मविश्वास पैदा होने लगा, राजनैतिक चेतना जागने लगी और अपनी पहचान मनवाने की जुस्तजू उनके अंदर तेज़ हुई।

बम्बई प्रेसिडेन्सी एसोसिएशन (Bombay PresidencyAssociation) 1876, इंडियन एसोसिएशन (IndianAssociation) 1870, पुणे सार्वजनिक सभा (Pune Sarvajanki Sabha) 1885, मद्रास महाजन सभा (Madras Mahajan Sabh) 1884, जैसे संगठनों ने हिन्दुस्तान में व्यापक जागरूकता की सनसनाहट

पैदा कर दी थी। एलन आक्टेवियन ह्यूम। A.O.Hume (1829.1912) ने पढ़े-लिखे हिन्दुस्तानियों के अंदर सरकार से नज़दीकी पैदा करने की मानसिकता पैदा करने के लिए एक नया संगठन 1885 में इंडियन नेशनल कांग्रेस (Indian National Congress) के नाम से बनाया था। इस नये संगठन की पहली कॉन्फ्रेंस 28 दिसंबर, 1885 को बम्बई में आयोजित हुई। ह्यूम की अपील पर फ़िरोज़ शाह मेहता के.टी. टिलांग, दादा भाई नौरोजी जैसे प्रतिष्ठित व्यक्तियों ने उसमें सक्रियता से भाग लिया। इस पहली कॉन्फ्रेंस में सत्तर व्यक्ति शामिल हुए थे, जिनमें केवल दो मुसलमान थे। दूसरी कॉन्फ्रेंस कलकत्ता में 1886 में हुई, इसमें 33 मुसलमान मौजूद थे। तीसरी कॉन्फ्रेंस, जो मद्रास में हुई, उसकी अध्यक्षता बदरूद्दीन तैयबजी ने की। जब मद्रास कॉन्फ्रेंस की तैयारी चल रही थी, बदरूद्दीन तैयबजी को नेशनल मोहम्मडन एसोसिएशन के अध्यक्ष सैयद अमीर अली ने एसोसिएशन के कलकत्ता अधिवेशन में सम्मिलित होने का निमंत्रण दिया था, ताकि राजनैतिक रूप से अव्यवस्थित मुसलमानों के अंदर एकता लाई जा सके। बदरूद्दीन तैयबजी ने कांग्रेस के अपने अध्यक्षीय भाषण में स्पष्ट किया था कि मुसलमानों को हिन्दुस्तान के सामूहिक समस्याओं के समाधान के लिए सबसे मिल कर प्रयत्न करना चाहिए। सर सैयद अहमद खां के 5 जनवरी, 1888 के पत्र के उत्तर में अपने 13 जनवरी, 1888 के पत्र में बदरूद्दीन तैयबजी ने स्पष्ट किया कि मुसलमानों का विकास और उनकी उन्नति प्रभावी रूप में उसी समय संभव है, जब दूसरे देशवासियों के साथ उनकी एकता होगी। उन्होंने कहा, ''इसमें संदेह नहीं कि हिन्दू हमसे अधिक प्रगति हासिल किए हुए हैं, और जो सरकारी सहुलियतें मिलेंगी, उससे स्वभाविक तौर पर उनको ही अधिक लाभ मिलेगा। हमारा यह फ़र्ज़ है कि हम अपनी स्थिति को बेहतर बनाए, लेकिन साथ ही दूसरे, जो योग्य हैं, उनकी राह में रुकावटें भी नहीं खड़ी करें।[2] '' तैयबजी ने ह्यूम और कांग्रेस के माध्यम से मुसलमानों की समस्याओं को उठाना उचित समझा, साथ ही उनकी यह कोशिश भी रही कि कांग्रेस के प्लेटफॉर्म से उन समस्याओं को ही उठाया जाए जिन पर अधिकांश हिन्दू और मुसलमान सहमत हों। 2 अप्रैल, 1888 के "पायोनिर" में छपे अपने पत्र में इस समस्या पर उन्होंने विस्तार से रोशनी डाली है।[3] 18 फरवरी, 1888 को सर सैयद अहमद खां के नाम अपने पत्र में तैयबजी ने स्पष्ट किया था कि उनकी नीति बाहर के बजाये अंदर रह कर अपने फ़ायदे के लिए काम करना है। उन्होंने मुसलमानों को सलाह दी कि वे हिन्दुओं के साथ जहां तक सम्भव हो, आपसी सहमति से मिल कर काम करें और ऐसे प्रश्न, जो उनके विरुद्ध हों, उनका पूरी ताकत से विरोध भी करें। हिन्दुस्तानियों का विकास हो, साथ ही अपने अधिकार भी सुरक्षित रहें, इसी नीति के तहत हमें काम करना चाहिए।[4] लेकिन, सर सैय्यद अहमद खां उनसे

सहमत नहीं थे। "नेशनल कांग्रेस" नाम पर भी उनकी आपत्ति थी। 24 जनवरी, 1888 को उन्होंने तैयबजी को अपने पत्र में लिखा : क्या इसे मानना सम्भव है कि हिन्दुस्तान में बसने वाले विभिन्न संप्रदाय और धर्म के मानने वाले एक राष्ट्र (नेशन) हैं या कभी हो सकते हैं? क्या उनकी ज़रुरतें, इच्छाएं और हित एक हैं? मैं इसे असंभव समझता हूं और जब यह असंभव है, तो "नेशनल कांग्रेस" जैसा संगठन क्या अर्थ रखता है।[5] सर सैयद ने अपने दृष्टिकोण को स्पष्ट करते हुए कहा था कि वह हिन्दुस्तान की उन्नति के रास्ते में रुकावट नहीं बनना चाहते, लेकिन मुसलमान किस से मुकाबला करें, उनसे, जिनसे वे आगे बढ़ जाने की स्थिति में कभी नहीं? प्रतिनिधित्व के आधार पर बनी सरकार को सर सैयद ने मुसलमानों की हिन्दुओं की पराधीनता माना था। अतः कांग्रेस और हिन्दुस्तान में आई.सी.एस. की प्रतियोगिता आयोजित हो, उसका उन्होंने विरोध किया था। उस समय, चूंकि कांग्रेस की राजनीति पर बंगालियों का वर्चस्व था और सरकारी नौकरियों में भी वे ही हावी थे, सर सैयद अहमद खाँ अपने अनुभवों के आधार पर मुसलमानों के लिए यह व्यवस्था उचित नहीं मानते थे। साथ ही ब्रिटिश सरकार को भी नाखुश नहीं करना चाहते थे, क्योंकि उनकी नाराज़गी का ख़ामियाज़ा मुसलमान बुरी तरह भुगत चुके थे। वह चाहते थे कि मुसलमान अपने अंदर पहले शैक्षणिक योग्यता पैदा कर लें, तब प्रतियोगिताओं या सत्ता की राजनीति की उलझनों में पड़ें। 28 दिसंबर, 1887 को लखनऊ में उन्होंने मुसलमानों के प्रतियोगिताओं के संबंधित रवैये को स्पष्ट करते हुए कहा था कि मुसलमान तो मुसलमान, प्रतियोगिताओं से बंगाल के सिवाय दूसरी जगहों के हिन्दुओं को भी फ़ायदा नहीं होगा। चूंकि अंग्रेज़ी शिक्षा और अंग्रेज़ों से बंगालियों की नज़दीकी ने उन्हें बेहतर स्थिति में पहुंचाया हुआ था, वह मानते थे कि बंगालियों के हर जगह पर क़ाबिज़ हो जाने का ख़तरा पैदा हो जाएगा। उन्होंने यह भी स्पष्ट किया था कि बंगाल में मुसलमानों की संख्या अधिक है, लेकिन वे अनपढ़ हैं, गरीब हैं, और जो लोग राजनीतिक हंगामा कर रहे हैं, उनसे उनका दूर का भी रिश्ता नहीं है। उन्होंने यह सवाल भी उठाया था कि यदि यह बहुसंख्यक मुसलमान भी हंगामों में शरीक होना चाहे, या वे हैं भी, और अपने अधिकारों के लिए खड़े हो जाए तो क्या बंगाल में शांति बनी रह सकती है? यहां एक बात ज़ेहन में रखनी चाहिए कि 1857 के विद्रोह के बाद की जटिल स्थिति के बावजूद सर सैयद अपने सार्वजनिक जीवन में हिन्दू विरोधी कतई नहीं थे और न कभी उन्होंने मुसलमानों की समस्या को हिन्दूओं की समस्या से अलग करके देखा था। बाद के दिनों में अलीगढ़ के प्राचार्यगण और विशेषकर मिस्टर बेक के समय में उनकी सोच बदली और कुछ मामलों में वह हिन्दू और मुसलमान की बात करने लगे थे। सर सैयद ने कांग्रेस का एक संगठन के रूप

में इस लिए विरोध किया, क्योंकि उस संगठन का स्वर सरकार विरोधी होता जा रहा था और वह दियानतदारी से चाहते थे कि ऐतिहासिक घटनाओं की मार झेले मुसलमान इसमें नहीं शरीक हों। लेकिन, ऐसा हुआ नहीं। अंग्रेजी शिक्षा प्राप्त ऐसे मुसलमानों की संख्या काफ़ी थी, जो कांग्रेस में शामिल थे और अपने हकूक की प्राप्ति में उसे मददगार मानते थे। 1888 की कांग्रेस इलाहाबाद में हुई, उसमें 254 मुसलमान शामिल हुए थे, इनमें से 90 (नब्बे) केवल इलाहाबाद और लखनऊ के थे। 1889 में कांग्रेस बम्बई में हुई, 254 मुसलमान सम्मिलित हुए जिनमें 125 दिल्ली और यू.पी. के थे। एक अंदाज़ के मुताबिक पुराने संभ्रांत सम्मानभोगी मुस्लिम घरानों ने साधारणतः कांग्रेस से अलग रहने का निर्णय लिया था। कांग्रेस की पॉलिसी से सर सैयद तो सहमति नहीं ही रखते थे, उन्होंने स्पष्ट शब्दों में चुनाव के आधार पर प्रतिनिधित्व का भी विरोध किया। 1883 की जनवरी में उन्होंने वाईसराय कॉउंसिल में जो भाषण दिया था, वह बहुत मशहूर है। यों तो उनका भाषण बहुत लंबा है, परंतु किसी निष्कर्ष पर पहुंचने के लिए कुछ वाक्य काफी हैं :

''चुनाव द्वारा प्रतिनिधित्व का अर्थ बहुमत के हितों को प्राथमिकता और उनके दृष्टिकोण की अभिव्यक्ति है। ऐसे देश में जहां एक नस्ल, धर्म और समुदाय के लोग बसते हैं, वहां के लिए इससे अच्छी कोई दूसरी व्यवस्था नहीं, लेकिन श्रीमान... ऐसे हिन्दुस्तान में जहां अभी भी ज़ात-पांत को प्राथमिकता प्राप्त है, विभिन्न समुदाय के बीच एकता का जहां अत्यधिक अभाव है, जहां धार्मिक उन्माद लोगों में व्याप्त है, जहां एक समान आधुनिक शिक्षा के अवसर लोगों को प्राप्त नहीं, मैं विश्वास के साथ कहूंगा कि चुनाव के आधार पर लोकल बोर्ड और डिस्ट्रिक्ट बोर्ड में विभिन्न हितों के प्रतिनिधित्व पर आर्थिक स्थिति से अधिक दूसरी बुराइयों का प्रभाव पड़ेगा''।[6]

16 मार्च, 1888 को मेरठ के अपने भाषण में सर सैयद ने विस्तार से कांग्रेस, उसकी नीतियों और मुसलमानों के दृष्टिकोण पर प्रकाश डाला था और कहा था कि केवल मुसलमानों को ही इससे अलग नहीं रहना चाहिए बल्कि यू.पी. के हिन्दुओं को भी इसमें नहीं शरीक होना चाहिए। जिन लोगों ने कांग्रेस में शिरकत की थी, उनके सिलसिले में उन्होंने कहा था कि यह उनकी भूल है, क्योंकि इस आंदोलन के उद्देश्यों को वे नहीं समझ पा रहे हैं। बंगाली, उस वर्ग के लोगों को बहका रहे हैं, जो स्वयं अपने बारे में नहीं जानते। उनके साथ कोई हिन्दू या मुसलमान रईस नहीं है। बदरूद्दीन तैयबजी के सिलसिले में उन्होंने कहा था कि वे सज्जन और शरीफ व्यक्ति हैं। इनकी और मेरी समझ अलग है। कांग्रेस से उनकी या कुछ मुसलमानों की सहानुभूति का यह अर्थ नहीं कि अधिकांश मुसलमानों की सहानुभूति कांग्रेस के साथ है। मुसलमानों की शैक्षणिक

स्थिति सुधारने की लिए सर सैयद के प्रयासों और निष्ठा का ह्यूम पर गहरा असर पड़ा था और कांग्रेस की नींव उन्होंने सर सैयद के असर में आकर ही डाली थी। वे स्वयं लिखते हैं सर सैयद की पुस्तक "असबाब बग़ावत हिन्द" को पढ़ने के बाद ही मेरे दिमाग में लोगों के विचार की अभिव्यक्ति के लिए एक फ़ोरम बनाने की बात आई और इंडियन नेशनल कांग्रेस अस्तित्व में आया।[7] अजीब इत्तफ़ाक है कि उसी कांग्रेस के खिलाफ़ माहौल बनाने में सर सैयद लगे हुए थे।

मुसलमानों के बीच कांग्रेस समर्थन और विरोध की दो भिन्न सोच एक ही साथ मज़बूत हो रही थीं और पढ़े-लिखे लोग उनमें दिलचस्पी ले रहे थे। सर सैयद अहमद खां और जस्टिस अमीर अली की जज़्बाती बातें हाशिये पर पहुंचे मुसलमानों के दिलों को छूती थीं और दिन-प्रतिदिन उनका दृष्टिकोण ही लोकप्रिय होता जा रहा था। स्थानीय हिन्दुओं की अकसरियत के साथ हिन्दू राजे-महाराजों और जमींदारों का मुसलमानों के साथ आमतौर पर भेद-भाव का रवैया रहा करता था, जिसे लोग पसंद नही कर रहे थे। प्रतियोगिताओं के आधार पर मिलनेवाली नौकरियां, उसके साथ ही मध्य-पूर्वी एशियाई देशों में अंग्रेजों की अपनाई गई मुस्लिम विरोधी नीतियों की तीखी प्रतिक्रिया पढ़े-लिखे मुसलमानों के बीच हो रही थी। ग़ैर मुस्लिम हिन्दुस्तानियों की तरह मुसलमानों के अन्दर भी राजनैतिक चेतना जग रही थी और वह अपने अस्तित्व को मनवाने के लिए संघर्ष का रास्ता अपनाने पर भी उतारू नजर आ रहे थे। उर्दू के खिलाफ हिंदी के प्रचार-प्रसार और सांप्रदायिक रंग लिये गो-हत्या विरोधी आंदोलनों के कारण साधारण मुसलमान भी चौकन्ना थे। इसी बीच बंगाल के विभाजन का मामला सामने आता है। चुस्त-दुरुस्त और प्रभावी प्रशासन की दृष्टि से लार्ड करज़न की मंशा रही हो कि बंगाल को दो भागों में विभाजित कर दिया जाए, लेकिन परिस्थितियां स्पष्ट करती हैं कि पूर्वी बंगाल और असम को मिला कर एक ऐसा प्रांत बनाने की अंग्रेज़ी योजना थी, जहां मुसलमानों की अकसरियत होती। इस योजना की पूरे उत्तरी भारत में तीखी प्रतिक्रिया हुई। लार्ड करज़न के इस मंसूबे को नाकाम बनाने की पूरी कोशिश की गयी और इसके लिए हिंसक क्रांतिकारी गतिविधियों को बहुत बढ़ावा मिला। बंगाल और दूसरे प्रांतों में अंग्रेजी माल का बाइकॉट किया गया और "स्वदेशी आंदोलन" को ताक़त मिली। ढाका के नवाब सलीमुल्लाह और बहुत से पढ़े-लिखे मुसलमान, ख़ासकर वकीलों ने, नहीं चाहते हुए भी इस डर से कि इनके समर्थकों की संख्या घटेगी, इस आंदोलन का साथ दिया। विभाजन के बाद के नये पूर्वी-बंगाल में, जहां मुसलमानों की संख्या 59 प्रतिशत थी, सरकारी नौकरियों और सहूलियतों का फ़ायदा मुसलमानों को होगा, यह स्थिति साफ थी।

बंग-भंग के खिलाफ आंदोलन के दौरान आम हिन्दुओं को संगठित करने के लिए हिन्दू-पुनर्जागरण के नारे लगाए गए। बंकिम चन्द्र के साहित्य में "वन्दे मातरम्" को जिस धार्मिक स्वर और राजनैतिक बैकग्राउंड में पेश किया गया, उसका मुसलमानों पर नकारात्मक असर पड़ा। "हिन्दुस्तान" को "काली देवी" और "दुर्गा माता" की तरह "भारत माता" के रूप में पेश किया जाने लगा, जिसकी आम मुसलमानों के बीच अच्छी प्रतिक्रिया नहीं हुई, लोगों के ज़ेहन में "हिन्दू" और "मुसलमान" होने की बात जमती चली गई। अंग्रेजों की नीतियों के विरुद्ध चला वह आंदोलन, जिसमें हिन्दू और मुसलमान दोनों साथ-साथ थे, समय बीतने के साथ उसी ने हिन्दुओं और मुसलमानों के बीच "हिन्दू" और "मुसलमान" की सोच गहरी कर दी। पंजाब में रिपन सुधारों (1882-83) के फलस्वरूप म्यूनिसिपल बोर्डों के चुनाव के मौके पर हिन्दुओं और मुसलमानों के बीच सांप्रदायिक माहौल अत्यधिक खराब हुआ और चुनाव में मुसलमानों ने नहीं के बराबर सीटें हासिल कीं। अतः, अमृतसर, होशियारपुर, लाहौर, मुलतान आदि शहरों में धार्मिक पहचान के आधार पर सीटें लोगों को दी गयीं।

हिन्दुस्तान में राजनैतिक चेतना जगने के साथ उलझनें भी बढ़ती जा रही थीं। हिन्दुओं और मुसलमानों के बीच आए दिन किसी- न-किसी सवाल पर एक-दूसरे से दूरी का एहसास उभर जाता था। अंग्रेजों की कोशिश रही कि मुसलमान पूरी तरह उनके बन कर रहें, लेकिन वे हिन्दुओं को भी नाराज नहीं करना चाहते रहे। उन्होंने कहीं हिन्दुओं को संरक्षण दिया, तो कहीं मुसलमानों की पुश्तपनाही की। उर्दू-हिंदी के प्रश्न पर अंग्रेजों के रवैये से मुसलमान चौकन्ने हो गए थे और इस नतीजे पर पहुंचे कि अंग्रेज सिर्फ उनको इस्तेमाल करना चाहते हैं। नतीजतन मुसलमानों की एक बड़ी तादाद उनसे बदज़न हो गई और अपने हकूक के लिए उनके खिलाफ जाने को भी तैयार दिखने लगी। अब मुसलमानों का नेतृत्व सर सैयद, अमीर अली और तैयबजी जैसों के हाथों में नहीं रह गया था। दक़ियानूसी विचारों से मुक्त मॉडन शिक्षा से परिपूर्ण नई पीढ़ी मैदान संभालने के लिए पर तौल रही थी। और अली बंधू, सैयद वजीर हसन, सैयद हसन बिलग्रामी, हकीम अजमल खां, मौलाना आज़ाद, डॉ अंसारी, हसन इमाम और अली इमाम, मिस्टर मज़हरूल हक़ जैसे लोगों का व्यक्तित्व उभर रहा था। इनमें मौलाना मो. अली की आम लोगों के बीच अधिक पकड़ थी, आगे चल कर वह कांग्रेस के अध्यक्ष भी हुए।

20 जनवरी, 1906 को हिन्दुस्तान के सेक्रेट्री ऑफ स्टेट जॉन मोरले ने ब्रिटिश संसद में कांग्रेस द्वारा प्रस्तावित सुधार पर विचार करने की घोषणा की। इन प्रस्तावों में वाइसराय काउंसिल, गवर्नर काउंसिल आदि में हिन्दुस्तानियों को सम्मिलित किए जाने की संभावनाओं पर विचार करने के साथ उचित निर्णय

लेना था। इस घोषणा ने कांग्रेस विरोधी मुसलमानों के अंदर हरकत पैदा कर दी। उन्होंने जॉन मोरले की घोषणा को कांग्रेस की कामयाबी माना। अपनी सहूलियतों और अधिकारों की प्राप्ति के प्रश्नों पर वे गंभीरता से विचार करने लगे। मोहसिनुलमुल्क ने अलीगढ़ कॉलेज के प्रिंसिपल आर्क बॉल्ड को 4 अगस्त, 1906 के लिखे अपने पत्र में मुसलमानों की प्रतिक्रिया का जिक्र इन शब्दों में किया है :

"इस घोषणा पर मुसलमानों के बीच काफ़ी बहसें हो रही हैं। इसे लोग कांग्रेस की बड़ी कामयाबी मान रहे हैं। पढ़े-लिखे मुसलमान नौजवानों में ज़्यादा मायूसी है और उनकी कांग्रेस से नज़दीकी बढ़ने लगी है। संसद के इस भाषण के नतीजे में कांग्रेस में सम्मिलित होने का लोगों को प्रोत्साहन मिलेगा। मुझे बहुत से पत्र मिले हैं, जिनमें विधान परिषद में चुने हुए सदस्यों की चर्चा की गयी है। उनकी चिंता है कि चुनाव के द्वारा तो मुसलमान परिषद में आयेंगे ही नहीं और सरकार नेमुसलमानों की सहूलियतों की कोई बात ही नहीं की है। अगर नई घोषणाओं को लागू किया गया, तो कोई मुसलमान काउंसिल में नहीं आ सकेगा"।[8]

अलीगढ़ कॉलेज के अंग्रेज़ प्रिंसिपल मिस्टर बेक मुस्लिम राजनीति में काफी दिलचस्पी रखते थे। उन्होंने वाइसराय के साथ एक मुस्लिम प्रतिनिधि मंडल के मुलाकात के लिए रास्ता प्रशस्त किया। हिन्दुस्तान के 35 प्रतिष्ठित मुसलमानों का एक प्रतिनिधिमंडल पहली अक्तूबर, 1906 को वाइसराय लॉर्ड मिन्टू से शिमला में मिला और उन्हें मुसलमानों की समस्याओं के संबंध में एक ज्ञापन दिया। उस ज्ञापन में चुनाव द्वारा काउंसिल और अन्य बोर्ड में हिन्दुस्तानियों के शामिल किए जाने के आशय पर मुसलमानों की प्रतिक्रिया और उनके संदेहों की लंबी सूची पेश की गई थी। ज्ञापन में सांप्रदायिक रुख़ अपनाते हुए स्पष्ट किया गया था कि एक हिन्दू मुसलमानों का प्रतिनिधि कैसे हो सकता है? अतः, म्यूनिसिपल बोर्ड, जिला परिषद से लेकर काउंसिल तक मुसलमानों के लिए सीट सुरक्षित कर दिए जाने और मुसलमानों को हिन्दुओं से अलग माने जाने पर ज़ोर दिया गया। मिस्टर मिन्टू ने प्रतिनिधिमंडल के सदस्यों को मुसलमानों के लिए विशेष सहूलियतें और अधिकार देने के अनेक वादे किए, विश्वास दिलाया कि वह अपने फैसले में मुसलमानों की भावनाओं का पूरा ध्यान रखेंगे। इस प्रतिनिधिमण्डल ने हिन्दुस्तान के इतिहास में एक ऐसा नया मोड़ ला दिया, जिसने आगे चल कर हिन्दुओं और मुसलमानों के बीच की दूरी को लगभग पुख़्ता कर दिया।

मुसलमानों का शिमला प्रतिनिधिमंडल, उसका बैकग्राउंड, उसका गठन, उसमें अंग्रेजों का रोल और उसका फायदा और नुकसान, यहां एक लंबी बहस

की गुंजाइश है। हमारा उद्देश्य सिर्फ इतना स्पष्ट करना है कि मुसलमानों के बीच कांग्रेस के खिलाफ जो समझ बन रही थी उसको आमलोगों तक पहुंचाने में शिमला प्रतिनिधिमंडल बहुत मददगार हुआ। मुसलमानों की भी एक अलग संगठित राजनैतिक पहचान हो, उसे वास्तविक शक्ल देने में भी वह प्रतिनिधिमंडल सहायक बन गया। प्रतिनिधिमंडल के सदस्यों के सामने लॉर्ड मिन्टू ने स्पष्ट कर दिया था कि मुसलमान अपना एक अलग महत्वपूर्ण राजनैतिक अस्तित्व और पहचान रखते हैं। लिहाज़ा अपनी राजनैतिक पहचान को वास्तविक रूप देने के लिए चुनिंदा मुसलमानों ने 30 दिसंबर, 1906 को ढाका की बैठक में मोहम्मडन एजुकेशनल कॉन्फ्रेंस (Mohammdan Educational Conference) का नाम बदल कर आल इंडिया मुस्लिम लीग (All India Muslim League) कर दिया। 1907 में मुस्लिम लीग का संविधान बनाया गया और निर्णय हुआ कि तत्काल इसे एक छोटे संगठन के रूप में ही रखा जाए और सदस्यों की संख्या सिर्फ चार सौ (400) ही निर्धारित की गयी। मुस्लिम लीग के खर्चों को पूरा करने की ज़िम्मेदारी आगा खां और अरकाट के नवाब ने स्वीकार कर ली थी। मुस्लिम लीग पर कौन-सा वर्ग हावी था, वे कितने सक्रिय थे और इसका साधारण मुसलमानों से क्या सरोकार था, उनके सामने कोई स्पष्ट नक्शा था भी या नहीं, यहां कहने की आवश्यकता नहीं। इतना स्पष्ट है कि शुरू के दिनों में ख़ालिस मुसलमानों की पार्टी के रूप में मुस्लिम लीग कोई महत्वपूर्ण रोल अंजाम नही दे सकी। मार्ले मिन्टू रिफॉर्म के अंतर्गत 1910 में स्थानीय लोकल बॉडीज़ हो या 1911 में बंगाल के विभाजन का रद्द किया जाना, मुस्लिम लीग ने कोई स्पष्ट और महत्वपूर्ण रोल अदा किया हो, इसका कोई सबूत नहीं। लेकिन, उलमा की अकसरियत की मुख़ालफत, अंदरुनी और बाहरी खींच-तान के बावजूद यह नई पार्टी मुस्लिम हितों की प्रवक्ता बनने की कोशिशों में लगातार लगी रही। जस्टिस अमीर अली के नेतृत्व में मुस्लिम लीग की लंदन शाखा ने ब्रिटिश सरकार पर दबाव डालने के साथ इंग्लैंड के प्रभावशाली लोगों के बीच मुस्लिम लीग के दृष्टिकोण को स्पष्टता से रखने में महत्वपूर्ण भूमिका निभाई। यानी हिन्दुस्तान और हिन्दुस्तान से बाहर मुस्लिम लीग ने अपनी पहचान बनाने की जो पहल की, उसमें उसे सफलता मिलती गई।

शिमला प्रतिनिधिमंडल के सदस्यों की पहल पर गठित मुस्लिम लीग के सामने मुसलमानों के लिए तत्काल कुछ राजनैतिक सहूलियतों की प्राप्ति ही मुख्य मुद्दा था। अंग्रेज़परस्त हिन्दुओं की तरह ही, वे लोग भी अंग्रेज़ी रंग-ढंग पसंद करते थे। वह भी समझते थे कि हिन्दुस्तान में अंग्रेजी हुकूमत बनी ही रहेगी, इसलिए जहां तक संभव हो सके, अंग्रेजों के सहयोग से ही सहूलियतें और अधिकार प्राप्त किए जाएं। लेकिन यह उनकी भूल थी, क्योंकि हिन्दुस्तान

की अब पहले जैसे स्थिति नहीं रह गई थी। पढ़े-लिखों का एक जागरूक वर्ग पैदा हो चुका था। कांग्रेस और अन्य संगठनों ने बहुत हद तक राजनैतिक जागरूकता ला दी थी। मुसलमानों के बीच उलेमा के सोचने का अंदाज़ आमतौर पर भिन्न था। अंग्रेज मुसलमानों के पक्ष में हैं और वे उनकी भलाई के बारे में सोचेंगे, अधिकांश उलेमा इसे मानने को तैयार नहीं थे। छापाखाने, पत्र-पत्रिकाओं के प्रकाशन और यातायात की सहूलियतों ने आम मुसलमानों तक उलमा की बातों को पहुंचाने में भी बहुत मदद की। मुसलमानों के मध्य और निचले वर्गों के लोगों में भी अंग्रेजी-शिक्षित वर्ग पैदा हो चुका था और वे भी अंग्रेजों की दोहरी नीतियों को अच्छी तरह समझने लगे थे। पश्चिमी देशों में इस्लाम और पैग़म्बरें इस्लाम के व्यक्तित्व पर ओछे हमलों का सिलसिला रुका नहीं था। उससे हिन्दुस्तानी मुसलमानों पर बहुत बुरा असर पड़ रहा था और वातावरण अंग्रेज-विरोधी बनता जा रहा था।

1867 में मौलाना क़ासिम नानोतवी ने मज़हबी तालीम के लिए एक छोटा-सा मदरसा देवबन्द में कायम किया था। लेकिन, धीरे-धीरे वह हिन्दुस्तान में मुसलमानों का सबसे बड़ा धार्मिक-शिक्षा का केन्द्र बन गया और दारूल उलूम, देवबंद के नाम से मशहूर हुआ। इस संस्थान ने मुसलमानों की मानसिकता बनाने में अत्यधिक महत्वपूर्ण भूमिका अदा की है। अगर कहा जाए कि 19वीं शताब्दी के मध्य में "दारूल उलूम", देवबंद, मानसिक असामंजस्यता में पड़े मुसलमानों के लिए रोशनी का केंद्र बन कर उभरा, तो अतिशयोक्ति नहीं होगी। लखनऊ के "फिरंगी महल" के उलेमा ने भी मुसलमानों पर अपनी छाप डाली। इन केंद्रों की बुनियादी कोशिश रही कि इस्लाम के विश्वव्यापी संदेशों से लोगों को अवगत कराया जाए। और जब-जब पश्चिमी विचारकों ने पक्षपातपूर्ण रवैया अपना कर इस्लाम पर हमले किए, उसका मज़ाक उड़ाने की कोशिश की, तो वहीं के उलेमा की मदद से मुसलमानों ने उसके विरुद्ध मैदान संभाला। सैयद अमीर अली (1849-1928), मौलाना शिबली नोमानी (1857-1914), अब्दुल हलीम शरर (1860-1928), मौलाना अल्ताफ हुसैन हाली (1837-1914), सैयद अली बिलग्रामी आदि ने नये ढंग से इस्लामी संस्कृति, परंपरा और मानवीय सेवाओं पर केंद्रित इतिहास की विश्वसनीय किताबें लिखीं। मुस्लिम हिरोज़ और रहनुमाओं की उर्दू और अंग्रेजी में जीवनी प्रकाशित कर मुसलमानों को हीन भावनाओं का शिकार होने से बचाया। इस्लाम की विश्वव्यापी स्वरूप को दुनियां के सामने लाया गया और मुसलमान एक शानदार परंपरा के वारिस हैं, यह भावना उनके अंदर पैदा किया। एक हिन्दुस्तानी मुसलमान अपने को दुनिया के दूसरे हिस्सों में रहनेवाले मुसलमानों के साथ भावनात्मक रूप से जुड़ा हुआ मानने लगा और उसके अंदर पैन-इस्लामिज़्म की भावना मज़बूत हुई।

जब 1881 में ट्यूनिस पर फ्रांस ने कब्जा कर लिया, मिश्र को इंग्लैंड ने 1883 में हड़प लिया, 1885 में एरिटेरिया भी उसके अधिकार में चला गया और 1898 में इंग्लैंड ने जब सूडान पर भी कब्ज़ा कर लिया, तब हिन्दुस्तान के मुसलमानों की भावनाओं को काफी ठेस पहुंचे । ग्रीस और टर्की के युद्ध में जब इंग्लैंड ने टर्की के खिलाफ रवैया अपनाया, तो हिन्दुस्तानी मुसलमानों के बीच बड़ी तल्ख़ प्रतिक्रिया हुई थी। तुर्की की उसमानी हुकूमत से दुनिया के मुसलमानों का धार्मिक दृष्टि से भावनात्मक रिश्त था। वहां के "ख़लीफ़ा" के विरुद्ध अंग्रेजों ने जो रवैया अपना रखा था, वह मुसलमानों की धार्मिक भावनाओं को काफी आहत कर रही थी। इसी बीच अफ़ग़ानिस्तान और अंग्रेजों के रिश्तों में बड़ी कड़वाहट आ गयी । हिन्दुस्तानी मुसलमानों ने हिन्दुस्तान, अफ़ग़ानिस्तान से टर्की तक अंग्रेजों की नीतियों को मुस्लिम विरोधी नीति माना। 22 अगस्त, 1897 को यू.पी. के लेफ्टिनेंट गवर्नर सर अन्थोनी मेकडोनाल्ड ने वाइसराय लॉर्ड अलगिन को सूचित किया कि आम मुसलमानों के अंदर टर्की के प्रति सहानुभूति पाई जाती है और उनके बीच अंग्रेज़ों के विरुद्ध जिहाद की भावना पनप रही है । मुसलमानों के बीच तुर्की-टोपी का प्रचलन बढ़ रहा है। इससे पता चलता है कि हवा का रुख़ क्या है''।[7] हैदराबाद, रामपुर, रोहेलखंड आदि जगहों में बहुत से मुसलमानों की गिरफ्तारियां भी हुई। जुलाई, 1397 में लखनऊ में हयात रसूल को मुसलमानों के अन्दर अंग्रेजों के विरुद्ध घृण फैलाने के आरोप में एक वर्ष की कैद की सजा दी गई ।

1857 के विद्रोह और उसके दुखद परिणामों के सर सैयद अहमद खां चश्मदीद गवाह थे। मुसलमानों की दर्दनाक स्थिति को उन्होंने देखा था। अतः, वे नहीं चाहते थे कि मुसलमान फिर उसी मुसीबत में गिरफ्तार हों। उनका मानना था कि पहले वे अपनी स्थिति सुधारें और सरकारी सहूलियतों की मदद से अपनी पहचान को बनाए रखें और फिर आगे की सोचें। बहुत हद तक अपने मिशन में उन्हें कामयाबी मिली। समय बीतने के साथ स्थिति बदली। हिन्दुस्तान की अब वह पहली-सी परिस्थिति नहीं थी। नये मुस्लिम नेताओं के सोचने का अंदाज़ बदल चुका था। उनके अंदर हिम्मत और हौसला पैदा हो चुका था और मुसलमानों का अंग्रेजों के हाथों में खिलौना बनने देना उन्हें पसंद नहीं था। मुस्लिम दुनिया में चल रहे पैन-इस्लामिज़्म की लहर का यहां भी बहुत असर देखा जा रहा था। डॉ अल्लामा इकबाल (1877-1938) की शायरी ने मुसलमानों के अंदर अपनी खोई हुई अज़मत की कसक पैदा कर दी, तो मौलाना अबुल कलाम आजाद और मौलाना मोहम्मद अली की इनकलाबी तहरीर और तकरीरों ने जीने के हौसले का नया माहौल बना दिया था। मौलाना आजाद के "अलहेलाल" (जो 1912 में निकला) "अलबलाग़" और मौलाना मोहम्मद

अली की "हमदर्द" और "कामरेड" ने मुस्लिम मानसिकता पर गहरा असर डाला और उनके अंदर पैन-इस्लामी भावनाओं को मजबूत किया। एक ख़ुदा, एक रसूल, एक मज़हब और एक "मिल्लत" के रुझान पर बल दिया जाने लगा। इकबाल, अबुल कलाम आजाद, मौलाना मोहम्मद अली, हसरत मोहानी और दूसरे उलमा के सोचने के ढंग भले ही भिन्न रहे हों, लेकिन पश्चिमी तहज़ीब, तौर-तरीकों के साथ उनके विचारों की श्रेष्ठता को किसी ने भी कबूल नहीं किया। सबने इस्लाम की बरतरी, इस्लामी मूल्यों की श्रेष्ठता पर ही जोर दिया, अतः मुसलमानों की जो मानसिकता बन रही थी, वह अंग्रेजों के लिए चौंका देनेवाली थी।

बंगाल के विभाजन के खिलाफ जो देशव्यापी हिंसक आंदोलन हुए उसके आगे सरकार झुकी और उस विभाजन के रद्द किये जाने की सरकारी प्रक्रिया शुरू हुई। आमतौर पर उलमा और मुसलमान नेता उस फैसले के खिलाफ थे। उन लोगों ने उस सरकारी क़दम के खिलाफ़ आवाज़ बुलंद की। पूर्वी-बंगाल और असम के मुसलमानों ने उसके ख़िलाफ़ सुनियोजित अभियान चलाये। तेज़ी से बदलती हुई परिस्थिति से यह बात साफ हो गई थी कि उलेमा और नये-शिक्षित वर्ग का एक संगम बन रहा है और परिस्थिति के मुताबिक मुसलमानों की समस्याओं को नये अंदाज़ से देखा जा रहा है। बंगाल के विभाजन को जब रद्द कर दिया गया, तो मुसलमानों ने उसे हिंसक आंदोलनात्मक हिन्दू राजनीति की जीत माना। साथ ही उनके दिलों में यह बात बैठ गई कि अंग्रेजों की मौजूदगी अब मुस्लिम हितों की मुहाफ़ज़त की जमानत नहीं, उनका यहां से चले जाना ही मुसलमानों के हित में होगा। नतीजतन हिन्दुओं के साथ मिल कर अपने हितों की प्राप्ति के लिए संघर्ष करने की मुस्लिम मानसिकता बनी। वही मौलाना शिबली नौमानी, जिन्होंने 1908 में अंग्रेजों के विरुद्ध खड़ा होने से मुसलमानों को रोका था, 1912 में लिख रहे थे कि मुस्लिम हितों के संरक्षण के लिए मुस्लिम लीग को प्रभावी ढंग से सिर्फ कोशिश ही नहीं, कारगर पहल भी करनी चाहिए। मुसलमान किसानों, कारीगरों एवं मज़दूरों की स्थिति सुधारने की भी इनकी कोशिश होनी चाहिए और इस सिलसिले में हिन्दू हम-वतनों का सहयोग प्राप्त करना चाहिए।[10] मौलाना मोहम्मद अली ने अपने अख़बार "कामरेड" और "हमदर्द" में हिन्दू-मुस्लिम एकता और मुस्लिम हितों की सुरक्षा को केन्द्रित लेख लगातार प्रकाशित किए। इसी बीच 1911 में इटली ने लीबिया पर आक्रमण कर दिया। 1911 में ही फ्रांस ने मोरक्को पर हाथ डाला, 1912 में बालकान युद्धों ने एक ओर उस्मानी साम्राज्य को यूरोप की धरती से समाप्त कर दिया, तो दूसरी ओर तुर्कों और अरबों के बीच सुनियोजित तरीके से राष्ट्रीयता (नेशनलिज्म) की आड़ में घृणा के बीज बोए और उनकी एकता

को ध्वस्त कर दिया। मौलाना मोहम्मद अली, मौलाना आजाद और उनके सहयोगियों ने यूरोपीय साम्राज्यवादी देशों की करतूत और नाइंसाफियों पर तीखी प्रतिक्रिया का इज़हार किया। "अलहिलाल" और "कामरेड" के साथ अन्य पत्र-पत्रिकाओं ने साम्राज्यवादी नीतियों की खुल कर मुख़ालफ़त की। 1912 में हिन्दुस्तानी मुसलमानों ने रेड-क्रेसेन्ट सोसाइटी की स्थापना की और डॉ एम. ए. अंसारी के नेतृत्व में एक मेडिकल मिशन बल्कान के युद्ध मोर्चे पर उस्मानियों की सेवा के लिए भेजा। इसी बीच कानपुर मस्जिद की शहादत मुसलमानों की उत्तेजित भावनाओं पर आग पर घी सिद्ध हुआ।

बालकान वार और इसके परिणामस्वरूप मध्य पूर्वी एशिया में होनेवाले राजनैतिक बदलाव और पेचीदगियों से हिन्दुस्तानी मुसलमान बड़े उत्तेजित थे। तुर्कों की उस्मानी हुकूमत साम्राज्यवादी यूरोपीय देशों के चौतरफ़ा हमलों के कारण परेशानियों में घिरी अपना वजूद बचाए रखने की कशमकश में मुबतला थी। हिन्दुस्तान के मुसलमानों पर साम्राज्यवादी नाइंसाफियों की तीव्र प्रतिक्रिया हो रही थी। अंग्रेजी सरकार उलेमा की गतिविधियों को नापसंद कर रही थी और उनके आंदोलन को विद्रोह की संज्ञा दी जा रही थी। देवबन्द के सर्वेसर्वा मौलाना महमूदुल हसन (1851-1920) ने 1915 में तुर्कों से संपर्क स्थापित करने के लिए हेजाज़ की यात्रा की थी और वहां के नेता अनवर पाशा और जमाल पाशा से मिले थे, जिसे अंग्रेज़ों ने पसंद नहीं किया। अंग्रेजों के दबाव में आकर मक्का के शरीफ हुसैन ने उन्हें गिरफ्तार कर अंग्रेजों के सुपुर्द कर दिया और अंग्रेज़ी सरकार ने उन्हें माल्टा मे नज़रबंद कर दिया। उनके करीबी सहयोगी मौलाना उबैदुल्लाह सिंधी ने अफगानिस्तान की यात्रा की, ताकि जर्मनी और तुर्की से संपर्क स्थापित करें और अंग्रेजों के विरुद्ध एक मोर्चा बनाना संभव हो सके। मौलाना महमूदुल हसन ने अफगानिस्तान में पहली आजाद और धर्मनिरपेक्ष हिन्दुस्तानी हुकूमत (Government in Exile) क़ायम की थी। उस सरकार के राष्ट्रपति राजा महेंद्र प्रताप थे, मौलवी बर्कतुल्लाह प्रधानमंत्री और अबदुल्लाह गृह मंत्री बनाए गए थे। यह़ ऐतिहासिक सच्चाई है कि उलेमा ने हिन्दू-मुस्लिम एकता और देशभक्ति की ज़िम्मेदारियों को पूरी तरह निभाया है। आज़ादी की लड़ाई के दौरान अंतरराष्ट्रीय मुस्लिम भाईचारे के साथ हिन्दुओं से बेहतर संबंधों का पक्ष हमेशा उनके सामने रहा और बेहतर सामंजस्य बनाए रखने की हर मुमकिन कोशिश हुई। तुर्की से युद्ध शुरू होने के साथ ही मौलाना मोहम्मद अली और शौकत अली को गिरफ्तार कर लिया गया था। लेकिन, हिन्दुस्तान में जो अंग्रेज विरोधी तहरीक उन्होंने चलाई थी, वह़ चलती ही रही। कांग्रेस और मुस्लिम लीग के बीच 1916 में ऐतिहासिक लखनऊ समझौता हो चुका था। दोनों पार्टियां प्रतिनिधित्व और सीटों के प्रश्न पर सहमत हो चुकी थीं। इसलिए

अंग्रेजों के सामने प्रश्न बहुत उलझा हुआ था। उनकी अपनी जोड़-तोड़ की नीति असफल होती नजर आ रही थी। इसी बीच 1919 के शुरू में रॉलेट एक्ट सामने आया। उसके विरोध में पूरा देश एकजुटता से उठ खड़ा हुआ, मुसलमानों ने उसमें काफ़ी बढ़-चढ़ कर हिस्सा लिया था।

मौलाना मोहम्मद अली और मौलाना आज़ाद की लेखनशक्ति जितनी प्रभावशाली थी, उससे कम उनकी भाषण शैली भी नहीं थी। उनलोगों ने अपने भाषणों और क़लम के ज़ोर से मुसलमानों के अंदर ज़बरदस्त जोश पैदा कर दिया था। मौलाना मुहम्मद अली बहुत ही भावुक थे और मौलाना आज़ाद की तरह ही अपने भाषणों और लेखों के ज़रिये हिन्दुस्तानी मुसलमानों के अंदर इस्लामी भाईचारे की भावना को मजबूत करना चाहा। उनकी कोशिश रही कि इस भाईचारे को क़ायम करने के लिए मुसलमान को हर कुरबानी के लिए तैयार रहना चाहिए। खिलाफत और बालकान वार के सिलसिले में तो वे इतने जज़्बाती और समर्पित थे कि न अपने स्वास्थ्य की चिंता की और न शुभचिंतकों और साधनों की। अपने अखबारों के द्वारा अंग्रेज़ मुख़ालिफ वातावरण बनाया और मुस्लिम एकता के प्रश्न पर वे इतना दूर निकल गए कि उनके हाव-भाव से सांप्रदायिकता की बू आने लगी और बात यहां तक बढ़ी कि उन्हें हिन्दू और कांग्रेस का विरोधी माना जाने लगा। पैन-इस्लामिज़्म के उभार की आंधी में उनकी हिन्दू-मुस्लिम एकता की जड़ें हिलती नजर आई। नेहरू रिपोर्ट (1928-29) तक पहुंचते-पहुंचते अली बंधुओं का ख़ासकर मौलाना मुहम्मद अली का स्वर बहुत बदल चुका था। वे हिन्दू और मुसलमान के टर्मों में बोलने लगे थे, हर वरिष्ठ हिन्दू नेता के ऊपर हिन्दू-महासभाई रंग उन्हें नज़र आने लगा था और यह विश्वास करना मुश्किल हो गया कि क्या ये वही अली बंधु हैं, जो ख़िलाफ़त आंदोलन और नन-कॉ-आपरेशन के दौरान थे? वह घटनाचक्र, जिसने राष्ट्रवादी अली बंधु एवं अन्य मुस्लिम नेताओं के रवैये में बदलाव ला दिया, उसका निष्पक्ष अध्ययन और विश्लेषण होना ज़रूरी है, क्योंकि हमारी सोच और किसी नतीजे पर पहुंचने पर इसका असर पड़ेगा।

प्रथम विश्व युद्ध (1914-1918) यूरोपीय देशों की आपसी कलह, प्रतिस्पर्द्धा और साम्राज्यवादी नीतियों के टकराव का नतीजा था। उस युद्ध में तुर्की की उसमानी हुकूमत ने जर्मनी का साथ दिया था। युद्ध में जर्मनी और उसके सहयोगी देशों की हार हुई, लेकिन उसकी सज़ा उसमानी सल्तनत को ज्यादा भुगतनी पड़ी। युद्ध के परिणामस्वरूप उसमानी साम्राज्य बंदरबांट का शिकार हुई। साम्राज्यवादियों के शर्मनाक खेल के नतीजे में तुर्की को टुकड़े-टुकड़े कर डाला गया। अगस्त, 1920 के सेवर्स (Severs) के समझौते के मुताबिक सायप्रस, मिश्र, सुडान और अन्य अरब क्षेत्रों को इंग्लैंड और फ्रांस का प्रोटेक्ट्रेट

बनाकर उनके संरक्षण में दे दिया गया। तुर्की के कुछ द्वीपों पर इटली ने कब्ज़ा जमा लिया और समरना ग्रीस के हवाले कर दिया गया। अनातुलिया, अदालिया इटली के हिस्से में आया और सेलेशया और किटिस्तान फ्रांस की झोली में। तुर्की के सुल्तान अंग्रेजों के हाथों के खिलौना बन कर रह गये। मक्का व मदीना शरीफ हुसैन के अधिकार में रखा गया। तुर्की के सिलसिले में नाइंसाफियों का जो नंगा खेल खेला गया और वहां अंग्रेज़ों की जो नीति रही, हिन्दुस्तान में उसकी तीखी प्रतिक्रिया हुई। उन सम्राज्यवादियों के खिलाफ मुसलमान एकजुट हुए। उलमा और अंग्रेजी शिक्षा प्राप्त वर्ग इस मामले में एक हो गए थे। दिसंबर, 1918 में फ़िरंगी महल, लखनऊ के उलमा ने मुस्लिम लीग के वार्षिक अधिवेशन में हिस्सा लिया था और तुर्की की स्थिति पर चिंता व्यक्त करते हुए उचित कदम उठाने पर ज़ोर दिया। यूरोप की घटनाओं और तुर्की की उसमानी हुकूमत के बंदरबांट के बैकग्राउंड में 1919 में ख़िलाफ़त कॉन्फ्रेंस आयोजित की गई, जहां हर दृष्टिकोण में यकीन रखनेवाले मुसलमानों ने शिरकत की और उसमें बढ़-चढ़ कर हिस्सा लिया। इसी वर्ष देवबंद और फ़िरंगी महल के उलमा की कोशिशों से नवंबर, 1919 में जमियतुल उलमा-हिन्द की स्थापना हुई। इन्हीं दिनों (1919) ख़िलाफ़त के प्रश्न पर दिल्ली में हिन्दुओं और मुसलमानों की संयुक्त बैठक हुई, जिसमें गांधीजी भी शरीक हुए थे। दिल्ली की इस बैठक का हिन्दुस्तान के राजनैतिक इतिहास और सामाजिक समरसता के ताने-बाने को मज़बूत बनाने में बड़ा महत्व है। धार्मिक रंग लिये मुसलमानों के प्रश्न को गांधीजी के नेतृत्व में कांग्रेस ने हिन्दुस्तान का राजनैतिक और कौमी मुद्दा बना कर अपनाया था। इस महत्वपूर्ण पहल ने हिन्दू-मुस्लिम सौहार्द और एकता के एक नए युग का शुभारंभ किया। हिन्दू-मुस्लिम एकता की अपनी निष्ठा और उस उद्देश्य की सफलता के लिए गांधीजी ने ख़िलाफ़त आंदोलन को एक अच्छा अवसर माना था। समर्पण भाव से इस आंदोलन को कामयाब बनाने में वे लग गए और एक समय ऐसा आया कि वही ख़िलाफ़त आंदोलन के सबसे बड़े रहनुमा माने जाने लगे। रॉलेट एक्ट (RowlattAct) की आड़ में हिन्दुस्तानियों के प्रायः सब अधिकार छीन लिये गये थे। पूरे देश में इसकी मुख़ालफ़त हो रही थी। हिन्दुस्तान अशांति के दौर से गुज़र रहा था। पंजाब में सेफुद्दीन कचलू और सत्यापाल के प्रयासों से स्थिति बड़ी गंभीर बन गई थी। 13 अप्रैल, 1919 को जालियांवाला बाग़ की दुखद घटना ने पूरे हिन्दुस्तान में बेचैनी पैदा कर दी और गांधी जी के पंजाब जाने पर रोक लगा दी गयी। दिल्ली के नज़दीक पलवल स्टेशन पर उन्हें गिरफ्तार कर लिया गया। उस दौर में हिन्दू-मुस्लिम एकता अपनी चरम सीमा पर थी।

कलकत्ता के स्पेशल अधिवेशन (1920) में गांधी जी की पहल पर

कांग्रेस ने जब खिलाफत आंदोलन को अपना कार्यक्रम मान लिया और जब पहले असहयोग आंदोलन और खिलाफ कमिटी के उद्देश्य संयुक्त रूप से एक बने, तब तत्कालीन हिन्दुस्तान की राजनैतिक तसवीर बिल्कुल दूसरी नजर आती है। उन दिनों हिन्दू-मुस्लिम एकता का जो माहौल देखने में आया, इसकी मिसाल हिन्दुस्तान के इतिहास में फिर नहीं मिलती। ख़िलाफ़त आन्दोलन धार्मिक पहल थी या राजनैतिक मुद्दा, गांधीजी या कांग्रेस ने खिलाफत के प्रश्न को अपना कर अच्छा किया या बुरा और ग़लत, यह प्रश्न आज भी किए जाते हैं और उस समय भी कुछ लोगों को इस पहल पर शदीद एतराज़ था। इस महत्वपूर्ण प्रश्न पर दो सोच उस वक्त भी थी और आज भी हैं। गांधीजी ने मुसलमानों की भावनाओं का पूरी तरह सम्मान किया और इस आंदोलन के सत्याग्रही रंग में रचनात्मक मोड़ दिया। ऐसे कई अवसर आए, जब भावुक अली बंधुओं और अन्य मुस्लिम नेताओं की कार्यशैली के कारण गांधीजी की भावनाओं को काफी चोट पहुंची है, लेकिन चूंकि हिन्दू-मुस्लिम एकता के लिए उससे बेहतर कोई विकल्प उस समय नहीं हो सकता था, यह बात गांधीजी समझते थे, अतः बहुत- कड़वी घूंट उन्हें पीनी पड़ी। गांधीजी और वे हिन्दू, जिन्होंने ख़िलाफ़त जैसे धार्मिक प्रश्न पर अपने मुसलमान भाइयों के संघर्ष में साथ दिया, उन्होंने निसंकोच अपने लिबरलिज़्म का सबूत दिया, जबकि कांग्रेस के एक वरिष्ठ मुस्लिम नेता के रूप में मिस्टर जिन्ना ने इसकी मुख़ालफ़त की थी। उनका मानना था कि राजनैतिक मामलों में धार्मिक मुद्दों को नहीं लाना चाहिए। ख़िलाफ़त आंदोलन के दौरान गांधीजी, मौलाना मो. अली और अन्य वरिष्ठ नेताओं के संबंध अत्यन्त सुखद और सराहनीय थे। इसके फलस्वरूप हिन्दुओं और मुसलमानों के बीच बड़े रोचक रिश्तों का दौर शुरू हुआ। इसी जमाने में मौलाना मो. अली ने गांधी जी के बारे में स्वामी शारदानन्द को लिखा था, "महात्मा गांधी जैसे चरित्र का आदमी, यहूदियों, ईसाइयों या अन्य किसी कौम में मुझे नहीं मिलता। महात्मा गांधी से अच्छा किसी को मैं नहीं पाता"।[11]

मिस्टर मुहम्मद अली जिन्ना ने धर्म को राजनीति से जोड़ने की गांधीजी की पहल को पसंद नहीं किया था, तो दूसरी तरफ कुछ ऐसे उलमा और मुस्लिम नेता भी थे, जिन्होंने गांधीजी की पहल को अपनी मज़हबी मान्यताओं की बुनियाद पर ठीक नहीं माना था। उनका मानना था कि एक ग़ैर-मुस्लिम मुसलमानों के धार्मिक मामले के समाधान के संघर्ष का नेतृत्व कैसे कर सकता है? ख़िलाफ़त आंदोलन और कांग्रेस के वरिष्ठ नेता मौलाना मोहम्मद अली ने डॉक्टर अब्दुल अहद सईद को अपने 23 जुलाई, 1921 के पत्र में अपने दृष्टिकोण का स्पष्टीकरण इन शब्दों में किया :

"जब कांग्रेस ख़िलाफ़त और असहयोग के कार्यक्रमों को अपना उद्देश्य

मानकर उन्हें अपना रही थी, तो उसका ख़ास मकसद हिन्दू-मुस्लिम एकता था। अगर मुसलमान हिंसा पर उतारू भी होते, हालांकि वे ऐसा नहीं करेंगे, तो भी हिन्दुओं के सहयोग के बिन वे ऐसा नहीं कर सकते। अंग्रेजों ने हिन्दुओं और मुसलमानों को आपस में लड़ा कर शासन किया है। यह उनकी सबसे बड़ी ताकत रही और हमारी कमज़ोरी। हिन्दुओं के साथ हमने अच्छे संबंध बनाने की कोशिश की और इसके लिए कुछ नुकसान भी उठाना पड़ा, लेकिन जब हिन्दुओं से संपर्क हुआ, हमने उनमें सब में अच्छा और बेहतर व्यक्ति महात्मा गांधी को पाया, जो शांति और अहिंसा को समर्पित हैं। वे मज़हबी आदमी हैं, मगर इनके अंदर कट्टरपन नहीं है और वे मानते हैं कि हम भी हिंसा का रास्ता नहीं अपनायेंगे"।[2]

हिंसा और अहिंसा के प्रश्न पर मौलाना और गांधीजी के बीच वैचारिक मतभेदों की पूरी गुंजाइश थी, क्योंकि मौलाना ने अहिंसा को रणनीति के रूप में अपनाया था, जबकि गांधीजी की इस पर पूरी आस्था थी। परिस्थितियों के मद्देनजर दोनों ने समझौते का रास्ता अपनाया, क्योंकि गांधी जी नहीं चाहते थे कि मुसलमान हिंसा अपनाएं या उनके मन में यह बात आए कि हिन्दू उनके साथ नहीं हैं और मौलाना मोहम्मद अली मान रहे थे कि गांधीजी की वजह से ही हिन्दू नेताओं और आम हिन्दुओं का सहयोग उनको मिलेगा।

8,10 जुलाई, 1921 को कराची में खिलाफत कमिटी का अधिवेशन हुआ। वहाँ सर्वसम्मति से राय बनी कि सेना और पुलिस की नौकरियां मुसलमानों के लिए अब मुनासिब नहीं। इस निर्णय का मतलब था सरकार के साथ टकराव। इस घोषणा ने मामले को गंभीर बना दिया। इसी बीच 1857 की यादों को ताज़ा करता जमीतुल उलमा का मशहूर फ़तवा (धार्मिक निर्देश) सामने आया। इस फ़तवे पर 425 उलमाओं के हस्ताक्षर थे, बाद में 470 हस्ताक्षर और हुए थे। सैकड़ों मुसलमान गिरफ़्तार किए गए और बहुतों ने अफ़ग़ानिस्तान हिजरत की, ताकि वहां वह अपनी गतिविधि जारी रख सकें। अली बंधुओं को भी गिरफ़्तार कर लिया गया। गांधी जी ने उनकी गिरफ्तारी पर 19 सितंबर, 1921 को एक बयान दिया कि अगर वह कराची ख़िलाफ़त कॉन्फ्रेंस में मौजूद होते, तो वह भी अली बंधुओं का समर्थन करते। 14 अक्टूबर, को ख़िलाफ़त कमिटी की बम्बई में एक मीटिंग हुई और इसी प्रस्ताव का समर्थन किया गया, लेकिन सरकारी नौकरियों में रहने, न रहने का प्रश्न व्यक्तिगत निर्णय पर छोड़ा गया। कांग्रेस की ए.आई.सी.सी. ने भी इसका समर्थन किया और सितंबर, 1921 में सरकारी नौकरियों को छोड़ने, स्कूल, कॉलेज और वकालत के बहिष्कार की अपील की गयी, जिसकी वजह से देशव्यापी नई स्थिति पैदा हुई।

1921 के शुरू के दिनों से ही अली बंधुओं और गांधीजी के संबंधों की

गर्मजोशी में कमी का एहसास लोगों को होने लगा था। हिन्दुस्तानी जेहादी, जो अफ़ग़ानिस्तान हिजरत कर गये थे, उनके सहयोग से अफ़ग़ानिस्तान हिन्दुस्तान पर हमला करेगा और अगर अफगानी हिन्दुस्तान पर हमला करेंगे, तो यहां के मुसलमान उनका साथ देंगे, ऐसी बातें हवा में गर्दिश कर रही थी। गांधी जी के लिए यह स्थिति बहुत ही परेशानी की थी, क्योंकि हिन्दुओं की अकसरियत ऐसी बातों से चिंतित थी और उनके ज़ेहन में वही "ग़ज़नी" और "ग़ोरी" के हमलों की तकलीफ़देह यादें उभर आती थीं। अतः, शंकाएं और ग़लतफ़हमियों के माहौल में रिश्तों में गर्मजोशी की कमी का वातावरण हिन्दुओं के बीच बना। वह घड़ी गांधी जी के लिए कड़ी परीक्षा की घड़ी थी''।[13] पहले लिखा जा चुका है कि ख़िलाफ़त आंदोलन का नेतृत्व हिन्दुओं के हाथों में हो, इस बिंदु पर कुछ मुसलमानों के बीच चेमीगोइयां चल ही रही थीं और अब हिन्दू भी इस मनोवृत्ति के शिकार नजर आते हैं, ख़िलाफ़त मुसलमानों की समस्या है, हिन्दुओं का इससे क्या का लेना-देना?

बिहार, यू.पी., उड़ीसा और बंगाल के पचास श्रेष्ठ उलेमा ने ख़िलाफ़त और मुस्लिम हितों के प्रश्न को पूरी ताकत से उठाने का तय किया। मौलाना आज़ाद और मौलाना आजाद सुबहानी की सहमति भी उन्हें प्राप्त थी। इसी बीच अप्रैल, 1921 की मेरठ ख़िलाफ़त कॉन्फ्रेंस की बैठक में हिन्दू नेतृत्व के प्रश्न पर लोग खुल कर विरोध में सामने आ गए। मौलाना मोहम्मद अली हिन्दुओं और मुसलमानों और खासकर गांधीजी और मुसलमानों के बीच एक अहम कड़ी की हैसियत रखते थे। वे चाहते थे कि जब तक गांधी जी का नेतृत्व प्राप्त है, मुसलमानों को कोई हिंसक कदम नहीं उठाना चाहिए। वे जेल में बंद थे और मेरठ ख़िलाफ़त कॉन्फ्रेंस में जो बातें उठाई गई, उनको पसंद नहीं थी। 21-24 सितंबर, 1921 को हकीम अजमल खां के निवास पर दिल्ली में जामियातुल उलेमा और खिलाफत कमिटी की संयुक्त बैठक हुई, जहां अली बंधुओं की गिरफ़्तारी के साथ पूरी स्थिति की समीक्षा की गई। 5 अक्तूबर की कांग्रेस कार्यकारिणी की बैठक में मौलाना आजाद, मौलाना अब्दुल बारी फिरंगी महली, आजाद सुबहानी, मौलाना हसरत मोहानी आदि ने पुनः सैनिकों से सरकारी नौकरी छोड़ने की बातें कीं। इस बैठक के सिलसिले में सी.आइ.डी. ने रिपोर्ट दी थी कि खतरनाक अबुल कलाम आजाद के नेतृत्व में उलेमा ने पूरज़ोर सिविल नाफरमानी चलाना तय किया है। गांधीजी चाहते थे कि सरकार को कुछ मौक़ा देना चाहिए, ताकि विदेश में तैनात हिन्दुस्तानी सैनिकों के संबंध में वह कोई उचित विकल्प ढूंढ़ सके, हिन्दुस्तानी सैनिक अपना त्यागपत्र दे सकें, लेकिन आजाद सुबहानी और मौलाना अब्दुल बारी ने उनकी बातों को नहीं माना। बम्बई के गवर्नर ने 5 नवंबर, 1921 के अपने पत्र के द्वारा ई.एस.मांनटेंगू को सूचित

किया कि आगामी अहमदाबाद कांग्रेस में गांधीजी पर सत्याग्रह आरंभ करने के लिए दबाव डाला जाएगा, हालांकि वे अभी इसके लिए तैयार नहीं हैं। कुछ मुसलमान गांधीजी से काफी नाराज़ हैं, क्योंकि उनका ख्याल है कि मुस्लिम नेता तो जेलों में बंद हैं, और वे आजाद हैं। गांधीजी ने सफाई दी थी कि वे आज़ाद हैं, इसमें उनका कोई दोष नहीं। दूसरों की तरह वे भी सक्रिय हैं और जेल जाने में भी उन्हें एतराज़ नहीं है। परंतु, वे गिरफ्तार नहीं किए जाते। मुझे ऐसा लगता है कि हिन्दू-मुस्लिम एकता और भाईचारे के वातावरण में गंभीर बिखराव की स्थिति बन रही है[14] बदलती हुई स्थिति से स्पष्ट हो रहा था कि असहयोग आंदोलन और ख़िलाफ़ती मुसलमानों का साथ ज्यदा दिनों तक नहीं चल पाएगा।

ख़िलाफ़त के शरई (धार्मिक) प्रश्न होने पर जमियतुलउलेमा, ख़िलाफ़त कमिटी और अन्य मुस्लिम संगठनों के सैद्धांतिक आधारों को मौलाना आजाद की पुस्तक ''मस्लए ख़िलाफ़त'' ने ठोस वैचारिक ज़मीन प्रदान की थी। यह हक़ीक़त सामने आ गई थी कि मुसलमान हिन्दुस्तान की आजादी के साथ अपनी मुस्लिम कौमी शिनाख़्त को इस्लामी दुनिया के साथ जोड़ने के महत्व पर भी ज़ोर दे रहे थे। मुसलमानों की जो मानसिकता बन रही थी, उसे सैद्धांतिक तौर पर एतराज़ नही किया जा सकता, क्योंकि इस्लाम एक इंटरनेशनल धर्म है। लेकिन, हिन्दुस्तान की परिस्थितियों के मद्देनज़र, ख़ासकर हिन्दुओं और मुसलमानों के बीच जो दूरी की मानसिकता विकसित हो रही थी, उसने आगे चल कर बहुत-सी पेचीदगियां पैदा कीं। राष्ट्रीय कांग्रेस और मुस्लिम लीग के बीच 1916 में हुए लखनऊ समझौते के अंतर्गत अलग मुस्लिम प्रतिनिधित्व की बात को मान लिया गया था और अनेक समस्याओं पर एकमत होने के बावजूद "हिन्दू" और "मुसलमान" अलग हैं, वाली मनोवृत्ति को ही बल मिल रहा था।

दिसंबर 1921 में अहमदाबाद में कांग्रेस, मुस्लिम लीग और ख़िलाफ़त कमिटी के अधिवेशन हुए थे। काफ़ी विरोध के बावजूद मौलाना हसरत मोहानी ने "अहिंसा" के विरोध का प्रस्ताव 27 तारीख को केंद्रीय कांग्रेस कमिटी में पेश कर दिया, जो 52 के मुकाबले 200 वोट से रद्द कर दिया गया। उसी दिन ख़िलाफ़त कमिटी की बैठक में भी मौलाना मोहानी ने पुनः अपनी बात मनवाने की कोशिश की, लेकिन अध्यक्ष हकीम अजमल खां ने उसे नामंजूर कर दिया। कांग्रेस के खुले अधिवेशन में मौलाना ने अपने यू.पी. के सहयोगियों की मदद से फिर कोशिश की, परंतु गांधीजी के तर्कपूर्ण उत्तर से वह रद्द हुआ, लेकिन मौलाना ने अपनी कोशिश जारी रखी। 30 दिसंबर के मुस्लिम लीग के सबजैक्ट कमिटी के सामने पुनः इस प्रश्न को उठाया गया, जो 23 के मुकाबले 36 वोटों से रद्द हो गया। मौलाना चुप नहीं बैठे। उन्होंने कुछ उलेमा को अपना समर्थक बना लिया था। यह बहस अभी चल ही रही थी कि चौरी-चौरा की घटना (5

फ़रवरी, 1922) की प्रतिक्रिया में गांधीजी ने सिविल नाफ़रमानी आंदोलन को स्थगित कर देने की घोषणा कर दी। इस घोषणा ने बम का काम किया, खिलाफतियों की एक बड़ी तादाद ने इस घोषणा को मुस्लिम हितों के विरुद्ध माना। स्वयं गांधीजी के अनेक सहयोगियों ने भी इस स्थगन को पसंद नहीं किया, इसका विरोध किया। लेकिन, गांधीजी अपने निर्णय पर अटल रहे और स्पष्ट करते रहे कि हिन्दुस्तानियों का मानस अहिंसा और उसके तक़ाज़ों को पूरा करने के लिए अभी तैयार नहीं है। 25-26 फ़रवरी को दिल्ली में ख़िलाफ़त कमिटी की मीटिंग हुई। वहां सिविल नाफ़रमानी को स्थगित किए जाने पर काफी बहसें हुईं। कुछ लोगों का विचार था कि ख़िलाफ़त के प्रश्न पर उसे जारी रखा जाए। इसी सिलसिले में अजमेर में जमियतुलउलेमा की एक मीटिंग मार्च में मौलाना हसरत मोहानी और अब्दुल बारी फरंगी महली के प्रयासों से हुई। कुछ लोग चाहते थे कि ख़िलाफ़त कमिटी बिना हिन्दुओं के सहयोग के सिविल नाफरमानी जारी रखे, परंतु गांधीजी अहमदाबाद से अजमेर पहुंच और हिन्दुओं से अलग होकर कार्रवाई जारी रखने से लोगों को रोका और हसरत मोहानी के साथ अहमदाबाद लौट गए ताकि क्रोई विस्तृत रूपरेखा तैयार की जा सके। उसी रात 10 मार्च, 1922 को गांधीजी को गिरफ्तार कर लिया गया।

जब किसी वजह से रिश्तों में खटास शुरू हो जाती है, तो ग़लतफहमियां और कम्युनिकेशन गैप तिल का ताड़ बना देता है। यही कुछ हुआ केरल के मोपला किसानों के आंदोलन का हश्र। हिन्दू ज़मींदारों के ख़िलाफ़ मोपला मुसलमान किसानों की जद्दोजेहद को सांप्रदायिक मानसिकता से ग्रसित लेखकों और इतिहासकारों ने सांप्रदायिक रंग में पेश किया। अगस्त, 1921 में केरल के मोपलों के विद्रोह की बात सामने आई थी और मालावार के इलाके में सांप्रदायिक दंगों ने बड़ा तनाव पैदा कर दिया था। हिन्दुओं के बलपूर्वक धर्म परिवर्तन और हिन्दू औरतों पर किए गए अत्याचार की कहानियों ने साधारण हिन्दुओं और मुसलमानों के अंदर तो कड़वाहट पैदा की ही, बड़े नेताओं के बीच भी काफ़ी भ्रम पैदा किया। अहमदाबाद कांग्रेस में इस दुखद घटना पर गहरी चिंता व्यक्त करते हुए कांग्रेस अध्यक्ष हकीम अजमल खां ने इसकी आलोचना की, जबकि वहीं मौलाना हसरत मौहानी ने मोपला घटना से संबंधित आलोचना के प्रस्ताव का कड़े शब्दों में विरोध किया। भावनात्मक स्तर पर हिन्दुओं और मुसलमानों के बीच जो दूरी पैदा हो रही थी, अहमदाबाद में यह बात स्पष्ट होकर सामने आ गई।

अहमदाबाद कांग्रेस अधिवेशन में ख़िलाफ़त और पूर्ण स्वराज्य के प्रश्नों पर जज़्बाती मौलाना हसरत मौहानी, उनके समर्थक उलमा और गांधीजी के दृष्टिकोणों में मतभेद उभर कर सामने आ गई थी, लेकिन गांधीजी की

सुलह-सफाई की नीति के कारण समस्या ज़्यादा उलझी नहीं। लेकिन, दो-विपरीत मानसिकताओं का साथ-साथ चलना एक स्वस्थ रुझान-सा नहीं था, आज, न तो कल, दो रास्ते निर्धारित होंगे, यह वास्तविकता उभर कर सामने आ गई थी। इसमें शक नहीं कि अहमदाबाद कांग्रेस अधिवेशन के बाद आंदोलन में काफ़ी तेज़ी आई थी। हजारों लोग गिरफ़्तार किए गए और ऐसा लगा कि हिन्दुस्तानी मानसिक गुलामी से आज़ाद हो चुके हैं, लोगों के अंदर सरफ़रोशी की तमन्ना पूरी तरह जाग गई है, अंग्रेज हुक्मरानों का कस-बल निकल गया है। बम्बई में ऑल पार्टिज़ कॉन्फ्रेंस हुई, जहां मिस्टर जिन्ना और मदन मोहन मालवीय भी सम्मिलित हुए थे। यहां अली बंधुओं और अन्य नेताओं की रिहाई की शर्त के साथ सरकार से बात करने का निर्णय लिया गया और अस्थायी रूप से आंदोलन स्थगित किया गया, लेकिन सरकार ने उन मांगों को नहीं माना। नतीजतन आंदोलन फिर शुरू हुआ और बारदोली सत्याग्रह की पुनः ज़ोरदार तैयारी शुरू की गई। लेकिन, 10 मार्च, 1922 को गांधीजी को गिरफ्तार कर लिया गया। सरकार के निर्देशों पर उनकी बैरिस्ट्री की डिग्री रद्द कर दी गयी। गांधीजी की गिरफ्तारी से निराशा का वातावरण कुछ दिनों के लिए रहा, लेकिन आम लोगों में आज़ादी प्राप्ति की जो चाहत पैदा हो चुकी थी, वह मायूसियों के घने कोहरे के बावजूद जीवित रही। नए जोश के साथ नई चुनौतियों का मुकाबला करने की तैयारी में लोग लग गए।

सरकारी नीतियों के खिलाफ लेख लिखने के जुर्म की गांधीजी जेल में सज़ा भुगत रहे थे और पूरे देश में सिविल नाफ़रमानी के स्थगित किए जाने पर चर्चाओं का बाज़ार गर्म था। इसी दौरान हिन्दू-मुस्लिम एकता की दुनिया में ज़बरदस्त भूचाल आया, हिन्दुस्तान के बड़े हिस्से में सांप्रदायिक दंगों का सिलसिला शुरू हो गया। सितंबर, 1922 में मुलतान, जुलाई, 1923 में पानीपत और रेवाड़ी, इसी वर्ष अमृतसर, मुरादाबाद, मेरठ और इलाहाबाद में सांप्रदायिक दंगों ने सामाजिक सौहार्द के ताने-बानों को ध्वस्त कर दिया। गोंडा, जबलपुर, आगरा, सहारनपुर और रायबरेली में भी इसी वर्ष अगस्त-सितंबर में हिन्दू और मुसलमानों ने एक-दूसरे के खून से होली खेली। 1924 के अप्रैल और अक्टूबर के बीच हापुड़, दिल्ली, लाहौर, लखनऊ, मुरादाबाद, भागलपुर, शाहजहांपुर, इलाहाबाद और कोहाट में भीषण दंगे हुए। 1926 की फ़रवरी और 1927 के जून में लाहौर में पुनः हिन्दू-मुस्लिम एकता का दामन तार-तार कर दिया गया। इन घटनाओं ने हिन्दू-मुस्लिम एकता के आधार को पूरी तरह से हिला कर रख दिया और यह साफ हो गया कि ख़िलाफ़त और असहयोग आंदोलन के दौरान हिन्दुओं और मुसलमानों के बीच जो एकता बनी थी, वह जज़्बाती लम्हे थे, वह किसी मज़बूत आधार पर क़ायम नहीं था। शुद्धि, संगठन और तबलीग़ जैसे आंदोलन

की आड़ में हिन्दुओं और मुसलमानों ने खुलकर एक-दूसरे पर हमले और जवाबी हमले किए। निंदनीय पुस्तक "रंगीला रसूल" के लेखक राज्यपाल को 1924 में लाहौर में और 1926 में दिल्ली में दिल्ली के जामा मस्जिद से मुसलमानों को संबोधित करनेवाले स्वामी शारदानन्द की हत्या कर दी गयी। और डॉ किचलू जैसे प्रोग्रेसिव व्यक्ति तबलीग़ पर उतर आये। यानी हिन्दुओं और मुसलमानों के दिलों के किसी गोशे में छुपी शिकायत, आपसी रंजिश, अपनी चरम सीमा पर पहुंच चुकी थी और भविष्य पर नज़र रखनेवाला व्यक्ति अच्छी तरह अनुमान लगा सकता था कि हिन्दुओं और मुसलमानों की यह खींचा-तानी देश को कहां ले जानेवाली है। हिन्दू-मुस्लिम एकता के आधार के हिल जाने से दोनों समुदायों के सांप्रदायिक तत्वों को बड़ा बल मिला। उलमा ने देशभक्ति की जो रूपरेखा तैयार की थी या कांग्रेस के शीर्ष नेताओं के पास जो नक्शा था, वह शंकाओं के घने कोहरे में धुंधला गया। अंग्रेज़ी सरकार ने परिस्थिति से फायदा उठाते हुए स्थिति को और उलझा कर ऐसी जगह ला खड़ा किया, जहां आगे नाउम्मीदी-ही-नाउम्मीदी व्याप्त थी।

जेल में गांधीजी बीमार पड़ गए और पूण के सासून अस्पताल में उनके एपेंडिक्स का ऑपरेशन हुआ। इस बीमारी के कारण उन्हें 5 फरवरी, 1924 को रिहा कर दिया गया। डॉक्टरों की सलाह पर वे आराम करने के लिए बम्बई चले गए। जेल से बाहर आकर उन्होंने हिन्दुस्तान की स्थिति बिल्कुल बदली हुई पाई थी। उनके सिद्धांतों को लोगों ने भुला दिया था और हिन्दू-मुस्लिम एकता की स्थिति अत्यधिक नाज़ुक और चिंताजनक थी। लोगों के अंदर सद्बुद्धि पैदा करने की कोशिश में उन्होंने "यंग इंडिया" में लगातार लेख लिखे। वे इसी पर रुके नहीं, 17 सितंबर से 8 अक्टूबर, 1924 तक 21 दिनों का उपवास रखा, ताकि सदियों से साथ रहनेवाले यह हिन्दू और मुसलमान कम-से-कम सभ्य-समाज के एक सदस्य की तरह रह तो सकें। पूरे देश में इसका अच्छा और रचनात्मक असर पड़ा और आपस में मिल बैठ कर समस्याओं का समाधान खोजने की कोशिश का माहौल बना। 26 सितंबर, 1924 को मोतीलाल नेहरू की अध्यक्षता में मिलाप-कॉन्फ्रेंस दिल्ली में आयोजित हुई। शांति का माहौल बनाने के लिए मौलाना मोहम्मद अली, हकीम आजमल खां और स्वामी शारदानन्द ने लोगों से शांति बनाए रखने की अपील की, उसका भी अच्छा असर देखने में आया और दंगों की वजहों, गो-हत्या और मस्जिद के सामने बहुसंख्यकों द्वारा जुलूस और हंगामों के सिलसिले में संयम बरतने पर सहमति बनी।

हिन्दुस्तानी समाज की प्लूरल बनावट और सदियों पुरानी मान्यताओं पर आधारित परंपरागत जटिलताओं से निजात पाने की कोशिशों के नतीजे में टूट रही परंपरागत व्यवस्था, कमज़ोर होती स्वस्थ संयुक्त परिवार की अवधारणा और

सिकुड़ती हुई दुनिया के बैकग्राउण्ड में, जब यहां की आज़ादी पूर्व स्थिति को देखते हैं, तो आश्चर्य होता है, साथ ही कई स्वाभाविक प्रश्न भी सामने आते हैं। हिन्दुस्तानियों की अपार क्षमता का क्यों सदुपयोग नहीं हुआ? क्यों यहां के संसाधनों का इस्तेमाल रचनात्मक कामों के बजाय देश को कमज़ोर करने वाले कामों में हुआ ? मुसलमान खुद मस्जिदों के सामने बाजा बजाते रहे हैं, तरह-तरह की मजलिसें आयोजित होर्त हैं, अखाड़े और जुलूस निकलते हैं, न अज़ान का ख्याल होता है और न मस्जिदों की मर्यादा और नमाज़ के वक्त का। हिन्दू गाय के नाम पर धार्मिक दृष्टि से नजरें ज़रूर झुका लेते हैं, लेकिन जिंदगी की भाग-दौड़ और समस्याओं से जूझते लोगों का गायों से भावनात्मक लगाव नहीं के बराबर दिखाई देता रहा है। हां, अपने फ़ायदे के मद्देनज़र नेतागण हिन्दुओं के धार्मिक जज़्बात को उभारते रहे हैं, उन्हें गुमराह किया है। हिन्दुस्तान की दो मुख्य इकाइयों के मतभेदों का इन्हें ही तात्कालिक कारण माना गया। देश के सब बड़े नेता इन्हें ही केन्द्र बिंदु बना कर बहसें और बैठक कर रहे थे, सांप्रदायिक मसलों का हल ढूंढ़ने के लिए वे प्रयत्नशील रहे। क़ाजी अदील अब्बासी ने उन दिनों आयोजित एक कॉन्फ्रेंस की कार्यवाही का चित्र निम्न शब्दों में खींचा है :

"बड़ा हंगामा उस दिन हुआ, जब गाय की कुरबानी का मसला पेश हुआ। सब मुसलमान खामोश थे। पटेल लंगोटी (तहबन्द) पहने हुए थे। उन्होंने कहा कि मैं भी हिन्दू हूं, गाय मेरे लिए पवित्र और पूजनीय है, लेकिन मुसलमानों को इसमें यक़ीन नहीं है, तो कोई वजह नहीं कि गाय के बारे में हम अपना अक़ीदा (आस्था) मुसलमान भाइयों पर ज़बरदस्ती थोपें, अलबत्ता अगर वह खुद बरज़ा-व-रग़बत उसे छोड़ दें, तो बेहतर है। उसके बाद लाला लाजपत राय खड़े हुए। लालाजी ने गोहत्या पर पूर्ण रूप से रोक लगाने का प्रस्ताव पेश किया। पंडित मदन मोहन मालवीय ने ऐसी शुद्ध उर्दू में भाषण दिया कि हम सब आश्चर्यचकित रह गए। उन्होंने कहा कि बीच का रास्ता अच्छा है, जहां-जहां कुरबानी होती है, वहां हिन्दू रुकावट न डालें और न कानूनी पाबंदी लगाई जाए। लेकिन, जहां कुरबानी नहीं होती है, वहां मुसलमान नए सिरे से गाय की कुरबानी न करें... मुफ्ती कफ़ायतुल्लाह ने बड़ा तर्कपूर्ण भाषण दिया और गाय-ज़बह करने और गाय की कुरबानी करने की पूरी आजादी की मांग की। मौलाना मोहम्मद अली ने कहा कि मुसलमान गाय ज़बह करना बिल्कुल बंद कर दें...दूसरे दिन मैंने देखा कि पंडित मालवीय जी मौलवी किफ़ायतुल्लाह साहेब से कह रहे थे कि मौलाना, जरा ग़ौर कीजिए, इस पर नज़र डालिए कि हम हिन्दुओं की भावनाएं गाय के बारे में क्या हैं, फिर भी हम इस पर तैयार हैं कि जहां गाय की कुरबानी होती है, वहाँ हो और इस पर भी तैयार

हैं कि कानून के द्वारा उसे नहीं रोका जाए। जब हम इस हद तक झुक रहे हैं, तो आप भी अपनी जगह से हटिए। भला आपको इसमें क्या कठिनाई है कि आप यह मान लें कि जहां न होती है, न हो। हम तो केवल यह कह रहे हैं कि जहां आज तक गाय की कुरबानी हुई ही नहीं है, केवल उन्हीं स्थानों पर आप अपनी मर्ज़ी और खुशी से आगे भी न करें।'' काज़ी साहब आगे लिखते हैं कि, ''मुफ़्ती साहेब पहले तो अड़े, मगर अड़ने की गुंजाइश कहां थी! अंत में मान गए और पंडित मालवीय का प्रस्ताव पारित हो गया। अफसोस है कि बाद में कोई इस पर कायम नहीं रहा और शायद इस संकल्प को तोड़ने की पहल मुसलमानों ही ने की।''[15]

घटनाओं के सिलसिले पर अगर निष्पक्षता से ग़ौर किया जाए, उनका विश्लेषण किया जाए, तो वे मुद्दे, जो उस वक्त आज़ादी से पहले विवाद की जड़ें माने जाते रहे, अर्थात् गाय की कुरबानी, मस्जिदों के सामने बाजे बजाना आदि, तो वे सब सतही बातें मालूम होंगी। हिन्दुओं और मुसलमानों के मतभेदों की जड़ें कुछ और ही रही हैं, जो काफी गहरी हैं। एकता की मंजिल पर पहुंचने की कोशिशों में वही अड़चनें पैदा करती रही हैं, गाय और बाजे तो महज़ बहाने रहे हैं। अंग्रेजी सरकार ने हर संभव तरीके से उन मतभेदों को बढ़ाया, उन्हें उछाला और जहां कोई तनाज़े की चीज़ न भी रही हो, तो वहां तनाज़ों को पैदा किया। कभी हिन्दुओं के संवेदनशील रगों को उसने छेड़ा, तो कभी मुसलमानों की भावनाओं को उत्तेजित कर दिया, ताकि दोनों की अपनी-अपनी पहचान की टकराहट उन्हें किसी कॉमन मंजिल पर पहुंचने ही न दें। अपनी कोशिशों में अंग्रेजी सरकार कामयाब रही। उसने ऐसे-ऐसे फर्ज़ी अफ़साने गढ़े, जिसे सही मान लेने में किसी को एतराज़ ही नहीं हुआ। नतीजतन हिन्दुओं और मुसलमानों के बीच विवाद की जड़ें मजबूत हुई और सदियों से एक साथ रहने के बावजूद बहुतों के अंदर यह मानसिकता पैदा हो गई कि वे अब एक साथ रह ही नहीं सकते। अंग्रेज़ी व्यवस्था और उनके पोषकों ने अपनी कोशिशों से यह बात उनके ज़ेहन में भर दी कि आपस में मिल-बैठ कर अपनी समस्याओं का समाधान ढूंढ़ने की सलाहियत ही उनके अंदर नहीं है। वक्त गुजरने के साथ अंग्रेज़ों की तोड़-जोड़ की नीतियों ने हिन्दुस्तानियों के लिए नई-नई समस्याएं पैदा कीं।

आवामी बेचैनी और अंग्रेज़-विरोधी आंदोलन जिस तेजी से व्यापक हुआ, हिन्दुओं और मुसलमानों के बीच की दूरी भी उसी रफ्तार में बढ़ती गई। अंग्रेजों ने हालात के मद्देनज़र ऐसे कदम उठाए, जो प्रत्यक्ष रूप में कल्याणकारी नज़र आते रहे, लेकिन अंततोगत्वा उसके परिणामस्वरूप हिन्दुस्तानियों को नुकसान ही हाथ लगे। दुनिया की बदलती राजनैतिक स्थिति के बैकग्राउंड में अंग्रेज अपने

साम्राज्यवादी शिकंजों को ढीला करने पर मजबूर थे, लेकिन जो क़दम उठाए, वे विघटन के ऐसे मुद्दे सिद्ध हुए, जिसने आगे चल कर हिन्दुस्तान को ही तोड़ कर रख दिया। मार्ले मिन्टो सुधार हो या चेम्सफोर्ड रिफॉर्म्स, इसने हिन्दुस्तानियों के बीच मतभेद की जड़ों को ही सींचा, स्वस्थ और रचनात्मक आधार पर हिन्दू-मुस्लिम रिश्तों को पनपने ही नहीं दिया। हिन्दुस्तान और बर्मा की कमिटी के उपाध्यक्ष और ऑनरेरी सचिव मेजर ग्राहम पोल ने हिन्दुस्तान की स्थिति में बहुत दिलचस्पी ली थी, अपनी राय व्यक्त करते वह कहते हैं :

"पार्लियामेंट के दोनों सदनों में मान्टिगो चेम्सफोर्ड रिपोर्ट पर बहस के दौरान हममें से कई लोगों ने सांप्रदायिक आधार पर मताधिकार के सिलसिले में अपनी चिंता व्यक्त की थी और स्पष्ट किया था कि इससे हिन्दुस्तान के राजनैतिक माहौल में कड़वाहट पैदा होगी। हमारी भविष्यवाणी सच साबित हुई, क्योंकि 1926-27 की सरकारी रिपोर्ट में सरकार ने यह स्वीकार किया कि एक खालिस लोकतांत्रिक सरकार जहां बहुमत के दृष्टिकोण को वर्चस्व प्राप्त हुआ करता है, वहां हिन्दुओं और मुसलमानों को हिन्दू और मुसलमान के रूप में अलग-अलग दृष्टिकोण अपनाने पर विवश करना, उनको प्रोत्साहन देना, परंपरागत दुश्मनी को बढ़ावा देना सिद्ध हुआ।" उसी सरकारी रिपोर्ट के आधार पर वह आगे कहते हैं,... "लोकतांत्रिक मूल्यों पर स्थापित, संशोधित हिन्दुस्तानी संविधान के अनुसार दो मुकाबले पर उतारू इकाइयों को आमने-सामने ला खड़ा कर देने से उनकी आपसी दूरी बढ़ी, सांप्रदायिक तनाव बढ़ा और वह काफी मजबूत होता गया। यदि आयरलैंड या कारडिफ़ में रोमन-कैथलिक और प्रोटेस्टेन्ट विचार-धाराओं के आधार पर चुनाव कराया जाए, तो क्या परिणाम निकल सकता है, हम सोच सकते हैं। अब ज़रा इसी नज़र से हिन्दुस्तान का अनुमान लगाएं कि संप्रदाय के आधार पर चुनाव यहां क्या अर्थ रखता है।"[16]

ग्राहम पोल की शंकाओं को सर रमास्वामी अय्यर ने अधिक स्पष्ट करते हुए कहा था : "सांप्रदायिक आधार पर सहूलियतों का स्वीकार किया जाना कितनी बुराइयों और उलझे प्रश्नों को जन्म देगा, उसका एक निष्पक्ष व्यक्ति आसानी से अनुमान लगा सकता है। यदि संप्रदाय की पहचान के आधार पर कुछ सहूलियत एक संप्रदाय को दी जाएगी, तो बहुत-से संप्रदायों के बीच अपनी सहूलियतों की मांगों को बल मिलेगा।"[17] दूसरे शब्दों में हम कह सकते हैं कि हिन्दुस्तान जैसे विभिन्न धर्मों और संप्रदाय वाले देश के लिए ग़ैरमुनासिब आधार पर ऐसे विकल्प को कानूनी रूप देने की वह कोशिश थी, जो आगे चल कर भानुमति का पिटारा सिद्ध होगा, यह स्पष्ट था। ग्रहम पोल आगे लिखते हैं : "एक ऐसी विदेशी सरकार की मौजूदगी में, जिसके हाथों में दान-सम्मान, दया और सहूलियतें प्रदान करने के अधिकार हों, सांप्रदायिक आधार पर मताधिकार

की व्यवस्था ने सांप्रदायिकता और गिरोहवाद को बड़ी शक्ति पहुंचाई।"[18]

अंग्रेज़ शासकों ने हिन्दुस्तान में शुरू से जो रवैया अपना रखा था, उसे किसी तरीह हमदर्दाना नहीं कहा जा सकता है। उसका मुख्य उद्देश्य हिन्दुस्तानी संसाधनों का अधिकाधिक शोषण करना रहा और इस प्रयास में उन्होंने हिन्दुस्तानियों के अज्ञानता, पिछड़ेपन, अशिक्षा, आपसी कलह और सामाजिक कमज़ोरियों से फायदा उठाया और जाते-जाते ज़हर के कुछ ऐसे पौधे लगा दिए, जिनका घातक असर पता नहीं कितनी सदियों तक हिन्दुस्तानियों को उलझाए रखेंगे। गांधीजी ने आजादी की लड़ाई के दौरान, जो दृष्टिकोण अपनाया था, वह अंग्रेजी व्यवस्था के विरुद्ध था, वह इंग्लैंड की जनता के विरुद्ध कतई नहीं था, क्योंकि यह स्पष्ट था कि शासकों ने जो रवैया यहाँ अपनाया था, उसमें वहां की आम जनता की सहमति भी रही हो, इसमें हमें संदेह है। प्रजातंत्र में चुनाव के बाद नीति निर्धारण में मतदाताओं की कोई भूमिका नहीं रह पाती। इंग्लैंड में हिन्दुस्तानी दृष्टिकोण और यहां की आज़ादी की लड़ाई का समर्थन करनेवालों की संख्या कम नहीं थी, वे सरकारी नीतियों को पसंद नहीं कर रहे थे। ऐसे लोगों में ग्राहम पोल काफी मुखर थे। अपने विचारों को स्पष्टता से रखते हुए वे कहते हैं :

"हम लोगों ने बार-बार सुना है कि हम इंग्लैंडवाले करोड़ों बेजुबान हिन्दुस्तानियों के ज़मानतदार (ट्रस्टी) है। एक ट्रस्टी की जिम्मेदारी है कि अपने अधीनस्थ लोगों के हितों को प्राथमिकता दे और जो ट्रस्टी ऐसा नहीं करता, उसे विश्वासघात करनेवाला अपराधी माना जाता है। हिन्दुस्तान का वाइसराय या हिन्दुस्तानी सरकार हिन्दुस्तानियों के ट्रस्टी नहीं, इंग्लैंड के नागरिक और मतदाता वास्तविक ट्रस्टी हैं। ये अफसरान इंग्लैंड के मतदाताओं के मात्र सेवक हैं और उनके उठाए कदमों के हम ज़िम्मेदार हैं। प्रश्न यह है कि क्या हमने एक ट्रस्टी का दायित्व निभाया है? हममें से कितनों ने हिन्दुस्तानी दृष्टिकोण से हिन्दुस्तानियों की समस्याओं को देखने की कोशिश की है ? हममें से कितनों ने सोचा है कि इंग्लैंड की सरकार का प्रत्येक कदम हिन्दुस्तानी जनता की भलाई के विचार से उठे, न कि इंग्लैंड के व्यवसासियों और सिविल अधिकारियों के हितों का संरक्षण उनका उद्देश्य हो!"[19]

दिसंबर, 1924 में महात्मा गांधी की अध्यक्षता में बेलगांव में कांग्रेस और सैफुद्दीन किचलू की अध्यक्षता में खिलाफत कॉन्फ्रेंस केअधिवेशन हुए। बेलगांव कांग्रेस पंडाल में ही हिन्दू महासभा की कॉन्फ्रेंस पंडित मदन मोहन मालवीय की अध्यक्षता में हुई थी और बहुत-से कांग्रेसी नेताओं ने उसमें भाग लिया था। बेलगांव में ही काउंसिलों में प्रवेश की नीति निर्धारित हुई और असहयोग आंदोलन को स्थगित कर दिया गया। इसी महीने बम्बई में मुस्लिम लीग का अधिवेशन हुआ, जहां सेपरेट-एलेक्ट्रोरेट के आधार पर प्रतिनिधित्व की योजना

मिस्टर मोहम्मद अली जिन्ना ने पेश की। सांप्रदायिक आधार पर उनकी यह पहली कोशिश थी। 1916 के लखनऊ कांग्रेस में मुस्लिम लीग और कांग्रेस के बीच मिलकर आज़ादी की लड़ाई लड़ने के समझौते से लेकर बेलगांव कांग्रेस तक पहुंचते-पहुंचते सेपरेट प्रतिनिधित्व के प्रश्न ने एक ठोस शक्ल ले ली और 1937 तक तो इसकी स्थिति पुख़्ता हो गई। जब सेपरेट प्रतिनिधित्व (Seperate Electorate) के आधार पर हिन्दू हिन्दुओं के और मुसलमान मुसलमानों के प्रतिनिधि बन कर विधानमंडलों में गए तो, हिन्दू सदस्यों के दिमाग में हिन्दुओं के हितों की प्राथमिकता की बातें छाई रहीं और मुसलमान सदस्यों के दिमाग पर मुसलमानों की। और 1937 में जब ग्यारह प्रांतों में कांग्रेस की सरकारें बनीं, मंत्रिमंडल गठित हुआ, तो मुसलमानों ने अपने को कहीं का नहीं पाया। उनके प्रतिनिधि सरकार में नहीं थे, फैसलों में वह भागीदर नहीं थे, अतः उनके अंदर मायूसी और बेबस होने की मानसिकता पैदा हुई। नतीजतन इसी मायूसी ने 1940 में पाकिस्तान के रूप में मुसलमानों के लिए अलग राज्य की मांग सामने ला दी, यानी यह मानसिकता बन गई कि अब हिन्दू और मुसलमान एक साथ नहीं रह सकते।

1946-47 में इस उपमहाद्वीप में जो कुछ देखने में आया, आज़ादी का सपना जिस रूप में साकार हुआ, वे हमारे सामने की तकलीफदेह हकीकतें हैं। मुल्क का बंटना, लोगों का इधर-से-उधर जाना और उधर-से-इधर आना, आबादियों का उजड़ना, सांप्रदायिक दंगे और शैतान का नंगा नाच, यह सब कुछ सिर्फ इसलिए कि "हिन्दू" और "मुसलमान" अब एक साथ नहीं रह सकते? लेकिन क्या ऐसा हो गया? पहले दो देश बने और फिर 1971 में वे तीन हो गए। शुरू में हिन्दू और मुसलमान लड़े और फिर मुसलमान और मुसलमान। पाकिस्तान की विचारधारा जिन क्षेत्रों में विकसित हुई और जहां कि मुस्लिम आबादी के सिर पर चढ़ कर यह जादू ज्यादा बोला, वह हिस्से अधिकतर हिन्दुस्तान में ही रह गए और कुछ बांग्लादेश में। और ऐसे लोग जो इस विचारधारा के समर्थक थे, जब पाकिस्तान गए, तो उनकी अकसरियत बांग्लादेश में बंगाली संकीर्णता का निशाना बनी और वर्तमान पाकिस्तान जो गए, वहां क्षेत्रीय संकीर्णता ने उनका सम्मान से जीना असंभव नहीं तो कठिन अवश्य बना दिया है। आज भी वे बेचारे शरणार्थी ही हैं, वे पाकिस्तानी नहीं बन सके। हर कदम पर उनको कठिनाइयों का सामना करना पड़ रहा है, क्योंकि क्षेत्रीयता वहां इन्हें पनाह नहीं देती और जड़ें उनके पास नहीं। उसे तो खुद वे 1947 में काट आए थे। सब हंगामों के बावजूद हिन्दुस्तान, पाकिस्तान और बांग्लादेश, तीनों देशों में हिन्दू और मुसलमान दोनों हैं और एक साथ रह रहे हैं। आपस में लड़ भी रहे हैं और उनके दिमागों में हिन्दू और मुसलमान का प्रश्न पहले की

तरह मौजूद भी है। ये सब साथ-साथ चल रहे हैं। इतिहास ने सिद्ध कर दिया है कि आपसी संबंधों की बेहतरी का दारोमदार संकीर्णताओं से ऊपर उठने में ही निहित है। समस्याओं का समाधान जमीन के बंटवारे से संभव नहीं, न वह पहले हुआ है और न भविष्य में होने वाला है।

सन्दर्भ

1. ए. सी. बनर्जी, टू-नेशन, कन्सेप्ट पब्लिकेशन, दिल्ली, 1981, पृष्ठ 67
2. तैयबजी पेपर्स माईक्रोफिल्म, पी हॉडी, दि मुस्लिम ऑफ ब्रिटिश इंडिया, कैमब्रिज यूनिवर्सिटी, न हिस्ट्री, 1972, पृष्ठ 128
3. पी हार्डी, पृष्ठ 128
4. वही, पृष्ठ 128
5. वही, पृष्ठ 128
6. वही, पृष्ठ 137
7. हेक्टर बोलिथो, जिन्ना क्रियेटर ऑफ पाकिस्तान, जान मेर, लंदन, 1954, पृष्ठ 40
8. मोरले पेपर्स, इन्डरसन लाइब्रेरी, संदर्भ, पी.हार्डी, पृष्ठ 154
9. मोरले पेपर्स, इन्डरसन लाइब्रेरी, संदर्भ पी.हाड़ी, पृष्ठ 177
10. शिबली नोमानी, मकालात शिबली, खंड III, पृष्ठ 171
11. मुशीरूल हसन, मुहम्मद अली आइडियालॉजी एंड पॉलिटिक्स, प्रिन्ट एड, दिल्ली, 1981, पृष्ठ 68
12. जे. एम. ब्राऊन, गांधीज़ राईज़ टू पावर, इंडियन पोलिटिक्स, 1915-1922, कैंब्रिज यूनिवर्सिटी प्रेमस, 1972, पृष्ठ 330-31
13. जे. एम. ब्राऊन, संदर्भ विकली रिर्पोट, डी.सी.आई, मई 9-16, होम पॉलिटिक्स, पृष्ठ 331
14. वही, पृष्ठ 335
15. काज़ी अदील अब्बारी, तहरीक खिलाफत, तरक्की ऊर्दू बोर्ड, नई दिल्ली, 1980, पृष्ठ 251-52
16. डी. ग्राहम पोल, इंडिया इन ट्रान्ज़ीशन, ल्यूनार्ड एंड वरजीनिया उल्फ, लंदन, 1932, पृष्ठ 222-23
17. सर शिव स्वामी अय्यर, इंडियन कन्स्टीच्यूशनल प्रॉब्लम, बी.डी. तारापुरवाला, बम्बई 1928, पृष्ठ 86-87
18. डी. ग्राहम पोल, पृष्ठ 224
19. वही, पृष्ठ 1

हिन्दुओं के बीच समाज सुधारकों की पहल

जब तक हिन्दुस्तान के बहुसंख्यक हिन्दुओं के सोचने के अंदाज और उनके बीच चले विभिन्न सुधार आंदोलनों की एक संक्षिप्त समीक्षा नहीं की जाती, न हिन्दू समाज और न हिन्दू-मुस्लिम रिश्तों की पेचीदगियों का हम अंदाज़ा लगा सकते, उनकी गहराइयों को तो समझ ही नहीं सकते। धर्म (मज़हब) के एतबार से हिन्दुस्तान में हिन्दुओं (वैदिक धर्म) की अकसिरियत है और संख्या के आधार पर इसे हिन्दुओं का देश कोई मान सकता है। लेकिन, जब इस उपमहाद्वीप के भूगोल, इतिहास और यहां की पेचीदा सामाजिक बनावट पर निष्पक्ष नजर डाली जाएगी, तो इस दृष्टिकोण की कमज़ोरियां सामने आ जाएंगी। प्राचीनकाल से अफ़ग़ान, तुर्क पठान और मुग़लों के आने तक हूण, शक, सीथीयन्स, आर्य जैसे कबीले हमलावरों के रूप में यहां आये, स्थानीय आबादी से उनका लंबा संघर्ष चला और अंततोगत्वा यहां की आबो-हवा उन्हें रास आई और वे यहां के ही होकर रह गए। आर्यों को शुरू में ही वर्चस्वता प्राप्त हो गई। अपने विकसित कौशल की बुनियाद पर यहां के माहौल को वे प्रभावित करते गए। यहां तक कि उनका धर्म भी हिन्दुस्तान का धर्म बन गया। समय बीतने के साथ आज वही "धर्म" विभिन्न रूपों में हिन्दुओं का धर्म है। यहां ही बौद्ध और जैन धर्म पैदा हुए। जैन-धर्म हिन्दुइज़्म से नज़दीक रहा, जबकि बौद्ध धर्म के माननेवालों और हिन्दुओं के बीच वर्षों हिंसक संघर्ष चले, जिसके नतीजे में बौद्ध धर्म को हिन्दुस्तान से जलावतन होना पड़ा और सैकड़ों वर्षों तक यहां उसका कोई नाम लेवा नहीं रहा। छठी शताब्दी के अंतिम वर्षों में अरबिया में इस्लाम का उदय हुआ और बहुत जल्द यह धर्म हिन्दुस्तान भी पहुँचा। आने की शुरुआत व्यापारियों के साथ हुई। अनुकूल वातावरण पाकर वे व्यापारी यहां ही बस गए। बाद में विजयी हमलावारों के रूप में ज्यादा तादाद में मुसलमान आए और वे भी यहीं के होकर रह गए। उन्हीं दिनों सूफी-संतों का भी यहां आना हुआ और उन्होंने इस्लाम के भाईचारे, बराबरी, शांति और सामाजिक सौहार्द के संदेशों का प्रचार-प्रसार शुरू किया और बहुत जल्द स्थानीय लोगों ने उन्हें स्वीकार किया और वे यहां के माहौल में घुल-मिल गए। जब बाहर से आए अरब, तुर्क, मुगल

और अफ़ग़ान यहां बस गए, यहीं के हो गए, तो उनका धर्म इस्लाम भी यहां का ही धर्म हो गया। हिन्दू और मुसलमानों की सदियों के मेलजोल से एक नई साझी गंगा-जमुनी संस्कृति ने भी जन्म लिया । वह यहीं विकसित हुई। उस साझी संस्कृति ने उर्दू जैसी ख़ूबसुरत ज़ुबान को जन्म दिया, उसे परवान चढ़ाया। उर्दू को पूर्णतः हिन्दुस्तानी संस्कृति का प्रतिनिधि कहा जा सकता है। आपसी मेल-जोल से उस संस्कृति के बहुआयामी आर्कषक पहलू सामने आते रहे। इसके बावजूद हिन्दुओं और मुसलमानों की अपनी-अपनी अलग पहचान भी बनी रही। आपसी शादी-ब्याह के रिश्ते भी क़ायम हुए लेकिन न हिन्दू मुसलमानों को अपने अंदर विलय कर सके और न मुसलमानों ने हिन्दुओं को अपने अंदर समोया। सत्ता और वर्चस्व प्राप्ति के लिए यह आपस में लड़े भी हैं, लेकिन धर्म के नाम पर कभी दुश्मनी की हदों तक पहुंचने की नौबत नहीं आई। लेकिन, आहिस्ता-आहिस्ता जब सत्ता मुसलमानों के हाथों से खिसकने लगी और हिन्दुस्तान पर अंग्रेजों की हुकूमत कायम हो गई, तो स्थिति में व्यापक बदलाव आया। जो मुसलमान कल तक शासक थे, वे अब पराधीन हो गए और हिन्दुओं और मुसलमानों के बीच तथाकथित शासक और शासितों की जो सीमाएं थीं, वह समाप्त हो गई, अब दोनों एक ही धरातल और स्तर पर आ गए। इस महत्वपूर्ण तब्दीली के फलस्वरूप दोनों के सोचने के अंदाज़ में काफ़ी बदलाव आया । हिन्दुओं ने मुसलमानों को जब सत्ता की कुर्सियों से नीचे और शासकों के लबादे से बाहर अंग्रेज़ों की मार झेलते दयनीय स्थिति में देखा, तो स्वाभाविक तौर पर उनकी नज़रें भी टेढ़ी हुईं, तेवर बदले और सैकड़ों वर्ष पुराने अत्याचार, उनकी धार्मिक संकीर्णता, असहनशीलता, हिन्दुओं के साथ किए गए तथाकथित अन्याय और सख्त व्यवहार एक-एक करके उन्हें याद आए और उनके तौर-तरीके और अंदाज बदले। उसी तरह, मुसलमानों ने अपने पराधीन रहे लोगों के जब अंदाज़ बदले हुए देखे, तो उनकी सामंतवादी मानसिकता व स्वाभिमान को काफ़ी ठेस पहुंची। कल के पराधीन आज बराबरी की बातें करें, बराबरी तो अलग, अब उन्हें बुरी नजरों से देखें भी, मुसलमान एक द्वंद्व का शिकार नज़र आता है। इस संवेदनशील स्थिति का अंग्रेजों ने खूब फायदा उठाया। ऐतिहासिक तथ्यों को तोड़-मरोड़ कर दिलों और जज़्बातों को छूती ऐसी कहानियां गढ़ीं, जिसके दुष्परिणामस्वरूप दोनों ओर रंजिशें, शंकाएं व भ्रम पैदा होने से बात आगे बढ़ कर दुश्मनी की हदों तक जा पहुंची। हिन्दुस्तान की दोनों महत्वपूर्ण इकाइयों की विपरीतताएं कटुता भरे अंदाज़ में उभर कर सामने आ गई और जब दोनों तरफ पुनर्जागरण की लहरें उठीं और सुधार की बातें चलीं, तो लोगों की मानसिकता में महत्वपूर्ण बदलाव आया और सदियों के आपसी समन्वय से एक-दूसरे के रीति-रिवाजों, खान-पान और सामाजिक समानता को अपनाने की

जो प्रवृत्ति जनमी और मज़बूत हुई थी, वह सिलसिला ठहर गया, बातें यहीं पर रुकी नहीं, घनिष्ठता की उन निशानियों को ज़बरदस्ती मिटाने के अभियान चलाए गए।[1]

मुसलमान हिन्दुस्तान क्यों आए, वे कौन-से कारण थे, जो निरंतर आक्रमणों के प्रेरक बने, उनके विस्तार में जाने की न यहां गुंजाइश है और न ज़रूरत ही। जब कुतुबुद्दीन ऐबक ने गुलाम वंश, के शासन की नींव यहां रखी और यहां बस जाना तय कर लिया, तो स्थिति बिल्कुल भिन्न अंदाज से सामने आई। टुकड़ों में बंटा हुआ हिन्दुस्तान धीरे-धीरे विभिन्न मुसलमान शासक घरानों के अधीन आता गया और पूरे हिन्दुस्तान पर उनकी हुकूमत कायम होने में सैकड़ों वर्ष लगे। शुरू के दिनों में यह हमलावर जिहाद (धार्मिक युद्ध) और इस्लाम के प्रचार एवं प्रसार के उद्देश्यों से प्रेरित थे, या उनकी हुकूमत इस्लामी शरियत पर आधारित हुकूमत थी, यह एक विवादित प्रश्न है। यह माना जा सकता है कि कुछ लोग जिहाद का फ़र्ज़ अदा करने सैनिकों के रुप में आए हों और कुछ बादशाहों के दिलों में इस्लाम के लिए प्रेम भी रहा हो, लेकिन मुसलमानों के पूरे दौर को, या किसी विशेष दौर को, इस्लामी हुकूमत मानने की गुंजाइश नहीं है। फ़िरोजशाह तुगलक़ और अलाउद्दीन ख़िलजी के समय के सुल्तान और उलमा के बीच के धार्मिक विवाद और सुल्तान का हुकूमत के मामलों में शरीअत के अनुसार व्यवस्था क़ायम करने से इनकार, किसी दूसरी सच्चाई की ओर संकेत करते हैं। मुग़ल काल में तो नक्शा ही दूसरा देखने को मिलता है। मुग़लों ने "धर्म" पर "हुकूमत" को तरजीह दी है। समय बीतने के साथ यह बात स्पष्ट हो चुकी थी कि हिन्दुस्तान पर उनकी हुकूमत मज़बूती से कायम हो चुकी है, और हुकूमत का यह सिलसिला सदियों तक चलता रहा। हिन्दुस्तान के बड़े हिस्से के हुक्मरां अब वे लोग थे, जो यहां के नहीं थे। स्थानीय लोगों के वे स्वधर्मी भी नहीं थे, साथ ही दूसरे सामाजिक और सांस्कृतिक माहौल से यहां आए थे। सामंती व्यवस्था और उसके तकाज़े, मान-सम्मान और ऊंचे पद देनेवाले अब वे थे, जो न स्थानीय थे और न हिन्दू ही, और यह स्थिति औरंगजेब के शासनकाल तक रही। मुग़ल सत्ता को चुनौती दी मराठा सरदार शिवाजी ने, जो सत्ताधारियों के स्वधर्मी नहीं थे, हिन्दू थे, अर्थात् एक हिन्दू ने मुस्लिम सत्ता को चुनौती दी और वह कामयाब हुआ। परिणामस्वरूप दक्षिण हिन्दुस्तान में शिवाजी का व्यक्तित्व एक "हीरो" के रूप में उभरा और जब हिन्दुओं के बीच पुनर्जागरण की लहर चली, तो शिवाजी हिन्दू मर्यादाओं और सम्मान के प्रतीक (सिंबल) के रूप में पेश किए गए। उनकी ख्याति हिन्दुस्तानव्यापी व्यक्तित्व के रूप में हुई। एक हिन्दुस्तानव्यापी व्यक्तित्व और हिन्दुओं के मसीहा के रूप में उभरने के पीछे हिन्दुओं की चेतना के किसी गोशे में बैठी मुस्लिम विरोधी

वह भावना रही होगी, जो सदियों से हिन्दू अपने दिलों में दबाए चले आ रहे थे और शासकों के भय और रोब के कारण, जिसे वे खुल कर व्यक्त नहीं कर सकते थे, लेकिन जब मुसलमानों की स्थिति डगमगाने लगी और शासन पर उनकी पकड़ कमज़ोर हुई, तो वह दबी-दबाई हुई भावना धीरे-धीरे उभरने लगी और अवसर मिलते ही एक चैलेंज बन कर वह सामने आई।

यहां एक बात ज़ेहन में रहनी चाहिए कि धर्म-मज़हब की जो कल्पना मुसलमान अपने साथ लेकर यहां आए थे, हिन्दुओं के बीच धर्म की वह कल्पना नहीं थी। यहां दार्शनिक आधार पर विकसित हिन्दू धर्म का दामन काफ़ी कुशादा नज़र आता है। हिन्दुस्तान के सांस्कृतिक इतिहास को सिलसिलेवार बनाए रखने में इस मनोवृत्ति का महत्वपूर्ण योगदान रहा। ईसाई या इस्लाम की तरह कोई सीमाबद्ध सुसंगठित रूप नहीं होने के कारण हिन्दुओं के बीच आए नए धर्म के माननेवाले मुसलमानों के ख़िलाफ़ कोई सख्त प्रतिक्रिया 19वीं शताब्दी के अंतिम दौर से पहले तक देखने में नहीं आती है। शुरू में मुसलमानों ने मज़हबी असर में हिन्दुओं पर कुछ ज्यादातियां की हों, लेकिन किसी योजनाबद्ध तरीके से धर्म परिवर्त्तन (प्रचार-प्रसार) का कार्यक्रम चलाया हो, इसका प्रमाण नहीं मिलता है। जहां-जहां मुस्लिम हुक्मरानों के केंद्र रहे-सीट ऑफ पावर रहे, वहां मुसलमानों का नगण्य तादाद में होना इसका स्पष्ट सबूत है। सूफ़ियों की ख़ानकाहों से मानव मूल्य आधारित जो रोशनी फैली, उसने लोगों को इनसानियत के मज़बूत रिश्तों में बांधने का काम किया। वहां धर्म के आधार पर फर्क नहीं किया गया, जो गया वह लाभान्वित हुआ। उस समय के इतिहास में बहुत-सी मिसालें ऐसी मिलती हैं, जहां सूफियों की ख़ानकाहों को कुछ मुस्लिम शासकों ने अच्छी नजरों से नहीं देखा। इनकी लोकप्रियता को अपने लिए खतरा समझा और अकसर उनके लिए परेशानियां ही पैदा कीं।

हम देख चुके हैं कि अंग्रेज़ी पढ़े-लिखे हिन्दू बुद्धिजीवियों ने अंग्रेजों के शासन को अपने लिए वरदान माना, उसे मुसलमानों की हुकूमत से हिन्दुओं की मुक्ति समझी थी। सबसे पहले बंगालियों ने अंग्रेजी शिक्षा को अपनाया, अतः उन पर ही सबसे पहले यूरोपीय असर पड़ा। उस प्रभाव के फलस्वरूप अपनी सामाजिक कमजोरियों, दकियानूसी विचारों और अंधविश्वास से निजात पाने तथा अपनी स्थिति में सुधार लाने की मानसिकता उनमें मज़बूत हुई। राजा **राममोहन** राय (1772-1833), इश्वर चंद्र विद्यासागर (1820-1891) और केशवचन्द्र सेन (1838-1884) जैसे प्रतिष्ठित व्यक्तियों ने अपनी कोशिशों से इस मानसिकता को काफी विकसित और मज़बूत किया।

राजा राममोहन राय को आधुनिक हिन्दुस्तान का वैचारिक **पितामह** (Father of Indian Renaissence) माना जाता है। उनकी प्रारंभिक

शिक्षा पटना में हुई थी, जहां फ़ारसी और अरबी में उन्होंने दक्षता प्राप्त की। बनारस से संस्कृत की पढ़ाई पूरी करने के बाद उन्होंने रंगपुर के दीवान की हैसियत से इस्ट इंडिया कंपनी में नौकरी शुरू की। नौकरी के दौरान ईसाई मिशनरी से उनका संबंध बना। एक धार्मिक ब्राह्मण परिवार के सदस्य होने के नाते हिन्दू-धर्म की गहरी जानकारी उनको थी। अरबी और फारसी के कारण इस्लाम से परिचित हुए और ईसाई मिशनरी से ईसाईयत को जाना। इन संपर्कों के नतीजे में उनके विचार प्रभावित होकर विकसित हुए। हिन्दुओं के अंदर धर्म के नाम पर जो सामाजिक जटिलताएं पैदा हो गई थीं, ज्ञान की नई रोशनी में उनके सुधार की बातें उन्होंने शुरू कीं। प्रचलित अंधविश्वास और संकीर्णता पर आधारित रीति-रिवाजों का उन्होंने विरोध किया, उनके संबंध में पुस्तकें लिखीं और प्रचलित कमज़ोरियों को न केवल चिह्नित किया, बल्कि उनको दूर करने के लिए सक्रिय आंदोलन चलाए। 1828 में उन्होंने ब्रह्म समाज की स्थापना की और अंग्रेजी शिक्षा को अपनाने, सती प्रथा का विरोध और औद्योगिक क्रांति के परिणामस्वरूप पैदा परिवर्तनों का स्वागत करने की मानसिकता हिन्दुओं में विकसित की। बहुत जल्द उनका आंदोलन लोकप्रिय हुआ और पूरे बंगाल में सुधार की ज़ोरदार लहर चली। नयी रोशनी को अपनाकर हिन्दू समाज में सुधार का जो उद्देश्य राजा राममोहन राय और उनके सहयोगियों के सामने था, वह था अपनी सनातन परंपरा को जीवित करना और उस पर अंधविश्वास और कुरीतियों की पड़ी धूल की सफाई के साथ सही वेद और वैदिक आदर्शों की पुनर्स्थापना। प्रोफेसर बी.आर. पुरोहित के अनुसार, 'यद्यपि राममोहन राय एक उदारवादी सुधारक थे, लेकिन हिन्दू रिवाइवलिज़्म की सीमाओं से वह भी बाहर नहीं निकले थे। वे सनातन हिन्दू धर्म को लोकप्रिय बनाना चाहते थे, लेकिन उनके अंदर पुरातनवाद, कट्टरपन या संकीर्णता नहीं थी।'"[2] राजा राममोहन राय ने जिस सुधारवादी आंदोलन की बीज बोया, उसने बहुत जल्द ही एक विशाल पेड़ का रूप तो जरूर ले लिया, लेकिन हिन्दुस्तान के विभिन्न धर्मों के माननेवालों के प्लूरल समाज में जोड़नेवाली कड़ी वह नहीं बन सके। नई परिस्थितियों के अनुसार सुधार-आंदोलन की हिन्दुस्तान में पहली सक्रिय कोशिश का गौरव उन्हें अवश्य प्राप्त हुआ, लेकिन सामूहिक रूप में ब्रह्म-समाज एक सशक्त आंदोलन के रूप में हिन्दू-समाज पर भी ज्यादा दिनों तक प्रभाव बनाए नहीं रह सका। एक समय ऐसा आया, जब संगठनात्मक उलझनों में उलझ कर यह आंदोलन अपने बुनियादी उद्देश्यों से अलग होता नज़र आता है और समय बीतने के साथ वह अपना क्रांतिकारी स्वरूप ही खो देता है।

दूसरी शख़्सियत, जिसने हिन्दू समाज पर अत्यधिक असर डाला, वह हैं स्वामी दयानन्द सरस्वती (1824-1883)। उन्होंने 10 अप्रैल, 1875 को बम्बई

में आर्य-समाज की नींव रखी और बाद में लाहौर को इसका केंद्र बनाया। स्वामी दयानन्द को सही मायनों में हिन्दू पुनर्जागरण अभियान का सूत्रधार माना जाता है। उन्होंने साफ शब्दों में कहा कि पुरातन वेदों की ओर लौट जाना चाहिए। उसके लिए उन्होंने कई संगठन बनाए और उनके माध्यम से अपने उद्देश्यों को वास्तविक रूप देने की कोशिश की। उन्होंने वैदिक-आर्य सभ्यता की श्रेष्ठता की बात की और हिन्दू समाज को गैरवैदिक प्रभाव से मुक्त कर सनातन संस्कृति को जीवित करने के साथ उसे अपनाने का आंदोलन चलाया। हिन्दू धर्म को इस्लाम और ईसाई मत की तरह ईश्वर-निर्देशित (इलहामी) धर्म माना और उसे भी प्रचार और प्रसार (तबलीग़) के माध्यम से फैलाने का बीड़ा उठाया। उन्होंने हिन्दुओं को 'संगठन' के अंतर्गत संगठित करने की बात शुरू की और "शुद्धि" आंदोलन के ज़रिये ऐसे गैरहिन्दुओं को पुनः हिन्दू बनाना शुरू किया, जिनके बाप-दादा कभी हिन्दू थे। उन्होंने हिन्दुओं के अंदर जुझारूपन और जंगजुई की भावना उभारी, जो आगे चल कर हिन्दू महासभा और आर.एस.एस. जैसे सांप्रदायिक संगठनों की स्थापना के पथप्रदर्शक स्रोत बने''[3] आर्य समाज ने हिन्दुओं के हिन्दुत्व (हिन्दुइज़्म) की संवेदनशील भावनाओं को उभारा। फलस्वरूप हिन्दुओं के एक वर्ग के बीच वह आंदोलन बहुत लोकप्रिय हुआ। "शुद्धि" और "गोहत्या विरोधी" आंदोलनों ने मानसिक तौर पर हिन्दुओं को संगठित होने को प्रेरित और प्रोत्साहित किया। जहां तक हिन्दुओं का सवाल है, इस आंदोलन से उनके अंदर सामूहिक तौर पर "श्रेष्ठता" की भावना पैदा हुई, लेकिन उनके कार्यकलापों ने गैरहिन्दुओं और विशेषकर मुसलमानों के बीच उनके लिए नकारात्मक प्रतिक्रिया पैदा की, उन्होंने यह समझा कि आर्य समाज इनके विरुद्ध ही मैदान में आया है। अतः मुसलमानों के अंदर अपनी शिनाख़्त की मोहाफ़ज़त का सवाल उभरा और वे सक्रिय होकर आर्य समाज के मुकाबले में मैदान में आ खड़े हुए। मुसलमानों के बीच तबलीग़ (धर्म प्रचार-प्रसार) और तंज़ीम (संगठन) जैसे आंदोलन चले। नतीजतन देश की दो अहम इकाइयों के बीच की दूरी काफी बढ़ गई। लाला लाजपत राय ने स्थिति पर टिप्पणी करते हुए कहा था, सांप्रदायिक दंगों और हिंसा का जो वातावरण बना, शुद्धि-आंदोलन उसका एक महत्वपूर्ण कारण था।[4]

आर्य समाज ने यह माना कि वेद और वैदिक व्यवस्था के अंदर कोई कमी नहीं और वही एकमात्र मुक्ति का रास्ता है। निजी जीवन में आदर्शों को प्राथमिकता दिए जाने पर उन्होंने ज़ोर दिया। एक ही वक्त में दो मोर्चों पर आर्य समाज ने काम शुरू किया था। हिन्दुओं के अंदर पैदा हुए मानसिक हीनता को तो दूर करने का अभियान चलाया ही, हिन्दुओं पर जो ग़ैर-हिन्दुओं के वैचारिक आक्रमण हो रहे थे, उनसे भी सख़्ती के साथ मुकाबला करने की

हिम्मत पैदा की। परिणामस्वरूप एक ऐसी मानसिकता विकसित हुई, जिसने बहुत जल्द आक्रमणकारी रुख़ अपना लिया और सांप्रदायिकता की बू उससे आने लगी। इसने देशभक्ति और राष्ट्रीयता को धर्म का रंग दे दिया और वेदों के मूल सिद्धांतों को देशभक्ति का मापदंड माना।[5] इस बात से इनकार नहीं किया जा सकता है कि आर्य समाज ने हिन्दुओं के बीच आत्म-सम्मान के साथ देशभक्ति की भावना को उभारा और मज़बूत किया, लेकिन जब देशभक्ति को ख़ालिस वैदिक धर्म और हिन्दू-राष्ट्र का लबादा ओढ़ाने की कोशिश की, तो मुसलमानों ने उसे मुस्लिम दुश्मनी का कदम माना। नतीजतन आर्य समाज के फैलाव और तरक्की के ज़माने में दोनों प्रमुख समुदायों के बीच बहुत गहरी खाई पैदा हुई। आर्य समाज ने गोहत्या के प्रश्न को जिस आक्रमणात्मक अंदाज में उठाया, उसने भी पूरे देश में सांप्रदायिक तनाव का रूप ले लिया। 1882 में दयानन्द सरस्वती ने गौरक्षिणी सभा बनाई और दूसरे वर्ष ही 1883 में लाहौर, अंबाला, फिरोजपुर और दिल्ली में गोहत्या के प्रश्न पर भयानक हिन्दू-मुस्लिम दंगे हुए। 1886 में लुधियाना और दिल्ली में, 1889 में रोहतक में दंगों का सिलसिला चला। इस ज़हरीली हवा का बिहार और यू.पी. पर भी असर पड़ा था। 1893 में बम्बई में इसी प्रश्न पर भयंकर दंगे हुए जिनमें सैकड़ों लोग मारे गए। 1922 के दौरान शारदानन्द और डॉ मूंजे ने "शुद्धि" और "संगठन" के अभियान को बड़े आक्रमणात्मक अंदाज में चलाया, जिसकी प्रतिक्रिया में मुसलमानों के बीच भी उसी तेवर में तबलीग (धर्म प्रचार) की प्रवृत्ति भी बढ़ी, और फिर यह दोनों आपस में खूब लड़े। सांप्रदायिक दंगों का जो सिलसिला चला, उसके कारण हिन्दू और मुसलमान नदी के दो किनारों पर खड़े नजर आने लगे। विभिन्न विचारों और धर्मों के माननेवालों के देश के तकाज़े कुछ और हुआ करते हैं, यहां तो ऐसी विचारधारा की आवश्यकता थी और आज भी है, जो हिन्दुस्तान जैसे फ्लूरल बनावटवाले देश के विभिन्न समुदायों और धर्मों को आपस में मिलाए, एक संगम बनाए। दुर्भाग्य से आर्य समाज ने इस ज़रूरत को पूरा नहीं किया।

हिन्दुस्तानी संत परंपरा में विशिष्ट स्थान रखनेवाले स्वामी रामकृष्ण परमहंस (1836-1886) ने भी हिन्दुओं के बीच आध्यात्म के आधार पर एक रचनात्मक वैचारिक दृष्टिकोण रखते हुए हर धर्म की सच्चाई पर ज़ोर दिया। उनके विचारों को उनके योग्य शिष्य स्वामी विवेकानन्द (1863-1902) ने मज़बूत बुनियादों पर एक व्यापक आंदोलन का स्वरूप दिया, जो बहुत जल्द लोकप्रिय हो गया। उन्होंने भी "वेदांत" की ओर वापसी पर बल देते हुए सनातन धर्म को प्रतिष्ठित करने की कामयाब कोशिश की। उनके द्वारा स्थापित "रामकृष्ण मिशन" की अप्रत्याशित लोकप्रियता को देख कर आसानी

से कहा जा सकता है कि "हिन्दू-रिवाइवलिज़्म" उनके समय में अपनी युवा अवस्था में पहुंचा। उन्होंने पश्चिमी भौतिकवादी व्यवस्था के सामने वेदान्त के अध्यात्मिक दर्शन को बड़े आत्मविश्वास के साथ रखा और हर स्टेज पर उन्हें कामयाबी मिली। राजाराम मोहन राय से स्वामी विवेकानन्द तक की परिस्थितियों की समीक्षा डॉ पुरोहित ने इन शब्दों में की है : ''विवेकानन्द के साथ हिन्दू रिवाइवलिज़्म पुख़्ता हुआ और उसके अंदर आत्मविश्वास आया। ब्रह्म समाज हिन्दू समाज में अपनी जड़ें जमाने में सफल नहीं हुआ। आर्य-समाज पहला आंदोलन था, जिसने हिन्दू-रिवाइवलिज़्म को अत्यधिक शक्ति प्रदान किया, लेकिन उसने हिन्दू धर्म को वैचारिक एकता, आध्यात्मिक महानता और वांछित सम्मान प्रदान कराने में सफलता नहीं पाई। हिन्दुइज्म को आक्रमणकारी छवि अवश्य मिली, लेकिन उसे जरूरत किसी और चीज की थी, यह गौरव स्वामी विवेकानन्द को प्राप्त है कि उन्होंने गंभीरता, सम्मान और आत्मविश्वास के साथ मजबूत वैचारिक आधार हिन्दुइज्म को प्रदान किया। उनके हाथों आध्यात्मिक महानता और स्वाभिमान भी उसे मिला''।[6]

स्वामी विवेकानन्द ने एक तरफ पूरब-पश्चिम के बीच वैचारिक निकटता का एक सशक्त अभियान चलाया, तो दूसरी ओर हिन्दुस्तान में धर्म के आधार पर देशभक्ति का जोश भी पैदा किया। हिन्दुओं के बीच हिन्दू धर्म की श्रेष्ठता और उनके अपने हिन्दू होने पर गर्व की भावना पैदा की, जिसका पूरे हिन्दुस्तान पर असर पड़ा। फलस्वरूप हिन्दुओं ने दार्शनिक और आध्यात्मिक दृष्टिकोणों के आधार पर पश्चिमी धर्मों और संस्कृति की तुलना में स्वयं को श्रेष्ठ समझना शुरू किया। उस समय जब हिन्दुस्तान पर लगातार वैचारिक हमले हो रहे थे, विवेकानन्द ने हिन्दुओं के अन्दर आत्मविश्वास पैदा किया। नतीजतन हिन्दू रिवाइवलिज़्म का एक हिन्दुस्तानव्यापी वातावरण बना। बाद के दिनों में जो भी राजनैतिक आंदोलन चले, उन पर स्वामी विवेकानन्द का गहरा असर देखा जा सकता है। अपनी सभ्यता, अपनी संस्कृति, अपना धर्म और अपना देश, वे प्रेरणादायक संदेश थे, जिनका पढ़े-लिखे हिन्दुओं पर काफी असर पड़ा और देशव्यापी जागरूकता पैदा हुई। लोगों ने अपने अतीत की खोज शुरू की, ताकि भविष्य के हिन्दुस्तान की रूप-रेखा उसी आधार पर तैयार की जा सके। बंगाल में धर्म और संस्कृति आधारित देशभक्ति को जो शक्ति मिली थी, उस पर स्वामी विवेकानन्द के विचारों का गहरा असर था और जब ''शक्तिपूजा'' की उन्होंने बात की, तो हिन्दू भावनाओं को और भी ताकत मिली और आगे चल कर 1905 में वह स्वदेशी-आंदोलन की जन्मदाता बनी। बंगाल ने उनको अपना रूसो (Rousseau) माना।[7]

बंगाल में धर्म-निष्ठ समाज सुधार आंदोलनों का ज्यों-ज्यों ज़ोर बढ़ता गया, उनके साथ देशभक्ति के तत्त्व मिलते चले गए, या यों कहा जाए कि देशभक्ति

को धर्म के साथ जोड़ दिया जाना तत्काल एक सकारात्मक नीति थी, जिसका आगे चल कर अच्छा परिणाम सामने आया। इस काम को बंकिमचन्द्र चटर्जी (1838-1894) ने बहुत अच्छे ढंग से आगे बढ़ाया। 1891 में डिप्टी कलक्टर के पद से अवकाशप्राप्त करने के बाद उन्होंने अपनी बाकी जिंदगी साहित्य और धर्म-निष्ठ, समाज सुधार के लिए समर्पित कर दिया। इसलिए उनके दौर को बंगाल में साहित्यिक पुनर्जागरण का दौर माना जाता है। उनके उपन्यास और कहानियां जहां देशभक्ति की भावनाओं से ओत-प्रोत हैं, वहीं हिन्दूइज्म की श्रेष्ठता और हिन्दू रिवाइवलिज़्म के रंग को भी खूब स्पष्ट करते हैं। बंगाल में तेज़ी के साथ लोकप्रिय होती हुई पश्चिमी संस्कृति को उन्होंने अच्छी नज़रों से नहीं देखा। मुस्लिम संस्कृति और उसके सामाजिक प्रभाव के भी वे कटु आलोचक थे। हिन्दू रिवाइवलिज़्म की लहर बंगाल में उठ ही चुकी थी। अतः अपनी संस्कृति की बरतरी सिद्ध करने के साथ अपने धर्म की कमज़ोरियों में मुनासिब सुधार लाकर उन्हें पश्चिमी संस्कृति के सामने लाना उनके ज़िंदगी का उद्देश्य बना। लेकिन, उन्होंने परंपरागत हिन्दू-धर्म का आंख बंद कर अनुसरण नहीं किया और न ऐसा करने को प्रोत्साहन दिया।

बंकिमचन्द्र के लिए देशभक्ति धार्मिक रंग लिये रही। उन्होंने देशभक्ति को "धर्म" जैसा स्थान दिया। वे समझते थे कि जब तक "धर्म" के साथ "देशभक्ति" नहीं जोड़ी जाती, लोग जागरूक नहीं हो सकते और उन्हें पश्चिमी चंगुल से निजात नहीं मिल सकता। हिन्दू समाज पर जो धर्म की गहरी पकड़ थी, उन्होंने उसे अपने उद्देश्यों की प्राप्ति के लिए इस्तेमाल करना चाहा। देवी "काली" और "दुर्गा" जनसाधारण के मानस पर छाई हुई थीं। उनकी पूजा पर इन्होंने काफ़ी ज़ोर दिया और मातृभूमि को "काली" के रूप में पेश किया। वे कहा करते थे एक दिन मेरी मातृभूमि देवी दुर्गा की तरह शक्तिशाली होगी और शत्रुओं पर हमें विजय प्राप्त होगी। इनका "वन्देमात्रम" का नारा काफ़ी लोकप्रिय हुआ। बंकिमचन्द्र ने अपने उपन्यासों के माध्यम से जिस देशभक्ति की भावना को उभारना चाहा, जिस हिन्दू धर्म की श्रेष्ठता सिद्ध करनी चाही, वह हिन्दुओं के लिए बहुत ही प्रेरणादायक सिद्ध हुई। लेकिन, जब हम इसके दूसरे पहलू पर नज़र डालते हैं, तो हिन्दू रिवाइवलिज़्म और उनकी देशभक्ति की कल्पना ग़ैर-हिन्दुओं और खासकर मुसलमानों की भावनाओं को काफी चोट पहुंचाती है और एक ऐसा वातावरण बनता है, जहां हिन्दू और मुसलमान नदी के दो किनारों पर खड़े नज़र आते हैं। और जो मानसिकता दोनों तरफ बनती है, वह अंततोगत्वा देश के लिए अहितकर सिद्ध होती है। डा. जी. सी. घोष इनके बारे में कहते हैं :

"वे कट्टर हिन्दू हैं और अपनी कौम पर किए गए अत्याचारों के बारे में उनके वक्तव्य और लेखों की शैली में बड़ी कड़वाहट है। "आनन्दमठ",

"मृणालिनी", "सीताराम" और अन्य उपन्यासों में उनकी देशभक्ति, हिन्दुइज़्म की महानता को उभारना, इसकी श्रेष्ठता को सिद्ध करना और मुस्लिम सत्ता की अनदेखी करना है''।[8]

देशभक्ति और हिन्दू-रिवाइवलिज़्म के ताल-मेल पर आधारित सुधार आंदोलन ऊंच-नीच की मंज़िलों को तय करता हुआ एक ऐसे मुक़ाम पर पहुंच गया था, जहां ये दोनों एक सिक्के के दो पहलू ही हो गए थे, कम-से-कम हिन्दुओं के लिए इनमें अंतर करना कठिन हो गया था। बंकिमचन्द्र (1838-1894) ने आंदोलन को जहां लाकर छोड़ा था, वहां से विपिन चन्द्र पाल (1858-1952), अरविन्दो घोष (1872-1950), बाल गंगाधर तिलक (1856-1920), एनी बेसेंट (1847-1930) और लाला लाजपत राय (1865-1928) जैसे प्रतिष्ठित बुद्धिजीवियों ने आगे बढ़ाया। उपर्युक्त मनीषी हमारे देश के प्रातः स्मरणीय व्यक्ति हैं, इनके बलिदानों, त्याग तथा देश की सेवाओं को कभी भुलाया नहीं जा सकता। इनकी निरंतर कोशिशें और त्याग ही वे मज़बूत आधार थे, जिनसे प्रेरणा पाकर देश आज़ादी की मंजिल तक बड़ी कठिन घाटियों से गुजर कर पहुंचा। ये लोग देशभक्ति की भावना में सिर से पांव तक डूबे हुए थे और हिन्दुस्तानियों की खोई हुए गौरवशाली अतीत को पुनः स्थापित करने के लिए वे सब कुछ करने को तैयार थे। अतः, बड़ी हद तक उन्होंने हिन्दुइज़्म को अपनी समझ के अनुसार उचित स्थान पर पहुंचाना आवश्यक समझा और अपने प्रयासों में कुछ भी कमी नहीं की। वे ईमानदारी से इस बात में यक़ीन रखते थे कि हिन्दूइज्म का पुनरूत्थान ही हिन्दुस्तान की महानता को पुनः स्थापित कर सकता है। अरविन्दो घोष(1872-1958) ने ''सोसाइटी फॉर दी प्रोटेक्शन ऑफ रिलीजन'' के अधिवेशन में कहा था :

''यह हिन्दुइज़्म है, जिसको मैं विश्व के सामने प्रस्तुत कर रहा हूँ। जब यह कहा जाता है कि हिन्दुस्तान जागरूक होगा, हिन्दुस्तान उन्नति करेगा, आगे बढ़ेगा तो इसका अर्थ यह है कि सनातन धर्म आगे बढ़ेगा, विकसित होगा और पूरी दुनियां पर छा जायेगा। यही धर्म है, जिसने हिन्दुस्तान को बचाए रखा है। धर्म को उभारने का अर्थ होगा हिन्दुस्तान को उभारना। वह धर्म, जिसे हम हिन्दू धर्म कहते हैं, यह वास्तविक रूप में सनातन धर्म है और सब धर्म इसके अंदर समाये हुए हैं''।[9]

अरविन्दो घोष (1872-1950) के सामने देशभक्ति राजनैतिक या आर्थिक समस्या नहीं थी, वह शत-प्रतिशत धार्मिक प्रश्न था, ''द वॉयस ऑफ गॉड इन मैन'' वे कहा करते थे। अपनी पत्रिका ''वन्देमात्रम'' और "इन्दू-प्रकाश'' के माध्यम से उन्होंने अपने जो विचार व्यक्त किए, उसने हिन्दू मानस पर स्थायी प्रभाव छोड़ा। उनका अनुसरण करते लाला लाजपत राय (1865-1928) और विपिन चन्द्र पाल (1858-1952) ने दुर्गा पूजा, शक्ति पूजा, राखी और शिवाजी

महोत्सव के महत्व पर ज़ोर दिया। लोगों को उसके आयोजन के लिए प्रोत्साहित किया। उद्देश्य था कि धर्म के नाम पर बहुसंख्यक हिन्दुओं को जागरूक बनाया जाए, उन्हें नयी रोशनी से परिचित कराया जाए, ताकि नई परिस्थितियों का वे मुकाबला कर सकें। उनकी ईमानदारी और निष्ठा में संदेह की कोई गुंजाइश नज़र नहीं आती, लेकिन कभी-कभी ऐसी स्थिति बनती है, जहां ग़ैर-हिन्दुओं को और ख़ासकर मुसलमानों के दिलों में उनके प्रति शंका पैदा होने लगती है, उनकी निष्पक्षता धुंधलाने लगती है।

हिन्दुओं के बीच सुधार आंदोलन बंगाल और पंजाब तक ही सीमित नहीं थे। दक्षिण भारत में भी सुधार के साथ पुनर्जागरण के ज़ोरदार आंदोलन चल रहे थे और महाराष्ट्र में लोग उसकी बुनियाद शिवाजी (1627 या 1630-1680) की युद्ध कौशल, विजय और चमत्कारी व्यक्तित्व की कहानियों में देख रहे थे। संयोगवश ये कहानियां बीजापुर के सुल्तान और दिल्ली के मुस्लिम मुगल शासकों के विरुद्ध ही केंद्रित थीं। यानी सुधार और रिवाइवलिज़्म दक्षिण हिन्दुस्तान में हिन्दुओं और मुसलमानों की लड़ाइयों की कहानियों से शुरू होती है। एक बात ज़ेहन में रहनी चाहिए कि औरंगजेब (1618-1707) की सेना में न हिन्दू सैनिकों की कमी थी और न शिवाजी की सेना में मुसलमानों की। दक्षिण हिन्दुस्तान पर विजय पाने के लिए जो मुगल सेना गई थी, उसका सेनापति एक हिन्दू था। इसी प्रकार शिवाजी की सेना में मुसलमानों की संख्या तो काफी थी ही, उनके बारूदख़ाने और तोपख़ाने का प्रभारी भी एक मुसलमान ही था। शिवाजी चूंकि हिन्दू थे और मुकाबले में मुसलमान, दुर्भाग्यवश परिस्थिति ने उसे हिन्दुओं और मुसलमानों की समस्या बना दिया। अंग्रेज और अंग्रेज़परस्त इतिहासकारों ने परिस्थिति को नमक-मिर्च लगा कर पेश किया। मराठों के अंदर उत्साह पैदा करने के लिए अनेक पत्र-पत्रिकाएं निकलीं। जो कहानियां उनके पराक्रम, युद्ध कौशल, संघर्ष और विजय की सामने आई, उनमें जो परास्त प्रतिद्वंद्वी है - वह मुसलमान है। मुसलमानों के विरुद्ध ही सारी लड़ाइयां हैं। अतः मराठे और मुसलमान, हिन्दू और मुसलमान हमेशा दुश्मनों के रूप में आमने-सामने नज़र आते रहे। इसका स्वाभाविक असर यह हुआ कि समस्या हिन्दुओं और मुसलमानों का होकर लोगों की ज़ेहन में बैठ गयी। उस समय के मराठे इतिहासकार रजवाड़े, खरे, राणाडे आदि ने मराठों के अतीत के इतिहास को बड़े गौरव के साथ पेश करना शुरू किया। हो सकता है उनका उद्देश्य सांप्रदायिक न हो, लेकिन अंततोगत्वा जो परिणाम सामने आए, जो मानसिकता बनी, वह सांप्रदायिकता की बू लिये हुए ही रही, जिसका दुष्परिणाम वर्षों बाद हिन्दुस्तानियों को भुगतना पड़ा।

बाल गंगाधर तिलक (1844-1920) ने हिन्दुस्तान में बड़े पैमाने पर शिवाजी और गणेश महोत्सव मनाने का आंदोलन चलाया था। उद्देश्य विदेशी

शासकों के विरुद्ध वातावरण बनाना था, लोगों को एकजुट करना था, लेकिन इन आंदोलनों ने परिणामस्वरूप संकीर्ण सांप्रदायिकता की जड़ों को मजबूत किया। यद्यपि उद्देश्य वह नहीं था। तिलक ने स्वयं कहा था कि यदि वे दक्षिण हिन्दुस्तान के न होकर उत्तरी हिन्दुस्तान के होते, तो अकबर (1542-1605) उनके हीरो होते। चूंकि शिवाजी (1627 या 1630-1680) दक्षिण हिन्दुस्तान के हीरो थे, अतः उनके आकर्षक व्यक्तित्व के दायरे में हिन्दुओं को एकजुट करना और जागरूक बनाना सरल हुआ[10] विपिन चन्द्र पाल (1858-1932), स्वामी विवेकानन्द (1863-1902) और अरविन्दो घोष (1872-1950) इत्यादि ने शिवाजी महोत्सव को लोगों की जागरूकता के लिए एक शक्तिशाली आंदोलन माना था । जब इसके साथ दुर्गा, काली और गोभक्ति की बातें जोड़ी गयीं, तो आंदोलन का स्वरूप लगभग हिन्दू-रिवाइवलिज़्म का हो गया, जो हिन्दुस्तान की प्लूरल बनावट के फ्रेम में बड़ी दिक्कत से समाता नज़र आता है। मुसलमानों के बीच इसकी तीखी प्रतिक्रिया हुई। उन्होंने इसे सांप्रदायिक मानसिकता का प्रचार-प्रसार माना।

वैदिक-हिन्दू धर्म हिन्दुस्तान की मान्यताप्राप्त छह दार्शनिक स्कूलों के प्रभाव के दायरे में घूमता है। जब इसकी समीक्षा की जाती है, तो हिन्दू-धर्म एक अत्यधिक उदार धर्म के रूप में सामने आता है । ईश्वर को मानो, तो भी हिन्दू, न मानो तो भी हिन्दू, एक मानो, तो भी हिन्दू, सैकड़ों मानो, तो भी हिन्दू, मूर्ति पूजा करो, तो भी हिन्दू, न पूजो, तो भी हिन्दू, अर्थात धर्म की इतनी लिबरल कल्पना दूसरी जगह नहीं मिलती । अतः धर्म के नाम पर किसी तरह के हंगामे और कशमकश की गुंजाइश यहां नज़र नहीं आती। यह उदारता हिन्दू धर्म की सबसे बड़ी विशेषता मानी जाती रही है। लेकिन, आज धर्म की आड़ में राजनैतिक लाभ उठाने वाले लोगों ने हिन्दुइज़्म की इसे ही सबसे बड़ी कमज़ोरी मान रखा है। उनका मानना है कि सैकड़ों वर्ष की गुलामी और धर्म की उदारता ने हिन्दुओं के अंदर हीनता की भावना पैदा कर दी है। अतः इतने बड़े बहुमत के बावजूद यह अपने में स्वाभिमान और शक्ति नहीं जुटा पा रहे हैं। जो भी आया और जब भी आया, उसने इसे लूटा और बरबाद किया, अपमानित किया, पराधीन बनाया। इसी भावना से ग्रस्त होकर ही स्वामी दयानन्द सरस्वती ने हिन्दू-धर्म को इलहामी रंग में तबलीगी (प्रचार-प्रसार) रूप देने की कोशिश की। मुसलमानों और ईसाइयों की तरह हिन्दुओं के अंदर भी मज़हबी कटट्रता पैदा करने पर ज़ोर दिया। आज कुछ हिन्दू सांप्रदायिक संगठन इन नारों के सहारे ही फल-फूल रहे हैं। आज किसी से यह बात छुपी हुई नहीं कि धर्म को पावर-पॉलिटिक्स का हथियार बनाया जा चुका है और सांप्रदायिकता कामयाबी का माध्यम बन चुकी है, जो प्लूरल हिन्दुस्तान के सेक्यूलर ढांचे में नहीं समाता।

विभिन्न धर्मों के माननेवाले देश हिन्दुस्तान की समस्याओं में सांप्रदायिकता सबसे संवेदनशील और जटिल है। इस समस्या को ठीक से समझने और सुलझाने की कोशिश नहीं की जाती है, तो देश की अखंडता और शांतिपूर्ण माहौल में विकास की कोशिशों को हमेशा खतरा लगा रहेगा। यही वजह रही कि शुरू से ही यहां के संवेदनशील नेताओं ने बड़ी गंभीरता से इस मसले पर विचार किया है और अपनी-अपनी समझ के मुताबिक इसका समाधान खोजने की कोशिश है। प्रसिद्ध समाजवादी जयप्रकाश नारायण (1902-1979) इस सिलसिले में कहते हैं : ''चूंकि यहां धर्म और संप्रदाय अनेक हैं, यहां सांप्रदायिकता भी अनेक प्रकार की है। इनमें धार्मिक सांप्रदायिकता सबसे ख़तरनाक और नुकसानदेह है क्योंकि इसके नाम पर धार्मिक भावनाओं को उभार कर लोगों का शोषण संभव है। सांप्रदायिकता धर्म को इस्तेमाल करती है, धर्म किसी हाल में इसके लिए दोषी नहीं। अपराधी है राजनीति और अर्थिक संघर्ष। धार्मिकता कभी मुख्यत: सांप्रदायिकता की वजह नहीं रही। सांप्रदायिकता की तह में हमेशा राजनैतिक, आर्थिक और सामाजिक कारण रहे हैं। सांप्रदायिक दंगों में लूट-मार,बलात्कार, हत्या और आगजनी की घटनाएं घटती हैं, लेकिन कोई धर्म इसकी सीख नहीं देता। लेकिन, अपनी जगह यह वास्तविकता भी स्पष्ट है कि प्रत्येक दंगे के बाद किसी-न-किसी सांप्रदायिक पार्टी या जमात को बड़ा महत्व प्राप्त हो जाता है और किसी-न-किसी व्यक्ति या धार्मिक इकाई की आर्थिक स्थिति, व्यापार, उद्योग और सौदेबाजी को ताकत और अहमियत मिलती है। इसका हरगिज़ यह मतलब नहीं कि धर्म की जड़ों में सांप्रदायिकता नहीं होती। लेकिन, जो धर्म सांप्रदायिकता को बढ़ावा देता है वह धर्म झूठा धर्म है। धर्म के इतिहास की जब हम, समीक्षा करते हैं, तो यह साफ तौर पर स्पष्ट होता है कि पैगंबरों, और बुजुर्गों के सुनहरे सिद्धांतों को बाहरी प्रभाव के मेल ने प्रदूषित कर दिया है। इस घृणित कार्य के प्रेरक धर्म के नाम पर राजनैतिक, आर्थिक और सामाजिक शोषण की भावना रही है। जो लोग वास्तव में धार्मिक हैं, उन्हें सचेत हो जाना चाहिए''।[11]

इसी संबंध में जयप्रकाश नारायण आगे कहते हैं :

''हिन्दुस्तान में विभिन्न धर्मों के माननेवाले लोग बसते हैं। अत:, हर एक की अपने-अपने ढंग की सांप्रदायिकता है। सांप्रदायिकता चाहे किसी की हो, वह बुरी चीज है, लेकिन हिन्दुओं की सांप्रदायिकता सर्वाधिक घातक और हानिकारक है, क्योंकि हिन्दुओं का यहां बहुमत है और हिन्दुओं की सांप्रदायिकता को बड़ी आसानी से राष्ट्रभक्ति, देशभक्ति का जामा पहना दिया जा सकता है। प्रत्येक विरोधी को देश द्रोही कहकर उसकी आलोचना की जा सकती है।''

जयप्रकाश नारायण ने सांप्रदायिकता की जड़ों पर आघात करने की बात

की। सांप्रदायिकता किसी धर्म के माननेवालों की हो, उन्होंने इसका तीव्र विरोध करते हुए कहा कि धर्म को व्यक्तिगत सीमा तक ही रखा जाना चाहिए, यहां न तबलीग़ की गुंजाइश है और न शुद्धि की।[12]

हिन्दुस्तानी समाज-सुधारकों, दार्शनिकों और राजनैतिज्ञों की लंबी विश्वनीय सूची में एक विलक्षण व्यक्तित्व उभर कर सामने आता है, जिसने निःसंकोच अपने को सनातन धर्मी हिन्दू कहने के बावजूद अपने धर्म को सर्वश्रेष्ठ नहीं कहा, न वेदांत की ओर लौट चलो का संदेश दिया और न किसी दूसरे धर्म की आलोचना ही की। उसकेधर्म की कल्पना और उसकी देशभक्ति के तकाज़ों का स्वरूप बिल्कुल भिन्न और विराट है। उसके सामने एक ऐसे हिन्दुस्तान का ब्लू प्रिन्ट है, जहां बिना भेदभाव के हर धर्म, वर्ग, ज़ात, रंग, लिंग, भाषा और साहित्य रसिया का समानता के आधार पर सम्मानित स्थान है और वह व्यक्तित्व है मोहन दास करमचंद गांधी का, राष्ट्रपिता महात्मा गांधी (1879-1948) का।

गांधीजी खुद धार्मिक व्यक्ति थे और व्यक्ति के व्यक्तित्व की संपूर्णता पर विश्वास रखते थे। उनके लिए नैतिकता और धर्म से अलग होकर राजनीति अर्थहीन, आधारहीन और खतरनाक चीज है। अपने हिन्दू होने का उन्हें गर्व था और इसी बिना पर उन्होंने अन्य धर्मों का सम्मान किया और "सर्वधर्म समभाव" की बात ही नहीं की, बल्कि पूरी ज़िंदगी उस पर अमल किया, उसे जीया है। देश की सबसे बड़ी पार्टी कांग्रेस के सर्वमान्य नेता होने के नाते उनकी नज़र हिन्दुस्तानी समाज के हर पहलू पर थी। यहां की सामाजिक, धार्मिक और राजनैतिक जटिलताओं का उन्होंने गहराई से अध्ययन किया था। वे समझते थे कि हिन्दू-मुस्लिम एकता के बिना हिन्दुस्तान न आजाद हो सकता है और न मज़बूत आधार पर कभी विकसित हो सकता है। अतः, उन्होंने हमेशा हिन्दुओं और मुसलमानों का उचित मार्गदर्शन किया। खुद हिन्दू थे, अतः मुसलमानों की समस्या को अपनी, हिन्दुओं की ही नही, पूरे देश की समस्या माना। उनके उदार और मानवतावादी अंदाज़ को कट्टर रिवाइवलिस्ट हिन्दुओं ने कभी पसंद नहीं किया। उन लोगों ने गांधीजी को हिन्दुओं के विकास एवं वर्चस्वपता प्राप्ति की राह में बड़ी अड़चन माना, उन्हें हिन्दू का दुश्मन समझा और एक समय ऐसा आया जब वैसे ही हिन्दुओं ने उन्हें रास्ते से हटा देने का तय किया। नाथूराम गोडसे (1910-1949) उस बीमार मानसिकतावालों का प्रतिनिधि बन कर सामने आया और अपनी सोच के अनुसार हिन्दू-राष्ट्र के रास्ते में खड़ी सब से बड़ी रुकावट को 30 जनवरी, 1948 को हटा दिया, उन्हें शहीद कर दिया।

भक्ति आंदोलन से गांधी युग तक "हिन्दू धर्म" के अस्तित्व का संघर्ष हो या इसके दार्शनिक उदारता के विकास का इतिहास, यह तल्ख़ हकीक़त अपनी जगह पर सच्चाई रही है कि बड़ी सुंदर, व्यापक दार्शनिक और आकर्षक

परंपराओं के दावों के बावजूद उस उदारता के फ़ायदों से स्वयं हिन्दुओं का एक बड़ा हिस्सा "हरिजन" "अछूत" बना वंचित रहा। इस वर्ग ने खुद को हिन्दू-धर्म के दायरे में लाने और सम्मानित "हिन्दू" कहलाने की कोशिशों में लगाया, लेकिन तथाकथित हिन्दू-धर्म के ठेकेदारों ने उन्हें न सम्मान दिया और न हिन्दू धर्म की उदारता से लाभान्वित होने का कोई अवसर। ये "अछूत" ही रहे और इनका अस्तित्व, यहां तक कि उनकी परछाई से भी घृणा करने का वातावरण बना रहा। अनेकों समाज सुधार के आंदोलन चले, लेकिन व्यावहारीक जीवन में हिन्दू-धर्म की उदारता सामाजिक ढांचे में समय के अनुकूल समरसता और आमूल परिवर्तन लाने की प्रेरक नहीं बन सकी। हिन्दू समाज वर्ण-व्यवस्था की सीमाओं में दुखद गतिरोध का शिकार रहा। गांधीजी ने इस गतिरोध के घेरे को तोड़ा और मानवता के कल्याण को अपना उद्देश्य मानते हुए हिन्दू उदारता की सही दार्शनिक कल्पना को जनसाधारण के रोज़मर्रा की जिंदगी से जोड़ने की मरते दम तक कोशिश की। "अछूतों" को "मनुष्य" की श्रेणी में लाने के लिए उन्होंने सशक्त आंदोलन चलाया। विडंबना यह रही कि हिन्दू धार्मिक ठेकेदारों ने ही नहीं श्रेष्ठ हिन्दू नेताओं ने भी शुरू में उनका बड़ा विरोध किया। उन्हें अनेकों जगहों पर अपमानित किया गया, बुरी तरह मारा- पीटा गया। इसी इनसानियत और हक़परस्ती को सामने रख कर गांधीजी ने हिन्दू-मुस्लिम एकता के लिए भी ज़ोरदार आंदोलन चलाया और "धर्म" की मान्यताओं को एक क्रांतिकारी दिशा दी। उन्होंने एक ऐसा वातावरण बनाना चाहा, जहां "धर्म" के नाम पर मनुष्य-मनुष्य से भेदभाव न रखे, नफ़रत न करे। उनकी कोशिश रही कि हिन्दू और मुसलमान अपने बनाए सांप्रदायिक घेरों को तोड़ें, एक-दूसरे के हमदर्द बनें, एक-दूसरे के दुखों को बांटें और हिन्दुस्तानी होने का सबूत दें। हिन्दू धर्म के तथाकथित वैसे ठेकेदार, जिन्होंने हिन्दुओं के ही एक वर्ग को उचित स्थान और सम्मान नहीं दिया और न देने को तैयार रहे, उन्होंने गांधी जी के इस दृष्टिकोण का क्या असर लिया होगा, उनकी क्या प्रतिक्रिया हुई होगी, हम सहज अनुमान लगा सकते हैं। हिन्दू- मुसलमानों को एक समान समझें, साथ ही इस्लाम के प्रति समभाव की दृष्टि अपनाएं। यह बात आसानी से उनके गले से उतरनेवाली नहीं थी। गांधीजी का "सर्वधर्म समभाव" में यकीन था, अन्य हिन्दू भी यही दृष्टिकोण अपनाएं, उनकी ख्वाहिश रही, उसके लिए अथक कोशिशें कीं। उन्होंने स्पष्ट शब्दों में कहा, "मैं सब बड़े धर्मों की मूल सच्चाइयों का माननेवाला हूँ। मैं समझता हूँ कि वे सब ईश्वर की ओर से हैं और जिन लोगों पर उतारे गये, उनके लिए वे आवश्यक थे। मेरा यह भी मानना है कि यदि विभिन्न धर्मों के पवित्र ग्रंथों का अध्ययन उनके अनुयायियों के दृष्टिकोण से ही करें, तो यह मालूम होगा कि वे सब मूल रूप से एक हैं और एक-दूसरे के

पूरक हैं।[13] अपने दृष्टिकोण को स्पष्ट करते हुए गांधीजी ने बहुत कुछ लिखा है। यहां उनके दुहराने की गुंजाइश नहीं है, लेकिन उनके दृष्टिकोण को समझने के लिए कुछ बातें ज़रूरी नज़र आती हैं। वे कहते हैं :

"मैं समझता हूं, संसार के सब बड़े धर्म कम-व-बेश सच्चे हैं। कम-व-बेश मैंने इसलिए कहा कि चूंकि मनुष्य खुद त्रुटिपूर्ण है, इसलिए जिस चीज में मनुष्य का हाथ लग जाए, उसमें भी त्रुटि पैदा हो जाने की गुंजाइश है। कमाल (पूर्णता) ईश्वर का गुण है, जिसमें कोई उसका भागीदार नहीं। मेरी त्रुटिपूर्ण राय में वेद, कुरान, बाइबल की जो समझ हम रखते हैं, वे द्वेषपूर्ण हैं। हम जैसे त्रुटिपूर्ण प्राणि,जो भावनाओं के थपेड़ों में डोलते रहते हैं, अपने आपको ईश्वर की वाणी का अर्थ समझने से असमर्थ पाते हैं[14]

"मैं केवल वेदों को देववाणी नहीं मानता। मेरा विश्वास है कि बाइबल, कुरान, जिन्दवस्ता भी उसी प्रकार दैविक ग्रंथ हैं, जैसे वेद। हिन्दू धर्म के ग्रंथों पर मेरा विश्वास मुझसे यह तकाज़ा नहीं करता है कि मैं उसके प्रत्येक शब्द और श्लोक को मानूं... मैं अपने आप को किसी ऐसी व्याख्या के मानने का पाबंद नहीं समझता, जो बुद्धि या नैतिक भावना के विरुद्ध हो"[15]

"मंदिर हों, मस्जिद हों या गिरजे, मैं ईश्वर के घर के उन विभिन्न शक्लों में कोई अंतर नहीं करता। ये शक्लें वही हैं, जो हमारी आस्था ने बनाई हैं। मनुष्य के दिलों में अंदेखे ईश्वर तक पहुंचने की जो लालसा है, यह उसी की अभिव्यक्ति है"[16]

इसी क्रम में धर्म की व्याख्या करते हुए उन्होंने कहा, "धर्म एक वृक्ष है, जिसकी बहुत-सी शाखायें हैं। शाखाओं के एतबार से तो धर्म बहुत से हैं, परंतु वृक्ष के एतबार से धर्म केवल एक है।"[17]

महात्मा गांधी के सपनों का हिन्दुस्तान धर्म, रंग, वंश, लिंग, भाषा या क्षेत्रों के आधार पर टुकड़ों में बंटा हुआ नहीं है। वे एक ऐसा हिन्दुस्तान बनाना चाहते थे, जहां प्रत्येक हिन्दुस्तानी अपने को अपने भाग्य का मालिक माने। अपने और अपने देश के बनाने-संवारने में खुद को भागीदार समझे और एक साझी गंगा-यमुनी संस्कृति के सब उत्तराधिकारी हों। यही वजह रही कि उन्होंने मुसलमानों की समस्या को हिन्दुस्तान और हिन्दुओं की समस्या माना। इस विलक्षण व्यक्ति का दुर्भाग्य देखिए कि मुसलमानों की अकसरियत ने उसे मुस्लिम विरोधी समझा, उसे झूठा, ढोंगी और मीठी छुरी और दोहरी नीतियोंवाला कहा। उसकी नीयत को सदा शंका की नज़रों से देखा। भावनाओं में बहके मुसलमानों के बुद्धिजीवी वर्ग ने कभी गंभीरता से उनके व्यक्तित्व की समीक्षा नहीं की, उनके विचारों का अध्ययन और विश्लेषण नहीं किया। इसलिए उनके बारे में राय बनाने में वह न्याय नहीं कर सका। अपनी धार्मिक संकीर्णता की

वजह से विनम्र लंगोटी बांधे हिन्दू गांधी को मुसलमानों का मित्र मानने के लिए उनका ज़ेहन तैयार नहीं हो सका और आज भी लगभग वही स्थिति है। और हिन्दुओं ने उनके साथ जो कुछ बरताव किया, वह हम देख चुके हैं, उन्हें तो एक हिन्दू ने कत्ल ही कर दिया।

"हिन्दू" और "मुसलमान" होने के दायरे से निकल कर हम ज़रा हिन्दू मानस की कल्पना करें। हिन्दुस्तान में इनका भारी बहुमत है और हज़ारों वर्षों का इनका अपना इतिहास है। अपनी परंपराओं पर जो उन्हें गर्व है, उसे किसी दृष्टिकोण से अनुचित नहीं कह सकते। उनके दिमाग में यदि कहीं यह बात हो कि वे हिन्दुस्तान के भाग्य के बनाने और संवारनेवाले हैं, तो भी उसे एकदम ग़लत नहीं कहा जा सकता है । अगर हिन्दुस्तान का मुसलमान देशभक्त रह कर अरबिया और अन्य देशों में बसनेवाले मुसलमानों से भावनात्मक एकता का दम भर सकता है, उनके लिए यहां आंदोलन चला सकता है, तो क्या हिन्दुओं को यह हक़ नहीं पहुंचता कि वे हिन्दुस्तान के हिन्दुओं की एकता की बातें करें? किसी दृष्टिकोण से हम उन्हें ग़लत नहीं कह सकते। बात तो वहां उलझ जाती है, जब हिन्दुओं की संकीर्णता देशभक्ति का लबादा ओढ़ कर सामने आती है और वे ग़ैर-हिन्दुओं को शक और संदेह की नज़रों से देखने लग जाते हैं। अपने आचरण, व्यवहार और लेखनी से उनकी भावना को घायल करने लगते हैं । आज दुनिया के हर हिस्से में बसनेवाली विभिन्न क़ौमों को अपनी जड़ों की तलाश है। एक क़ौम के रूप में अपनी अलग पहचान और अस्तित्व (आइडेंटिटि) की उन्हें फ़िक्र है और उसे अक्षुण्ण रखने की उनकी जद्दोजहद चलती रहती है । हिन्दुस्तान के मुसलमान या दूसरे अल्पसंख्यक भी इस चिंता से मुक्त नहीं, उन्हें अपनी सुरक्षा की चिंता लगी रहती है । चूंकि मुसलमानों की संख्या हिन्दुओं के बाद सबसे अधिक है और हिन्दुस्तान से जुड़े रहने का इनका इतिहास भी सैकड़ों वर्ष पुराना है, इसलिए प्रत्येक मोड़ पर "हिन्दुओं" से "मुसलमानों" के संघर्ष और टकराव की स्थिति बनती रही। आज़ादी से पूर्व साम्राज्यवादी अंग्रेज़ों ने इस मानसिकता के नकारात्मक पक्षों को इतना उभार कर पेश किया कि मुसलमानों के दिमाग में यह बात बैठ गयी कि हिन्दुओं से उनका निर्बाह संभव नहीं। लोकतांत्रिक व्यवस्था के तकाज़ों से वे भयभीत हो गए, क्योंकि लोकतंत्र में अकसरियत की हुकूमत मानी जाती रही है और मुसलमान हिन्दुओं की पराधीनता मानने को तैयार नहीं थे। इसलिए एक अलग देश की मांग हुई और हालात ने उसे वास्तविक रूप दे दिया, वह बन भी गया। लेकिन, सारे मुसलमान तो वहां गए नहीं, और न ही सारे मुसलमानों ने पाकिस्तान की मांग ही की थी। करोड़ों की संख्या में हिन्दुस्तान के विभिन्न हिस्सों में वे आज भी अबाद है और आज भी उनके

मन में अपने अलग अस्तित्व का प्रश्न अनेक प्रकार की चिंताएं पैदा कर रहा है। वर्तमान संसदीय लोकतांत्रिक व्यवस्था और बिना भेद-भाव के वयस्कों का मताधिकार, अपनी सारी अच्छाइयों के बावजूद हिन्दुस्तानी समाज के लिए कई तरह की मुश्किलें पैदा कर रही हैं। लेकिन, तत्काल इससे अच्छी कोई व्यवस्था या विकल्प सामने नहीं, इसलिए ख़ानों में बंटे हिन्दुस्तान की समस्याएं उलझ रही हैं। अतः, मुसलमानों की समस्या भी उलझी हुई प्रतीत होती है। जब तक हमारे अंदर मानसिक रूप से पुख़्तगी नहीं आती, आर्थिक और सामाजिक विषमताएं समाप्त नहीं होतीं, संसदीय लोकतंत्र के सकारात्मक पक्षों को अच्छी तरह उभारा और स्थापित नहीं किया जाता, धर्मनिरपेक्षता और समाजवाद के आधार को मज़बूत बना कर इस वरदान से लाभ लेने के लिए जनसाधारण का मानस तैयार नहीं होता, यह समस्या सुलझनेवाली नहीं है। वर्तमान स्थिति में गांधीजी का बताया हुआ रास्ता एकमात्र वैकल्पिक रास्ता नज़र आता है, जहां प्रेम, उदारता और न्याय के आधार पर इस समस्या का समाधान संभव है, जहां धर्म की नई व्याख्या हमें देखने को मिलती है, जहां तमाम सीमाएं समाप्त हो जाती हैं और इनसान इनसान के रूप में ओसियनिक सर्किल का केन्द्र बिन्दु बना गौरवान्वित होता है।

सन्दर्भ

1. बेनी प्रसाद, इंडियाज़ हिन्दू-मुस्लिम कोशचन, जार्ज एलेन, एल. के., लंदन, 1946 पृष्ठ 31
2. बी. आर. पुरोहित, हिन्दू रेवाइवलिज़्म एंड इंडियन नेशनलिज़्म, शक्ति प्रकाशन, सागर, 1965, पृष्ठ 11
3. वही, पृष्ठ 3
4. लाला लाजपत राय, आर्य समाज, उत्तरचन्द कपूर एंड सन्स, लाहौर, 1932, पृष्ठ 254
5. बी. आर. पुरोहित, पृष्ठ 45
6. वही, पृष्ठ 70
7. वही, पृष्ठ 72
8. जे. सी. घोष, बंगाली लिटरेचर, आक्सफोर्ड यूनिवर्सिटी प्रेस, 1948, पृष्ठ 161
9. बी. आर. पुरोहित, पृष्ठ 94
10. पी. हार्डी, दि मुस्लिम ऑफ इंडिया, कैमब्रिज यूनिवर्सिटी प्रेस, 1913 पृष्ठ 142
11. जयप्रकाश नारायण, सांप्रदायिकता विरोधी सम्मेलन, 28-29 दिसंबर 1968, नेशन बिल्डिग इन इंडिया, नव चेतना प्रकाशन, बनारस, पृष्ठ 131-132
12. वही, पृष्ठ 131-132
13. एन. के. बोस, सलेक्शन फ्रॉम गांधी, नवजीवन, अहमदाबाद, 1948, पृष्ठ 228
14. आर. के. प्रभु, द माईन्ड ऑफ महात्मा, अक्सफोर्ड यूनिवर्सिटी प्रेस, 1945, पृष्ठ 82
15. वही, पृष्ठ 86
16. वही, पृष्ठ 86
17. जी. डी. तेनडुलकर, महात्मा, बम्बई, 1951, भाग - III, पृष्ठ 300

साम्राज्यवाद का चक्रव्यूह : उलझनों का दौर

9 अगस्त, 1942 को बम्बई में गिरफ़्तार कर लिये जाने के बाद गांधीजी पुणे के आगा ख़ान पैलेस में नज़रबंद थे और दूसरे वरिष्ठ कांग्रेसी नेता भी विभिन्न ज़ेलों की सलाख़ों के पीछे थे। बाहर हिन्दू महसभा, उससे जुड़े संगठन और मुस्लिम लीगी नेता अपनी-अपनी रणनीतियों की गोटियाँ बिठा रहे थे। सांप्रदायिकता ने वातावरण को दूषित कर रखा था और हिन्दू और मुसलमान लड़मरने की मानो कसमें खाये हुए थे। उदार नेतृत्व की कमी ने देश की स्थिति को अत्यंत संवेदनशील बना दिया था। गांधीजी की राष्ट्रीयता और हिन्दू-मुस्लिम एकता के सपने चकनाचूर होते नज़र आ रहे थे। हिन्दू और मुसलमानों का एक सक्रिय वर्ग कांग्रेस और मुस्लिम लीग के बैनर के तले अंग्रेज़ों के रुख़सत होने से पहले सत्ता में अपनी हिस्सेदारी को सुनिश्चित कर लेने की कशमकश में मर्यादा की सरहदों को पार करने में भी नहीं हिचकिचा रहा था। अपने लक्ष्य के तौर पर मुस्लिम लीग ने पाकिस्तान को बारगेन का मुद्दा बना कर उछाल रखा था और कांग्रेस उसके खिलाफ़ अपनी दलीलें दे रही थी। डॉ. अम्बेडकर और मास्टर तारा सिंह भी अपने तरकश के तीरों का इस्तेमाल करने से नहीं हिचकिचा रहे थे। हिस्सेदारी के उस पेचीदा सवाल के मुनासिब हल की कोशिश में राजाजी, चक्रवर्ती राजगोपालाचार्य (1879-1972), फॉर्मूला सामने आया। उसके अनुसार मत-व्यक्त के (Plebiscite) के आधार पर मुस्लिम बहुसंख्यक क्षेत्रों को मिला **कर एक** आज़ाद मुस्लिम क्षेत्र का नक्शा उभर कर सामने आया था। कांग्रेस ने इस फॉर्मूले को मानने से इन्कार कर दिया। राजाजी कांग्रेस से मायूस हो गये, लेकिन वह ख़ामोश नहीं बैठे। उलझी हुई परिस्थिति से निकलने की राह खोजने के अपने प्रयासों को जारी रखा। वह गांधीजी से मिले, ग़ैरकांग्रेसी दलों से बातें कीं, और मिस्टर जिन्ना से भी मुलाकात की। अब तक मुस्लिम लीग को अपने मज़बूत पोज़िशन का एहसास हो चुका था। वह समझ चुकी थी कि बिना उसकी रज़ामंदी के हिन्दुस्तान की तक़दीर का फ़ैसला अब मुमकिन नहीं, अतः इसके तेवर बदले हुए थे। "दो-राष्ट्रीयता" के आधार पर सत्ता में भागीदारी के अलावा किसी और वैकल्पिक हल के लिए वह तैयार नहीं थी जो भी फॉर्मूला पेश

किया जाता, उसे वह बारगेन करने के अंदाज़ में रद्द करती जा रही थी।

गांधीजी के लिए वे दिन बड़ी कठिन परीक्षा के थे। एक ओर उनका हिन्दू-मुस्लिम एकता और संयुक्त-राष्ट्रीयता का मिशन था, तो दूसरी ओर उसके बिल्कुल विपरीत फिज़ा। कांग्रेस खुद को हिन्दुओं और मुसलमानों के साथ सब हिन्दुस्तानियों की नुमाइंदा पार्टी मानती थी, जबकि मुस्लिम लीग मुसलमानों की एकमात्र प्रतिनिधि होने के दावे पर अडिग थी। वह अपनी मांगों पर अड़ी हुई थी कि अंग्रेजों के जाने से पहले हर हाल में मुसलमानों के लिए एक अलग क्षेत्र "पाकिस्तान" की स्थापना हो जाये। सांप्रदायिकता ने संवैधानिक मामलों को बहुत उलझा दिया था और चारों ओर निराशा की स्थिति व्याप्त थी, एकता की जड़ों पर चोटें पहुंचाई जा रही थीं। बिगड़ती हुई परिस्थितियों के दबाव के आगे गांधीजी राजाजी के फॉर्मूले से किसी हद तक सहमत नज़र आते हैं, लेकिन अब भी उनकी कोशिश जारी थी कि हिन्दू और मुसलमान धर्म के आधार पर अलग-अलग न हों, वे एक साथ रहें और मिल-जुल-कर आज़ाद हिन्दुस्तान को बनाने और विकसित करने की रूपरेखा तैयार करें। मगर सत्ता की भागीदारी के प्रश्न पर कांग्रेस के बड़े नेताओं और मुस्लिम लीग के अंदाज़ में ज़रा भी लचक नहीं पायी जा रही थी। यह परिस्थिति साम्राज्यवादी ब्रिटिश हुकूमत को अपना साज़िशी-कार्ड खेलने का सुअवसर मुहैया करा रही थी।

1944 में गांधीजी जेल से रिहा किये गये थे। संवैधानिक क्राइसिस और कांग्रेस और मुस्लिम लीग की सत्ता में उचित हिस्सेदारी के उलझे प्रश्न का हल ढूढ़ने के लिए उनके और मिस्टर जिन्ना के बीच बातचीत और पत्राचार का लंबा सिलसिला 19 दिनों तक चला, लेकिन कोई मुनासिब हल नहीं निकल सका। बातचीत विफल हो गई, क्योंकि दो-राष्ट्रीयता के आधार पर "पाकिस्तान" के अस्तित्व को मानना न केवल संयुक्त राष्ट्रीयता को नकारना था, बल्कि दोनों देशों में अल्पसंख्यकों के अस्तित्व और उनकी संभावित दुर्दशा की अनुमानित स्थिति बहुत गंभीर समस्या थी। गांधीजी इसके लिए तैयार नहीं थे कि हिन्दुओं और मुसलमानों के बीच घृणा की स्थायी नींव पड़ जाये। दिन-प्रतिदिन परिस्थिति चिंताजनक होती जा रही थी और गांधीजी स्वयं को बेबस पा रहे थे। सुलह और दोस्ती का जो भी फॉर्मूला सामने आता, उसे वह अपनाने को तैयार थे। राजाजी, चक्रवर्ती राजगोपालाचार्य (1879-1972) की विफलता के बाद भोला भाई देसाई, सर सप्रू इत्यादि ने भी संयुक्त रूप से संवैधानिक उलझनों को सुलझाने की कोशिश की। वाइसराय लार्ड वेवल ने भी एक पहल की, लेकिन बात कुछ आगे नहीं बढ़ी और मिली-जुली अंतरिम सरकार की कोशिशें नाकाम रहीं। सत्ता में उचित भागीदारी की कशमकश की अंधी गलियों से निकलने की राह तलाशने के लिए शिमला कॉन्फ्रेंन्स का आयोजन हुआ, लेकिन वहां भी कोई

हल सामने नहीं आ सका। एक ओर यह दबाव कि मुसलमानों को अपना अलग "होम लैंड" मिले और मुस्लिम लीग को मुसलमानों की एकमात्र प्रतिनिधि पार्टी स्वीकार किया जाए, दूसरी ओर हिन्दू, मुस्लमान, सिख, ईसाई एवं अन्य हिन्दुस्तानियों का खुद को प्रतिनिधि माननेवाली कांग्रेस का उससे विरोध, परिस्थिति ने सुलह और सुलझाने की बातों को आगे बढ़ने नहीं दिया।

जुलाई, 1945 में इंग्लैंड में लेबर पार्टी की सरकार सत्ता में आई और नये सिरे से हिन्दुस्तान की आज़ादी और हिन्दुस्तानियों के हाथों में सत्ता के हस्तांतरण की प्रक्रिया पर बहसें शुरू हुईं। यहां की राजनीतिक स्थिति की समीक्षा करने के लिए एक संसदीय प्रतिनिधिमंडल हिन्दुस्तान आया और विभिन्न दलों के अध्यक्षों और उनके अहम नेतओं से मिला। यहां की परिस्थितियों की समीक्षा के बाद प्रतिनिधिमंडल इस निष्कर्ष पर पहुंचा कि हिन्दुस्तान की आज़ादी को अधिक दिनों तक टाला नहीं जा सकता। गुलामी का चोला उतार फेंकने को हिन्दुस्तानी बेचैन थे। अंतरराष्ट्रीय राजनीति भी कुछ उस मुक़ाम पर पहुंची हुई थी कि साम्राज्यी शिकंजे को ढीला करने में ही अंग्रेजों की आफ़ियत थी। दूसरा विश्व युद्ध अपने निर्णायक दौर से गुज़र रहा था और पूरी दुनिया में ब्रिटिश सरकार के फैले हुए हाथ-पांव के फैले रहने की अब गुंजाइश कम ही रह गयी थी। प्रतिनिधिमंडल की वापसी के बाद लेबर सरकार ने सत्ता हिन्दुस्तानियों को हस्तांतरित कर देने की ऐतिहासिक घोषणा की। उसके बाद ही प्रधानमंत्री और वाइसराय हाउस से 19 सितम्बर, 1945 को केंद्रीय और प्रांतीय विधानसभाओं के शीघ्र चुनाव की घोषणा हुई। प्रांतीय विधान सभाओं और केंद्रीय विधानसभा के परामर्श से हिन्दुस्तान के लिए एक उपयुक्त संविधान बनाने के लिए एक संविधान सभा का गठन और प्रत्येक विचारधारा के प्रतिनिधियों पर आधारित एक एक्ज़ीक्यूटिव काउंसिल (Executive Council) बनाना और उसे अंतरिम मंत्रिमंडल का दर्जा दिये जाने की संभावनाओं की भी घोषणा की गयी। इन घोषणाओं से स्पष्ट हो गया कि हिन्दुस्तान की आज़ादी की लड़ाई अब अपनी मंजिल पर पहुंचने ही वाली है और संघर्ष के लंबे सफर का अंत होनेवाला है, लेकिन इसके साथ ही एक महत्वपूर्ण प्रश्न भी उभर कर सामने आ रहा था कि सदियों से साथ रहनेवाले हिन्दुस्तानियों की दो महत्वपूर्ण इकाइयां- "हिन्दू" और "मुसलमान" इस आज़ादी का स्वागत किस अंदाज़ में करती हैं ?

1946 के शुरू में गवर्नमेंट ऑफ इंडिया एक्ट-1935 के तहत सेपरेट एलेक्ट्रेट की बुनियाद पर चुनाव हुए। इस चुनाव के परिणामों ने सिद्ध कर दिया कि मुसलमानों के बीच मुस्लिम लीग ने अपनी पैठ काफ़ी मज़बूत कर ली थी और कुछ को छोड़ पूरे हिन्दुस्तान में मुसलमानों के दरम्यान इसी मानसिकता का साफ़ असर था। पश्चिमी सीमावर्ती प्रांत को छोड़ कर हर सूबे और केंद्रीय

विधानसभा की मुस्लिम सीट पर मुस्लिम लीग के प्रतिनिधि सफल होकर आये थे। वे प्रांत, जहां मुसलमान अल्पमत में थे, वहां मुस्लिम लीग ने मुसलमानों को विश्वास दिला दिया था कि वही एकमात्र दल है, जो उनकी जान और माल, राजनैतिक अधिकार, सांस्कृतिक और धार्मिक हितों का संरक्षण कर सकती है। एक बात हमें ज़ेहन में रखनी चाहिए कि उस समय चुनाव वयस्क मताधिकार (Adult Franchise) के आधार पर नहीं हुए थे। मतदाताओं के लिए शैक्षणिक और आर्थिक हैसियत की शर्तें निर्धारित थीं, सीमाएं तय थीं, इसलिए चुनाव के परिणाम को सब मुसलमानों की भावनाओं की अभिव्यक्ति नहीं कहा जा सकता है। अतः, 1937 से 1947 तक कांग्रेस और मुस्लिम लीग की कशमकश ने मुसलमानों का जो ज़ेहन बनाया था, मुसलमानों के दिल और दिमाग पर जो असर डाला था, उसका नतीजा था कि आम मुसलमान हिन्दुओं से और भविष्य के हिन्दू-अकसरियत पर बने लोकतांत्रिक हिन्दुस्तान की कल्पना से घबरा-से गये थे और उन्हें अपनी ख़ैरियत पाकिस्तान की सरहदों में ही महफ़ूज़ नज़र आने लगी थी। लेकिन राष्ट्रवादी मुसलमान और मानव मूल्यों में यकीन रखनेवाले लोगों के सामने चिंताजनक समस्या तो ऐसे हिन्दुओं, सिखों और मुसलमानों की थी, जो संभावित बंटवारे के बाद प्रस्तावित "पाकिस्तान" और "हिन्दुस्तान" में रह जानेवाले थे। समस्या उलझी हुई भी थी और ख़तरनाक भी, लेकिन दोनों तरफ़ नेताओं का पढ़ाया हुआ सबक इतना सर चढ़ा हुआ था कि भविष्य में क्या होनेवाला है, विभाजन का क्या परिणाम निकलेगा, इन सब उलझनों पर कोई ध्यान देने को तैयार ही नहीं था। परिस्थिति की समीक्षा के बाद कुछ विद्वानों का मानना है कि बहुसंख्यक हिन्दू चूंकि मुसलमानों की तुलना में बहुत ज़्यादा थे और वे सत्ता में मुसलमानों की भागीदारी के लिए सहर्ष तैयार नहीं थे, अतः मुस्लिम लीग मुसलमानों के अधिकारों और सहूलियतों की संवैधानिक और कानूनी ज़मानत चाहती थी और पाकिस्तान की मांग तो वह महज़ बारगेन के लिए कर रही थी, परिस्थिति ने उसे ही वास्तविक रूप दे दिया। लेकिन, वास्तविकताएं स्पष्ट करती हैं कि मुस्लिम लीग में ऐसे लोगों की संख्या कुछ ही रही हो, वैसे लोग ज़्यादा थे जो पाकिस्तान में एक इस्लामी हुकूमत का सपना दिलों में संजोये हुए थे। अतः आम मुसलमानों के ज़ेहन में पाकिस्तान की कल्पना एक ऐसी हुकूमत की थी, जहां मुसलमानों की अपनी सरकार होगी और उन्हें बहुसंख्यक हिन्दुओं से कोई ख़तरा नहीं रहेगा। इस मानसिकता की गहराई का अंदाज़ हम सिर्फ बिहार की राजनैतिक स्थितियों का विश्लेषण करके लगा सकते हैं। 1937 के चुनाव में मुस्लिम लीग एक भी उम्मीदवार खड़ा करने की स्थिति में यहां नहीं थी, क्योंकि इसका वजूद ही यहां नहीं था। लेकिन, 1946 में हुए चुनाव में चालीस रिजर्व मुस्लिम सीटों में 36 पर मुस्लिम लीग के

उम्मीदवार सफल हुए। केंद्रीय विधानसभा के प्रायः सभी मुस्लिम उम्मीदवार लीग के चुने गये थे। अर्थात हर वर्ग और क्षेत्र के मुसलमानों पर अपना गहरा असर डालने में मुस्लिम लीग कामयाब हो चुकी थी। मुसलमानों के सम्मानित अस्तित्व, ज़िंदगी की मुहाफ़ज़त, अधिकार और सहूलियतों की प्राप्ति की ज़मानत के संवैधानिक पहलू मुस्लिम लीग के संघर्षों में ही लोगों को नज़र आने लगा था। आज़ादी की पहली किस्त के रूप में 1937 में बनी सरकार, उसकी उपलब्धियों और वोट के दबाव के परिणाम सामने आ चुके थे। हर क्षेत्र में मुसलमानों ने अपने को बुरी तरह पिटा-पिटाया और नज़रअंदाज़ किया हुआ महसूस किया था। मुसलमानों के ज़ेहन मे यह बात बैठ गयी थी कि जब हिन्दू मुसलमानों के जायज़ अधिकारों को मुहैया कराने की भी ज़मानत नहीं दे सकते, तो विशेष सहूलियतें देनी तो अलग बात ही है। ऐसे लोग, जो संयुक्त राष्ट्रीयता को हिन्दुओं और मुसलमानों के साथ हिन्दुस्तान के उज्ज्वल भविष्य की एकमात्र विकल्प मानते थे, संख्या में कम नहीं थे, लेकिन परिस्थितिवश उनकी आवाज नक्कारखाने में तूती की आवाज सिद्ध हो रही थी। उत्तेजित भावनाओं के तूफान में उधर कोई कान देनेवाला भी नहीं था।

लार्ड पैथिक लारेंस, सर इस्ट्राफोर्ड क्रिप्स और अलबर्ट वाई एलेक्ज़ेन्डर पर आधारित कैबिनेट मिशन 23 मार्च, 1946 को हिन्दुस्तान आया। इस मिशन का उद्देश्य यहां की परिस्थितियों की समीक्षा कर हिन्दुस्तानियों के हाथों में शीघ्र सत्ता के हस्तांतरण का संवैधानिक स्वरूप तैयार करना था।[1] इस सिलसिले में शिमला में दूसरी कॉन्फ्रेंन्स 5 और 12 मई, 1946 के बीच हुई। इस मिशन ने 1 अप्रैल से 17 अप्रैल तक कई बैठकें कीं और 472 व्यक्तियों से इंटरव्यू लिया। लेकिन, दुर्भाग्य से कांग्रेस और मुस्लिम लीग की किसी फॉर्मूले पर सहमति नहीं हो सकी, कोई मुनासिब नक्शा नहीं उभर सका। नतीजतन इस मिशन को अपना ही फॉर्मूला हिन्दुस्तानी नेताओं के सामने पेश करना पड़ा, जिसके अंतर्गत कुछ तात्कालिक और कुछ दूरगामी स्कीम सामने आई और इन्हीं आधार पर हिन्दुस्तान की उलझी संवैधानिक समस्या के समाधान की तलाश का तय किया गया। इस स्कीम के अनुसार देसी रियासतों सहित एक ऐसे संयुक्त फेडरल हिन्दुस्तान का स्वरूप उभरता था, जहां ऐसेम्बली में महत्वपूर्ण धार्मिक और सांप्रदायिक समस्याओं के समाधान के लिए हिन्दू और मुसलमान सदस्यों के बहुमत की स्वीकृति अनिवार्य होती। केंद्रीय सरकार की रक्षा, विदेशी मामलों और यातायात मंत्रालयों की ज़िम्मेदार होती और एक संविधान सभा का गठन होना था, जो हिन्दुस्तान का संविधान तैयार करने के लिए अधिकृत होती। अल्पसंख्यक मुसलमानों के हितों के मद्देनज़र प्रांतों को तीन ग्रुपों में बांटने की बात भी हुई थी और उन्हें संविधान बनाने का अधिकार भी दिया गया था, लेकिन अंतरिम

केंद्रीय सरकार के गठन के प्रश्न पर सहमति नहीं हो सकी। "कैबिनेट मिशन" अखंड आज़ाद हिन्दुस्तान की मंजिल तक पहुंचने की आख़िरी कोशिश थी, लेकिन दुर्भाग्यवश बातचीत के लंबे दौर में उलझनें ही पैदा होती गयीं और दोनों मुख्य दलों के लिए काबिल-कबूल एक संयुक्त हिन्दुस्तान का नक्शा स्पष्ट रूप में सामने नहीं आ सका। कांग्रेस और लीग अपने-अपने दृष्टिकोणों में लचक नहीं पैदा कर सकीं और कौमी मसले के उलझे तारों को सुलझाने के लिए देश के विभाजन के अतिरिक्त कोई रास्ता विकल्प के रूप में सामने नहीं आ सका। मजबूर होकर लार्ड वेवेल की मर्जी से जवाहरलाल नेहरू के नेतृत्व में अंतरिम सरकार का गठन हुआ और संवैधानिक उलझनों के समाधान की तलाश में कुछ पहल हुई, लेकिन मुस्लिम लीग ने उस सरकार में शामिल होने से इंकार कर दिया। नतीजतन बाद में एक ख़ालिस कांग्रेसी अंतरिम सरकार 2 सितंबर, 1946 को बनी। कुछ दिनों के बाद मुस्लिम लीग भी उसमें शामिल हुई, लेकिन सहयोग में गर्मजोशी का अभाव था, क्योंकि मुस्लिम लीग की योजना सफल नहीं हो रही थीं, उसके सपनों का देश अस्तित्व में नहीं आ रहा था। एक तरफ कांग्रेस और मुस्लिम लीग के नेताओं के बीच बातचीत और विचार-विमर्श का सिलसिला चल रहा था, तो दूसरी तरफ "सांप्रदायिकता" को भी हवा दिया जा रहा था। एक ओर 'लड़ के लेंगे पाकिस्तान, मरके लेंगे पाकिस्तान' के नारे लगते थे, तो दूसरी ओर 'अखंड भारत' और 'भारत माता की जय' के नारों से वातावरण गूंजता था। 6 जुलाई, 1946 को जवाहर लाल नेहरू ने कांग्रेस अध्यक्ष की हैसियत से एक वक्तव्य दे दिया था कि जो समझौते हुए हैं, वह संविधान सभा में मुस्लिम लीग की शिरकत और संविधान सभा के गठन तक ही है। उसके बाद की रणनीति बाद में परिस्थिति के अनुसार तय होगी। इस वक्तव्य पर मिस्टर जिन्ना की बड़ी तीखी प्रतिक्रिया हुई, इसे कांग्रेस की वादा ख़िलाफ़ी माना और उनका रुख़ और सख़्त हो गया।[2] 16 अगस्त, 1946 को मुस्लिम लीग ने कलकत्ता में डायरेक्ट एक्शन डे मनाना तय किया था। तरह-तरह के अफ़वाहों के परिणामस्वरूप कलकता में ज़बरदस्त हिन्दू-मुस्लिम दंगे हुए, जिसमें 5000 लोग मारे गये और 15000 ज़ख़्मी हुए थे। इस "डायरेक्ट एक्शन" के संबंध में भी काफ़ी ग़लतफहमियां फैलाई गई हैं। मुस्लिम लीग का मक़सद कलकत्ता के स्प्लेनेड ग्राउंड में एक विशाल रैली आयोजित कर अपनी शक्ति का प्रदर्शन करना था, ताकि ब्रिटिश सरकार और कांग्रेस पर दबाव बना कर मुस्लिम हितों की सुरक्षा की संवैधानिक ज़मानत प्राप्त हो सके। शरारती तत्वों ने उस रैली को उत्तेजित भीड़ में बदल दिया।[3] शहीद सोहरावर्दी की मुस्लिम लीग की प्रांतीय सरकारी व्यवस्था तमाशबीन बनी रही। उन दिनों पूर्वी बंगाल के नवाख़ाली और टेपरा में भी हिन्दू-मुस्लिम दगों का नंगा नाच हुआ। इसकी प्रतिक्रिया बिहार में

बड़े ज़बरदस्त अंदाज़ में हुई। सारण, पटना, गया और मुंगेर के बड़े एलाक़ों में हिन्दुओं ने अपनी बर्बता के नंगे नाच से नवाखाली में मुसलमानों द्वारा हिन्दुओं पर किये अत्याचारों का बदला सैकड़ों वर्षों से साथ रह रहे अपने बेगुनाह पड़ोसी मुसलमानों से लिया।[4]

गांधीजी देश की स्थिति में बहुत दुखी और परेशान थे। उनके सिद्धांत और मान्यताओं का उनकी जिन्दगी में ही मज़ाक उड़ाया जा रहा था। संयुक्त राष्ट्रीयता, अहिंसा, सत्य और भाइचारगी सबको हिन्दुस्तान की सत्ता की राजनीति ने दांव पर लगा दिया था। नवाख़ाली की दुखद घटनाओं ने उन्हें बेचैन और चौकन्ना कर दिया था। सांप्रदायिकता का ज़हर अभी तक शहरों तक ही सीमित माना जाता था, साधारण हिन्दू-मुस्लिम ग़रीब गांववासियों के बीच आपसी संबंध कटुतापूर्ण नहीं हुए थे। राजनैतिक खेल के ज़हर अब तक गांव में नहीं पहुंचे थे, लेकिन नवाख़ाली और उसके आस-पास हिन्दू और मुसलमानों का टकराव, उनके संबंधों का कड़वापन उनके आपसी रिश्तों को अत्यंत नाजुक और ख़तरनाक अंजाम की तरफ ढकेल रहे थे। जब बिहार में उसकी सख़्त प्रतिक्रिया हुई, तो यहां भी शहरों से अधिक गांव ही प्रभावित हुए। दंगों के इस बदले स्वरूप ने स्पष्ट कर दिया था कि सांप्रदायिकता की ज़हरीली हवा अब शहरों तक ही सीमित नहीं, गांव के सीधे-सादे लोग भी भ्रमित हो चुके हैं और "आज़ादी" बहुत ही मंहगी कीमत चाहती है।

गांव में इस बीमारी को मज़ीद नहीं फैलने दिया जाए, इस उद्देश्य से अक्तूबर में गांधीजी अपने चंद सहयोगियों के साथ पूर्वी बंगाल के लिए चल पड़े। वे पहले कलकत्ता पहुंचे, जहां सांप्रदायिकता अपना नंगा नाच नाच रही थी। इसी बीच बिहार के एक हिस्से में भी मुसलमानों पर क़हर टूट रहा था। गांधीजी के बंगाल को प्राथमिकता दिये जाने पर कुछ लोगों को एतराज़ भी हुआ था। एक अनार सौ बीमार, गांधीजी कहां-कहां जाते ? आग तो लगभग पूरे देश में लगी हुई थी। गांधीजी ने बिहारियों के नाम अप्नी अपील में कहा था :

''यह बिहार ही है, जहां हिन्दुस्तान में पहली बार "सत्याग्रह" का जन्म हुआ, यह बिहार ही है, जहाँ से हिन्दुस्तान में मेरी राजनैतिक ज़िंदगी शुरू हुई। मैंने बिहारियों के लिए अथक परिश्रम किया है और बिहारियों का प्यार भी मुझे मिला है। आज राजेन्द्र बाबू और ब्रजकिशोर बाबू का बिहार पागल हो गया है और हिन्दुस्तान के नाम पर कलंक लगा रहा है। मैंने कई बार कहा है कि यदि हिन्दुस्तानी अंग्रेजों के विरुद्ध भी पागलपन का प्रदर्शन करेंगे, तो मुझे जिंदा नहीं पायेंगे। आज निर्दोष हिन्दुस्तानी मुसलमानों पर जो कहर तोड़ा जा रहा है उसे देखने के लिए मैं क्योंकर जीवित रहूंगा।''[5]

बिहारियों के नाम अपील करने के बाद उन्होंने अपना खाना कम कर दिया

और घोषणा की कि यदि बिहारी हिन्दू समझ से काम नहीं लेंगे, तो भूखे रह कर वह अपनी जान त्याग देंगे। गांधीजी ने प्रधानमंत्री जवाहर लाल नेहरू को तार भेज कर बिहार पहुंचने को कहा। जवाहर लालजी के साथ मुस्लिम लीग के अब्दुर्रब निश्तर भी पटना पहुंचे थे। जवाहर लाल जी के पटना पहुंचने से दंगों का सिलसिला रुका और जब इसकी सूचना गांधीजी को मिल गयी और कलकत्ता की स्थिति कुछ सुधरी, तो नवंबर में उन्होंने नवाखाली की यात्रा शुरू की और फरवरी तक वह पूर्वी बंगाल के गांव-गांव घूमते रहे। गांधीजी की यह पदयात्रा ऐतिहासिक होने के साथ बहुत ख़तरनाक भी थी, क्योंकि वह उस क्षेत्र की यात्रा पर निकले थे जहां सांप्रदायिकता ने वातावरण को ज़हरीला बना दिया था, दो-क़ौमी विचारधारा के आधार पर इस क्षेत्र को पाकिस्तान बनाने की तैयारी लगभग पूरी हो चुकी थी और गांधीजी उसूली तौर पर इस विचारधारा का विरोध कर रहे थे और मुस्लिम लीग के दृष्टिकोण से पाकिस्तान की राह में सब से बड़ी बाधा वही बने हुए थे। ऐसी स्थिति में अपने थोड़े से साथियों के साथ गांव-गांव घूमना बड़ा खतरनाक था। लेकिन, गांधीजी मित्रता, शांति, प्रेम और भाईचारे का संदेश लेकर अपने मिशन पर निकले और फ़रवरी के अंत तक उनका यह सिलसिला चलता रहा। अपनी उस यात्रा के बारे में उन्होंने स्वयं कहा, ''मेरा वर्तमान मिशन मेरे जीवन का सबसे कठिन और उलझा हुआ मिशन है। मैं हर अच्छे और बुरे के लिए तैयार हूं। "करो या मरो" की यहां परीक्षा होगी। "करो" का अर्थ यह है कि हिन्दुओं और मुसलमानों को शांति और मित्रता से रहना सीखना होगा या फिर इस प्रयास में मुझे मरना होगा।'' 7 नवंबर, 1946 से 2 मार्च, 1947 तक गांधीजी का यह मिशन चला। उनके साथ निर्मल कुमार बोस, परशुराम, मणू गांधी थे। डॉ सुशीला नैय्यर, प्यारेलाल, सुचिता कृपलाणी और आभा गांधी दूसरे गांव में काम करने के लिए भेजे गये थे। न कोई पुलिस दल साथ में था और न कोई सुरक्षाकर्मी। उस अभियान के बीच गांधीजी ने 49 गांवों में पड़ाव डाला। सवेरे चार बजे वे लोग निकलते, गांव के किसी मुसलमान किसान के घर में रहने की अनुमति मांगते, अनुमति मिल जाने पर रुक जाते, नहीं तो किसी दूसरे घर का दरवाज़ा खटखटाते। कहीं उनका खुशी-खुशी स्वागत होता, तो कहीं झिड़कियां मिलतीं, कुछ दिन प्रत्येक गाँव में वे रुकते। वे लोग अपना खाना खुद बनाते थे। यह सिलसिला चलता रहा। मुसलमान उनके प्रशंसक बनते चले गये। नवाखाली और टेपरा के आस-पास के वातावरण में कुछ प्रत्यक्ष परिवर्तन देखने में आया और सांप्रदायिक जुनून कम हुआ, हिन्दू और मुसलमान पुनः शांति से रहने लगे। हिन्दुओं की हथियाई गई संपत्ति वापस की गई। हिन्दुओं की ज़मीन पर जो बलपूर्वक मस्जिदें बना दी गई थीं, उन्हें मुसलमानों ने खुद हटाया और हिन्दुओं के मकानों की मरम्मती की।

गांधीजी का यह वन-मैन मिशन कामयाब हुआ।

गांधीजी 5 मार्च, 1947 को सांप्रदायिकता की आग में झुलस रहे बिहार पहुंचे और तत्कालीन सरकार में शिक्षा मंत्री डा. सैयद महमूद के साथ ठहरे, वहीं उनका कैंप दफ्तर बना। खान अब्दुल गफ्फार खां, जेनरल शाहनवाज़ खां, मृदुला सारा भाई और अन्य लोगों के साथ प्रभावित क्षेत्रों का भ्रमण शुरू किया। 13 मार्च, 1947 को पटना में उन्होंने लोगों को संबोधित करते हुए कहा था :

"शांतिप्रिय बिहारवालों के इस पागलपन पर में हैरान हूं। ऐसे लोग, जो यह सोच रहे हों कि उन्होंने नवाखाली का बदला ले लिया, तो वे ग़लती पर हैं। मैं सख़्ती के साथ यह कहना चाहूँगा कि यह बदला कभी नहीं। इस देश के एक संप्रदाय को शत्रु मानने वाली मनोवृत्ति का बढ़ना आत्महत्या के बराबर है। यह मनोवृत्ति गुलामी का जुआ कंधे पर बनाये रखने में मददगार होगी। ऐसी मनोवृत्ति, क्षेत्रीयता और कट्‌टरपन को मज़बूत बनाएगी, जो हिन्दुस्तान के लिए अत्यंत नुकसानदेह है। वातावरण तो ऐसा बनना चाहिए, जहां प्रत्येक व्यक्ति स्वयं को देश का बनानेवाला समझे और अपनी कमज़ोरियों के लिए सब अपने को उत्तरदायी मानें।"[6]

जब गांधीजी प्रेम, शांति, सहिष्णुता, जियो और जीने दो, हिन्दू-मुस्लिम एकता और आपसी सहयोग का संदेश लेकर बंगाल, बिहार और दिल्ली में लगी क़ौमी आग को बुझाने के प्रयासों में लगे हुए थे, कांग्रेस और मुस्लिम लीग सत्ता और सत्ता में उचित भागीदारी नहीं, तो देश को विभाजित किये जाने की उलझनों में फंसी हुई थी। वर्षों की तमन्ना और स्वतंत्रता सेनानियों की कुरबानियों के नतीजे में आज़ादी का सवेरा सामने दिख रहा था, लेकिन हिन्दुस्तान में हिन्दू-मुस्लिम एकता और मुहब्बत के रिश्ते टूट रहे थे, सत्ता की राजनीति अपना रंग दिखा चुकी थी और सदियों में बनी इन्द्रधनुषीय वातावरण चरमरा रहा था। देश विभाजन की योजना में पेशावर से कन्या कुमारी तक हिन्दुओं और मुसलमानों को दो ख़ेमों में बांट दिया था। सांप्रदायिकता दंगे, आगज़नी, बलात्कार, अपहरण, लूट-मार की शक्लों में ज़ाहिर हो रही थी। वातावरण विषैला बन चुका था और कोई किसी का सुननेवाला नहीं था। गांधीजी इस क़यामत की घड़ी में सत्ता की होड़ से अलग इनसानियत को बरबादी से बचाने के अथक प्रयासों में लगे हुए थे। उस भयानक स्थिति में भी अगर लोग किसी की कोई बात सुनने को कुछ तैयार भी थे, तो वह उनकी ही शख्सियत थी। लेकिन, गांधीजी कहां-कहां जाते? अविश्वास और स्वार्थ ने हिन्दुस्तानियों को जज़्बात के तूफ़ान से बिल्कुल अंधा बना दिया था। दिल्ली में सत्ता हस्तांतरण की राजनैतिक गतिविधियां अपनी चरम सीमा पर थीं और ब्रिटिश साम्राज्यवादियों का नुमाइंदा लार्ड माऊंटबेटेन फ़ैसले की कुंजी लिये लोगों से करतबें करवा रहा था।

मार्च, 1947 के अंत में लॉर्ड माउन्ट बेटन ने गांधीजी को अति-आवश्यक मशवरे के लिए दिल्ली बुलाया। यानी वही कांग्रेस और मुस्लिम लीग की सत्ता की कशमकश, जहां गांधीजी के सुझावों को कोई मानने को तैयार ही नहीं दिखा। अप्रैल के मध्य में वे पुनः बिहार वापस आ गये। बिहार की स्थिति कुछ सुधरी, तो बंगाल में सांप्रदायिकता पुनः भड़क उठी। पंजाब से भी दंगों के समाचार आने लगे थे। हिन्दुस्तान के भाग्य के फ़ैसले के लिए कांग्रेस कार्य समिति की बैठक पहली मई को होनेवाली थी। गांधी जी को वहां बुलाया गया था। 9 दिसंबर, 1946 से संविधान सभा की बैठकें शुरू होनी थीं, लेकिन मुस्लिम लीग के सर्वमान्य नेता मिस्टर जिन्ना ने उसमें शरीक होने से इनकार कर दिया था। सांप्रदायिक दंगों का सिलसिला जारी था। मानवता सरेआम अपमानित हो रही थी और हर ज़िम्मेदार संवेदनशील व्यक्ति हिन्दुस्तान के भविष्य के लिए चिंतित था। आपस में हिन्दू-मुसलमान जिस तरह गुत्थम-गुत्था थे, शैतान को भी शर्म आ रही होगी। इसी बीच ब्रिटिश प्रधानमंत्री एटेली ने समझौते की एक और पहल की और पंडित नेहरू, सरदार बलदेव सिंह, मिस्टर जिन्ना और लियाकत अली खां को लंदन बातचीत के लिए बुलाया, लेकिन कोई मनचाहा परिणाम वे नहीं निकाल सके। लिहाज़ा 6 दिसंबर को उन्होंने घोषणा कर दी कि संविधान सभा मुस्लिम लीग की भागीदारी और सहमति के बिना अगर कोई संविधान बनायेगी, तो ब्रिटिश सरकार उसे दूसरी पार्टी अर्थात मुस्लिम लीग या मुसलमानों पर उसे ज़बरदस्ती थोपना मानेगी। इस घोषणा ने मिस्टर जिन्ना के हाथों में निर्णय की कुंजी दे दी। गांधीजी इस प्रयास में लगे रहे कि कोई सम्मानजनक रास्ता निकले और हिन्दुस्तान विभाजित न हो, हिन्दू और मुसलमान धर्म के आधार पर अलग न हों, परंतु ऐसा संभव नहीं हो सका। हिन्दुस्तान बंटे नहीं, इसलिए गांधीजी मिस्टर जिन्ना को प्रधानमंत्री मानने को तैयार थे, लेकिन, कांग्रेस के अन्य बड़े नेता रज़ामन्द नहीं दिखे। ब्रिटिश सरकार ने नये वाइसराय लार्ड माऊंटबेटन को एक योजना के साथ ही भेजा था और वह योजना थी "देश का विभाजन"। हिन्दुस्तान की सत्ता की राजनीति और नेताओं के बेलोच दृष्टिकोण और साम्राज्यवादी षड्यंत्रों ने गांधीजी की कोशिशों पर पानी फेर दिया। कांग्रेस ने विभाजन को स्वीकार कर लिया। ब्रिटिश डिप्लोमेसी अपना कर माऊंटबेटन ने कांग्रेस और मुस्लिम लीग के शीर्ष नेताओं को अपनी योजना का हामी बना लिया और अखंड हिन्दुस्तान की तक़दीर हमेशा के लिए सील कर दी गई। 7 मई को अपनी प्रार्थना सभा में गांधीजी ने कहा, ''कांग्रेस ने पाकिस्तान को मान लिया है और पंजाब और बंगाल के विभाजन पर भी सहमत हो गयी है। मैं जिस तरह हिन्दुस्तान के विभाजन का पहले विरोधी था, आज भी उसी तरह विरोधी हूं। परंतु मैं क्या कर सकता हूं? कोई मेरी सुनता

ही नहीं। मेरे सामने एक ही रास्ता है कि मैं स्वयं को इससे अलग कर लूं।''[7]

3 जून, 1947 को लंदन से हिन्दुस्तान के बंटवारे की नई योजना की घोषणा कर दी गयी। उस घोषणा के अनुसार हिन्दुस्तान को बांट कर एक नये आज़ाद देश "पाकिस्तान" की स्थापना ने वास्तविक रूप लिया और 14 और 15 अगस्त, 1947 को दो स्वतंत्र देश "पाकिस्तान" और "हिन्दुस्तान" नफ़रत की फ़िज़ा में आग और खून की दरिया से उभरकर सामने आये। गांधीजी की संयुक्त राष्ट्रीयता की कल्पना ने दम तोड़ दिया। प्रसिद्ध अमेरिकी पत्रकार लूई फ़ीशर ने गांधीजी की हार्दिक वेदना को इन शब्दों में बयान किया है :

''32 वर्षों के प्रयासों का अंत अत्यधिक दुखद हुआ। 15 अगस्त को हिन्दुस्तान आज़ाद हो जायेगा, यह विजय केवल राजनैतिक एतबार से हुई है, जहां अंग्रेज बैठे थे अब वहां एक हिन्दुस्तानी होगा, यूनियन जैक के स्थान पर तिरंगा लहराएगा। आज़ादी का यह खोखला नक्शा होगा। यह एक पीड़ाजनक जीत है। ऐसी जीत, जहां सैनिकों ने स्वयं अपने जेनरल को ही पराजित किया है।''[8]

गांधीजी के नाम उन दिनों आये पत्र गालियों से भरे हुआ करते थे। हिन्दुओं की ओर से धिक्कार और निंदा की बौछार इसलिए हो रही थी कि वे यह समझते थे कि गांधीजी मुसलमानों का अनुचित पक्ष ले रहें हैं। इनका अनुचित समर्थन कर उनकी "तुष्टिकरण" कर रहे हैं और मुसलमान इसलिए उन्हें कोस रहे थे कि वे पाकिस्तान की राह में उन्हें ही सबसे बड़ी रुकावट मानते थे। यह गांधी जी की अजीब बदकिस्मती थी। जब हिन्दुस्तान आज़ाद हुआ, आज़ादी की लड़ाई का सर्वमान्य सिपहसलार खुद को बिल्कुल अकेला पा रहा था, वह हार्दिक पीड़ा झेल रहा था। इस तकलीफदेह एहसास ने उन्हें तोड़ कर रख दिया था कि हिन्दुस्तान में उनकी "अहिंसा" असफल रही। स्वस्थ मूल्यों के आधार पर हिन्दुस्तानियों को एक आदर्श राष्ट्र का नागरिक बनाने की उनकी सारी कोशिशें बरबाद हुईं। जिन हिन्दुस्तानियों पर उन्होंने अटूट विश्वास किया था, ठीक परीक्षा की घड़ी में कोई उनका साथ नहीं दे सका। 6 अक्टूबर, 1948 के रॉयल इम्पायर सोसाइटी में भाषण देते हुए लार्ड माऊंटबेटन ने कहा था :

''हिन्दुस्तान में लोग महात्मा गांधी की रुज़वेल्ट या चर्चिल से तुलना नहीं करते, उन्हें देवताओं की सी महानता प्रदान करते हैं, लाखों उन्हें महात्मा कहते हैं और उनका पांव चूमना अपने लिए गौरव की बात समझते हैं। उन्होंने उन्हें सम्मान दिया, पूज्य और आदरणीय माना, परंतु उनके व्यक्तित्व को अपमानित किया, लोगों ने उन पर विश्वास किया, लेकिन उनके सिद्धांतों पर नहीं।''[9]

जब 15 अगस्त की 12 बजे रात में हिन्दुस्तान की आजादी की घोषणा हुई, राष्ट्रपिता आजादी के जश्न में शरीक नहीं थे। वे तो कलकत्ता के बलियाघट्टा

के लुटे-लुटाये एक मुसलमान के घर "हैदरी हाउस" के एक अंधेरे कमरे में दंगों के शिकार लोगों के जख़्मों की मरहमपट्टी की योजनाएं बना रहे थे। आज़ादी के पहले ही दिन उन्होंने उपवास किया, कमरे में रोशनी नहीं जलाई, वहां खिड़की के टूटे शीशे बिखरे पड़े थे, जो दंगाइयों के फेंके पत्थरों के कारण टूटे थे। राष्ट्र के नाम कोई संदेश नहीं दिया। आख़िरकार किस खुशी में संदेश देता? उनकी बातें न मुसलमानों ने मानीं और न हिन्दुओं ने, न कांग्रेसियों ने मानीं, न मुस्लिम लीगियों ने। आज अकेला वे ऐसी मोड़ पर खड़े थे, जहां उनके सिद्धांत अपमानित हो रहे थे और सत्ता को ललचाई नज़रों से देख लपकने वाले उनके अनुयायी उनसे आंखें मिलाने से भी कतरा रहे थे।

क़ौमी मतभेदों, आपसी टकराव और नफ़रत से हिन्दुस्तान और हिन्दुस्तानियों को जितनी बड़ी बरबादी का सामना करना पड़ा, उसकी मिसाल विश्व इतिहास में नहीं मिलती है। उस समय की स्थितियों की समीक्षा स्वतंत्रासेनानी डॉ. राममनोहर लोहिया ने इन शब्दों में की है :

"हिन्दुओं और मुसलमानों के बीच दंगों के सिलसिले को समाप्त करने के लिए देश का विभाजन हुआ। देश के विभाजन के कारण वही चीज़ ऐसी भयंकर सूरत में प्रदर्शित हुई, जिससे बचने के लिए विभाजन को स्वीकार किया गया था। ऐसी परिस्थिति की कल्पना भी नहीं की जा सकती, जिसे देखते हुए आदमी की बुद्धि और चिंतन पर संदेह होने लगता है। छः लाख बच्चे, औरतें और मर्द मारे गये। उन्हें मारने, बलात्कार और अत्याचार के लज्जापूर्ण और क्रूरतापूर्ण ढंग पागलों की तरह अपनाए गए। डेढ़ करोड़ लोग उजड़े और पुनः बसने के लिए उन्हें ऐसे इलाकों में आबाद होना पड़ा, जहां न स्वागत करनेवाला कोई शुभचिंतक था, न कोई हाल पूछने वाला हितैषी। इतिहास में यह सबसे बड़े स्थानांतरण की मिसाल थी। विश्व इतिहास में ऐसा कभी नहीं हुआ। आज भी लोग आकलन करते हैं कि हिन्दुओं ने अधिक पशुता का प्रदर्शन किया था या मुसलमानों ने।"[10]

हिन्द-महाद्वीप में राजनैतिक उथल-पुथल के नतीजे में जो स्थिति बन गई थी, उसे देख कर दुनिया के दूसरे देश हैरान थे। सदियों से साथ रह रहे लोगों ने एक-दूसरे के लिए जो रवैया अपनाया था, वह उनके लिए अनुमान से परे था। लंदन के "संडे टाइम्स" के संपादक एच.बी. हॉडसन ने परिस्थितियों का विश्लेषण करते हुए कहा था : "हिन्दुस्तान में एक ही समय में दो क्रांतियां हो रही हैं। पहली एक सौ पचास वर्षीय ब्रिटिश सरकार से मुक्ति और आजादी और दूसरी हिन्दुओं और मुसलमानों की एक दूसरे से जुदाई। हज़ार वर्षीय इस्लामी विजय और पेशकदमियों की प्रतिक्रिया, इससे पूर्णरूप से इनकार की हिन्दुओं की मनोवृत्ति"।[11] इस मनोवृत्ति के कुप्रभाव से फ़ौजी जवान, पुलिसवाले बच

सके और न प्रशासनिक पदाधिकारी ही। लूट-मार और दंगों के बीच उनकी निष्पक्षता जाती रही। अक्सर वे दंगाइयों के सहयोगी बन गये। पंजाब बाउंड्री फोर्स के कमांडर टी.डब्लू.रीज़ ने अपनी पहली रिपोर्ट में कहा था: "सांप्रदायिकता भयंकर रूप में अपनी चरम सीमा पर थी। हत्या एवं लूट-मार की बर्बरता मध्यकाल की पशुता को मात कर रही थी। न उम्र का ख़्याल रखा गया और न औरत-मर्द का। सीनों से बच्चों को चिपकाई मांओं को टुकड़े-टुकड़े किया गया। गोलियों से उन्हें छेद डाला गया, छातियों में बरछे उतार दिये गये, दोनों ओर निर्दयता और हिंसा का समान प्रदर्शन किय गया।"[12]

अमेरिकी पत्रिका "लाइफ़" की विशेष संवाददाता मागरेट ब्रूक व्हाइट 1947 में हिन्दुस्तान इसलिए आई थी कि दोनों नये देशों के प्रारंभिक दिनों की एक सचित्र रिपोर्ट वे तैयार करें। उसने बड़े भावुक अंदाज में उस ख़ौफ़नाक दौर का नक्शा खींचा है। पलायन और स्थानांतरण की तस्वीर पेश करते हुए उन्होंने बनी-इसराइली यहूदियों के देश पलायन का उल्लेख किया है और कहती हैं कि बनी-इसराइल की हिजरत की इससे कोई तुलना ही संभव नहीं है। वह लिखती हैं :

"जिस वक्त मैंने चित्र लेना शुरू किया था, उस वक्त पचास लाख से ज्यादा लोग इधर-से-उधर पलायन कर रहे थे। आज़ादी का सबसे पहला कड़ुआ फल इन करोड़ों लुटे-लुटाये, बरबाद लोगों को मिल रहा था। आज़ादी की लंबी लड़ाई के अंतिम दिनों में दो राष्ट्रीयता की विचारधारणा ने ज़ोर पकड़ा था। आज़ादी के संघर्ष में लगभग सभी धार्मिक इकाइयों से जुड़े व्यक्तियों ने संयुक्त रूप से महत्वपूर्ण भूमिका निभाई थी, लेकिन अंत में देश के विभाजन पर लोगों को मजबूर होना पड़ा और एक ऐसा नक़्शा सामने आया, जिसमें लोगों की आवश्यकताओं, इच्छाओं और हितों का कोई ख़्याल नहीं रखा गया। हिन्दू और मुसलमान दुकानदारों और मेहनतकश कामगारों की समस्याएं एक जैसी ही थीं और हिन्दुस्तानियों के सामने सुखी जीवन गुज़ारने और अपनी आय और जीवन स्तर को ऊपर उठाने का प्रश्न था। विभाजन ने इसमें बाधा डाली। यह बंटवारा बिल्कुल अनुचित और तर्कहीन था, लेकिन इस तर्कहीन बंटवारे को वास्तविकता प्रदान करने के लिए लोग समूह-दर-समूह प्रयत्नशील थे।..... सीमाओं के पार से क़ाफ़ले पर क़ाफ़ले आ-जा रहे थे। रास्ते में बच्चे पैदा हो रहे थे, लोग मर रहे थे, कुछ हैज़े के शिकार हुए, तो कुछ दूसरे धर्म के मानने वाले पागलों के हमलों के, और बहुत सारे तो थक-थका कर सड़कों के किनारे पड़े अपनी मौत का इंतज़ार कर रहे थे। अक्सर नन्हें बच्चों को माता-पिता या अन्य बुजुर्गों के हाथों को घसीटते देखा, इन्हें नहीं मालूम था कि वे हाथ अब उनको सहारा नहीं दे सकते। सल्तनते खुदादाद (ईश्वर की दी हुई हुकूमत)

की अभिलाषा लिए कितने ही लोग सड़कों पर दम तोड़ रहे थे... वे वहां नहीं पहुंच सके, सड़कों पर उनकी कब्रें बनती गई... समस्याएं उलझती ही जा रही थीं, पाकिस्तान के बैंकों का कारोबार बिल्कुल ठप था, क्योंकि किरानी अधिकतर हिन्दू थे और वे हिन्दुस्तान भाग चुके थे। दुकानें और बाजार सुनसान थे, हिन्दू दुकानदार हिन्दुस्तान जा चुके थे। उन्होंने अपनी पूंजी वहां स्थानांतरण करा ली थी। रूई के बाज़ार बिल्कुल बंद थे, जूट का ढेर पड़ा था, क्योंकि जूट मिल हिन्दुस्तान में पड़ गये थे। लोहे के कारख़ाने हिन्दुस्तान में थे। पाकिस्तान में माचिस की भी एक फैक्ट्री नहीं थी। दूसरी ओर हिन्दुस्तान के चमड़े के कारोबार में लगे लोग, दर्जी और मिस्त्री के पाकिस्तान चले जाने से यहां की स्थिति भी बिगड़ गई थी। अव्यवस्था की स्थिति पैदा हो गई थी। शांति के लिए अलग देश की मांग की गई थी, परंतु जब एक अलग देश अस्तित्व में आ गया, तो लोगों को शांति और सुख नसीब नहीं हो सका। एक सिख को कहते सुना..... अपने जीवन में अब हमें खुशी के दिन देखने नसीब नहीं। मुसलमानों का भविष्य भी अब अंधकार में ही है। वे भी हमारी तरह विवंश और लाचार हैं... हम लोगों की तरह वे भी कहीं के नहीं हैं..... वे भी हमारी तरह तक़दीर, भाग्य के शिकार हैं।''[13]

प्रसिद्ध उपन्यासकार लारीकोलेंस डोमेनिक ला पयरे लिखते हैं:–

...अमृतसर से लाहौर तक विचित्र क़यामत का दृश्य था। 45 मील के इस रास्ते में प्रत्येक क़दम पर लोगों की बेबसी और बर्बरता का ही प्रमाण मिलता था। हर क़दम पर मरे हुए लोगों की लाशें और बदन के हिस्से बिखरे हुए थे। गिद्धों ने इतना पेट भर कर खाया था कि उनसे उड़ा नहीं जाता था और कुत्ते भी आदमी के मांस से संतुष्ट हो चुके थे, केवल गुरदे और कलेजी खाकर लाशों को सड़ने के लिए छोड़ देते थे।[14]

विभाजन से पहले और उसके बाद कितने लोग मारे गये, इसकी सही गिनती मुककिन नहीं। एक सरसरी सरकारी अनुमान के अनुसार आज़ादी ने इन्सानी कुरबानी की शक्ल में जो कीमत वसूल की, वह निम्न प्रकार है :

कलकत्ता में मरनेवाले हिन्दू और मुसलमान बराबर रहे और दोनों की संख्या दस हजार थी। 30 हजार लोग जख़्मी हुए।[15] नवाखाली में सरकारी अनुमान के अनुसार 250 लोग मारे गये, परंतु कुछ लोग यह संख्या पांच हजार तक मानतेहैं।[16] दिल्ली में दो दिनों के अंदर लगभग 15 हजार मुसलमान मारे गये, 137 मस्जिदों पर हमले हुए और उन्हें अपवित्र किया गया, इन पर ज़बरदस्ती कब्ज़ा किया गया। एक सप्ताह के अंदर डेढ़ लाख मुसलमानों ने जान बचाने के लिए दिल्ली से भागने की राह अपनाई और दिल्ली की मुस्लिम आबादी आधी रह गयी।[17] बिहार के दंगों में मारे जाने वाले मुसलमानों की संख्या

5334 कही जाती है। जख़्मी होनेवाले मुसलमान 1451 थे। वहां दंगे में मारे जानेवाले हिन्दू 225 थे और 303 जख्मी हुए, हिन्दू अधिकतर पुलिस की गोली से मरे। 770 गांव में दंगे हुए और 9869 घर बरबाद किए गए।

पूरे पंजाब में हिन्दू और मुसलमानों के मरने और जख़्मी होने वालों की संख्या लगभग बराबर थी। दोनों दो लाख से ढाई लाख तक मारे गये।" देश के अन्य हिस्सों की कल्पना आसानी से की जा सकती है।[18]

हिन्दुस्तान ज़िंदाबाद, पाकिस्तान ज़िंदाबाद... इंसानियत ?

सन्दर्भ

1. निकोलस मनसर्ग, दि ट्रान्सफर ऑफ पावर, 1942-47, हर मसेजटीज़ स्टेशनरी ऑफिस, 1970-81, खंड-7, पृष्ठ 3
2. दुर्गा दास, इंडिया फ्राम करज़न टू नेहरू, हॉरपर कौन्सिल, नई दिल्ली, 2000, पृष्ठ 227
3. आयेशा जलाल, दी सोल स्पोक्समैन, जिन्ना एंड मुस्लिम लीग, डिमान्ड ऑफ पाकिस्तान, कैम्ब्रिज यूनिवर्सिटी प्रेस, कैम्ब्रिज, 1985, पृष्ठ 223
4. वी.पी. मेनन ने अपनी पुस्तक, दी ट्रान्सफर ऑफ पॉवर इन इंडिया, ऑरियन्टल लौंगमैन, इंडिया 1957 में उस समय की घटना चक्र की विस्तार से चर्चा की है ।
5. यू. आर. राव, दि वे टू कम्युनल हारमोनी, नवजीवन, अहमदाबाद, 1963, पृष्ठ 171
6. वही, पृष्ठ 173 (गांधी संग्रहालय, पटना, ने मणू गांधी की गांधीजी के बिहार प्रवास पर आधारित डायरी "बिहार की कौमी आग में" 1998 में प्रकाशित की। बिहार के दंगों की तफ़सील उसमें मिल जाती है ।)
7. लूई फिशर, लाईफ ऑफ महात्मा गांधी, जोनाथन कैम्प, लंदन, 1962, पृष्ठ 502
8. वही, पृष्ठ 507
9. वही, पृष्ठ 502
10. डा. राम मनोहर लोहिया, गिल्टी मैन ऑफ इडियाज़ पाटिशन, किताबिस्तान, इलाहाबाद, 1960, पृष्ठ 33
11. एच. डब्ल्यू. हडसन, दि ग्रेट डिवाईड, हेचिनसन, लंदन, 1969, पृष्ठ 268
12. वही, पृष्ठ 345
13. मारगेंट ब्रुक वाईट, हाफवे टू फ्रिडम, साईमन एंड शोस्टर, न्यूयार्क, 1949, पृष्ठ 3,12
14. लॉरीकोलेंस, डोमेनेक ला प्यर, फ्रिडम ऐट मिडनाईट, साइमन एंड शोस्टर, न्यूयार्क, 1975, पृष्ठ 379
15. जी. डी. खोसला, इस्टन रिकानिंग, भवनानी एंड सन्स, नई दिल्ली, पृष्ठ 66
16. वही, पृष्ठ 72
17. शरीफुल मुजाहिद, कायदे आज़म, स्टडिज़ एंड इन्टरपेटेशन, कायदे आज़म एक डमी, कराची, 1981, पृष्ठ 221
18. जी. डी. खोसला, पृष्ठ 86

नए मुल्क, नई फ़िज़ाएं

हिन्दुस्तान आज़ाद हुआ, इतिहास चक्र की कोख से एक सच्चाई बन कर हिन्दुस्तान का ही एक हिस्सा "पाकिस्तान" के रूप में अस्तित्व में आया। "एक राष्ट्र" और "दो-राष्ट्रीयता" के झगड़े ने इस उपमहाद्वीप से बड़ी कीमत वसूल की। आपस में हिन्दुस्तानी खूब लड़े, एक दूसरे पर कहर बन-बन कर हिन्दू और मुसलमान टूटे और शायद सदियों की रंजिशों का हिसाब आग और खून की होली खेल कर वसूल किया। कल तक जो एक थे, वे आज दो हो गए। दो हिस्सों में बंटे लोगों की अब अपनी-अपनी नई दुनिया थी, नयी समस्याएं थीं और भविष्य की नयी योजनाएं और रणनीति।

समय की न समझ में आने वाली रफ़्तार, सत्ता की राजनीति की टेढ़ी-मेढ़ी गणित और साम्राज्यवादी षडयंत्रों के अचूक निशानेबाज़ियों ने हिन्दुस्तान में अजीब गुल खिलाए। आस्था वाले धार्मिक हिन्दू और मुसलमान गले मिलते नज़र आए, लेकिन पश्चिमी संस्कृति से प्रभावित पढ़े-लिखे अंग्रेज़ीदां लोग जो एक साथ खाने-पीने वाले थे, उनमें से ही कुछ हिन्दुओं और मुसलमानों ने ऐसी फिज़ा बना दी कि उन्हें एक साथ रहना अब गवारा नहीं था। नतीजतन देश विभाजित हो गया और यह इसलिए हुआ कि सदियों से एक साथ रहनेवाले यह हिन्दू और मुसलमान निराशाजनक हद तक अविश्वास के शिकार होकर मान बैठे कि वह अब एक साथ नहीं रह सकते। अपने-अपने अलग देशों की नई सरहदों में ही शांति से वह रह सकेंगे। देश के विभाजन ने कैसी बरबादी लाई, हम पिछले पृष्ठों में देख चुके हैं। फिर भी हिन्दू और मुसलमान ज़मीन बांट कर अलग नहीं हो सके, करोड़ों मुसलमान और लाखों हिन्दू हिन्दुस्तान और पाकिस्तान में रह गये, उन्होंने अपनी तक़दीर उन मुल्कों से ही जोड़ा, सैकड़ों वर्षों के मेलजोल से विकसित हुई सांस्कृतिक उपलब्धियों और अपने मुहब्बते-वतन की गहरी छाप मिटाए नहीं मिट सकी। मुसलमानों की सत्ता में उचित भागीदारी के प्रश्न को सुलझाने के लिए एक अलग देश पाकिस्तान बना क्योंकि आविभाजित हिन्दुस्तान में उस समस्या को हल करने में हम नाकाम रहे थे। लेकिन समस्या का समाधान तो हुआ ही नहीं। दोनों देशों में हिन्दू और मुसलमान

अब भी आमने-सामने हैं और उनका टकराना अक्सर समस्याओं को पैदा करता रहता है।

1920 के दशक में ही कुछ वरिष्ठ हिन्दू नेताओं ने हिन्दुओं और मुसलमानों को अलग-अलग मान कर दो राष्ट्रीयता के घेरे में सीमित करने की पहल की थी। उसी मान्यता को आधार बनाकर 1940 में मुस्लिम लीग ने पाकिस्तान की मांग कर दी और उसे सही साबित करने के लिए लीग के नेता मोहम्मद अली जिन्ना ने अपनी कानूनदानी का कमाल दिखलाया। लोकतंत्र की दुहाई देते हुए धर्म और आबादी के अनुपात को बड़ी होशियारी से इस्तेमाल करते एक ऐसा वातावरण बनाया गया, जहां यह भ्रम पैदा हो गया कि सैकड़ों वर्ष से साथ रहनेवाले हिन्दू और मुसलमान अब एक साथ नहीं रह सकते। हिन्दुस्तान के उन इलाकों को काट कर पाकिस्तान बनाया गया, जहां मुसलमान बहुमत में थे, हिन्दुओं को उनसे डर हो सकता था, उन्हें हिन्दुओं से कोई खतरा नहीं था। चौधरी रहमत अली की कल्पना का पाकिस्तान हो, अल्लामा इकबाल या क़ायद-ए-आज़म की कल्पना का, यह बात स्पष्ट हो चुकी थी कि मुस्लिम अकसरियत वाले क्षेत्रों को ही पाकिस्तान बनाना मुस्लिम लीग की मंशा रही। क़ायद-ए-आज़म कोई कठमुल्ला नहीं थे, एक अच्छे और सफल बैरिस्टर थे। मॉडर्न अंदाज़े फ़िक्र, पश्चिमी राजनीति और राजनैतिक सिद्धांतों के हर पहलू पर उनकी गहरी नज़र थी और जनसाधारण की मानसिकता को भी समझ रहे थे। दो-क़ौमी नज़रिये की वास्तविकता को जिस कामयाबी से सिद्ध किया, अपने केस को मज़बूत बनाया, वह उनकी कानूनीदानी की अच्छी मिसाल कही जा सकती है। किसी दूसरे मुस्लिम लीगी नेता के दिमाग़ में दो-क़ौमी विचारधारा की कमज़ोरियों का एहसास रहा हो या न रहा हो, क़ायद-ए-आज़म के सामने यह बात साफ़ थी। पाकिस्तान बनने से सिर्फ चार दिन पहले पाकिस्तान संविधान सभा में अपना अध्यक्षीय भाषण देते हुए 11 अगस्त, 1947 को उन्होंने स्पष्ट किया था:

"आप चाहे किसी मज़हब, जाति या क़ौम के हों, आपके संबंध कल तक जैसे भी रहे हों, आज हम सब एक आज़ाद देश के नागरिक हैं, सबके अधिकार और कर्तव्य समान हैं। अतीत की कड़वाहटों को भूल कर सबको मिल कर देश की उन्नति के लिए काम करना है और इसी में हमारे उज्ज्वल भविष्य का राज़ निहित है।

हमें कंधे से कंधा मिला कर विकास के लिए सक्रिय होना है, हम बहुमत में हों या अल्पमत में, हिन्दू हों या मुसलमान, समय के साथ-साथ यह अंतर समाप्त हो जायेगा। आप आज़ाद हैं, पाकिस्तान के एक आज़ाद नागरिक के नाते आपको यह अधिकार प्राप्त है कि अपनी इच्छा से मस्जिद जाएं, मंदिर जाएं या किसी अन्य पूजास्थल में पूजा-अर्चना करें, आपका धर्म कुछ हो, आपकी जाति

कोई हो, इनका सरकार के मामले में कोई असर नहीं पड़ेगा।"[1]

पाकिस्तान के पहले प्रधानमंत्री लियाक़त अली खां ने अपने भाषण में 14 अगस्त, 1947 को इसी दृष्टिकोण की संपुष्टि की और कहा, "पाकिस्तान एक ऐसा देश होगा, जहां धर्म विशेष, क़ौम, जाति या व्यक्ति को श्रेष्ठ स्थान प्राप्त नहीं होगा। पाकिस्तान का प्रत्येक नागरिक समान है। उनके अधिकार, कर्तव्य और जिम्मेदारियां समान होंगी।"[2] क़ायद-ए-आज़म और प्रधानमंत्री की भावनाएं स्पष्ट करती हैं कि दो- क़ौम की जिस विचारधारा को हक़ीक़ी और उचित सिद्ध करने के लिए मुस्लिम लीग ने आकाश-पाताल एक कर दिया था, उसके आधार कितने मज़बूत थे। मुसलमानों के जज़्बात का इस्तेमाल कर राजनैतिक लाभ उठाया गया। विश्व इतिहास, विशेषकर इस उपमहाद्वीप के इतिहास का यह दुखद अध्याय है कि वह मिस्टर जिन्ना, जिन्हें गोखले, फिरोज़ शाह मेहता, सरोजनी नायडू और अन्य प्रतिष्ठित राष्ट्रीय नेताओं ने हिन्दू-मुस्लिम एकता का अग्रणी दूत माना था, वह हिन्दुओं और मुसलमानों को अलग-अलग हिस्सों में बांटनेवाले अभियान के मुख्य मार्गदर्शक बन गये। बेलगांव कांग्रेस में उन्होंने (मिस्टर जिन्ना) कहा था :

"सात करोड़ मुसलमानों पर हिन्दू ज़बरदस्ती शासन नहीं कर सकते। अगर हिन्दू अत्याचार करना भी चाहें, तो वह संभव नहीं, क्योंकि मुसलमानों के सहयोग के बिना हिन्दुस्तान की लोकतांत्रिक व्यवस्था चल ही नहीं सकती। यदि मुसलमान विरोध पर उतर आने को तय कर लेंगे, तो सरकार का चलना असंभव हो जाएगा। हिन्दू ऐसे नासमझ नहीं कि वे ज़ोर-ज़बरदस्ती का रास्ता अपनाएंगे।"[3]

हिन्दुस्तान का इतिहास, यहां की सामाजिक बनावट, इसकी भौगोलिक स्थिति, इसके विभिन्न धर्म और भाषाओं के तक़ाज़े स्पष्ट करते रहे हैं कि यहां की आपसी समरस्ता ही हिन्दुस्तान के उज्ज्वल भविष्य की ज़मानत है। इस सच्चाई का एहसास लोगों को शुरू से ही रहा। कांग्रेस के असहयोग या ख़िलाफ़त आंदोलनों के बीच जब हिन्दुस्तान में राजनैतिक चेतना जगी थी, उस वक्त यही मानसिकता काम कर रही थी। कांग्रेस के बड़े नेता रहे मिस्टर जिन्ना जैसे लोग, जिन्हें जन-आंदोलनों से सीधा वास्ता नहीं रहा, लेकिन हिन्दुस्तान आज़ाद हो, इसकी आज़ादी के लिए क्या कुछ किया जाये, यह भावना काफ़ी मज़बूत रही। उनका भी मानना था कि हिन्दुओं और मुसलमानों के बीच अच्छे रिश्ते और आपसी मेल-जोल के बिना हिन्दुस्तान के अच्छे भविष्य की ज़मानत नहीं दी जा सकती और न आज़ादी प्राप्ति की।[4] 1906 में मुस्लिम लीग ने हिन्दुस्तान की दो बड़ी इकाइयों, हिन्दू और मुसलमान, के बीच पैदा हुई ग़लतफहमियों को दूर करने के साथ मुसलमानों की स्थिति में सुधार और उनकी बेहतरी का एक विस्तृत कार्यक्रम बनाया था और स्पष्ट किया था कि वह हिन्दुस्तान के विभिन्न

समुदायों के बीच मतभेदों के आधार पर बनी टकराव की मनोवृत्ति को बढ़ने नहीं देगी।[5] अजीब इत्तफ़ाक परिस्थिति ने सत्ता में भागीदारी के प्रश्न पर उसे कांग्रेस की प्रतिद्वंद्वी बनाकर मैदान में ला दिया। 1940 में उसने देश के विभाजन की मांग कर दी और हिन्दुओं और मुसलमानों को दो-राष्ट्रीयता की सीमाओं में सीमित कर दिया, सैकड़ों वर्ष से साथ रहनेवालों का अब एक साथ रहना उसे असंभव नज़र आने लगा और अंततवगतवा पाकिस्तान बनवा लिया।

पाकिस्तान के निर्माताओं ने दो-राष्ट्रीयता की विचारधारा के आधार पर मुसलमानों को हिन्दुओं से अलग राष्ट्र माना और सत्ता में भागीदारी की राजनीति का उसे केंद्रिय बिन्दू बनाया। मुसलमानों की जान-माल, राजनैतिक और सांस्कृतिक मर्यादाओं के सम्मानित वजूद के लिए पाकिस्तान की स्थापना पर ज़ोर दिया, उसके लिए लोकतांत्रिक सिद्धांतों के आधार पर सशक्त आंदोलन चलाया, जिसे पस्थितियों ने कामयाब बना दिया। जनसंख्या का अनुपात, "वोट" और "सिरों" की गिनती पाकिस्तान के आधार बने। क़ायद-ए-आज़म के ज़ेहन में एक ऐसे लोकतांत्रिक पाकिस्तान की कल्पना थी, जहां धर्म और ज़ात, बहुमत और अल्पमत के बीच भेदभाव किए बिना सब नागरिकों को समान संवैधानिक अधिकारों की कानूनी ज़मानत हासिल हो। यह आश्चर्य की बात है कि इन लोकतांत्रिक तक़ाज़ों से ही पाकिस्तान के वे निर्माता संयुक्त हिन्दुस्तान में डर गये, उन्हें इस्लाम और मुसलमान ख़तरे में घिरा हुआ महसूस हुआ और पाकिस्तान की मांग की गई। 26 मार्च, 1948 को पूर्वी पाकिस्तान के चटगांव (आज के बांग्लादेश) में क़ायद-ए-आज़म ने एक समारोह को संबोधित करते हुए कहा था, ''इनसानों की बराबरी, भाईचारा और प्यार हमारे धर्म और संस्कृति के आधार हैं। हमलोगों ने पाकिस्तान के लिए जद्दोजहद किया, क्योंकि हमारे अधिकारों के हनन का हमें डर था।''[6] 1930 के मुस्लिम लीग के इलाहाबाद अधिवेशन में अपने अध्यक्षीय भाषण में डॉ. मोहम्मद एकबाल ने जहां मुसलमानों के लिए एक सेफ़ ज़ोन की बात की थी वहीं एक बड़ी दिलचस्प बात भी कही थी, मुसलमानों का इतिहास एक महत्वपूर्ण हक़ीकत को स्पष्ट करता है कि जब भी मुसलमानों पर कोई आपत्ति आई, उन्हें परीक्षा की घड़ियों से गुजरने को बाध्य होना पड़ा है, तो इस्लाम ने उनकी आबरू बचाई, इनकी मुहाफ़ज़त की। इस्लाम की मुहाफ़ज़त उन्होंने की हो, ऐसी बात नहीं मिलती।[7] परिस्थितियां स्पष्ट करती हैं कि पूर्णतः राजनैतिक उद्देश्यों की प्राप्ति के लिए "इस्लाम" को हिन्दुस्तान में इस्तेमाल किया गया, उसकी दोहाई दी गई, क्योंकि धर्म के नाम पर हिन्दुस्तानियों को बड़ी आसानी से उकसाया, उभारा और एकजुट किया जा सकता था। इस विकल्प को बहुत पहले से यहां आज़माया भी जाता रहा है। बंकिम चन्द्र, दयानन्द सरस्वती, तिलक, अरविंदो घोष, मौलाना मोहम्मद अली,

मौलाना आज़ाद और महात्मा गांधी आदि ने लोगों को जागरूक और संगठित करने के लिए "धर्म" का सहारा लिया है। ख़िलाफ़त के धार्मिक प्रश्न पर हिन्दुओं और मुसलमानों को एकता के रिश्तों में बांधने का प्रयोग भी हिन्दुस्तान में हो चुका था। अत: उसी नुस्ख़े पर अमल करना बहुत आसान था और परिस्थितियों ने मिस्टर जिन्ना जैसे विधिविशेषज्ञ (कन्स्टीच्यूशनलिस्ट) गैरधार्मिक, सेक्यूलर और मॉडर्न व्यक्ति को भी इस नुस्खे को इस्तेमाल करने पर प्रेरित किया और दुर्भाग्य से इस बार इसका इस्तेमाल हिन्दू और मुसलमानों को अलग मानने के लिए किया गया। इस्लाम खतरे में है, मुसलमान खतरे में है, जैसे नारे लगाये गये। उसका असर मुसलमानों पर पड़ा। आज़ादी से पहले हिन्दुस्तान में 1937 और 1946 में जो चुनाव हुए, इनके परिणाम के विश्लेषण से पता चलता है कि भय की मानसिकता ने मुस्लिम मतदाताओं पर काफ़ी असर डाला था और मुसलमानों के लिए रिज़र्व सीट पर मुस्लिम लीग के उम्मीदवारों को 1937 में 4.6 प्रतिशत की तुलना में 1946 में 75 प्रतिशत मुस्लिम वोट प्राप्त हुए, जो मुस्लिम लीग की मंशा के मुताबिक था, उसकी योजना सफल हुई।[8]

अपने जन्म के वक्त से ही पाकिस्तान दो हिस्सों में बंटा हुआ था। पूर्वी और पश्चिमी पाकिस्तान के बीच जिस तरह सैकड़ों मील की दूरी थी, उससे कम दूरी दोनों क्षेत्रों के लोगों की संस्कृति, भाषा और क्षेत्रीयता की पहचान में नहीं थी। एक देश के दो हिस्सों के लोगों के बीच जज़्बाती एकता का पूर्णत: अभाव था। इस्लाम और पाकिस्तान की विचारधारा केवल जोड़नेवाली भावनात्मक कड़ियां थीं, लेकिन मिस्टर जिन्ना के सपनों का पाकिस्तान मज़हबी हुकूमत का नहीं था। उन्होंने पाकिस्तान की स्थापना के साथ ही लोकतांत्रिक मूल्यों और न्याय के आधार पर प्रत्येक पाकिस्तानी की समानता पर ज़ोर दिया। धर्म को व्यक्तिगत सीमाओं तक ही सीमित रखने के वह पक्षधर रहे। धर्म और राजनीति को अलग-अलग रखने में वे विश्वास रखते थे।"[9] पाकिस्तान की संविधान सभा के शुरुआती दिनों में उन्होंने कहा था कि, "मुझे मालूम नहीं कि संविधान की कौन-सी शक्ल उभरेगी, परंतु इतना स्पष्ट है कि वह इस्लामी मूल्यों पर आधारित लोकतंत्र होगा।[10] अपने दृष्टिकोण को और भी स्पष्ट करते हुए उन्होंने कहा था, "लोकतंत्र हमारी रगों में है, हमारे खून में है, इस्लाम ने हमें उसी की शिक्षा दी है। उसने हमें प्रत्येक आदमी की बराबरी के साथ न्याय की शिक्षा भी दी।"[11] पाकिस्तान हासिल करने के लिए इस "धर्म" को जिस तरह इस्तेमाल किया गया, उसे पूरी तरह राजनैतिक क़दम कह सकते हैं। सत्ता प्राप्ति के लिए मुस्लिम लीग ने हिन्दुओं से खतरे की बात की और धर्म के आधार पर मुसलमानों के संवेदनशील रगों को छेड़ा। जब पाकिस्तान अस्तित्व में आ गया, तब पाकिस्तान के निर्माताओं ने सेक्यूलर और ग़ैरधार्मिक विचारधारा पर विशेष ज़ोर दिया।

क़ायद-ए-आज़म की ज़िंदगी में ही पूर्वी पाकिस्तान (वर्तमान बांग्लादेश), पंजाब, बलुचिस्तान और सिंध की क्षेत्रीयता सिर उठाने लगी थी और नये देश पाकिस्तान के लिए शुभ संकेत नहीं थे। अपनी मृत्यु से कुछ दिनों पहले क़ायद-ए-आज़म ने कहा था, ''आज़ादी की प्राप्ति और पाकिस्तान की स्थापना से कठिन काम पाकिस्तान की एकता को बनाये रखना होगा। पाकिस्तानियों को प्रांतीय संकीर्णताओं से सचेत रहना चाहिए।''[12] बाबा-ए-पाकिस्तान को जिस बात का ख़तरा था, समय बीतने के साथ वह सही साबित हुआ, पूर्वी पाकिस्तान "पाकिस्तान" नहीं रह सका और बचा पाकिस्तान अनेकों समस्याओं से जूझ रहा है। कल के पूर्वी पाकिस्तान गए पाकिस्तान विचारधारा से प्रेरित हजारों लोग आज के "बांग्लादेश" में कैंपों में दयनीय ज़िंदगी गुज़ारने पर मजबूर हैं, क्योंकि बांग्लादेश में पाकिस्तानियों के लिए अब जग्रह नहीं रही और पाकिस्तान में इन बिहारियों के लिए कोई गुंजाइश नहीं।

आज पाकिस्तान एक ऐतिहासिक सत्य बन चुका है। उसकी कमजोरियां, उसकी समस्याएं, उसकी अपनी समस्याएं हैं, हमें कोई सरोकार नहीं। किसी संबंध के नहीं रहने के बावजूद वहां होनेवाली घटनाओं की प्रतिध्वनि यहां महसूस की जाती है, यह भी सही है। कुछ वर्षों पहले तक हम एक थे, हमारी सभ्यता और संस्कृति एक रही, हमारा इतिहास एक है, परिस्थितियों ने हमें "दो" कर दिया, लेकिन इस "दूई" के मिज़ाज को पुख़्ता होने में अभी सदियां लगेंगी। अधिकांश मुसलमान पाकिस्तान से भावनात्मक लगाव रखते हैं, क्योंकि उसका कोई-न-कोई संबंधी सीमा के उस पार मौजूद है। इसके अलावा हिन्दुस्तान के मुसलमानों ने इस्लामी दुनिया के साथ जिस भावनात्मक एकता का शुरू से प्रदर्शन किया, उनकी जो मानसिकता बनी है, पाकिस्तान इस दायरे से अलग कैसे हो सकता है? फिर आज तो दुनिया सिमट-सी गई है, दक्षिणी ध्रुव में कोई घटना हो, कोई परिवर्तन आए, कुछ क्षणों के अंदर इसकी प्रतिक्रियात्मक प्रतिध्वनि उत्तरी ध्रुव में महसूस की जाती है । विश्व बिरादरी जब अटूट संबंधों में बंध रही है, तो कल के साथ रहनेवाले क्षेत्र एकदम अजनबी कैसे हो जा सकते हैं ? हां, हिन्दुओं की ख़ासी बड़ी तादाद ने कुछ विशेष कारणों से अभी भी पाकिस्तान को स्वीकार नहीं किया है, आज भी अखंड भारत के सपने वे अपने सीनों में संजोये हुए हैं। नतीजतन पाकिस्तान के प्रति उनका दृष्टिकोण हमेशा नकारात्मक ही रहता रहा है। अब पाकिस्तान के ऐतिहासिक सत्य है, को मान लेने के बावजूद देश के विभाजन का ज़ख़्म अभी ताज़ा है और उसके भरने में बहुत समय लगेगा। पाकिस्तान को अपने से बिल्कुल अलग मानने की मनोवृत्ति के विकसित होने में देर लगेगी। ऐतिहासिक वास्तविकताओं की पृष्ठभूमि में जिस तरह हिन्दू-मुस्लिम एकता समय की महत्वपूर्ण मांग और ज़रूरत रही है,

उसी तरह इसकी ज़रूरत देश के बंटवारे के बाद भी है। हिन्दुस्तान का उज्ज्वल भविष्य ही केवल इस पर आधारित नहीं, बल्कि पाकिस्तान और बांग्लादेश की शांति और खुशहाली की ज़मानत भी इसी रिश्ते पर निर्भर करती है। इसी सच्चाई के मद्देनज़र विनोबा भावे और राम मनोहर लोहिया ने हिन्दुस्तान, पाकिस्तान ही नहीं अफ़ग़ानिस्तान के फ़ेडरेशन की बात की थी।

यह ऐतिहासिक सच्चाई है कि कांग्रेस ने अपने शुरू के दिनों से ही हिन्दुओं के बाद दूसरी बड़ी आबादी मुसलमानों की भावनाओं को सम्मान देने की पूरी कोशिश की है। जब मुस्लिम लीग सक्रियता से मुसलमानों की नुमाइंदगी की दावेदार बन कर सामने आई, तो भी कांग्रेस ने अपना सेक्युलर रुख़ नहीं बदला। कांग्रेस में संकीर्ण विचारवाले हिन्दुओं की संख्या कभी कम नहीं रही, लेकिन आम तौर पर उसकी सेक्यूलर पहचान बनी रही। जब आज़ादी सामने नज़र आ रही थी, उस वक्त परिस्थितियां तेजी से बदलीं और सत्ता में भागीदारी के प्रश्न ने पेचीदगियां पैदा कीं। खुद को मुसलमानों की एक मात्र प्रतिनिधि घोषित करती पार्टी मुस्लिम लीग ने अधिकाधिक सूहलियत और सत्ता में उचित भागीदारी के लिए बारगेन करना शुरू कर दिया और देश के विभाजन की मांग अंग्रेज़ी शासकों के सामने रख दी। बंटवारे की मांग की इस गुत्थी को सुलझाने की बड़ी कोशिश हुई, लेकिन उस बदकिस्मती को टाला नहीं जा सका। पाकिस्तान के इस्लामिक देश घोषित कर दिए जाने के बावजूद गांधीजी के दौर में बनी हिन्दू-मुस्लिम एकता और सेक्यूलरिज़्म की सीख कांग्रेस को याद रही और हिन्दुस्तान एक धर्मनिरपेक्ष लोकतांत्रिक देश बना, वयस्क मताधिकार के आधार पर इसकी नींव डाली गई। धर्म, समुदाय, जाति, भाषा, क्षेत्रीयता और लिंग भेद के बिना हर हिन्दुस्तानी को बराबरी के आधार पर संवैधानिक अधिकार मिले। 1950 में जब नये सेक्यूलर डेमोक्रेटिक हिन्दुस्तान ने अपना संवैधानिक सफर शुरू किया, उसकी बुनियाद में यहां की लिबरल सांस्कृतिक विरासत भी रही। अपने संविधान के तहत जब चुनाव होने लगे, तो कांग्रेस के अतिरिक्त और दलों ने भी मुस्लिम उम्मीदवार खड़े किए और बहुत से मुसलमान चुनाव में कामयाब होकर विधानसभाओं और संसद में अपने क्षेत्र के प्रतिनिधि के रूप में पहुंचे। हिन्दू, हिन्दुओं का प्रतिनिधि और मुसलमान, मुसलमानों का प्रतिनिधि, यह संकीर्ण बंदिश टूटी और आज़ाद हिन्दुस्तान में मुसलमान भी ऊचे-से ऊंचे पदों तक पहुंचे।

आज़ादी की लड़ाई के लंबे दौर में अंतरविरोधों और विपरीतता के बावजूद कांग्रेस ने एक रचनात्मक मानसिकता की जड़ों को मजबूत किया था, जिसको कांग्रेस-संस्कृति कहना उचित होगा। उस कांग्रेसी-संस्कृति के आधार बंधुत्व, सहिष्णुता और उदारता थे। उसने सामूहिक रूप में हिन्दुस्तान में जिस मनोवृत्ति

को विकसित किया, वहां प्रत्यक्ष रूप से सांप्रदायिकता और संकीर्णता की गुंजाइश बहुत कम रह गई थी। हिन्दुस्तान में उदार और सेक्यूलर वातावरण बनाने में कांग्रेस संस्कृति के अतिरिक्त यहां की वामपंथी पार्टियों की महत्वपूर्ण भूमिका से भी इनकार नहीं किया जा सकता। समाजवादियों और कम्युनिस्टों ने भी सेक्यूलर माहौल बनाने की राजनैतिक पहल की और सांप्रदायिकता के विरुद्ध अभियान चलाए और धर्म की बुनियाद पर भेद-भाव की मनोवृत्ति पर कारगर चोट पहुंचाई। इन सामूहिक प्रयासों का ही नतीजा रहा कि सांप्रदायिक पार्टियों की संकीर्णताओं के बावजूद 10वीं लोकसभा तक सांप्रदायिक दलों को सांसद और सार्वजनिक जीवन में लोगों ने तरजीह नहीं दी, उसे बढ़ोतरी हासिल नहीं हो सकी थी। हिन्दू धर्म और उस धर्म में यक़ीन रखनेवालों की उदारता क़दम-क़दम पर सांप्रदायिकता को चोट पहुंचाती नज़र आती रही है। आज लोगों के सोचने के अंदाज का बैरोमीटर तो चुनाव के नतीजे में गठित एसेंबली और पार्लियामेंट है, आम लोग अपने उन प्रतिनिधियों के हाथों में अपना और देश का भाग्य सौंपते हैं। सांप्रदायिक तत्वों को अपने संकीर्ण सैद्धांतिक आधार पर अकेले हुकूमत करने का मौका अभी तक नहीं मिल सका है। इधर कुछ वर्षों से अशिक्षा, अज्ञानता ओर ग़रीबी की मार झेलते हिन्दुस्तानियों की कमज़ोरियों को लोकतांत्रिक व्यवस्था की कमज़ोरियां मान कर उससे फायदा उठाने की मनोवृत्ति मजबूत हुई है और मंडल और कमंडल की पेचीदगियों ने हिन्दुस्तान की अखंडता को पुनः दांव पर लगा रखा है। स्थिति स्पष्ट करती है कि यहाँ की जनता ने सामूहिक तौर पर सार्वजनिक्र जीवन में सांप्रदायिकता को अस्वीकार किया है। जब कहीं कोई दुखद घटना हो जाती है, तो उसके खिलाफ आवाज़ उठाने वाले अधिकतर हिन्दू ही मिलते हैं। दंगों के शिकार अल्पसंख्यक आबादी अवश्य होती है, पर उन लोगों के घाव पर मरहम लगानेवाले और राहत पहुंचानेवाले भी ज़्यादातर हिन्दू ही नज़र अते हैं। यही सोच का अंदाज़ हिन्दुस्तान की परंपराओं की आत्मा है और उज्ज्वल भविष्य की राह प्रशस्त करने की ज़मानत भी।

पाकिस्तान बन जाने के बाद हिन्दुस्तान के नेशनलिस्ट मुसलमान बदतरीन ज़ेहनी दबाव के शिकार नज़र आते हैं। मूल्यों पर आधारित राष्ट्रीय सोच को उन्होंने अपनी कुरबानियों से सींच कर मज़बूत किया था, वे कांग्रेस की बुनियादी अंग बने रहे। लेकिन, जब मुस्लिम लीग ने सत्ता की भागीदारी की कशमकश में अपने कुछ समर्थक मुसलमानों को कांग्रेस के सामने ला खड़ा किया, तो बहुत से हिन्दुओं की नज़रें बदली हुई दिखाई देने लगी। आज़ादी मिलने से पहले अपने हितों की सुरक्षा के ज़ज्बाती दलीलों ने बहुत से मुसलमानों को मुस्लिम लीग ने प्रभावित किया था। पाकिस्तान के बन जाने के बाद यह हक़ीक़त सामने आई कि दोनों देशों के जो संविधान बने उनकी बुनियादी इस्प्रीट (Spirit) एक

राष्ट्रीयता ही रही। दोनों जगहों की सरकारों ने उसी आधार पर काम करना शुरू किया । "दो क़ौमी" विचारधारा की वकालत करनेवालों ने ख़ुद उसको नकार दिया और लोकतांत्रिक मूल्यों को ही अपनी बुनियाद माना। दोनों देशों ने आपसी रंजिशों और व्यवहार में कड़वाहटों को कम करने की कोशिश शुरू की। पाकिस्तान रवाना होने से पहले क़ायद-ए-आज़म ने अपने मित्रों से दिल्ली में कहा था, ''यह मेरी ज़िंदगी में मुमकिन हो, न हो, आप मेरी बातें याद करेंगे, लाखों लोगों की हत्या के बावजूद आज के दुश्मन कल दोस्त हो जा सकते हैं, यही इतिहास रहा है, यही मानव इतिहास बताता है।''[13] मिस्टर जिन्ना की जीवनी लिखनेवाले हेक्टर बोलिथि ने मिस्टर जिन्ना के एक मित्र, जो कभी कराची कॉरपोरेशन के मेयर भी हुआ करते थे, जमशेद नौशेरवां, से जिन्ना साहेब के बारे में इंटरव्यू लिया था। उन्होंने उन्हें बताया था, ''बंटवारे के बाद उन्होंने (मिस्टर जिन्ना) मुझसे कहा था कि पाकिस्तान में हिन्दू अल्पसंख्यकों के साथ उदारता का रवैया मुसलमानों को अपनाना चाहिए।" मैंने मिस्टर जिन्ना को सिर्फ दो बार रोते देखा - एक बार बंटवारे के बाद 1948 में, जब हमलोग एक हिन्दू शरणार्थी कैंप देखने गए थे। हिन्दुओं की मुसीबत को देख कर वे रो पड़े।''[14] मिस फातिमा जिन्ना ने 18 अगस्त, 1948 के सवेरे की अपने भाई की ज़ेहनी कैफ़ियत का ज़िक्र इन शब्दों में किया है : ''अपनी शानदार कामयाबी के बावजूद क़ायद-ए-आज़म बहुत ग़मगीन थे। सरहदों की दोनों तरफ़ से क़त्ल, आगज़नी, बलात्कार जैसे शर्मनाक अपराधों के दुखद समाचार मिल रहे थे। नाश्ते पर इस नाजुक सुरतेहाल का जिक्र करते हुए उन्होंने मुझसे विचार-विमर्श किया -उनकी आंखें डबडबाई हुई थीं।''[15] आम मुसलमानों की क्या मानसिक स्थिति थी, वह मौलाना आज़ाद के अक्टूबर, 1947 के उस एतिहासिक भाषण से अच्छी तरह स्पष्ट होती है, जो उन्होंने दिल्ली के मुसलमानों को जामा मस्जिद में संबोधित करते हुए कहा था :

अभी कुछ ज़्यादा अरसा नहीं बीता, जब मैंने तुमसे कहा था कि दो क़ौमों का नज़रिया हयाते मानवी (मानवीय ज़िन्दगी) के लिए मर्ज़ुलमौत (मृत्यु की बीमारी) का दर्जा रखता है, उसको छोड़ दो। यह सतून (पाया), जिन पर तुमने भरोसा किया है, निहायत तेज़ी से टूट रहे हैं, लेकिन तुमने सुनी-अनसुनी बराबर कर दी और यह नहीं सोचा कि वक्त और उसकी तेज़ रफ़्तार तुम्हारे लिए अपना ज़ाब्ता (कानून) तब्दील नहीं कर सकती। वक्त की रफ़्तार थमी नहीं। तुम देख रहे हो कि जिन सहारों पर तुम्हें भरोसा था, वे तुम्हें लावारिस समझ कर, तक़दीर के हवाले कर गए। वह तक़दीर, जो तुम्हारे दिमाग़ी लोगत (शब्द कोश) की मंशा से मुख़्तलिफ मफ़हूम (मानी) रखती हैं यानी उनके नज़दीक फुक़दान (कमी) हिम्मत का नाम तक़दीर है।

अंग्रेज़ों की बिसात (शतरंज की तख़्ती) तुम्हारी ख़ाहिश के बरख़ेलाफ उलट दी गयी, और रहनुमाई के वह बुत, जो, तुमने बज़े (बनाये) किये थे वह भी दग़ा दे गए। हालांकि, तुमने यही समझा था कि यह बिसात हमेशा के लिए बिछाई गई है, और उन्हीं बुतों की पूजा में तुम्हारी ज़िन्दगी है। मैं तुम्हारे लिए जख़्मों को कुरेदना नहीं चाहता और तुम्हारी इज़्तराब (व्याकुलता) में और इज़ाफ़ा मेरी ख़ाहिश नहीं, लेकिन अब कुछ दूर माज़ी की तरफ़ पलट जाओ तो तुम्हारें लिए बहुत से गृहें खुल सकती हैं। एक वक्त था, मैंने हिन्दुस्तान की आज़ादी के हुसूल का एहसास दिलाते हुए तुम्हें पुकारा था और कहा था :

जो होने वाला है, उसको कोई क़ौम अपनी नहूसत (अशुभ तरीके) से रोक नहीं सकती। हिन्दुस्तान की तक़दीर में सियासी इनक़लाब लिखा जा चुका है और इसकी गुलामी की जंजीरें बीसवीं सदी की हवाय हुर्रेयत (प्रजातंत्र की हवा) से कट कर गिरनेवाली हैं। यदि तुमने वक़्त के पहलू-ब-पहलू क़दम उठाने से पहलूतही (एतराज़) की ओर तअततुलों (असमंजस) की मौजूदा ज़िन्दगी को अपना शोआर (तरीका) बनाये रखा, तो मुस्तक़बल का मोअररिख़ लिखेगा कि तुम्हारे ग्रोह ने जो सात करोड़ इनसानों का एक गोल था, मुल्क की आज़ादी के बारे में यह रवैया एख़्तयार किया, जो सफ़ेहस्ती (दुनियां) से महव (ख़त्म) हो जानेवाली क़ौमों का शेवा (तरीक़ा) हुआ करता है। आज हिन्दुस्तान का झंडा अपने पूरे शकोह (वैभव) से लहरा रहा है। यह वही झंडा है, जिसकी उड़ानों से हाकमाना ग़रूर कि दिलआज़ार (दिल दुखाने वाले) क़हक़हे तमसखुर (मज़ाक़ उड़ाना) किया करते थे।

यह ठीक है कि वक्त ने तुम्हारी ख़ाहिशों के मुताबिक अंगड़ाई नहीं ली, बल्कि उसने एक क़ौम की पैदाइशी हक़ के एहतराम (सम्मान) में करवट बदली और यही वह इनक़लाब है, जिसकी एक करवट ने तुम्हें बहुत हद तक ख़ौफ़ज़दा कर दिया है। तुम ख्याल करते हो कि तुमसे कोई अच्छी शय (चीज़) छीन गई है और उसकी जगह बुरी शय आ गई है। हां, तुम्हारी बेक़रारी इसीलिए है कि तुमने अपने तयीं (अपने लिये) अच्छी शय के लिए तैयार नहीं किया था और बुरी शय को मलजा-व-मावा (उपलब्धि) समझ रखा था, मेरी मुराद ग़ैरमुल्की गुलामी से है, जिसके हाथों तुमने मुद्दतों हाकमाना तमा (लालच) का खिलौना बन कर ज़िन्दगी बसर की है। एक दिन था, जब हमारी क़ौम के क़दम किसी जंग के आग़ाज़ की तरफ थे और आज तुम उस जंग के अंजाम से मुज़तरिब (परेशान) हो। आख़िर तुम्हारी इस उजलत (जल्दी) पर क्या कहूं? कि इधर सफर की जुस्तजू ख़त्म नहीं हुई और उधर गुमरही का ख़तरा भी पेश आ गया ?

अब हिन्दुस्तान की सियासत का रुख़ बदल चुका है, मुस्लिम लीग के लिए

यहां कोई जगह नहीं है। अब यह हमारे दिमागों पर मुनहसर है कि हम किसी अच्छे अंदाज़ में भी सोच सकते हैं या नहीं, इसीलिए मैंने नवंबर के दूसरे हफ़्तेमेंहिन्दुस्तान के मुसलमान रहनुमाओं को दिल्ली बुलाने का तय किया है। दावतना मे भेज दिए गए हैं। हरास (घबराहट) का मौसम आरज़ी है। मैं तुमको यक़ीन दिलाता हूं कि हमको हमारे सिवा कोई ज़ेर (प्रास्त) नहीं कर सकता। मैंने हमेशा कहा और आज फिर कहता हूं कि तज़ुबज़ुब (असमंजस) का रास्ता छोड़ दो, शक से हाथ उठा लो और बेअमली को तर्क कर दो।... यह फ़ेरार (पलायन) की ज़िन्दगी जो तुमने हिजरत के मुक़द्दस नाम पर अख़्तियार किया है, इस पर ग़ौर करो, अपने दिलों को मज़बूत बनाओ और अपने दिमागों को सोचने की आदत डालो और फिर देखो कि तुम्हारे यह फ़ैसले कितने आजलाना (बेमाने) हैं। आखिर कहां जा रहे हो और क्यों जा रहे हो?

'यह देखो, मस्जिद की बुलंद मीनार तुमसे उचक कर सवाल करते हैं कि तुमने अपनी तारीख़ के सफ़हात से कहां गुम कर दिया है? अभी कल की बात है कि जमुना के किनारे तुम्हारे काफ़िलों ने वज़ू किया था और आज तुम हो कि तुम्हें यहां रहते हुए ख़ौफ़ महसूस होता है, हालांकि दिल्ली तुम्हारे ख़ून से सींची हुई है।

"अज़ीज़ों! अपने अंदर एक बुनियादी तबदीली पैदा करो, जिस तरह आज से कुछ अरसे पहले तुम्हारे जोश-व-ख़रोश बेजा, उसी तरह आज यह तुम्हारे ख़ौफ़ व हेरास (घबराहट) भी बेजा हैं। मुसलमान और बुज़दिली या मुसलमान और इशतेआल (भड़काव) एक जगह जमा नहीं हो सकते। सच्चे मुसलमान को न तो कोई तमा (लालच) हिला सकती है और न कोई ख़ौफ़ डरा सकता है। चंद इनसानी चेहरों के गायब-नज़र हो जाने से डरो नहीं। उन्होंने तुम्हें जाने के लिए इकट्ठा किया था। आज उन्होंने तुम्हारे हाथ से अपना हाथ खींच लिया है, तो यह ऐब की बात नहीं। यह देखो कि तुम्हारे दिल तो उनके साथ ही रुख़सत नहीं हो गए, यही अगर दिल अभी तक तुम्हारे पास है, तो उसे ख़ुदा की जलवागाह (जहां ईश्वर का प्रकाश हो) बनाओ, जिसने आज से तेरह सौ वर्ष पहले अरब के एक उम्मी (जो पढ़ा-लिखा न हो) के मार्फ़त फ़रमाया था– "जो ईश्वर पर ईमान (आस्था) लाए और उस पर जम गए, तो फिर उनके लिए न तो किसी तरह का डर है और न कोई ग़म"। हवाएं आती हैं और गुज़र जाती हैं। यह सर-सर (तेज़ हवा) सही, लेकिन उसकी उम्र कोई ज्यादा नहीं। अभी देखती आंखों इबलता (मुसीबत) का मौसम गुज़रने वाला है। यों बदल जाओ, जैसे तुम पहले कभी इस हालत में न थे....अज़ीज़ो! तबदीलियों के साथ चलो, यह न कहो कि हम इस तगय्यूर (बदलाव) के लिए तैयार न थे, बल्कि अब तैयार हो जाओ, सितारे टूट गए परंतु सूर्य तो चमक रहा है, उससे किरणें

मांग लो और इन अंधेरी राहों में बिछा दो, जहां उजाले की सख़्त ज़रूरत है।

"मैं तुमसे यह नहीं कहता कि तुम हकिमाना एक़तदार के मदरसे से वफ़ादारी का सर्टिफिकेट हासिल करो और कासालैसी (भिखमंगी) की वही जिंदगी एख़्तयार करो, जो ग़ैरमुल्की अहद में तुम्हारे शोआर (तरीक) रहा है। मैं कहताहूं, जो उजले नक़्श व नेगार तुम्हें इस हिन्दुस्तान में माज़ी (बीते दिन) की यादगार के तौर पर नज़र आ रहे हैं, वह तुम्हारा ही क़ाफ़िल था, उन्हें भुलाओ नहीं, उन्हें छोड़ो नहीं, उनके वारिस बन कर रहो और समझ लो कि अगर तुम भागने के लिए तैयार नहीं, तो फिर तुम्हें कोई ताक़त भगा नहीं सकती। आओ, अहद (प्रतिज्ञा) करो कि यह मुल्क हमारा है, हम इसके लिए हैं और इसकी तकदीर के बुनियादी फैसले हमारी आवाज के बग़ैर अधूरे ही रहेंगे।

"आज ज़लज़ले से डरते हो, कभी तुम ख़ुद एक ज़लज़ले थे, आज अंधेरे से कांपते हो, क्या तुम्हें याद नहीं कि तुम्हारा वजूद एक उजाला था। यहां बादलों ने मैला पानी बरसाया है, तुमने भींग जाने के डर से अपने पाईचे चढ़ा लिये हैं। वह तुम्हारे ही असलाफ़ (पूर्वज) थे, जो समुंदरों में उतर गये, पहाड़ों की छातियों को रौंद डाला। बिजलियां आईं, तो उन पर मुस्कुरा दिए, बादल गरजे, तो क़हक़हों से जवाब दिया, सर-सर (तेज़ हवा) उठी, तो उसका रुख़ फेर दिया। आंधियां आईं, तो उनसे कहा कि तुम्हारा रास्ता यह नहीं है। यह ईमान की जानकनी (जान निकलने की स्थिति) है कि बादशाहों के गरीबानों से खेलनेवाले खुद आज अपने गरीबानों से खेलने लगे और ख़ुदा से इस दर्जा ग़ाफ़िल हो गए कि जैसे उस पर कभी ईमान ही नहीं था...।"[16]

गांधीजी की मर्ज़ी के ख़िलाफ कांग्रेस ने हिन्दुस्तान के विभाजन की कीमत पर आज़ादी को स्वीकार कर लिया और पाकिस्तान अस्तित्व में आया। सत्ता प्राप्ति की कवायद में लिप्त अनुयायिओं ने गांधीजी को अकेला छोड़ दिया था। लेकिन, गांधीजी अपनी अग्नि परीक्षा की इस आज़माइशी घड़ी में सत्याग्रही के रूप में अडिग रहे और सत्ता की भाग-दौड़ से अलग रह कर अपने शांति मिशन को जारी रखा। अधिकांश हिन्दुओं और मुसलमानों के बीच नफ़रत का माहौल बना हुआ था और पूरे देश में तनाव की स्थिति थी। उसको सामान्य बनाने की कोशिशों को उन्होंने और भी तेज़ किया। देश के विभाजन और दोनों तरफ इधर-से-उधर पलायन कर रहे लोगों की समस्याओं ने मानवीय और प्रशासकीय पेचीदगियां पैदा कर दी थीं। पाकिस्तान से आये हिन्दू और सिख जले-भुने हुए थे और यहां मुसलमानों का अस्तित्व उन्हें बरदाशत नहीं था। लेकिन, गांधीजी ने उस मानसिकता के ख़िलाफ मैदान संभाल रखा था। वह मुसलमानों के

संरक्षक और समर्थक बने रहे। अपने भाषणों, प्रार्थना सभाओं और लेखों से शांतिपूर्ण सहअस्तित्व का माहौल बनाने की कोशिश को जारी रखा। उन्होंने स्पष्ट तौर पर कहा कि अब पाकिस्तान और अखंड भारत की कशमकश समाप्त हो चुकी है, जो सच्चाई सामने आयी है, उसे खुले दिल से हमें स्वीकार कर लेना चाहिए और यह भी मान लेना चाहिए कि दोनों देशों में हिन्दुओं और मुसलमानों को एक साथ ही रहना है। अतीत को सीने से लगाए रखने से लाभ के बजाय हानि पहुंचेगी और विकास के रास्ते में बाधाएं खड़ी होंगी।[17] 18 सितंबर, 1947 को दिल्ली की प्रार्थना सभा में उन्होंने कहा था :

''अब क़ायद-ए-आज़म को पाकिस्तान मिल चुका है, उन्हें अपने काम और कार्यकुशलता से उसे आकर्षक और उसके नाम के अनुसार बनाना है। क्या उन्हें सब ग़ैरमुस्लिमों को पाकिस्तान आकर मुसलमानों के साथ रहने की दावत नहीं देनी चाहिए और उन्हें विश्वास दिलाना चाहिए कि वहां वे मुसलमानों की तरह ही शांति से और सुखी संपन्न रह सकेंगे?''[18]

पंजाब की स्थिति से गांधीजी बहुत चिंतित थे। बंगाल के बाद वहां के पागलपन पर लगाम लगाने और शांति क़ायम करने के इरादे से 7 सितंबर, 1947 को कलकता से दिल्ली के लिए रवाना हुए। लेकिन, जब वह 9 सितंबर को दिल्ली पहुंचे, तो वहां की परिस्थितियों ने उन्हें उलझनों में डाल दिया। दिल्ली की ज़मीन मुसलमानों के लिए तंग बनाई जा चुकी थी। पश्चिमी पंजाब और सिंध से आए हिन्दुओं और सिखों ने अपनी बरबादियों की सज़ा यहां के मुसलमानों को देने का तय कर रखा था और वे उन्हें तरह-तरह के अत्याचारों का निशाना बना रहे थे। मुसलमानों को उनके घरों से ज़बरदस्ती निकाला जा रहा था, उनकी संपत्ति और व्यवसाय बरबाद किए जा रहे थे। दंगाइयों के बेलगाम बढ़े हाथों ने मुसलमानों को अपना घर-बार छोड़ कर "पुराना किला" और "हुमायूं के मक़बरा" में पनाह लेने पर मजबूर कर दिया था। बदकिस्मती का यह दूसरा मौका था, जब मुसलमान अपने शानदार अतीत की गवाह दिल्ली के निशानियों के खंडहरों में पनाह लेने पर मजबूर किए गए थे। पहली बार 1857 में अंग्रेज़ों के जुल्म ने उन्हें यहां पनाह लेने पर मजबूर किया था और आज वे अपनों के ज़ुल्मों के शिकार थे। दिल्ली स्टेशन पर राजकुमारी अमृत कौर और सरदार पटेल ने गांधीजी का स्वागत किया और दिल्ली की स्थिति की संक्षिप्त जानकारी उन्हें दी। सहज तौर पर गांधीजी समझ गए कि बंगाल में जो समस्या उनके सामने थी दिल्ली में उसका स्वरूप अधिक ही जटिल था। पूरे शहर में नफ़रत का माहौल था और हिन्दू-मुस्लिम दंगों के कारण लोग अराजकता की स्थिति भुगत रहे थे, चारों ओर निराशा-ही- निराशा व्याप्त थी। गांधीजी ने 15 सितंबर को अपनी प्रार्थना सभा में कहा था, ''क्या दिल्ली के लोग पागल हो

गए हैं? क्या अब उनके अंदर मानवता तनिक भी बाकी नहीं रह गई है। मुझे क्षमा करें, मैं हिन्दुओं और सिखों को इस स्थिति का उत्तरदायी मानता हूं, क्या घृणा का मुकाबला नहीं किया जा सकता है?''[19] 23 सितंबर की अपनी प्रार्थना सभा में लोगों को संबोधित करते हुए उन्होंने कहा, ''मुझे मालूम है, आप चाहते हैं कि मैं शीघ्रताशीघ्र पंजाब जाऊं। मैं स्वयं भी यही चाहता हूं। लेकिन, अगर मैं दिल्ली में असफल रहा, तो पाकिस्तान में मेरी सफलता असंभव होगी।''[20] दिल्ली की स्थिति ने उन्हें तोड़ कर रख दिया था और अपनी बेबसी के एहसास के नीचे वे दबे जा रहे थे। गांधीजी जीवन में शायद इतने निराश कभी नहीं हुए थे। 2 अक्टूबर, 1947 को जब लोगों ने उनके जन्म-दिन पर बधाई के संदेश दिये, तो उन्होंने कहा था :

''यह बधाई के संदेश कहां से आ रहे हैं – आज तुमलोगों को शेक व्यक्त करना चाहिए। मेरे दिल में सिवाय दुःख और पीड़ा के और कुछ नहीं। एक समय वह था, जब लोग मेरी बातों पर ध्यान देते थे, उन पर चलते थे, आज मेरी आवाज़ एक अकेले आदमी की आवाज़ होकर रह गयी है। कभी मैं 125 वर्ष जीवित रहना चाहता था, आज ज़िंदा रहने की मेरी इच्छा समाप्त हो चुकी है। घृणा, असत्य और खून-ख़राबे के बने वातावरण में मैं जीवित नहीं रहना चाहता।''

ज़ेहनी तौर से परेशान गांधीजी रिफ्यूजी कैंपों का बराबर दौरा करते रहे। रिलीफ़ के लिए धन और सामान एकत्रित करने का उनका सिलसिला भी चलता रहा। अपने घरों से उजड़े-उजाड़े और बरबाद हुए हिन्दू, सिख और मुसलमानों की वह हिम्मत अफज़ाई करते रहे। शाम की प्रार्थना सभाओं में कुरानपाक, गीता और गुरुग्रंथ का साथ-साथ पाठ चलता रहा। शुरू में कुछ हिन्दुओं और सिखों ने कुरानपाक के पढ़े जाने पर बड़ी आपत्ति जताई थी, लेकिन गांधीजी ने वह सिलसिला जारी रखा। दिल्ली की 137 मस्जिदों पर पाकिस्तान से आए हिन्दू और सिख शरणार्थियों ने ज़बरदस्ती कब्जा कर लिया था, कुछ को मंदिरों में भी बदल दिया गया था। गांधीजी इनको खाली कराने और शांति और मेल-जोल का वातावरण बनाने की कोशिश दिन-रात करते रहे। इसी बीच पाकिस्तान की शह पर क़बायलियों ने कश्मीर पर हमला कर दिया। अभी तक जम्मू-कश्मीर ने हिन्दुस्तान या पाकिस्तान के साथ अपने विलय का तय नहीं किया था। क़बायली घुसपैठ ने एक नई और गंभीर स्थिति पैदा कर दी। परिस्थिति के मद्देनज़र महाराजा कश्मीर हरि सिंह ने हिन्दुस्तान के साथ रहने का निर्णय लिया और 29 अक्टूबर को इसकी सरकारी घोषणा हुई। इसके साथ ही हिन्दुस्तानी सेना कश्मीर की रक्षा के लिए भेजी गई। कश्मीर पर आक्रमण और उससे जुड़ी समस्याओं ने दोनों नए देशों के संबंध में तनाव की शुरुआत कर दी।

पढ़े-लिखे बुद्धिजीवी हिन्दुओं और मुसलमानों की एक बड़ी तादाद ने सत्ता में भागीदारी की कशमकश में मिस्टर जिन्ना की दो राष्ट्रीयता के सिद्धांत को मान लिया था। उसी आधार पर पाकिस्तान बन चुका था और वे एक-दूसरे को अपना प्रतिद्वंद्वी मान कर आमने-सामने खड़े थे। कश्मीर की लड़ाई ने एक और उलझन पैदा कर दी, कड़वाहटें बढ़ीं। लेकिन, गांधीजी के हिन्दू-मुस्लिम एकता के प्रयासों में कहीं बदलाव या कमज़ोरी नहीं आई। दोनों देशों के बीच मित्रता क़ायम हो, साथ ही दोनों देशों में शांतिपूर्ण माहौल बने और उनका विकास हो, उनके प्रयासों में कहीं ढील नहीं आई। इसी बीच "करेले पर नीम" की तरह 12 जनवरी, 1948 को भारत के गृह मंत्री सरदार वल्लभभाई पटेल ने एक संवाददाता सम्मेलन में घोषणा की कि पाकिस्तान को उसके हिस्से की मिलनेवाली राशि कश्मीर के झगड़े के तय होने तक पाकिस्तान को नहीं दी जाएगी। इस घोषणा की नकारात्मक प्रतिक्रिया हुई। लार्ड माउण्ट बेटेन ने इस क़दम को बदनियति की संज्ञा दी और गांधीजी के न्याय और नैतिक दृष्टिकोण को बड़ा धक्का लगा।[21] दिल्ली की बिगड़ती हुई सांप्रदायिक स्थितियों को संभालने और भारत सरकार के अनैतिक निर्णय को रद्द करवाने का एक ही रास्ता गांधीजी के सामने बचा था और वह था गांधीजी का स्वयं को ही सज़ा देना। गांधीजी ने 13 जनवरी, 1948 से आमरण व्रत की घोषणा कर दी। गांधीजी की इस घोषणा से पूरे हिन्दुस्तान में बेचैनी फैल गई। उन्होंने 12 जनवरी को कहा था : ''मेरा यह व्रत किसी के विरुद्ध तो नहीं है, लेकिन किसी को छोड़ती भी नहीं है, यह व्रत हिन्दुस्तान के मुस्लिम अल्पसंख्यक के पक्ष में है। अत: हिन्दुओं और सिखों के विरुद्ध है, और वह पाकिस्तान में अल्पसंख्यक के पक्ष में है और मुस्लिम बहुसंख्यक के विरुद्ध है।'' 13 जनवरी की प्रार्थना सभा में उन्होंने कहा था, ''जब दिल्ली में पूरी तरह शांति स्थापित हो जाएगी, तब ही मैं अपना व्रत समाप्त करूंगा। दिल्ली हिन्दुस्तान की राजधानी है और इसकी बरबादी हिन्दुस्तान और पाकिस्तान दोनों की बरबादी है। मैं चाहता हूं कि दिल्ली मुसलमानों के लिए अमन का शहर हो, जहां शहीद सोहरावर्दी, जिसे लोग गुंडों का सरदार कहते हैं, जैसे व्यक्तियों के लिए भी यह जगह सुरक्षित हो - हिन्दुस्तान की बेइज़्ज़ती मैं नहीं देख सकता।''[22] व्रत के पहले दिन उन्होंने कहा था, ''मैं चाहता हूं कि दिलों की पूरी सफ़ाई हो जाए। पाकिस्तान में मुसलमान क्या कर रहे हैं, मुझे इससे मतलब नहीं, हिन्दुओं और सिखों को रवीन्द्रनाथ टैगोर के दिलपसन्द गीत को याद रखना चाहिए, अगर तुम्हारी आवाज़ कोई नहीं सुने, तो भी अकेले ही चले चलो, चले चलो।'' व्रत के तीसरे दिन उन्होंने हिन्दुस्तानी सरकार पर ज़ोर दिया कि वह पाकिस्तान के 55 करोड़ रुपये तुरंत अदा करे।[23] उसी दिन शाम में कुछ पत्रकारों ने गांधीजी से पूछा था कि जब दिल्ली में हत्याएं

एवं खून-ख़राबा बंद है, आपने व्रत की घोषणा क्यों की? उन्होंने जवाब दिया था, ''दंगा रुका हुआ है, तो क्या हुआ, क्या यह कम तकलीफ़देह बात है कि संगठित ढंग से मुसलमानों को उनके घरों से निकाला जा रहा है और बलपूर्वक उनके घरों पर कब्ज़ा किया जा रहा है? इस सिलसिले में पुलिस को गोली चलानी पड़ रही है, आंसू गैस इस्तेमाल करनी पड़ रही है? यह हमारी मूर्खता होती कि मैं उस दिन की प्रतीक्षा करता, जब एक-एक मुसलमान को दिल्ली से बाहर निकाल दिया गया होता। मैं इसे सिसका-सिसका कर कत्ल करना मानता हूं।''[24] व्रत के चौथे दिन जब प्रार्थना सभा में यह घोषणा की गई कि भारत सरकार पाकिस्तान को 55 करोड़ रुपये अदा कर रही है, तब गांधीजी ने इत्मीनान की सांस ली। कांग्रेस अध्यक्ष डॉ. राजेन्द्र प्रसाद, जवाहर लाल नेहरू और अन्य नेता इस प्रयास में लगे हुए थे कि दिल्ली की स्थिति सुधरे और गांधीजी अपना व्रत तोड़ें, क्योंकि उनका स्वास्थ्य चिंताजनक होता जा रहा था, वज़न घट रहा था और उन्होंने मौसम्मी का रस लेना भी बंद कर दिया था। 18 जनवरी के सवेरे विभिन्न हिन्दू, सिख, ईसाई और मुस्लिम संगठनों से संबंधित लगभग 100 व्यक्ति बिड़ला हाउस पहुंचे और गांधीजी के सामने उन्होंने सात सूत्री एक़रारनामे पर हस्ताक्षर किया। एक़रारनामे के अनुसार निम्नलिखित तात्कालिक कार्रवाई की घोषणा हुई :

(1) मुसलमानों की जान-माल की सुरक्षा का आश्वासन दिया गया और यह घोषणा की गई कि अब कोई घटना दिल्ली में नहीं होगी।

(2) ख्वाजा कुतुबुद्दीन के मज़ार पर प्रत्येक वर्ष की तरह इस वर्ष भी उर्स (धार्मिक उत्सव) होगा।

(3) सब्ज़ी मंडी, करोलबाग़, पहाड़गंज और अन्य क्षेत्रों में मुसलमान बिना ख़ौफ आ-जा सकेंगे।

(4) ऐसी मस्जिदें, जिन्हें मुसलमानों ने डरकर छोड़ दी है और जिन पर हिन्दुओं और सिखों ने कब्ज़ा कर रखा है, मुसलमानों को वापिस कर दी जाएंगी और मुसलमानों की संपत्ति पर ज़बरदस्ती कब्ज़ा नहीं किया जाएगा।

(5) जो मुसलमान अपना कारोबार छोड़ कर डर से भाग गए हैं, वे लौटकर अपना कारोबार जारी रखेंगे। इस बात की भी ज़मानत दी गई कि बिना सेना या पुलिस की सहायता के लोग मुसलमानों की सहायता करेंगे, ताकि उनका खोया हुआ विश्वास बहाल हो सके।[25]

एकरारनामों का वह ऐतिहासिक दस्तावेज़ गांधीजी की इच्छानुसार उर्दू और हिंदी में तैयार किया गया था और इस पर निम्नलिखित व्यक्तियों ने हस्ताक्षरकिए थे : जमिअतुल उलमा के मौलाना हिफ़्ज़ुर्रहमान और मौलाना अहमद सईद, दिल्ली के मुसलमानों के प्रतिनिधि मौलाना हबीबुर्रहमान, गोस्वामी गणेश दत्त, सन्तलाल

और नारायणदास, आर.एस.एस और हिन्दू महासभा के प्रतिनिधि और सिखों के प्रतिनिधियों ने भी हस्ताक्षर किए। इस बैठक में राजेन्द्र प्रसाद, जवाहरलाल नेहरू, मौलाना अबुल कलाम आज़ाद, पाकिस्तान के हाई कमिश्नर ज़ाहिद हुसैन, दिल्ली के चीफ पुलिस कमिश्नर खुर्शीद अहमद आदि भी मौजूद थे। इस अवसर पर गांधीजी ने कहा था :

"शांति के सात सूत्री डिक्लेरेशन पर राष्ट्रीय स्वयंसेवक संघ और हिन्दू महासभा के प्रतिनिधियों ने भी हस्ताक्षर किए हैं, यदि वे सच्चे दिल और ईमानदारी से इस पर अमल करेंगे, तो दिल्ली के अतिरिक्त जिन जगहों पर भी पागलपन की घटनाएं हो रही हैं, उसके सिलसिले में भी उनका आचरण रचनात्मक होना चाहिए और यदि वे खामोश रहते हैं, तो यह ईश्वर के साथ धोखा करना होगा। दिल्ली हिन्दुस्तान का दिल है, विभिन्न दलों के जो प्रतिनिधि यहां जमा हैं, वे दिल्ली के श्रेष्ठ व्यक्ति हैं। अगर ये लोग यह नहीं समझा सके कि हिन्दू, मुस्लिम, सिख भाई-भाई हैं, तो दोनों देशों का भविष्य अंधकारमय है।"[26]

गांधीजी ने 18 जनवरी को अपना व्रत तोड़ा। लेकिन, कट्टर हिन्दू षड्यंत्रकारियों ने तो योजना कुछ और ही बना रखी थी। गांधीजी की नीतियों के वे विरोधी बने ही रहे और उनकी गतिविधि से इसका इज़हार हो रहा था। कुछ दिनों के अंदर ज़ाहिर होनेवाली घटनाओं ने स्पष्ट कर दिया कि यह षड्यंत्र जितनी घृणित और शर्मनाक थी, उतना ही योजनाबद्ध, गुप्त और नपा-तुला था। 20 जनवरी को बिड़ला हाउस की प्रार्थना सभा में एक बम विस्फोट हुआ और मदन लाल पहवा नाम का व्यक्ति गिरफ्तार किया गया और जब 30 जनवरी को गांधीजी की हत्या हो गयी, तो इस घिनौने षड्यंत्र का लोगों को पता चला। गांधीजी की हत्या की ख़बर जंगल की आग की तरह दिल्ली और उसके आस-पास फैल गई। 10 मिनट के अंदर प्रधानमंत्री जवाहरलाल नेहरू, गृह मंत्री सरदार पटेल, गवर्नर जेनरल लार्ड माउंट बेटेन और अन्य मंत्रीगण बिड़ला हाउस पहुंच गए। एक घंटे के अंदर बिड़ला हाउस के अहाते और उसके आस-पास हजारों-हज़ार शोकाकुल लोगों की भीड़ जमा हो गई। जितने मुंह, उतनी बातें, गांधीजी को हिन्दू ने मारा, गांधीजी को मुसलमान ने मारा, खुसुर-पुसुर हो रही थी। वाइसराय ने स्थिति की संवेदनशीलता को भापंते हुए, किसने मारा इस उलझन में पड़ने और जांच के बजाय घोषणा की कि एक हिन्दू ने गांधीजी की हत्या कर दी है। यदि वास्तविकता इस घोषणा से भिन्न होती, तो पता नहीं क्या स्थिति होती और मुसलमानों पर कैसी क़यामत टूटती, हिन्दुस्तान को न मालूम कितनी बरबादी देखनी पड़ती। इस शर्मनाक घटना ने विश्व बिरादरी में हिन्दुस्तान का सिर तो झुका ही दिया, मुसलमानों को एक बड़े सहारे से महरूम भी कर दिया। मिस्टर जिन्ना ने गांधीजी की मौत पर दुख व्यक्त करते हुए कहा था, इनकी मौत से मुसलमानों का ज़बरदस्त नुकसान हुआ।[27]

हिन्दुस्तान और पाकिस्तान के बीच अच्छे संबंध क़ायम हों, हिन्दू, सिख और मुसलमानों के बीच सुहावने रिश्ते का वातावरण प्रशस्त हो, इस कोशिश में गांधीजी ने अपनी कुरबानी दी। तारीख़ इनसनियत जब भी कुरबानियों की समीक्षा करेगी, तो बड़ी मुश्किल से ऐसी दूसरी मिसाल उसे मिल पाएगी। यहां की तकलीफदेह स्थिति ने हर संवेदनशील व्यक्ति को बेचैन कर रखा था। क्या ख्वाब देखा था और क्या उसकी ताबीर सामने आई थी। पाकिस्तान में हिन्दुस्तान के पहले उच्चायुक्त श्री प्रकाश के अनुभवों पर आधारित उनकी टिप्पणी से निराशाजनक स्थिति की गंभीरता का हम अनुमान लगा सकते हैं, वे कहते हैं :

"अपने उप-उच्चायुक्त मिस्टर सम्पूर्ण सिंह के साथ मैं मुख्यमंत्री नवाबममदौट के यहां प्रत्येक दिन जाया करता था और उनके कार्यालय में वर्तमान स्थिति पर विचार-विमर्श हुआ करता था। एक दिन एक चपरासी ने आकर मुझसे कहा कि ब्रिगेडियर थेमइया और ब्रिगेडियर बरार बाहर खड़े हैं, आपसे तुरंत मिलना चाहते हैं। मैं जाकर उनसे मिला, उन्होंने कहा, "शेखपुरा से सरगोघा तक कत्ल़ और खूनरेज़ी का जबरदस्त खतरा है। क्या आप उसकी रोकथाम कर सकते हैं? मैं फौरन अंदर गया और नवाब ममदौट से कहा कि यदि आपको एतराज न हो तो दोनों ब्रिगेडियर जो एक महत्वपूर्ण सूचना लाए हैं, आपसे मिल कर बातें करें। उन्होंने फौरन दोनों को बुला लिया और घटनाओं को सुन कर कहा कि यदि इतने ज़िम्मेदार अफ़सरान यह सूचना नहीं लाए होते, तो मैं कभी नहीं विश्वास करता। उन दिनों वहां के इन्सपेक्टर जेनरल पुलिस मिस्टर कुर्बान अली थे। उनकी ईमानदारी और निष्पक्षता की बात प्रत्येक व्यक्ति की जुबान पर थी। यह समाचार सुनते ही परेशान हो गए और मेज पर घूंसा मार कर तकलीफ भरे स्वर में बोले, "तुफ़ (धिक्कार) है तुम्हारे हिन्दुस्तान और पाकिस्तान पर, देश का विभाजन लोगों की भलाई के लिए हुआ या हत्याओं और बरबरता के लिए?''[28]

सन्दर्भ

1. सी. एम. नईम, इकबाल, जिन्ना और पाकिस्तान, संदर्भ, तकारीर कायदे आज़म, मुहम्मद अली जिन्ना, जिन्ना पब्लिकेशन हाऊस, देहली, 1982, पृष्ठ 94
2. हिकटर ब्लेथो, जिन्ना क्रियेटर ऑफ पाकिस्तान, जॉन मारले, लन्दन, 1954, पृष्ठ 198
3. एम. एच. सईद, दि साउंड ऑफ फयरी, ए पोलिटिकल स्टडी ऑफ एम. ए. जिन्ना, डाक्युमेंट प्रेस, दिल्ली, 1981 पृष्ठ 125
4. महमूदुल हसन, हिस्ट्री ऑफ फ्रिडम मूवमेंट, 1831-1905, पाकिस्तान हिस्टोरिकल सोसाइटी, पब्लिकेशन रिनासा, पब्लिकेशन हाउस, दिल्ली, 1984, खंड - III, पार्ट - I, पृष्ठ 271
5. हिक्टर बलेथा, पृष्ठ 45
6. सी. एम. नईम, पृष्ठ 102
7. वही, पृष्ठ 185, संदर्भ, जमालऊद्दीन अहमद, हिस्टोरिकल डेवलपमेंट ऑफ दि मुस्लिम फ्रीडम

मूवमेंट, यूनाइटेड पब्लिकेशनस्, लाहौर, 1970, पृष्ठ 126-27

8. वही, पृष्ठ 185
9. वही, पृष्ठ 93
10. शरीफुल मुजाहिद, कायदे आज़म, जिन्ना स्टडीज़ एंड अरिसियंशस, कायदे आज़म एकाडमी, कराची, 1981, पृष्ठ 143
11. सी. एम. नईम, पृष्ठ 144
12. सी. एम. नईम, पृष्ठ 146
13. हेक्टर ब्लेथो, पृष्ठ 190
14. वही, पृष्ठ 19
15. स्टेनली आलपर्ट, जिन्ना ऑफ पाकिस्तान, आक्सफोर्ड प्रेस, न्यूयार्क, 1984, पृष्ठ 343
16. मालिक राम, मौलाना अबुल कलाम आज़ाद, खुतबादे आज़ाद, साहित्य एकाडमी, नई दिल्ली, 1981, पृष्ठ 337-43
17. मो. क. गांधी, हरिजन, 1 फरवरी, 1948, पृष्ठ 13
18. वही, 28 सितंबर, 1947, पृष्ठ 351
19. वही, पृष्ठ 338
20. वही, 5 सितंबर, 1947, पृष्ठ 354-355
21. के. एल. गोबा, असीनेशन ऑफ महात्मा गांधी, जैका पब्लिकेशन, बम्बई, 1969, पृष्ठ 60
22. वही, पृष्ठ 525
23. लुई फिशर, दि लाइफ ऑफ महात्मा गांधी, ग्रेनाड़ा पब्लिकेशन, लंदन, 1982, पृष्ठ 614
24. वही, पृष्ठ 619-620
25. के. एल. गोबा, पृष्ठ 66
26. के. एल. गोबा, पृष्ठ 66
27. स्टेनली आलपाट, जिन्ना ऑफ पाकिस्तान, आक्सफोर्ड प्रेस, न्यूयार्क, 1984, पृष्ठ 358
28. श्री प्रकाश, पाकिस्तान (स्थापना और हालात), मकतबा जामिया, नई दिल्ली, 1968 पृष्ठ 33-38

इतिहास का सच... समरथ को नहि दोस गोसाईं!

मानव सभ्यता के विकास के इतिहास में खूनी संघर्ष एक अहम पहलू रहा है। मध्यकालीन इतिहास मुख्यत: विभिन्न क़बीलाई हिंसक मुठभेड़ और क्षेत्रीय लड़ाइयों से जुड़ी बर्बताओं की कहानी है। सेंट्रल एशिया से हलाकू और चंगेज़ खां अपने मंगोल सरदारों के साथ भयानक तूफानों की तरह चले और अपने रास्ते में आई हुकूमतों को नेस्तनाबूद करते वहां कटे हुए सिरों की मीनार बनाई। अपनी क्रूरता का कीर्तिमान स्थापित करते वे बग़दाद के शाहराहों और महलों तक पहुंचे (1258) और वहां की सुदृढ़ और समृद्ध संस्कृति की ईट-से-ईट बजा दी।

यूरोप का मध्यकालीन इतिहास भी खूनी दास्तानों का इतिहास रहा है। आठवीं सदी के शुरू में चार्ल्स दी ग्रेट ने अपनी महत्वाकक्षांओं और धार्मिक उन्माद से ओत-प्रोत होकर अपने फ्रेंक साम्राज्य के यूरोप में विस्तार का ज़ोरदार अभियान चलाया और बहुत जल्द सैकसन, लोबार्ड, जर्मनी, इटली और मध्य यूरोप के दूसरे इलाकों को परास्त कर अपने अधीन किया और वहां की मूल आबादी पर जुल्मों की इंतहा को जायज़ माना। उसकी सैनिक जीत ईसाईयत की भी जीत मानी गई। जिस किसी ने ईसाई धर्म या चर्च का अनादर किया, उसे बेदर्दी से कत्ल कर दिया गया। सतरहवीं सदी के शुरुआती दौर के यूरोप में हंड्रेड इयर्स और थर्टी इयर्स वार (Hundred Years And Thirty Years War) की खूनी दास्तानें मिलती हैं। यह प्रोटेस्टेंट और रोमन कैथलिक ईसाईयों के बीच धार्मिक मान्यताओं के प्रश्न पर ईसाइयों की आपसी लड़ाई थी। उस धार्मिक युद्ध में यूरोप के अधिकांश देश शामिल थे।

सफ़ेद नस्ल के सभ्य होने के दावेदार यूरोपीय लोगों ने अपने सत्ता-क्षेत्र और उपनिवेशों के विस्तार की कोशिशों में दुनिया के दूसरे इलाकों में, ख़ासकर ग़ैर-गोरों पर जो जुल्म ढाए हैं, वे मानव इतिहास के शर्मनाक अध्याय हैं। स्पेनयार्ड्स के कौर्टस और पिजारो वहशियों ने मैक्सीको और पेरू में जो अत्याचार किए, उसकी मिसाल विश्व इतिहास में कम ही मिलती है। अफ्रीका और अस्ट्रेलिया में इन गोरों ने तो जान-लेवा बीमारियों के जरासीम भी स्थानीय

मूल निवासियों को जड़-मूल से समाप्त करने के लिए इस्तेमाल किया है। जब स्पेन पर ईसाइयों ने दोबारा कब्ज़ा जमा लिया, तो मुस्लिम मूर्स (Moors) पर जुल्म की इंतहा कर दी और उन्हें वहां से पूरी तरह समाप्त कर दिया गया। क्रूसेड की दास्तान बरबादियों की तल्ख़ियों से भरी हुई है, जो धर्म के नाम पर जायज़ माने गए। यहां हिन्द-महाद्वीप और उसके इर्द-गिर्द के इलाकों का इतिहास भी खूनी संघर्षों की कहानी से बचा हुआ नहीं रहा है। बाहरी क़बीलाई हमलों का जब सिलसिला रुका, तो स्थानीय लोगों के बीच वर्चस्व की कशमकश यहां लंबे अर्से तक चली है। वैष्णवों का शैवों के खूनी संघर्ष और बौद्धों से हिन्दुओं के टकराव का लंबा सिलसिला चला है और उस दौर के इतिहास के पन्ने भी ख़ून से लथ-पथ हैं। उस संघर्ष के फलस्वरूप ही बौद्ध धर्म का हिन्दुस्तान से ख़ात्मा ही हो गया था। इस संघर्ष का ख़ामियाज़ा बड़े पैमाने पर मंदिरों और बौद्ध विहारों को भी भुगतना पड़ा और सैकड़ों की तादाद में वे नष्ट किए गए। लेकिन, अंग्रेज़ों ने जब लड़ाओ और हुकूमत करो की नीति के तहत यहां का इतिहास लिखा और लिखवाए, तो नालंदा विश्वविद्यालय सहित इन बरबादियों की पूरी ज़िम्मेदारी मुसलमानों के सिर मढ़ दी गई।

711 में मुहम्मद बिन क़ासिम के नेतृत्व में सिंध पर अरबों के पहले मुस्लिम हमले से जो सिलसिला शुरू हुआ, वह कुतुबुद्दीन ऐबक (1192-1193) के वक्त तक आते-आते स्थिर हो गया है। महमूद ग़ज़नवी के हमले मुख्यत: लूट-पाट, ख़ासकर सोमनाथ मंदिर और अन्य मंदिरों की दौलत की लूट और बरबादी तक केंद्रित रहे। शहाबुद्दीन गौरी के बाद स्थिति बदली। अपनी सशक्त सांस्कृतिक पहचान लिये मुसलमानों ने जब यहां रह-बसने का तय कर लिया, तो सूरतेहाल बदल जाती है। उन्होंने यहां की संस्कृति को न सिर्फ अपनाया, बल्कि आपसी मेल-मिलाप से नया रंग लिये एक नई साझी संस्कृति विकसित की, जो मुग़लों के समय तक पहुंचते-पहुंचते और निखरी और गंगा-यमुनी संस्कृति के नाम से स्थापित हुई। सांस्कृतिक आदान-प्रदान के नतीजे में यहां नया रंग लिये आर्कषक इंडो-इस्लामिक संस्कृति मज़बूत धरातल पर विकसित होकर सर्वमान्य हुई। यही वह समय है, जब मसूद, कुतुबअली, अमीर खुसरो, अबदुर्र रहीम ख़ान ख़ाना, मलिक मुहम्मद जायसी, अबुल फज़ल आदि ने अपनी कृतियों से सामाजिक सौहार्द का माहौल तो बनाया ही, स्थानीय साहित्य के भंडार को भी माला-माल किया। कबीर और उनके पुत्र कमाल की चर्चित कृतियों के साथ कुतबन की मृगवती, जानजहां की मधुमाप्रति, उसमान की चतरौली, मलिक मुहम्मद जायसी की पद्मावत, शेख नबीर की झयान दीपिका, नूर मुहम्मद की इन्द्रावती, कसीम की हंस जवाहर, रहीम की नीति, ताहिर की गुरसागर, कोक सागर और रस खां, अमीर अली, ज़हूर बख़्श और नज़ीर

अकबरआबादी की चर्चा के बग़ैर हिंदी साहित्य का इतिहास अधूरा रह जाता है। सूफ़ी बुज़ुर्गों के हृदय परिवर्तन के कारनामों ने तो मिली-जुली संस्कृति का एक ऐसा मॉडल तैयार किया, जहां बराबरी और भाईचारे पर आधारित इस्लामी जीवनशैली और हिन्दू-संस्कृति की छाप यहां के लोगों पर साफ दिखाई देने लगी। भवन निर्माण और वास्तुकला, संगीत, चित्रकला और सांस्कृति के अन्य क्षेत्रों में जो कीर्तिमान स्थापित किया गया, उसे पूरी दुनिया ने माना है। सैकड़ों सालों के ऊंच-नीच और समय के सर्द-गर्म थपेड़ों को झेलने के बाद आज भी उनकी बची निशानियां लोगों को अपनी ओर आकर्षित करती हैं। इसी आपसी मेल-जोल के नतीजे में दिल्ली की गलियों में उर्दू जनमी और परवान चढ़ी और हिन्दू और मुसलमानों के मेल-मिलाप की बेहतरीन निशानी मानी गई। सही मायने में वही दौर हिन्दुस्तान के इतिहास का सुनहरा दौर है। लेकिन, हिन्दुस्तान का दुर्भाग्य रहा कि इतिहासकारों ने मेल-मिलाप के अनगिनत सुनहरे पहलुओं की जगह कटुता और विषमता पैदा करने वाली कुछ बातों को प्राथमिकता देकर हिन्दू और मुसलमानों को एक दूसरे के लिए अजनबी बनाए रखने की साज़िश की। एक ख़तरनाक नीति के तहत इतिहास का रुख़ नकारात्मक दिशा में बदल दिया गया और हिन्दुस्तान की दो महत्वपूर्ण इकाइयां हिन्दू और मुसलमान, अक्सर एक-दूसरे के आमने-सामने तीखे तेवर में दिखाई देने लगीं।

1857 के विद्रोह को सख़्ती से कुचल देने के बाद अंग्रेज़ों ने फोर्टविलियम कॉलेज की सोची-समझी मेकाले-रणनीति के तहत बौद्धिक अस्त्र को अपनाया और यहां के लोगों की मानसिकता को बदलने के बहुआयामी अभियान चले और कुछ दिनों के बाद ही वे अपने मकसद में पूरी तरह कामयाब हुए। फोर्टविलियम स्कूल के शिक्षित, दीक्षित और प्रोत्साहनप्राप्त लेखकों और इतिहासकारों ने अंग्रेज़ों की नपी-तुली नीतियों के तहत ऐसे काल्पनिक तथ्यों को बढ़ा-चढ़ा कर प्रसारित- प्रचारित किया - जो ज्यादातर तथ्यहीन थे। समय बीतने के साथ जो मानसिकता विकसित हुई, उस माहौल में "ह्वाइट मेन्स बर्डन" की साज़िशी नीति सफ़ल हो गई। उन लेखकों और इतिहासकारों ने जो भ्रमित करते तथ्य परोसे, उनको सही मान लेने की वजह से हिन्दुस्तानियों की दो महत्वपूर्ण इकाइयों के बीच कटूता की खाई बढ़ती गई। हिन्दुस्तान पर कबिलाई हमलों का सिलसिला बहुत लंबा रहा है। उसी क्रम में मुसलमानों के हमले भी हुए। उनकी कुछ ज्यादतियां भी अवश्य रही होंगी, क्योंकि विश्व इतिहास का मध्यकालीन युग उसके लिए विख्यात है। उन हमलों की दास्तानों को प्राथमिकता देते हुए बुरी नीयत से खूब मिर्च-मसाला लगा कर पेश किया गया, जिसका नतीजा इस महाद्वीप के लिए अच्छा नहीं सिद्ध हुआ।

1857 के बाद तथ्यविहीन ग़लत इतिहास के लिखने का जो सिलसिला

शुरू हुआ, वह रुका नहीं। उसकी वजह से इस महाद्वीप में बहुत-सी उलझनें पैदा हुईं। गुमराह करते तथ्यों पर लोगों ने यक़ीन कर लिया और स्वस्थ सोच की बुनियाद पर हिन्दुस्तान का निर्माण संभव नहीं हो सका। उनकी बुनियाद पर हिन्दुओं और मुसलमानों को एक दूसरे को अलग बनाए रखना आसान हुआ और अंग्रेज़ों की हुकूमत बरसों तक बरक़रार और सुरक्षित रही। हमारी बदकिस्मती रही कि आज़ादी के बाद भी ग़लत इतिहास पेश करने का सिलसिला चलता आ रहा है। इस महाद्वीप की बींसवी सदी की सब से बड़ी त्रासदी हिन्दुस्तान का बंटवारा है। बंटवारे का यह ज़ख़्म इतना गहरा है कि वह न तो भरता है और न भुलाए भूला ही जा रहा है। अफ़सोस की बात है कि उस त्रासदी के ज़िम्मेदार तथ्यों के संबंध में भी अधिकांश सच्चाइयों को सार्वजनिक नहीं होने दिया गया। एक षड्यंत्र के तहत उसे छुपाए रखा गया। नतीजतन हिन्दुस्तानियों का एक बड़ा वर्ग, जो "मुसलमान" है और जिनका धार्मिक रिश्ता पाकिस्तान के बनवाने वाले उस मुहम्मद अली जिन्ना से है, जिनको बंटवारे का एकमात्र ज़िम्मेदार और मुजरिम करार देकर उनके साथ इस समूह को भी अनकिए जुर्म की सज़ा वर्षो से झेलने पर मजबूर कर दिया गया है। राजनैतिक हितों को साधने के लिए बंटवारे को मुद्दा बना कर बहुसंख्यकों की सांप्रदायिकता सांस्कृतिक राष्ट्रवाद का लबादा ओढ़ कर अल्पसंख्यकों पर अक्सर कहर बन कर टूट पड़ती रही है, और हिन्दुस्तान की गंगा-जमुनी संस्कृति का दामन तार-तार हो जाता रहा है। नतीजतन इस ख़तरनाक खेल की बड़ी क़ीमत हिन्दुस्तान को लगातार चुकानी पड़ रही है।

हिन्दुस्तान में जैसे-जैसे सियासी बेदारी आती गई, वैसे वैसे हर वर्ग और समुदाय की सत्ता में उचित भागीदारी के प्रश्न पर उलझनें भी सामने आती गई। पिछले अध्यायों में हमने देखा कि आज़ादी की लड़ाई जब समाप्ति की ओर बढ़ रही थी, राजनैतिक उलझनें ज़्यादा ही गंभीर होती गई। हिन्दुस्तान की उलझी हुई सामाजिक संरचना और विभिन्नताओं में एकता के टूटते रिश्तों की कशमकश के माहौल में आज़ादी की मंज़िल सामने नज़र आ रही थी, लेकिन वहां पहुंचने की राह में अनेक चुनौतियां मुंह बाए खड़ी थीं। उस माहौल में सत्ता में भागीदारी के मुख्यत: चार दावेदार-ग्रुप सक्रिय नज़र आते हैं :

1. 1885 में स्थापित अखिल भारतीय कांग्रेस पार्टी, शुरू से खुद को हिन्दुस्तान के हर क्षेत्र, वर्ग और समुदायों का एकमात्र अधिकृत प्रतिनिधि मानती रही। संकीर्ण विचार रखे अनेक बडे महासभाई नेता कांग्रेस से भी जुड़े रहे हैं। अत: उनकी मंज़िल कांग्रेस से अलग मंज़िल नही रही। मुसलमानों के मामले में उनका रवैय्या उदार नहीं रहा। ए.ओ.ह्यूम ने जिस मकसद से भी कांग्रेस की स्थापना की हो, लेकिन यह सच्चाई है कि समय बीतने

के साथ उसका कैनवास बड़ा होता गया और सह-धर्मी या वैचारिक नज़दीकी रखनेवाली कई धाराएं इसके साथ हो गई और उसी के बैनर तले देश को आज़ादी भी मिली।

2. 1906 में बनी मुस्लिम लीग खुद को मुसलमानों का एकमात्र प्रतिनिधि पार्टी समझती थी और कांग्रेस के हिन्दू और मुसलमानों के प्रतिनिधि होने के दावों को चैलेंज करती उसके मुक़ाबले मैदान में सक्रिय रही। लेकिन, इसकी मंज़िल भी कुछ और नहीं हिन्दुस्तान की आज़ादी ही थी। परिस्थितिवश 1937 के बाद इसके तेवर में बदलाव आये और 1940 के बाद इसका व्यवहार बहुत तीखा हो गया। वह 1920 के दशक से कुछ बड़े क़द के हिन्दुओं द्वारा प्रचारित "दुइ" की थ्योरी पर ज़ोर देती सत्ता में अपनी यानी मुसलमानों की भागेदारी की दावेदार होकर राजनीति के मैदान में सक्रिय नज़र आने लगी। मुसलमानों के एक छोटे-से वर्ग का समर्थन पाई मुस्लिम लीग ने ऐसी फिज़ा बना दी कि वह मुसलमानों की अकसरियत की प्रतिनिधि होने की दावेदार बन गई और ब्रिटिश हुकूमत का उसे समर्थन प्राप्त रहा। आज़ादी ज़रुर मिले लेकिन उससे पहले मुसलमानों की हिस्सेदारी तय हो जाए वह उसकी प्राथमिकता बनी रही।

कम्युनिस्ट पार्टी ऑफ इंडिया (CPI) ने भी मुस्लिम लीग की मांगों को जायज़ माना था और उसका सक्रियता से समर्थन किया। सत्ता में मुसलमानों की उचित भागीदारी हो, इस प्रश्न पर वे साफ थे, उसकी वे वकालत करते रहे। इसी मान्यता के मद्देनज़र अलग पाकिस्तान की मांग का भी उसने समर्थन किया।

3. रिपब्लिकन पार्टी ऑफ इंडिया के बैनर तले बाबा साहेब डॉ. भीमराव अम्बेडकर अछूत-दलितों के हितों के मद्देनज़र उनके लिए सामाजिक और राजनैतिक क्षेत्रों में विशेष स्थान सुरक्षित कराने के लिए दिलो-जान से सक्रिय थे। उन्हें हिन्दुओं से अलग सम्मानित पहचान मिले और बराबरी के आधार पर उसी तरह राजनैतिक अधिकार भी मिले, जिस तरह Separate Electorate की बुनियाद पर मुसलमानों को विशेष अधिकार मिले हुए थे। इसी मुद्दे को प्राथमिकता देते हुए वे ब्रिटिश सरकार और अन्य दलों से बारगेन कर रहे थे। कांग्रेस पार्टी हिन्दुस्तान के सब वर्गों और समुदायों का प्रतिनिधित्व करती रही है, उस दावे को वह सिरे से खारिज करते रहे। गांधी-इर्विन पैक्ट (पूना पैक्ट) के बाद वह गांधीजी, उनके तथाकथित अनुयायियों और कांग्रेस से कुछ ज़्यादा ही निराश नज़र आते हैं। आज़ादी मिलने का वह उस वक्त तक इंतज़ार करना चाहते रहे, जब तक अछूतों को उनके अधिकारों की ज़मानत नहीं मिल जाती। अछूतों के अधिकार उनकी प्राथमिकता थी, आज़ादी नहीं।

4. अकाली दल के बैनर तले सिखों के नेता मास्टर तारा सिंह अपने

समर्थकों के साथ अलग "सिख होमलैंड" का सपना दिल में संजोए हुए थे। हिन्दुओं से "सिख" अपनी अलग पहचान रखते हैं। उसी आधार पर अपने लिए विशेष अधिकारों और अधिकार क्षेत्र के लिए वे सक्रिय थे। कांग्रेस और मुस्लिम लीग दोनों ही पार्टियां उनका समर्थन पाने की हमेशा इच्छुक रहीं। मुस्लिम लीग ने तो एक कदम आगे बढ़ कर पाकिस्तान बन जाने के बाद पाकिस्तान के अंदर एक सिख होमलैंड देने का उनसे वादा भी कर दिया था।

उपरोक्त चारों महत्वपूर्ण ख़ेमों के सर्वमान्य नेताओं की देशभक्ति पर उंगली उठाने की जुर्रत कोई नहीं कर सकता है, लेकिन हिन्दुस्तान को आज़ादी कब और कैसे मिले, इस मुद्दे पर उनके दृष्टिकोण भिन्न होने के साथ बड़े दिलचस्प भी दिखाई देते हैं :

(क)कांग्रेस के सार्वमान्य नेता गांधीजी उस वक्त तक आज़ादी का इंतज़ार करने को तैयार नज़र आते हैं, जब तक कि अविभाजित हिन्दुस्तान के फ्रेमवर्क में मुस्लिम लीग की मांगों का मुनासिब हल नहीं निकल जाता और सत्य और अहिंसा, हिन्दू-मुस्लिम एकता और नैतिक मूल्यों पर आधारित राजनीति पर यकीन रखती एक मज़बूत लीडरशिप आज़ाद हिन्दुस्तान की ज़िम्मेदारियों को संभालने के लायक तैयार नहीं हो जाती है। पहले असहयोग और ख़िलाफत आंदोलन के बीच जब एक साल के अंदर आज़ादी मिल जाने की फिज़ा बनी हुई थी, चौरी-चौरा कांड के कारण सब नेताओं की मर्जी के खिलाफ आंदोलन को वापस ले लेना गांधीजी का उस दिशा में स्पष्ट संकेत है। बड़े कांग्रेसी नेताओं की सोच उनसे बिल्कुल भिन्न नज़र आती है। नतीजतन सत्ता की राजनीति जब निर्णायक मोड़ पर पहुंचती है, तो यहां अपने मूल्यों पर अडिग गांधी अकेले नज़र आते हैं। उनके सारे क़रीबी मानेजाने वाले लोग सत्ता की ओर लपक जाते हैं और उनके सपनों के "स्वराज्य" रूपी हिन्दुस्तान के ताने-बाने बिखरे दिखाई देते हैं।

(ख) मुस्लिम लीग के सर्वमान्य नेता क़ायदे आज़म मोहम्मद अली जिन्ना उस वक्त तक आज़ादी नहीं चाहते रहे, जब तक सत्ता में मुसलमानों की उचित हिस्सेदारी की बात तय नहीं हो जाती। अंग्रेज़ों के जाने से पहले इस मुद्दे के संतोषजनक हल की ज़मानत पर वे अडिग दिखते हैं। 1937 के बाद के राजनैतिक घटनाचक्र ने उन्हें बहुत चौकस बने रहने पर मजबूर कर दिया था और टू-नेशन के आधार पर सत्ता में उचित हिस्सेदारी या विकल्प के तौर पर पाकिस्तान की मांग पर वे शिद्दत से बारगेन करते नज़र आते हैं।

(ग) डॉ. भीमराव अम्बेडकर सामाजिक सम्मान, राजनैतिक अधिकार और आर्थिक समता के आधार पर दलितों के भविष्य की ज़मानत मिलने के उपरांत ही देश की आज़ादी की सोचते रहे। चूंकि हिन्दुस्तान के सामाजिक

ताने-बाने की कुंठाओं के वे खुद शिकार रह चुके थे, दलितों के अधिकारों के प्रश्न पर वे काफी संवेदनशील दिखते रहे। वही उनकी प्राथमिकता रही और अंग्रेज़ों के रहते हुए उसका मुनासिब हल चाहते रहे।

(घ) मास्टर तारा सिंह के नेतृत्व में अकाली दल "सिख होमलैंड" के लिए सक्रिय रहा। आज़ादी मिलने से पहले इस मसले को प्राथमिकता के आधार पर हल किया जाना वे ज़रूरी मानते रहे। सितंबर, 1944 में मास्टर तारा सिंह ने कहा था कि गांधीजी पर उनका विश्वास नहीं रहा है।... "अगर अंग्रेज़ों ने हिन्दुस्तान की किस्मत हिन्दुस्तानियों को सुपुर्द कर दी और हिन्दुस्तानी लीडरों ने हमारी मांगें पूरी नहीं कीं, तो सिखों के सामने सिवाय खुली बग़ावत के और कोई रास्ता नहीं बचेगा।"[1]

महात्मा गांधी, डॉ. अम्बेडकर और मास्टर तारा सिंह का हिन्दुस्तान के बहुसंख्यक हिन्दू समाज के बड़े ताने-बाने से ताअल्लुक रहा। डॉ. अम्बेडकर ने अपने अनुयायियों के साथ बौद्ध धर्म अपना लिया था, फिर भी वे हिन्दू-सामाजिक संरचना के हिस्सा ही रहे, क्योंकि हिन्दुओं ने महात्मा बुद्ध को ही विष्णु का अवतार मानकर अपना लिया है। यही हाल सिख धर्मावलंबी मास्टर तारा सिंह का भी रहा, क्योंकि अपनी अलग पहचान रखने के बावजूद सिख, हिन्दू फोल्ड का हिस्सा ही माने जाते रहे हैं। लेकिन, मुहम्मद अली जिन्ना, जिस हिन्दुस्तानी सामाजिक संरचना से आते थे, वह भिन्न रहा, यानी वह हिन्दू नहीं इस्लाम को मानने वाले मुसलमान थे। नतीजतन हिन्दुस्तान की आज़ादी की मंज़िल पर पहुंचने की राह में मिस्टर जिन्ना ही बड़ी रुकावट माने जाते रहे, गांधीजी, डॉ. अम्बेडकर और मास्टर तारा सिंह की तरफ़ किसी ने उंगली भी नहीं उठाई। यानी मुसलमानों की सत्ता में मुनासिब हिस्सेदारी और बाइज़्ज़त जीने की जद्दोजहद को हिन्दुस्तान के लिए बहुतों द्वारा सही नहीं माना गया, उन्हें तिरछी नज़रों से देखा गया। इसी मानसिकता की वजह से सारी पेचीदगियां पैदा हुईं और जब बात नहीं बनी, अंग्रेज़ों ने वही किया, जो उनकी तयशुदा रणनीति थी। उलझनों को और उलझाना और फिर देश का विभाजन और हिन्दुओं और मुसलमानों के बीच स्थाई खाई बना देना। इसी पक्ष को मिर्च-मसाला लगा कर अब तक पेश किया जाता रहा है, जिसकी वजह से सच्चाई सामने नहीं आई और हिन्दुस्तानियों की दोनों बड़ी इकाइयों के बीच पनपी कटूता की खाई को पटने नहीं दिया गया। आज़ादी के बाद भी वही मानसिकता बनी रही। नतीजतन न पाकिस्तान के वजूद को अभी भी पूरी तरह क़बूल किया जा रहा है और न बंटवारे का ज़ख्म ही भर रहा है।

बहुसंख्यक हिन्दुओं के बीच आर्य समाज, हिन्दू महासभा, जनसंघ, राष्ट्रीय स्वंय सेवक संघ और उसके अनेक घटकों की अपनी अलग-अलग पहचान रहने के बावजूद उनमें बहुत से लोग कांग्रेस से भी किसी-न-किसी रूप में सक्रियता

से जुड़े रहे और राष्ट्रवाद का उनका लबादा उनके लिए कवच बना रहा। उधर अल्पसंख्यक मुसलमानों की स्थिति कुछ अजीब रही। मुस्लिम लीग मुसलमानों के हितों की अकेले प्रतिनिधित्व करने की दावेदार अवश्य थी, लेकिन उसमें ज़्यादा वज़न नहीं था, क्योंकि मुसलमानों की अकसिरियत कांग्रेस, जमीतुलउलेमा-ए-हिन्द, मोमिन कानफ्रेंस, खुदाई-ख़िदमतगार जैसे मुस्लिम संगठनों के साथ थी, जो कमोबेश कांग्रेस के समर्थक संगठन ही थे। मुस्लिम लीग की पाकिस्तान की मांग की वे खुल कर मुख़ालफत कर रहे थे। मुस्लिम अकसरियत वाले बंगाल, पंजाब और सीमांत प्रांत के अनेक मुस्लिम संगठनों ने भी मुस्लिम लीग की नीतियों का समर्थन नहीं किया था। 1916 के लखनऊ कांग्रेस अधिवेशन में कांग्रेस और मुस्लिम लीग के बीच Separate Electorate की बुनियाद पर साथ मिल कर आज़ादी की लड़ाई लड़ने का समझौता हो जाने के बाद मुस्लिम लीग को जो राजनैतिक मान्यता मिली, उसके नतीजे में मुसलमानों की सत्ता में हिस्सेदारी के प्रश्न पर मुस्लिम लीग के स्टैंड के पक्ष में परिस्थिति स्पष्ट और मज़बूत होती गई। और जब तीस के दशक में कम्युनल अवार्ड सामने आ गया, तब कांग्रेस के दावों के बावजूद बहुत जल्द मुस्लिम लीग मुस्लिम आकांक्षाओं की प्रतीक बन कर उभरी। 1937 के चुनाव के बाद कांग्रेस के रवैये से जो राजनैतिक परिस्थति बनी, उसने उलझनें ही पैदा कीं और सांप्रदायिक स्टैंड लिए मुस्लिम लीग के पक्ष में ज़मीन हमवार होती गई।

विभिन्नताओं वाले हिन्दुस्तान के हर वर्ग और समुदायों की सत्ता में उचित हिस्सेदारी के संवेदनशील प्रश्न को निष्पक्षता से देखे जाने की पहले भी ज़रूरत थी और आज भी ज़रूरत है। आज़ादी से पहले उस मांग की जद्दोजहद को मुसलमानों की या किसी अन्य समुदाय या धार्मिक इकाई की अलगाववादी मानसिकता [Separetist] कह देने मात्र से न सच्चाई बयान होती है और न वह इंसाफ का तकाज़ा ही है। किसी व्यक्ति या समूह के अंदर अपनी पहचान को बरकरार रखते हुए अपने अधिकारों की जुस्तजू या उसकी प्राप्ति के लिए जद्दोजहद स्वाभाविक है। उनकी कोशिशों को किसी नज़रिये से अनुचित नहीं कहा जा सकता है। लेकिन, देश और समाज की एकता और अखंडता पर प्रश्न उठने लगे, तो स्थिति दूसरी हो जाती है। हम उस राजनैतिक माहौल पर विचार कर रहे हैं, जब अभी हिन्दुस्तान अंग्रेज़ों का गुलाम है और आज़ादी की लड़ाई चल रही है। सत्ता में भागीदारी की जो कशमकश और जोड़-तोड़ चल रही है, वह आज़ादी मिल जाने के बाद की परिस्थिति और संभावनाओं के मद्देनज़र हो रही है। यहां एक विशेष परिस्थिति है, क्योंकि सत्ता और व्यवस्था की नकेल के साथ फ़ैसले की कुंजी अंग्रेज़ों के हाथों में है। सारी कशमकशों के सकारात्मक अंजाम का दारोमदार उन अंग्रेज़ों पर है, जो अपनी नपी-तुली नीतियों

को पूरा करने के मकसद से शतरंज की बिसात बिछाए हुए थे। और इन नीतियों की जड़ें 1857 के बाद से मिली सीख से जुड़ी रही, यानी हिन्दुस्तानियों को लड़ाओ, उनके आपसी मतभेदों को बढ़ाओ और राज करो (Divide And Rule)। अपने मकसद में अंग्रेज़ों को बड़ी कामयाबी मिली, इसमें दो राय नहीं। लेकिन, हिन्दुस्तान की उलझी हुई सामाजिक बनावट, लोगों की आपसी रस्साकशी और आपसी एकता के अभाव ने उन्हें सफल होने का पूरा अवसर मुहैया किया, यह भी कटु सच्चाई है। ऐसा नहीं कि हिन्दुस्तानी समाज की इस कमज़ोरी का एहसास हमारे समाज सुधारकों और दूरदर्शी मनीषियों को नहीं था। आपने विभिन्न कार्यक्रमों के माध्यम से इस घातक बीमारी से छुटकारा पाने की कोशिश भी की जाती रही। लेकिन, हज़ारों वर्ष पुराने समाज में अनेकता की जड़ें इतनी गहरी रहीं कि लगातार कोशिशों के बावजूद स्थिति में वांछित तबदीली लाने में पूरी सफलता नहीं मिली। अपनी सामाजिक जकड़न और मानसिक कुंठाओं से निजात पाने की मंज़िल जब-जब सामने दिखी, तब-तब विघटनकारी तत्वों ने खेल को बिगाड़ा और बात जहां से चली, फिर वहीं पर आकर ठहर-सी जाती रही है। अंग्रेज़ों की मौजूदगी में ऐसे तत्वों को प्रशासन का असीम प्रोत्साहन मिला। अंग्रेज़ों के जाने के बाद भी सत्ताधारी वर्ग ने यहां की विभिन्नता की जड़ों को ही मज़बूत बनाए रखा। एकता की कड़ी को कमज़ोर बनाया जाता रहा, क्योंकि इसी में उन्हें अपना राजनैतिक भविष्य और आर्थिक लाभ सुरक्षित नज़र आया।

पिछले अध्यायों में हमने चर्चा की है कि 1905 में बंगाल के दो हिस्सों में बांटे जाने के बाद जो मुल्क की फिज़ा बनी थी, उसी माहौल में 1906 में मुस्लिम लीग का ढाका में जन्म हुआ था। बंकिम चन्द्र चट्टोपाध्याय (1838-1894) और उनके सहयोगी बंगाली लेखकों, बुद्धिजीवियों के प्रभाव से नेशनलिज़्म के उभार के वातावरण में ब्रिटिश सरकार की पॉलिसी जो भी रही हो, बंग-भंग का बंगाल के मुसलमानों ने स्वागत किया था। ग़रीबी और अशिक्षा की मार झेलते हुए मुसलमानों ने अत्याचारी भद्र-बंगाली हिन्दू ज़मींदारों के असहनीय शोषणपूर्ण दबाव से निजात का उसे अच्छा मौका मानते हुए राहत महसूस की थी। बंटे हुए पूर्वी बंगाल की व्यवस्था में मुसलमानों का बड़ा दख़ल होगा, नाइंसाफियों के ख़िलाफ न्याय के आधर पर सुनवाई होगी, सोच का यह माहौल बना था। पूर्वी बंगाल में जनसंख्या में अकसरियत के आधार पर राजनीति में सक्रिय पकड़ और सत्ता की नकेल उनके हाथों में होने की फिज़ा बनने की गुंजाइश बंगाल के मुसलमानों को दिखाई पड़ी थी। इसी माहौल में मुस्लिम लीग का गठन ढाका में हुआ था। गर्चे मुस्लिम लीग ख़ालिस मुसलमानों की पार्टी थी, लेकिन राष्ट्रीय मुद्दों पर इंडियन नेशनल कांग्रेस से शुरू में इसका कोई बुनियादी मतभेद नहीं था। इसके संस्थापकों में बिहार की राजनीति और कांग्रेस के भीष्मपितामह माने

गए मिस्टर मज़हरूल हक भी एक थे। शुरू के दिनों में दोनों संगठनों के अधिवेशन साथ-साथ हुआ करते थे। वह मिस्टर जिन्ना, जिनकी परिस्थितिवश आगे चल कर अलगाववादी (Separatist) होने की पहचान बनी, वह उस वक्त मुस्लिम लीग से अलग थे। 1913 में मज़हरूल हक ने मुस्लिम लीग के सदस्य-सचिव के नाते उस वक्त कांग्रेस की पहली पंक्ति के एक बड़े नेता मिस्टर मुहम्मद अली जिन्ना को भी उसमें शामिल होने को कहा था। लेकिन, एक ख़ास समुदाय, मुसलमान केंद्रित उस पार्टी में मिस्टर जिन्ना ने शामिल होने से इनकार किया था। उनकी सेक्युलर सोच के दायरे में धर्म के नाम पर अलगाव की गुंजाइश नहीं थी। लिबरल सोच रखनेवाले अग्रणी नेता गोपाल कृष्ण गोखले ने उनके बारे में 1912 में कहा था, "वे संकीर्णताओं से परे बहुत सी खूबियों के एक ऐसे आकर्षक व्यक्ति हैं, जिन्हें हिन्दू-मुस्लिम एकता का दूत कहना चाहिए।" लोकमान्य बाल गंगाधर तिलक और मिस्टर जिन्ना की कोशिशों से कांग्रेस और मुस्लिम लीग के बीच 1916 में ऐतिहासिक समझौता लखनऊ में हुआ था, ताकि दोनों प्लेटफ़ॉर्मों से हिन्दू और मुसलमान एकजुटता से आज़ादी की लड़ाई को आगे बढ़ा सकें। सेपरेट-एलेक्ट्रेट की बुनियाद पर एकता को अक्षुण्ण रखने का वह एक ऐतिहासिक समझौता था, जिसे तिलक, गोखले, मदन मोहन मालवीय, एनी बेसेंट और जिन्ना जैसे उस वक्त के बड़े नेताओं का समर्थन प्राप्त था। यह वह ज़माना था, जब गांधीजी अभी दक्षिण अफ्रीका में थे और कांग्रेस की राजनीति में शामिल भी नहीं हुए थे। होम-रूल लीग आंदोलन को कामयाब बनाने के लिए मिस्टर जिन्ना की अथक कोशिशों को काफी सराहा गया था और सरोजनी नायडू ने उन्हें हिन्दू-मुस्लिम एकता का दूत माना। अपने बारे में खुद मिस्टर जिन्ना ने सेंट्रल एसेंबली के सदस्य की हैसियत से 1925 में कहा था, "वे पहले राष्ट्रवादी हैं, दूसरे भी और आख़िरी भी राष्ट्रवादी ही हैं।" 1928 के नेहरू रिपोर्ट में लखनऊ पैक्ट के "सेपरेट -एलेक्टोरेट" के क्लॉज़ (Clause) को हटा दिया गया था। मिस्टर जिन्ना खुद लखनऊ पैक्ट के रचयिताओं में से एक थे, लेकिन देशहित के मद्देनज़र नेहरू रिपोर्ट को न सिर्फ़ स्वीकार किया, बल्कि मुस्लिम लीग से उस रिपोर्ट को बड़ी मुश्किल से मनवाया भी था, ताकि संयुक्त रूप में आज़ादी प्राप्ति के लिए अंग्रेज़ों के विरुद्ध संघर्ष चले और देश दोनों संगठनों के संयुक्त प्रयासों से आज़ादी की मंज़िल पर पहुंचे। लेकिन, बदकिस्मती से ऐसा नहीं हो सका। बाद के दिनों के घटनाचक्र ने न सिर्फ नेहरू रिपोर्ट को बेमानी दस्तावेज़ बना दिया, बल्कि दोनों संगठनों को एक-दूसरे के आमने-सामने ला खड़ा किया और अंततोगत्वा देश का विभाजन ही अनिवार्य विकल्प माना गया।

कांग्रेस और मुस्लिम लीग के बीच लखनऊ पैक्ट के बाद सत्ता में

भागीदारी को केंद्रित संवैधानिक हल ढूढ़ने की कोशिशों में नेहरू-रिपोर्ट एक लैंडमार्क पहल थी। लेकिन, इसका कोई रचनात्मक नतीजा सामने नहीं आ सका। इस रिपोर्ट के नतीजे में स्थिति सुलझने के बजाय ज़्यादा उलझ गई। नेहरू रिपोर्ट (Nehru Report) के बाद हिन्दुस्तान के राजनैतिक माहौल से निराश होकर मिस्टर जिन्ना मई, 1928 में वकालत करने लंदन चले गए। राष्ट्रवादी मिस्टर जिन्ना ने उस वक्त की राजनीति को देशहित में नहीं माना और खुद को उससे कुछ दिनों के लिए अलग कर लेना ही उचित समझा। मिस्टर जिन्ना के इस अप्रत्याशित क़दम पर अपनी प्रतिक्रिया व्यक्त करते हुए मोतीलाल नेहरू ने अपने मित्र पुरुषोत्तम ठाकुर दास से कहा था, उनका (मिस्टर जिन्ना) लंदन चला जाना अफ़सोस की बात है, क्योंकि मुस्लिम नेतओं में उनकी जगह लेनेवाला कोई दूसरा व्यक्ति नहीं है। कांग्रेस के वरिष्ठ नेता डॉ. एम. ए. अंसारी भी इसी विचार के थे कि मुस्लिम लीग में सिवाय मिस्टर जिन्ना के कोई दूसरा व्यक्ति निर्णय लेनेवाला है ही नहीं। जब अक्टूबर में वे हिन्दुस्तान लौटे, तो मोतीलाल नेहरू ने अपने मित्रों के साथ बम्बई में उनका भव्य स्वागत किया था।

नेहरू रिपोर्ट (Nehru Report) पर विचार करने के लिए कलकत्ता में एक ऑल पार्टीज़ कन्वेंशन बुलाई गई थी। 28 दिसंबर, 1928 को अपने विचार रखते हुए मिस्टर जिन्ना ने वहां कहा था :

"किसी दूसरे देश के गुलाम रहे एक देश को अपने लिए प्रजातांत्रिक संविधान या प्रतिनिधित्व के आधार पर कोई इंस्टीच्यूशन तैयार करने में वहां मौजूद "अल्पसंख्यकों" के हितों की सुरक्षा की ज़मानत दिए बिना कामयाबी नहीं मिलती है। "बहुसंख्यकों" के खुदगर्ज़ और निरंकुश हो जाने का हमेशा ख़तरा बना रहता है। "अल्पसंख्यकों" के सामने अपने हितों की अनदेखी का ख़तरा उस वक्त तक बना रहता, जब तक कि कानूनी प्रावधानों के आधार पर उनको अक्षुण्ण रहने की ज़मानत नहीं दी जाती है। उस वक्त यह ख़तरा ज्यादा संगीन हो जाता है, जब सांप्रदायिक बहुसंख्यकों से उनका वास्ता पड़ता है।

"मिस्टर जयकर के तंज़ की कोई हैसियत नहीं, वह भी हमसे सहमत होंगे कि आज़ादी हासिल करने और प्रजातंत्र की स्थापना की कोशिशों में प्रयत्नशील हर देश को "अल्पसंख्यकों" की समस्याओं से दो-चार होना पड़ता है। मक़सद चाहे कितना ही आइडियल और परफ़ेक्ट क्यों न हो, जब तक अल्पसंख्यकों के हितों की सुरक्षा की ज़मानत नहीं दी जाती, उनका सकारात्मक समर्थन नहीं मिलता, वह व्यवस्था संविधान के असली तकाज़ों को पूरा नहीं कर सकती।"

(हिन्दू महासभा के मिस्टर जयकर ने हिन्दुओं के हितों की सुरक्षा की बात

करते हुए मिस्टर जिन्ना पर कटाक्ष किया था कि वे मुसलमानों के एक छोटे से अल्पसंख्यक समुदाय के प्रतिनिधि हैं, (मिस्टर जिन्ना बोहरा-शिया थे, जो मुसलमानों में एक छोटी-सी इकाई रही है),

अपनी बातों को आगे बढ़ाते हुए उन्होंने कहा था :

"हमलोग एकसाथ मिल कर काम करने के लिए एक बेहतर समझौता करने यहां एकत्र हुए हैं, ताकि हम उसके आधार पर अपनी कामयाबी की मंज़िल पर पहुंच सकें। हम चाहते हैं कि हिन्दू और मुसलमान अपनी मंज़िल तक पहुंचने के लिए मिल कर काम करें। इसलिए न सिर्फ़ मुस्लिम लीग, बल्कि हर मुसलमान को साथ लेने की बात हमें करनी होगी। अभी मैं एक मुसलमान की हैसियत से नहीं बल्कि एक हिन्दुस्तानी की हैसियत से अपनी बातें आपके सामने रख रहा हूं। मैं चाहता हूँ कि हिन्दुस्तान के सात करोड़ मुसलमान हमारे साथ आज़ादी हासिल करने की जद्दोजहद में शामिल हों। क्या आप चंद लोगों का साथ चाहेंगे या हिन्दुस्तान के सब मुसलमानों का आपको साथ मिले ?... यह तो बहुसंख्यकों के व्यवहार पर मुनहसर करता है, यह तो वही बता सकते हैं। मैं तो मुसलमानों के साथ ताल-मेल करने की बात करता हूं, क्योंकि मुसलमानों के लिए यही बेहतर विकल्प है।"

कनाडा और मिश्र के संविधानों के इतिहास का ज़िक्र करते हुए उन्होंने कहा था :

"वहां की वास्तविकताओं को ज़ेहन में रखना चाहिए कि वहां के "अल्पसंख्यक" किस तरह अपने बारे में हमेशा चिंतित रहते हैं। "बहुसंख्यक", ख़ासकर धार्मिक बहुसंख्यकों की सोच प्रायः पक्षपातपूर्ण होती है, अतः "अल्पसंख्यकों" की सुरक्षा की ज़मानत पूरी स्पष्टता से होनी चाहिए।...

''हम किसी अदालत में नहीं खड़े हैं, और न कानूनी दाव-पेंच को हमें हल करना है। हमें राजनीति के मुद्दों को तय करना है और यह मुद्दा बहुत अहम और बड़ा है, अतः इसे बड़ी समझदारी और स्टेटमैनशिप से तय किया जाना है।"[2]

सत्ता में भागीदारी के प्रश्न पर सांप्रदायिक मानसिकता ने हमेशा उलझनें ही पैदा की हैं। इसी मुद्दे का सौहार्दपूर्ण हल ढूंढ़ने के लिए पंडित मोतिलाल नेहरू की अध्यक्षता में एक कमेटी बनी थी, लेकिन उसकी रिपोर्ट ने परिस्थिति को सुलझाने के बजाय और उलझा दिया । नेहरू रिपोर्ट के दुष्परिणामों के संबंध में बिहार के एक स्वतंत्रता सेनानी, गांधीजी के चंपारण सत्याग्रह (1917) के सहयोगी जनकधारी प्रसाद ने अपनी "आत्मकथा" में अपने एक वरिष्ठ सहयोगी स्वतंत्रता सेनानी शफ़ी दाऊदी को केंद्रित करते हुए निम्न शब्दों में टिप्पणी की है :

"अब मैं एक दुखद प्रसंग पर आ रहा हूं, जिसकी बहुत बुरी प्रतिक्रिया देश भर में हुई। मैं लिख चुका हूं कि सन 1923-24 में मुज़फ्फरपुर म्यूनिस्पेलिटी

तथा ज़िला बोर्ड के चुनाव हुए। जिला बोर्ड चुनाव में पातेपुर थाना से मो. शफी दाऊदी साहेब खड़े हुए, पर सांप्रदायिक भेद-भाव के कारण वहां उनको वोट नहीं मिल सका और वे सफल नहीं हुए। इससे उनके दिल व दिमाग पर गहरी चोट पहुंची। तीन वर्षों बाद 1926-27 में उक्त दोनों संस्थानों का फिर चुनाव हुआ। इस बार शफ़ी साहेब हाजीपुर से खड़े हुए। सांप्रदायिक तत्वों ने उनका घोर विरोध किया और वे इस बार भी हार गए। इसके परिणामस्वरूप उनको फिर गहरी चोट लगी और उनके विचारों में परिवर्तन आने लगा।

"1928 में लखनऊ में सर्वदलीय सम्मेलन आयोजित हुआ। इस सम्मेलन में मोहम्मद शफी साहेब ने मुसलमानों की सुरक्षा के लिए कुछ विशेष सुविधाएं मांगी। सम्मेलन ने उनकी मांग अस्वीकार कर दी और पंडित मोतीलाल नेहरू ने उन्हें काफी झिड़क दिया। इस घटना से मोहम्मद शफी साहेब की मनोवृत्ति एकदम बदल गई। उन्होंने बीड़ा उठाया कि कांग्रेसी मुसलमानों को कांग्रेस से हटा कर मोतीलाल को दिखा देंगे कि उनका (शफी साहेब का) भी कुछ अस्तित्व है। उन्होंने कांग्रेस और स्वराज्य पार्टी से, जिसके वह सेंट्रल एसेंबली के सदस्य चुने गए थे, इस्तीफा दे दिया और स्वतंत्र रूप से चुनाव लड़ कर उसी स्थान पर मुसलमानों के वोट से जीत कर आ गए। मोहम्मद शफी साहेब ने सारे हिन्दुस्तान का दौरा किया। कलकत्ता, मद्रास, बम्बई, कराची, लाहौर, दिल्ली आदि सब स्थानों पर घूम-घूम कर बहुत से मुसलमानों को कांग्रेस से हटा कर उनकी नई पार्टी ऑल इंडिया मुस्लिम कॉन्फ्रेंस गठित की।"[3]

इसी प्रकरण पर अपनी प्रतिक्रिया व्यक्त करते प्रख्यात समाजवादी स्वतंत्रतासेनानी रामवृक्ष बेनीपुरी लिखते हैं :

"जातीय कलह के साथ सांप्रदायिक कलह भी ज़ोरों पर था - हिन्दू और मुसलमानों में खुल कर छर्रे चल रहे थे। देश में कितनी ही जगहों पर भीषण दंगे हो रहे थे। कोहाट के दंगों के कारण गांधीजी ने उन्नीस दिनों का अनशन किया था। थोड़े दिनों तक लगा कि दोनों के दिल मिल गए हैं, लेकिन देश का दुर्भाग्य इतने सस्ते छोड़नेवाला नहीं था। मर्ज़ बढ़ता गया, ज्यों-ज्यों दवा की। बिहार में इस सांप्रदायिक कलह के दुष्परिणामों में एक था मौलवी शफ़ी साहेब का कांग्रेस से अलग हो जाना। शफ़ी साहेब का व्यक्तित्व बड़ा चुंबकीय था। वे अपने सहकर्मियों से बड़ा प्यार करते, उनसे भाईचारे का व्यवहार रखते। उनके त्याग का भी क्या कहना, उनके घर में कई शाम तक मकई की रोटियों पर ही गुज़ारा होने की बात हम जानते थे। उनके मन में सांप्रदायिकता का लेश भी नहीं था, लेकिन इस प्रतिक्रिया की लहर में उनके ऐसे त्यागी, तपस्वी के पैर भी स्थिर नहीं रह सके। मौलवी शफी साहेब का कांग्रेस से हटने में हिन्दू कांग्रेसी नेताओं की सांप्रदायिक और संकुचित मनोवृत्ति का बहुत बड़ा हाथ था।

"कांग्रेस की जगह अब हिन्दू महासभा का दौर था और मालवीयजी, भाई परमानन्द, डॉ. मूंजे की बातें हिन्दू बहुत ध्यान से सुनते। मुसलमानों के बावजूद (बिना) हम स्वराज्य हासिल कर सकते हैं, इस झूठी शानवाली बात को हिन्दू युवक गर्व से दोहराते... चारों ओर धुआं-ही-धुआं था, जिसमें आदमी को सांस लेना मुश्किल हो रहा था।"[4]

डा. राजेन्द्र प्रसाद ने भी अपनी "आत्मकथा" में सुप्रसिद्ध बैरिस्टर और समाजसेवी सैयद खुरशीद हसनैन के पटना डिस्ट्रिक्ट बोर्ड के चुनाव में पेश आई इसी तरह की सांप्रदायिक दिक्कतों की तफसील से चर्चा की है। सांप्रदायिक हिन्दुओं ने ऐसे-ऐसे सवाल हसनैन साहेब और मुसलमानों के सिलसिले में खड़े किए, जिनके कारण मुसलमानों के अंदर कांग्रेस से निराशा पैदा होती गई। स्थिति ऐसी बन गई कि लोग सोचने पर मजबूर हो गए कि जब तक कोई विशेष व्यवस्था नहीं होती, मुसलमान कोई चुनाव जीत ही नहीं सकता, "बहुसंख्यक" और "अल्पसंख्यक" का प्रश्न हमेशा खड़ा होता ही रहेगा और मुसलमान हाशिये पर आ जाएंगे। बिहार की राजनीति के भीष्मपितामह माने गए मज़हरूल हक़ को भी छपरा डिस्ट्रिक्ट बोर्ड के अध्यक्ष के चुनाव में कुछ ऐसी ही परिस्थिति से वास्ता पड़ा था और उन्होंने बददिल होकर खुद को राजनीति से ही अलग कर लिया था।

आज़ादी मिलने के बाद की स्थिति में हिन्दुस्तान के विभिन्न समुदायों, ख़ासकर हिन्दुओं और मुसलमानों के बीच सामान्य स्थिति बनाए रखने के उचित विकल्प सुझाने के लिए नेहरू कमेटी का गठन हुआ था। लेकिन, इस रिपोर्ट ने हिन्दू और मुसलमानों के अधिकारों और मिलनेवाली सहूलियतों के संवैधानिक प्रश्न को सुलझाने के बजाय काफी उलझा दिया। उस रिपोर्ट की प्रतिकूल प्रतिक्रिया के नतीजे में मुस्लिम नेताओं के बीच कांग्रेस से मायूसी की फिज़ा बन गई। मुस्लिम राजनीति और आम मुसलमानों पर पकड़ रखनेवाली कांग्रेस और खिलाफत आंदोलन के लोकप्रिय नेता मौलाना मोहम्मद अली और मौलाना शौकत अली भी आहत होकर कांग्रेस से अलग हो गए। स्वतंत्रतासेनानी और वरिष्ठ कम्युनिस्ट नेता ज़ेड. ए. अहमद अपनी आत्मकथा "मेरे जीवन की कुछ यादें" में मौलाना मुहम्मद अली से लंदन में हुई अपनी बातों की चर्चा करते हुए कहते हैं :

मौलाना साहेब उस वक्त कांग्रेस से बहुत नाराज़ थे। उनका कहना था कि कांग्रेस हिन्दुओं की पार्टी हो गई है। इसलिए मोतीलाल नेहरू कमेटी की रिपोर्ट में मुसलमानों की जायज़ मांगें भी नहीं मानी गई हैं। ....वे हर मिलने वालों से कहते रहते थे कि गोलमेज़ कॉन्फ्रेंस में हर मुस्लिम सियासतदां के ज़रिये मोतीलाल नेहरू और महात्मा गांधी की मुख़ालफत की जानी चाहिए।[5]

यह वही मौलाना मुहम्मद अली हैं जो कहा करते थे कि पैग़म्बरे इसलाम के बाद वह व्यक्ति जिनका हुक्म मानना वह फ़र्ज़ समझते हैं वह महात्मा गांधी हैं। दूसरे गोलमेज़ कॉन्फ्रेंस में मौलाना ने बड़ा जज़्बाती भाषण दिया था और कहा था कि या तो उन्हें हिन्दुस्तान की आज़ादी का परवाना दिया जाये या आज़ाद देश में दफ़न होने के लिए दो गज़ ज़मीन। अजीब इत्तफ़ाक़, वहीं उन पर दिल का दौरा पड़ा और उनका इन्तेकाल हो गया। उन्हें यरुशलम-फलिस्तीन में दफ़न किया गया।

नेहरू रिपोर्ट के सिलसिले में दिसंबर, 1928 में लखनऊ में ऑल इंडिया कांग्रेस कमेटी का खुला अधिवेशन हुआ था। मुस्लिम सदस्यों के विरोध के बावजूद वह रिपोर्ट स्वीकृत हुई थी। उस अधिवेशन में मौलाना मुहम्मद अली के साथ बहुत बुरा व्यवहार किया गया था। कहा जाता है कि उन पर लोगों ने थूक भी फेंका। दूसरे वर्ष 1929 में दिल्ली में मुसलमानों की एक कॉन्फ्रेंस आयोजित हुई। वहां आग़ा खां की अध्यक्षता में "आल इंडिया मुस्लिम कॉन्फ्रेंस" गठित हुई और उसके सेक्रेटरी कांग्रेस और कांग्रेसियों से नाराज़ बिहार के प्रतिष्ठित नेता मोहम्मद शफ़ी दाऊदी निर्वाचित हुए। उन्होंने कांग्रेस के खिलाफ पूरे देश में मुहिम छेड़ दी, जिसका आगे चल कर मुस्लिम लीग को ख़ूब फ़ायदा मिला, कांग्रेस के ख़िलाफ़ बनी बनाई ज़मीन उसे मिल गई। समय बीतने के साथ सत्ता में हिस्सेदारी, पद और प्रतिष्ठा प्राप्ति की कशमकश में हिन्दुओं और मुसलमानों की सोच में तबदीली आती गई और उसके मद्देनज़र परिस्थितियों के मूल्यांकन में हिन्दुओं और मुसलमानों के बीच फ़र्क़ आता गया। आम मुसलमानों के बीच यह बात बैठ गई कि मुसलमान बहैसियत एक मुसलमान कोई चुनाव जीत ही नहीं सकता। आगे चल कर इस कशमकश के परिणाम त्रासदियों से ही भरे सामने आए।

पलासी (1757) और बक्सर की लड़ाइयों (1764) में जीत हासिल हो जाने के बाद अंग्रेज़ों के हौसले काफ़ी बुलंद हो गए थे। 1765 में बंगाल, बिहार और उड़ीसा की दीवानी मिल जाने के बाद तो उन्हें कामयाबी की कुंजी ही मिल गई। अंग्रेज़ों ने स्थानीय लोगों की कमज़ोरियों, उनकी आपसी प्रतिस्पर्द्धा और अनगिनत राजे-रजवाड़ों की आपसी दुश्मनी और जनता से उनकी दूरी का फायदा उठाते हुए धीरे-धीरे अपने क़दम अच्छी तरह जमा लिये। उन्हें खुदगर्ज़ अय्याश राजाओं और नवाबों से वास्ता रहा और विभिन्न तरीकों से एक के बाद एक उन सब को अपने शिंकजें में कसा, उन्हें अपने सामने घुटने टेकने पर मजबूर कर दिया। नतीजतन उन्हें किसी सामुहिक मुख़ालफत का सामना नहीं करना पड़ा और यह सिलसिला सौ वर्षों तक चला। लेकिन, 1857 तक आते-आते स्थिति बदली और उनके ख़िलाफ जनअसंतोष उभरने लगा, जो

जन-आक्रोश के रूप में 1857 में सामने आया। 1857 के उभरे विद्रोह पर काबू पाने के बाद अंग्रेज़ी प्रतिशोध क्रूर दमन के रूप में सामने आया और ख़ासकर मुसलमान उसके बुरी तरह शिकार हुए। 1857 के बाद से ही उनके आज़माइशों का जो सिलसिला चला, उसका अंत अभी भी नहीं हुआ है। एक साज़िश के तहत सच्चाइयों पर पर्दा डालते हुए 1947 में देश विभाजन का पूरा इल्ज़ाम इनके मत्थे ही डाल दिया गया। आज़ादी के बाद स्वतंत्रता संग्राम का इतिहास भी उसी तरह मुसलमानों के योगदान पर पर्दा डाल कर गुमराह करते तथ्यों को प्राथमिकता देते आधारों पर लिखा जाता रहा जिस तरह 1857 के बाद फोर्टविलियम स्कूल ने लिखवाए थे, जिनका बहुत हद तक सच्चाइयों से दूर का भी वास्ता नहीं था। नतीजतन मुसलमानों के अंदर मायूसी की मानसिकता पनपी और हालात ने उन्हें अपने सीमित दायरों में घुटन की ज़िंदगी जीने पर मजबूर कर दिया।

1757 के बाद से महात्मा गांधी के नेतृत्व में चले आंदोलनों तक, आज़ादी की लड़ाई के हर महत्वपूर्ण मुहिम में मुसलमानों की सक्रिय भूमिका और भागीदारी रही है। 1937 के बाद परिस्थितिवश मुसलमानों की सक्रिय भागीदारी में उत्साह भरे जोश की कमी होती गई। ख़ासकर यू.पी. की सियासत में कांग्रेस ने मुस्लिम लीग के साथ जो बरताव किया, उसका बड़ा दूरगामी नतीजा सामने आया। हालात ऐसे बनते गए जहां कांग्रेस और मुस्लिम लीग की राहें अलग होती नज़र आने लगीं। अब तक मिस्टर मोहम्मद अली जिन्ना का नाम एक सेक्युलर राष्ट्रवादी स्वतंत्रता सेनानी और कांग्रेस की पहली पंक्ति के पहले चंद लोगों में एक शुमार हो रहा था, लेकिन 1940 तक आते-आते राजनैतिक घटनाचक्र और सत्ता में उचित भागीदारी के प्रश्न ने परिस्थति को बुरी तरह उलझा दिया और मिस्टर जिन्ना सिर्फ और सिर्फ मुसलमानों के अधिकारों की मांग करते "सेपरेटिस्ट" नेता माने जाने लगे। 1940 में उनके नेतृत्व में लाहौर में मुस्लिम लीग ने टू-नेशन-थ्योरी की बुनियाद पर "पाकिस्तान" की मांग कर डाली, जिसकी वजह से स्थिति और गंभीर हो गई। जमीयते-उलेमा-ए-हिन्द, मोमिन कॉन्फ्रेंस, शिया कॉन्फ्रेंस, अहरार पार्टी, खुदाई ख़िदमतगार जैसे प्रभावी मुस्लिम संगठन तो कांग्रेस के सहयोगी ही माने जाते रहे, उन संगठनों ने पाकिस्तान की मांग की ज़ोरदार मुख़ालफ़त की। इस उलझी परिस्थिति में सत्ता में भागीदारी की कशमकश और फ़ैसला करनेवाले अंग्रेज़ों की ख़तरनाक भूमिका ने अर्थ का अनर्थ कर दिया। ऐसी परिस्थिति बना दी गई जब हिन्दुस्तानियों को आज़ादी प्राप्ति के लिए देश के बंटवारे जैसे तकलीफ़देह विकल्प को स्वीकार करना मजबूरी हो गई। विडंबना यह रही कि इस त्रासदी का पूरा दोष सिर्फ और सिर्फ मुस्लिम लीग के ऊपर डाल कर उसे ही नहीं सब मुसलमानों को कटघरे में खड़ा कर दिया गया। हैरत की बात तो यह है कि मुसलमानों से सवाल करने

और जवाब मांगने का सिलसिला अभी भी नही रुका है। ऐसे-ऐसे लोग उनसे देशभक्ति का सर्टिफिकेट मांगते नहीं थकते, जिनकी आज़ादी की लड़ाई में ज़रा-सी भी भूमिका नहीं रही है। यह कैसी विडंबना है कि उसी लाहौर में 1929 में पूर्ण स्वराज्य का प्रस्ताव कांग्रेस ने पारित किया था और ग्यारह वर्षो के बाद उसी लाहौर में मुस्लिम लीग ने टू-नेशन की बुनियाद पर देश के बंटवारे का प्रस्ताव "पाकिस्तान" के रूप में मंजूर किया। इस मुद्दे पर संजीदगी से विश्लेषण करने की अभी भी ज़रूरत है, क्योंकि हिन्दुस्तान और पाकिस्तान के बीच के सौहार्दपूर्ण रिश्तों के साथ यहां की सांप्रदायिकता के ज़हर की काट का रहस्य बहुत हद तक इसी मुद्दे में निहित है।

हिन्दू-मुस्लिम रिश्ते, सांप्रदायिकता और हिन्दुस्तान के विभाजन के प्रश्न काफी संवेदनशील होने के साथ पेचीदा भी रहे हैं। आज़ादी की लड़ाई के बीच सक्रिय रहे अनेक वरिष्ठ स्वतंत्रता सेनानियों, लेखकों, समाजशास्त्रियों ने हिन्दु-मुस्लिम रिश्तों की पेचीदगियों पर अपने विचार स्पष्टता से रखने की कोशिश की है, ताकि यथार्थ की रोशनी में इक्कीसवीं सदी के तकाज़ों को पूरा करते इस उप-महाद्वीप में सौहार्द की बुनियाद पर एक सिविल सोसाइटी मज़बूती के साथ क़ायम हो सके। उस सिलसिले में प्रख्यात समाजवादी स्वतंत्रता सेनानी मधुलिमिये के विचार क़ाबिले-ग़ौर हैं। वे कहते हैं :

''इतिहास पर नज़र डालने से ऐसा लगता है कि 1947 में देश के विभाजन के कई कारण थे। यह पूर्णत: ब्रिटिश राज की कूटनीतियों का फल नहीं था, न ही इसका मुख्य कारण कांग्रेस और मुस्लिम लीग के नेताओं में राजनैतिक कौशल का अभाव अथवा कुछ व्यक्तियों की दुष्ट-बुद्धि थी। इसके एक कारणीय स्पष्टीकरण बहुत असंतोषजनक हैं। इसमें कोई संदेह नहीं कि ब्रिटिश सरकार ने मुसलमानों में अलगाव की भावना का पोषण किया, किंतु उन्होंने निश्चय ही यह भावना पैदा नहीं की। इसकी जड़ें आठ सौ साल पूर्व इस्लाम और हिन्दू धर्म के अनसुलझे संघर्ष और हिन्दू-समाज की शक्ति को क्षीण करने वाले हज़ारों साल पुराने सामाजिक विघटन एवं दुर्बलता तक जाती है।

''एक प्रसिद्ध अमेरिकी राजनीतिज्ञ लेखक ने अपने देश की विदेश नीति के संबंध में जो बात कही है, वह मेरे विचार से हिन्दू-मुस्लिम संघर्ष पर भी ठीक बैठती है, मानव इतिहास के ताने-बाने में एक घटना दूसरी को जन्म देती है। हर ग़लती पिछली सब ग़लतियों का परिणाम होती है, जिससे वह एक प्रकार की सार्वजनिक क्षमा पाती है। इसी प्रकार हर ग़लती भविष्य की ग़लतियों को प्रभावित करती है, जिससे वर्तमान ग़लती एक मायने में अक्षम्य बन जाती है।

हिन्दुओं ने लोकतंत्र का औपचारिक अर्थ लिया अर्थात एक व्यक्ति, एक वोट। मुसलमानों ने हिन्दू प्रभुत्व से डर कर "स्वनिर्णय" की शरण ली। लेकिन,

पश्चिम प्रेरित राष्ट्र-राज्य (मैं सांस्कृतिक एकता की बात नहीं कर रहा हूं) की विचार की इतनी गहरी पैठ बनी हुई थी कि मिस्टर जिन्ना जुलाई, 1946 तक पूर्ण विभाजन की भयावह संभावना के लिए अपने को तैयार नहीं कर पाए और कांग्रेस के नेता तो दिसंबर, 1946 तक इसकी संभावनाओं को नाकार रहे थे।"[6]

हिन्दुस्तान के विभाजन को केंद्रित करती बहुत सारी किताबें और महत्वपूर्ण मूल दस्तावेज़ प्रकाशित हो चुके हैं, जिनकी वजह से विभाजन के जिम्मेदारों के चेहरे सामने आ चुके हैं और आसानी से इस निष्कर्ष पर पहुंचना आसान हो गया है कि हमाम में सब ही नंगे हैं और हिन्दू और मुसलमानों के बीच एक "खाई" मौजूद है। यह बात अलग है कि मुसलमानों के "अल्पसंख्यक" होने की वजह से कुछ मुसलमानों की पार्टी रही मुस्लिम-लीग की आड़ में सब मुसलमानों के मत्थे विभाजन का इल्ज़ाम डालना आसान हुआ है। नतीजतन मिस्टर जिन्ना को एक खलनायक के रूप में पेश करने का जो सिलसिला चला, वह वर्षो तक चलता रहा। भ्रमित करते गल़त इतिहास की बुनियाद पर त्रासदीपूर्ण हमले मुसलमान अब भी लगातार झेल रहे हैं। लेकिन, अब निष्पक्ष अध्ययनों के सामने आने से मिस्टर जिन्ना की शख़्सियत पर लगे दाग़ आहिस्ता-आहिस्ता धुलने लगे हैं और सब मुसलमानों को मुजरिम मानने में दिक्कत महसूस की जा रही है। भारतीय जनता पार्टी के वरिष्ठ नेता, एन.डी. ए. सरकार के पूर्व होम मिनिस्टर-सह-उप प्रधानमंत्री एल.के. अडवाणी द्वारा मिस्टर जिन्ना को "सेक्युलर" होने का सर्टिफिकेट दिया जाना अहमियत रखता है और एन.डी.ए. सरकार के ही पूर्व विदेश मंत्री डॉ. जसवंत सिंह की मिस्टर जिन्ना पर लिखी महत्वपूर्ण पुस्तक मिस्टर जिन्ना को सेक्युलर मानते हुए ऐतिहासिक परिस्थितियों का शिकार व्यक्ति सिद्ध कर रही है। यह साकारात्मक विचार उस पार्टी और संगठनों से संबंध रखने वाले बड़े नेतओं के हैं, जिसने इसी "विभाजन" और मिस्टर जिन्ना को राजनैतिक मुद्दा बना कर अपना जनाधार बढ़ाया और दिल्ली तक सरकार बनाने में सफल हुए। सच्चाइयों को तो आज न कल सामने आना ही था, लेकिन जो नुकसान इस उपमहाद्वीप का होना था, वह तो हो चुका, जिनको राजनीतिक लाभ लेना था, वे तो ले चुके हैं और ले भी रहे हैं। कुछ लोगों की जो मानसिकता बन चुकी है, उसके बदलने में अभी कुछ और समय लगेगा, क्योंकि मूल्यविहीन राजनीति के हित में है कि विभाजन का ज़ख्म हरा ही रहे और उसकी आड़ में सत्ता का खेल सहजता से खेला जाता रहे। अंग्रेज़ों की कूटनीति और उनके द्वारा अपनाई गई पॉलिसी के संबंध में डॉ. बी. आर. अम्बेडकर के हवाले से समाजवादी चिन्तक मधु लिमिये कहते हैं :

"उन्होंने (डॉ. बी.आर.अम्बेडकर) हिन्दुओं को आगाह किया कि वे यह उम्मीद न करें कि अंग्रेज़ आक्रमक हिन्दू बहुमत के हाथों में सत्ता सौंप देंगे और

उन्हें अपना उत्तराधिकारी बना देंगे। हिन्दुओं के चाहने पर भी वे पाकिस्तान की समस्या को नज़रअंदाज़ नहीं कर सकते। अंग्रेज़ देश का बंटवारा कर सकते हैं और उसके कई टुकड़े करने में भी उन्हें ज़रा भी हिचक नहीं होगी, बशर्ते सभी टुकड़े साम्राज्य के साथ रहें। बहरहाल हिन्दुओं को यह उम्मीद नहीं करनी चाहिये कि अंग्रेज़ शक्ति प्रयोग से पाकिस्तान की मांग दबा देंगे, यह असंभव है।[7]

इंसान ने अपनी बौद्धिक उपलब्धियों के बूते पर आज दुनिया को बहुत छोटा बना दिया है और इन्फॉरमेशन टेक्नोलॉजी की नित-नई खोज ने किसी राज़ को बहुत हद तक राज़ नहीं रहने दिया है। अतः, अब इतिहास की सच्चाइयों और अतीत के घटनाचक्र के तथ्यों को छुपा कर रखना मुमकिन नहीं है। गुज़रे दिनों की घटनाओं का निष्पक्ष मूल्यांकन अब संभव हो रहा है। आये दिन शोध पर आधारित किताबें इतिहास के दबे रहस्य को सार्वजनिक कर रही हैं। उसी श्रृंखला में मुम्बई के प्रख्यात बैरिस्टर लेखक ए.जी.नूरानी की एक महत्वपूर्ण पुस्तक "Jinnah & Tilak, Comrades in the Freedom Struggle', Oxford Press, Karachi, से 2010 में प्रकाशित हुई है। इस पुस्तक में मिस्टर जिन्ना की राजनैतिक और सार्वजनिक जीवन के कुछ महत्वपूर्ण पहलुओं को उन्होंने सामने लाया है। साथ ही कुछ महत्वपूर्ण दस्तावेज़ों को भी प्रकाशित किया गया है, जिसे देख कर स्पष्ट होता है कि उस व्यक्ति के साथ नाइसाफियां तो हुई ही हैं, उनके राजनैतिक और सामाजिक जद्दोजहद के महत्वपूर्ण पहलुओं को एक षड्यंत्र के तहत अंधकार में रख कर हिन्दुस्तानियों और ख़ासकर मुसलमानों के साथ भी अन्याय हुआ है, और वह सिलसिला किसी-न-किसी रूप में अब भी चल रहा है। सच्चाइयों के आधार पर अगर परिस्थितियों का निष्पक्ष मूल्यांकन हो और उसके आधार पर कोई सार्थक रणनीति बने, तो न सिर्फ हिन्दुस्तान, पाकिस्तान और बांग्लादेश, जो तीनों अब एक ऐतिहासिक सच्चाई बन चुके हैं, के आपसी रिश्ते बेहतर और सामान्य होंगे, बल्कि हर जगह सांप्रदायिक सौहार्द का माहौल भी बनेगा और इस उप-महाद्वीप के तीनों देशों हिन्दुस्तान, पाकिस्तान और बांग्लादेश की जनता को आपसी सहयोग से अपने भविष्य को सुधारने का मौका मिलेगा। इस पहल से गुज़रे कल को वापस लाना तो संभव नहीं लेकिन आपसी ग़लतफहमियों के दूर होने के साथ सब को बदहवास करती वार-इकोनॉमी से राहत भी मिल सकती है, उसका विकास कार्यों में इस्तेमाल हो सकता है, इसमें शक की कोई गुंजाइश नहीं।

ए. जी. नूरानी अपनी पुस्तक की प्रस्तावना में कहते हैं :

"हिन्दुस्तानियों और पाकिस्तानियों को मिस्टर जिन्ना की शख़्सियत के बारे में संजीदगी से सोच कर उनके बारे में एक राय होना पड़ेगा। हिन्दुस्तानियों को यह मानना पड़ेगा कि उनके साथ बड़ी नाइंसाफी हुई है और पाकिस्तानियों को

यह कबूल करना पड़ेगा कि वं अपनी गलतियों के शिकार हुए हैं। दोनों को उनकी ज़िंदगी के विभिन्न आर्कषक पहलुओं पर संजीदगी से ध्यान देना होगा। एक समर्पित देशभक्त, स्वतंत्रता सेनानी, विधायक, सिविल राइट्स और सामाजिक न्याय के पक्षधर की हैसियत से उनकी शख़्सियत का समीक्षात्मक मूल्यांकन करना ज़रूरी है।

मिस्टर जिन्ना की या तो बेहद प्रशंसा हुई है या उनको तीखी आलोचनाओं का निशाना बनाया गया। अपने समय के उस अद्भुत और विलक्षण व्यक्तित्व की कृतियों का निष्पक्ष विश्लेषण अभी तक नहीं हो पाया है।"[8]

बम्बई के प्रख्यात समाजवादी स्वतंत्रता सेनानी युसुफ मेहर अली की 4 मई, 1944 के फ्री-प्रेस जरनल के साप्ताहिक "भारत ज्योति" में प्रकाशित एक वक्तव्य के हवाले से ए. जी. नूरानी लिखते हैं :

"मिस्टर जिन्ना का राजनैतिक कॅरियर विरोधाभासों से भरा रहा है। लेकिन, उनके पचास वर्षों के सार्वजनिक जीवन में दो सच्चाइयां निर्विवाद रही हैं। पहली बात तो यह कि किसी भी पहलू से वह ब्रिटिश हुकूमत के सहयोगी नहीं और दूसरी बात वे पूरी तरह कन्सटीच्यूशनलिस्ट व्यक्ति हैं।

उनका व्यक्तित्व बड़ा ही प्रभावकारी और आकर्षक था। होठों पर हमेशा मुसकुराहट हुआ करती थी। आधे घंटे की बातचीत के बाद उनसे बात करनेवाला उनका प्रशंसक बन जाता था। इसमें ज़रा भी शक नहीं कि मिस्टर जिन्ना आधुनिक हिन्दुस्तान के एक वरिष्ठ पार्लियामेंटेरियन हैं। 1910 से आज तक लगातार वे सेंट्रल एसेंबली के सदस्य रहे हैं। उनका प्रभावशाली व्यक्तित्व, अनेक क्षेत्रों के उनके बहुआयामी तजुर्बो, कानून की गुत्थीयों पर ज़बरदस्त पकड़ और अद्भुद हाज़िरजवाबी के कारण वे अपने मदेमुकाबिल पर हमेशा भारी पड़ते रहे।"[9]

इस टिप्पणी पर ए.जी.नूरानी अपनी राय व्यक्त करते हुए कहते हैं :

"मेहर अली एक ऐसे राष्ट्रवादी थे, जिन्हें न मुसलमानों और न जिन्ना को नीचा दिखाने की ज़रूरत थी। वह एक सरकारी मुसलमान नहीं थे।"[10]

बाबा साहेब भीमराव अम्बेडकर पाकिस्तान और ख़ासकर मिस्टर जिन्ना पर टिप्पणी करते हुए कहते हैं :

"मिस्टर जिन्ना का बदतरीन दुश्मन भी यह कहने की जुर्रत नहीं करेगा कि वे अंग्रेज़ों के हथकंडे थे। वे "व्यक्तिवादी" और "अहम" की मानसिकता से पीड़ित हो सकते हैं, लेकिन उनके आलोचक, जो उन्हें सिरफिरा या विवेकहीन कहते हैं, उसमें तथ्य नहीं है। उनके अंदर कमज़ोरियां हो सकती हैं, लेकिन हिन्दुस्तान का कोई राजनीतिज्ञ उनकी तरह ग़ैर-भ्रष्ट होने का दावा नहीं कर सकता। उनके सारे जानने वाले जानते हैं कि सरकार के वे हमेशा आलोचक ही

रहे हैं। पैसों के पीछे भागनेवाला यह व्यक्ति नहीं, उन्हें कोई ख़रीद नहीं सकता।"[11]

सामाजिक अन्यायों को झेलते हरिजनों के अधिकारों की प्राप्ति के जद्दोजेहद की राह में आती दिक्कतों के मद्देनज़र डॉ. अम्बेडकर ने मुसलमानों के लिए मिस्टर जिन्ना की पाकिस्तान की मांग को बहुत हद तक जायज़ माना है। उस वक्त की परिस्थिति का विश्लेषण करते मुसलमानों की स्थिति और पाकिस्तान की मांग पर उनकी एक गंभीर पुस्तक Pakistan or Partition of India भी 1946 में सामने आई। हिन्दुस्तानी समाज की कुंठाएं और हिन्दुओं के बीच प्रचलित अंधविश्वास और संकीर्ण वर्ण व्यवस्था, विशेष रूप में उनके निशाने पर रही। कांग्रेस की पॉलिसी और गांधीजी के रुख़ पर भी उन्होंने तीखे प्रहार किए हैं। सत्ता में हिस्सेदारी की समस्या उलझ कर देश के बंटवारे तक क्यों पहुंच गई, इसके लिए हिन्दुस्तान की परंपरागत सामाजिक संरचना और अर्थ व्यवस्था को पोषित करती कांग्रेस की पॉलिसियों को उन्होंने ज़िम्मेदार माना है। इस बैकग्राउंड में पाकिस्तान और बंटवारे के मुख्य ज़िम्मेदार मान लिये गए मिस्टर जिन्ना के वयक्तित्व की सराहना कुछ मायने रखती है।

बिहार के प्रतिष्ठित बैरिस्टर डॉ. सचिदानन्द सिन्हा, जो कन्सट्रीच्यूएंट एसेंबली के प्रोटेम अध्यक्ष रहे, वह मिस्टर जिन्ना के लंदन में सहपाठी थे और लेजिसलेटिव काउंसिल के मेंबर की हैसियत से भी उनके बहुत करीब रहे। वे भी मानते रहे हैं कि मिस्टर जिन्ना के साथ कांग्रेस के बड़े नेताओं का रवैया ठीक नहीं रहा। वे कहते हैं कि नातजूर्बकार तजुर्बेकार जवाहर लाल ने कांग्रेस के अतिरिक्त किसी अन्य पार्टी के वजूद से इन्कार कर दिया और कहा कि अगर कोई है भी तो उसे "कांग्रेस" के इशारों पर ही चलना होगा। इसकी तीखी प्रतिक्रिया हुई और मिस्टर जिन्ना का रुख़ तल्ख़ होता गया और एक राष्ट्रवादी व्यक्ति सेपेरेटिस्ट हो गया।[12] इस मनोवृत्ति का ख़ामियाज़ा कांग्रेस और देश को आगे चल कर भुगतना पड़ा। पाकिस्तान की मांग को बारगेन के तौर पर इस्तेमाल करनेवाले मिस्टर जिन्ना का रुख़ सख़्त होता गया और परिस्थिति ने उस मांग को वास्तविकता में बदल दिया।

इतिहासकारों ने इतिहास की वास्तविकताओं को अपनी टेढ़ी-मेढ़ी सोच की तंग गलियों से गुज़ार कर मुसलमानों के ससम्मान जीने की जद्दोजेहद को नाइंसाफियों की असंतुलित नज़रों से देखा है। हिन्दुस्तान की जो वास्तविक परिस्थिति थी, उसने अंग्रेज़ों को यहां जम जाने का सुनहरा मौका दिया था। बहुत से हिन्दुओं ने, ख़ासकर बंगाल के "भद्र बंगालियों" ने इस तबदीली का स्वागत किया है, जबकि मुसलमानों ने कई वजहों से उसे नापसंद ही नहीं, बल्कि ख़ारिज किया। लिहाज़ा मुसलमानों को अपने बेलचक रुख़ की वजह से बड़ी

कीमत चुकानी पड़ी है। अंग्रेज़ों के द्वारा उठाये गए क़दम किसी-न-किसी रूप में मुसलमानों को चोट पहुंचाने के ही रहे, यह भी ऐतिहासिक सच्चाई है। बदले हुए हालात में जब मुसलमानों के जागरूक पढ़े-लिखे और खुशहाल लोगों के अंदर मुसलमानों की पस्ती और हर क्षेत्र में उनकी बदहाली और गिरावट का एहसास जगा, तो उनके अंदर भी अपनी क़ौम की स्थिति को सुधारने की सुगबुगाहट पैदा हुई। और वे सर सैयद अहमद खां उनके नुमाइंदे की हैसियत से सामने आते हैं, जिन्होंने 1857 की बरबादियों को देखा और खुद भुगता था। उन्होंने मेरठ से दिल्ली तक सड़कों के दोनों किनारों के पेड़ों पर मुसलमान खुशहाल रईसों की हज़ारों लाशें लटकी हुई देखी थीं, अपनी क़ौम की बेबसी पर आंसू बहाया था। मुसलमानों के अंदर जो अंग्रेज़-मुख़ालिफ मानसिकता थी, उन्होंने अपने सहयोगियों के साथ मिल कर उसको हक़ीकतपसंद (यथार्थवादी) बनाने की कोशिश की और उसके लिए शिक्षा की उचित व्यवस्था को प्राथमिकता दी। सर सैयद अहमद खां की पहल को तंग नज़र इतिहासकारों ने टेढ़ी नज़रों से देखा। बदकिस्मती से वे "नज़रों का टेढ़ापन" हर उस वयक्ति के सिलसिले में बरकरार रहा, जिसने भी "मुसलमानों" के हितों की बात की है।

राजा राममोहन राय ने हिन्दुओं के बीच व्याप्त सामाजिक कुरीतियों के खिलाफ न सिर्फ आवाज़ बुलंद की, बल्कि उसके सुधार के लिए अद्‌भुत पहल भी की थी। उचित माहौल बनाने की ख़ातिर शिक्षा के क्षेत्र को प्राथमिकता दी और 1817 में हिन्दू कॉलेज की स्थापना में सक्रियता से भाग लिया। (वही कॉलेज तरक्की करते हुए आज कलकत्ता के प्रेसिडेंसी कॉलेज के रूप में मौजूद है।) 20 अगस्त, 1818 को कलकत्ता में उन्होंने ब्रह्म-समाज की स्थापना की, ताकि हिन्दू धर्म के नाम पर जो कुरीतियों और अंध-विश्वास हिन्दुओं में व्याप्त है, उनसे लोगों को निजात मिले। 1827 में उन्होंने एंग्लो इंडियन स्कूल और वेदांता-कॉलेज स्थापित किए। हिन्दू-धर्म ग्रन्थों का बांग्ला और अंग्रेज़ी में अनुवाद किया, ताकि आमलोगों तक उनके संदेश पहुंच सकें। एक संवेदनशील चिंतक के नाते यहां की सामाजिक संकीर्णताओं और बौद्धिक जकड़न, राजनैतिक ऊहापोह और अंध-विश्वास से घिरे धार्मिक कटट्रपन से वह काफी विचलित रहे। सरकारी सहयोग से स्थिति में बदलाव आए, उसके लिए अंग्रेज़ी सरकार से उन्होंने नज़दीकी बनाई। उनकी भरपूर कोशिश रही कि सरकार हर क्षेत्र में सुधार के मुनासिब क़दम उठाये। अंग्रेज़ों की हुकूमत को हिन्दुस्तान के लिए उन्होंने वरदान भी माना। सामाजिक वास्तविकताओं के मद्देनज़र उन्होंने व्यावहारिक और यथार्थवादी रुख़ अपनाया था। अपनी सोच को स्पष्ट करते हुए 1823 में उन्होंने कहा था :

हम ईश्वर के कृतज्ञ हैं कि वरदान के रूप में ब्रिटिश हुकूमत यहां स्थापित

हुई। दिल की गहराइयों से हम प्रार्थना करते हैं कि जनहित में सक्रिय यह हुकूमत आनेवाली शताब्दियों तक यहां क़ायम रहे।[13]

अंग्रेज़ों ने सबसे पहले बंगाल में अपने क़दम जमाए थे और अपनी ज़रूरतों के मद्देनज़र व्यावहारिक संस्थानों की स्थापना की। अंग्रेज़ों के साथ ईसाई मशीनरीज़ के जत्थे भी ईसाईयत को फैलाने के लिए यहां आने लगे। नतीजतन इंग्लैंड और यूरोप में चल रहे सुधारों की प्रतिध्वनि बंगाल में भी सुनाई देने लगी। लिहाज़ा बंगाल में पढ़े-लिखे "भद्र लोगों" ने उदारवादी विचारों का न सिर्फ स्वागत किया बल्कि उसको आधार बना कर यहां भी सुधार के अभियान चलाए। इन अभियानों में राजा राम मोहन राय की सक्रियता काफी सराहनीय मानी गई और सबने उन्हें "फादर ऑफ द इंडियन रिनांसा" स्वीकारा।

अब तस्वीर के दूसरे पहलू पर नज़र डालें। हिन्दुओं और मुसलमानों को हिन्दुस्तान रूपी खुबसूरत दुल्हन की दो आंखें माननेवाले सर सैयद अहमद खां ने 1857 के बाद एंग्लो ऑरियंटल स्कूल क़ायम किया, ताकि मुसलमानों के अंदर शिक्षा के माध्यम से जागृति लाने की कोशिश की जाए, तो उन्हें अलगाववादी मानसिकता पैदा करनेवाला कहा गया। अलीगढ़ में मुस्लिम कॉलेज और 1920 में उसे अलीगढ़ मुस्लिम युनिवर्सिटि के स्तर पर पहुंचाना, सेपेरेटिस्ट टेंडेनसी पैदा करने वाले क़दम कैसे हो जाएंगे, जबकि 1916 में बनारस के काशी हिन्दू-विश्वविद्यालय की स्थापना करने वाले पंडित मदन मोहन मालवीय राष्ट्रभगत "महामना" मान लिये गए। जब मैथिली शरण गुप्त ने "भारत भारती" लिखी, तो वे राष्ट्रकवि कहलाए और अल्ताफ हुसैन हाली ने "मुसद्दस हाली" लिखी, तो उन्हें सर सैयद की पंक्ति में हमने खड़ा कर दिया। 1924 के बाद पनपी सांप्रदायिकता की ज़हरीली फिज़ा के बैकग्राउंड में "सारे जहां से अच्छा हिन्दुस्तां हमारा" के लिखनेवाले डॉ. मोहम्मद इकबाल ने मुसलमानों के लिए कुछ विशेष रियायतों और हिन्दुस्तान में एक सेफ-गोशे की बात की, तो उन्हें भी नहीं बख़्शा गया, उन्हें भी सेपेरेटिस्ट सर सैयद की पंक्ति में ही ला खड़ा किया गया। मास्टर तारा सिंह और डॉ. अम्बेडकर को मांगों पर हमारी नज़र नहीं गई। एक ही जज़्बा, एक ही मंशा, एक ही काम, एक ही पद्धति, एक ही मंज़िल, लेकिन अगर वे हिन्दुओं द्वारा संपन्न हुए, तो वह देशभक्ति मानी गई, उन्हें पुरस्कृत किया गया, उन्हें भरपूर सम्मान दिया गया। और वही काम जब एक ''मुसलमान'' ने किया, तो उसे इतिहासकारों ने ''सेपेरेटिस्ट मानसिकता'' का प्रवर्तक, पोषक और देशद्रोही सिद्ध कर दिया : **समरथ को नहीं दोस गोसाई।** सत्ता की राजनीति करने वालों ने उसे कहां से कहां पहुंचा दिया। यह तो एक दो बड़े लोगों की नज़ीर हमने पेश की है। पूरे देश में हज़ारों ऐसे लोग होंगे जिनकी कृतियों को ऐसी ही टेढ़ी-मेढ़ी नज़रों से देखा गया होगा और आज भी

देखा और परखा जा रहा होगा। सेक्यूलर प्रजातांत्रिक देश के ऐसे रहनुमा जिन्हें हिन्दुस्तान के ''संविधान को अक्षुण्ण बनाए रखना है उनके सामने यह बड़ी चुनौती है। यह मानसिकता कल भी ग़लत थी और आज तो निहायत ही अफ़सोसनाक है। आज़ाद सेक्यूलर हिन्दुस्तान की मान्यताओं और मर्यादाओं के साथ विश्व बिरादरी और मानवाधिकारों को ऐसी सोच खुला चैलेंज भी है। हमारा संविधान ''वी द पीपुल ऑफ इंडिया'' जैसे सुन्दर उद्घोष से शुरू होता है। हर हिन्दुस्तानी को समानता के आधार पर अपनी आकांक्षाओं को पूरा करने की ज़मानत के साथ संवेदनशील हिन्दुस्तानी होने की ज़िम्मेदारियों से भी उसे अवगत कराता है। अगर संविधान की आत्मा को नुकसान पहुंचाने की कोशिश किसी वर्ग, समुदाय या व्यक्ति द्वारा होती है तो वह हमारी गंगा-जुमनी संस्कृति और हिन्दुस्तानी ईथोस पर हमला होगा। और हमारी इस कमज़ोरी से फायदा उठाने की ताक में लगे हमारे बदख़ाहों को घात लगाने का सुनहरा मौका दे देगा।

हिन्दुओं और मुसलमानों को "दो क़ौम" मानने वाले प्रख्यात स्वतंत्रता सेनानी लाला लाजपत राय ने इस गंभीर विषय पर विस्तार से रोशनी डाली है। उनका मानना है कि "सेपेरेटिस्ट रिप्रेज़ेंटेशन" की जड़ें अलीगढ़ कॉलेज और "आर्य समाज" के मुहिमों से जुड़ी हुई हैं। दयानन्द सरस्वती और सर सैयद अहमद खां दोनों ही महान देशभक्त थे, लेकिन इन दोनों के अभियानों का अंजाम "सेपरेटिज़्म" की मानसिकता को जन्म देने वाले सिद्ध हुए। सर सैयद की अलीगढ़ मूवमेंट के नतीजे में मुसलमानों के अंदर शिक्षा की ललक तो पैदा हुई, उन्हें हुकूमत के नज़दीक भी ला दिया। सर सैयद ने मुसलमानों को कांग्रेस से अलग रहने की सलाह भी दी, ताकि सरकारी हलकों में मुसलमानों के प्रति नाराज़गी नहीं पैदा हो, और एक स्टेज ऐसा आया, जब कांग्रेस ही नहीं हिन्दू मुख़ालिफ रुख़ इस आंदोलन ने अपना लिया।[14] आर्य समाज के बारे में उन्होंने कहा कि इसने प्राचीन भारत की उपलब्धियों पर ज़ोर देते हुए मुस्लिम शासकों के काल में हिन्दुओं पर हुए अत्याचारों और के साथ मंदिरों को लूटने, उन्हें नष्ट करने की बातों को ज़रूरत से ज़्यादा प्राथमिकता देते प्रचारित किया। आर्य समाजियों ने ग़ैर-हिन्दुओं के विरुद्ध हिन्दुओं को संगठित करने की जो ज़ोरदार मुहिम चलाई उसकी तीखी प्रतिक्रिया में मुसलमानों के बीच सेपेरेटिस्ट भावना पैदा हुई और आगे चल कर वह मज़बूत हुई। स्वर्गीय बदरूद्दीन तैयबजी, रहमतुल्लाह, इजाज़ रसूल और अपने समकालीन लोगों में मौलाना अबुल कलाम आज़ाद, मोहम्मद अली जिन्ना, हसन इमाम और मज़हरूल हक की देशभक्ति और हिन्दू-मुस्लिम एकता के जज़्बों की लाला लाजपत राय ने काफी सराहना की है।[15] हिन्दू महासभा के अध्यक्ष के नाते लाला लाजपत राय ने बम्बई के हिन्दू-कॉन्फ्रेंस में 5 दिसंबर, 1925 को अपना अध्यक्षीय भाषण देते हुए कहा

था कि हिन्दू महासभा के गठन का मुख्य उद्देश्य हिन्दुओं को संगठित करना ही है। हिन्दुओं के सब वर्गों को एक दूसरे के नज़दीक लाकर उन्हें एक मज़बूत इकाई में बदलना इसकी प्राथमिकता है। हिन्दुओं के हित कैसे सुरक्षित रहें, उसके लिए कोशिश तो करनी ही है, हिन्दुओं को धार्मिक, शैक्षणिक, सामाजिक, आर्थिक और राजनैतिक स्तर पर सुदृढ़ बनाना भी इसके मुख्य उद्देश्य हैं।[16] यहां एक हकीकत क़ाबिले-ग़ौर है कि जब एक हिन्दू लाला लाजपत राय और दयानंद सरस्वती की देशभक्ति पर कोई प्रश्न नहीं उठा सकता, तो अगर कोई ग़ैर-हिन्दू मुसलमान लीडर अपने समुदाय को संगठित करने और उनके हितों की सुरक्षा की ज़मानत मांगने की पहल करे, तो उसे "सेपरेटिस्ट" क्यों कर कहा जायेगा ? परिस्थति का जब निष्पक्ष विश्लेषण किया जायेगा, तो यह स्पष्ट होगा कि मापदंड के इसी दोहरे अंदाज़ ने उलझनों को जन्म दिया और समय बीतने के साथ उसी ने सत्ता में भागेदारी की कशमकश का रूप ले लिया और आगे चल कर उसका अंजाम अच्छा नहीं हुआ।

आज आज़ादी के 64 वर्षों के बाद हर वर्ग और समुदाय की सत्ता में उचित भागीदारी और रिज़रवेशन के प्रश्न पर हिन्दुस्तान में जो स्थिति बनी हुई है, उसे देखते हुए अंग्रेज़ों की मौजूदगी में विभिन्न पार्टियों, संगठनों और समुदायों की सत्ता में उचित हिस्सेदारी की कशमकश का अंदाज़ा लगाना आसान हो गया है। पार्लियामेंट्री डेमोक्रेसी में अडल्ट फ्रेंचाइज़, "एक व्यक्ति, एक वोट" की व्यवस्था ने सत्ता में भागीदारी की ललक को बेहिसाब बढ़ाया है और मंडल कमीशन की रिपोर्ट के लागू हो जाने के बाद कितने ही आयोग विभिन्न जातियों की हिस्सेदारी को सुरक्षित कराने की ज़मानत देती बन चुकी है। ऐसी परिस्थति में उस वक्त यानी आज़ादी से पहले जो नतीजा सामने आया, वह उस वक्त की पेचीदा परिस्थिति के बैकग्राउंड में स्वाभाविक ही कहा जायेगा, अब उसकी कीमत चाहे जिस किसी को भी चुकानी पड़े...।

मिस्टर जिन्ना की जीवनी लिखने वाले वीरेन्द्र कुमार बरनवाल ने अपनी पुस्तक का समापन इन शब्दों में किया है :

''जिन्ना महाभारत के एक अप्रतिम पात्र कर्ण की स्मृति ताज़ा कर देते हैं, पांडवों का रक्त होने के बावजूद जिसकी नियती थी कौरव-पक्ष से लड़ने की। इसमें दो राय नहीं कि गांधी और नेहरू की तरह जिन्ना भी भारतीय उपमहाद्वीप में समय-समय पर एक और पुनर्दृष्टि की मांग करते रहेंगे। इतिहास के अपने ढंग के एक अद्वितीय व्यक्तित्व के नाते यह उनका हक़ है।''[17]

सन्दर्भ

1. ज़मज़म, लाहौर, 9 अगस्त, 1944, उद्धरित मु. फारुक कुरैशी, मौलाना अबुल कलाम आज़ाद और क़ौम प्रस्त मुसलमानों की सियासत, एडूकेशन पब्लिशिंग हाउस, दिल्ली, 2004, पृष्ठ 539 ।

2. रविन्द्र कुमार और हरिदेव शर्मा, सिंडिकेट वर्क्स आफ मोतीलाल नेहरू, खंड VI, एन.एच.एम. एल., विकास,पृष्ठ 582-590, उधारित जिन्ना एंड तिलक-कामरेड इन फ्रिड्म स्ट्रगल, ऐ. जी. नूरानी, ऑक्सफोड प्रेस, करांची, 2010, पृष्ठ 89-91
3. जनकधारी प्रसाद, कुछ अपनी, कुछ देश की, जानकी प्रकाशन, पटना, 2009 पृष्ठ 93-94
4. राम वृक्ष बेनीपुरी, "कुछ मैं कुछ वे", अनामिका पब्लिशर्स, दिल्ली, 2012 पृष्ठ 36-37
5. ज़ेड. ए. अहमद, मेरे जीवन की कुछ यादें, नेशनल बुक ट्रस्ट, नई दिल्ली, ऊर्दू, 2009, पृष्ठ 71-72
6. मधु लिमय : डा. अम्बेडकर, एक चिन्तन, सरदार बल्लभ भाई पटेल, ऐजुकेशनल सोसाइटी, नई दिल्ली, 1990, पृष्ठ 53
7. वही, पृष्ठ 36-37
8. ऐ. जी. नूरानी, जिन्ना और तिलक, कामरेड इन फ्रिडम स्ट्रगल, आक्सफोर्ड प्रेस, कराची, 2010, पृष्ठ XVI-VII
9. वही, पृष्ठ VII
10. वही, पृष्ठ VIII
11. डॉ. बाबा साहेब अम्बेडकर, लेख और भाषण, खंड-8, शिक्षा विभाग, महाराष्ट्र सरकार, 1990 पृष्ठ 328
12. डा. सच्चिदानन्द सिन्हा, जिन्ना, जैसा मैंने उन्हें जाना, खुदा बख़्श ऑरियन्टल पब्लिक लाईब्रेरी, पटना, 1993, पृष्ठ 14-15
13. विरेन्द्र ग्रोवर, राजा राम मोहन राय, दीप एंड दीप पब्लिकेशन, नई दिल्ली, 1998, पृष्ठ 172-173
14. लाला लाजपत राय, राईटिंग एंड स्पीचेज़, खंड-2, यूनिवर्सिटी पब्लिकेशन, नई दिल्ली, 1966, पृष्ठ 192-195
15. वही
16. वही
17. वीरेन्द्र कुमार बरनवाल, जिन्ना-एक पूर्ण दृष्टि, राजकमल प्रकाशन, नई दिल्ली 2005, पृष्ठ 379

उर्दू की आकर्षक पहचान के साथ उसे ऊंचाइयों तक पहुंचाने में मुंशी नवल किशोर,दयाशंकर नसीम, नेहाल चंद लाहौरी, मेहर चंद खतरी, प्रेम चंद, फिराक़ गोरखपुरी, पंडित ब्रज नारायण चकवस्त, पंडित रतन नाथ शरशार, गोपीनाथ अमन, कृष्ण चंद्र, जगन्नाथ आज़ाद कुंवर महेन्द्र सिंह बेदी एक लंबी सूची उन ग़ैरमस्लिम उर्दू के साहित्यकारों की है जिनके जिक्र किए बिना उर्दू साहित्य का हतिहास अधूरा है।

इतिहास से हमने कुछ नहीं सीखा...

1937 में सत्ता सुख और आज़ादी की पहली किस्त मिलजाने के बाद मुकम्मल आज़ादी और फिर सत्ता में सब की भागीदारी के सवाल पर जो कशमकश चली, उसने हिन्दुस्तानियों को बड़ी कीमत चुकाने पर मजबूर किया। 15 अगस्त, 1947 को आज़ादी की लड़ाई जब मंज़िल पर पहुंची, तो हम झुलसे हुए लुटे-लुटाए ज़ख़्मों से चूर थे। 14 अगस्त, 1947 को हिन्दुस्तान को दो अन-नेचुरल टुकड़ों में बांट कर एक अलग आज़ाद देश "पाकिस्तान" बनाया गया था। इस राजनीतिक डेवलपमेंट ने इस उपमहाद्वीप में सदियों के आपसी मेल-मिलाप और साझे तजुर्बों की बुनियाद पर संवरे और विकसित हुए सौहार्दपूर्ण सामाजिक ताने-बाने को पूरी तरह तार-तार कर दिया। बड़े पैमाने पर हुए सांप्रदायिक दंगों के कारण हिन्दुस्तान और पाकिस्तान में हर जगह ग़म, गुस्से, मायूसी और अविश्वास का माहौल था और तनाव की परिस्थिति में अधिकांश हिन्दू, सिख और मुसलमान जी रहे थे। इमरजेंसी में सिज़ेरियन-प्रसव जैसी प्रक्रिया अपना कर अनचाही परिस्थिति में पाकिस्तान का जन्म हुआ था और उस विकट परिस्थिति में नए जनमे मासूम बच्चे के लिए जिस संवेदनशील माहौल की स्वाभाविक ज़रूरत होती है, वह उसे मुयस्सर नहीं था। एक नए मुल्क को अपनी नई व्यवस्था बनाने, उसे सुदृढ़ और संतुलित बनाए रखने में जो नॉरमल माहौल चाहिए था, उसका वहां पूरा अभाव था। सिज़ेरियन सर्जरी की प्रक्रिया से गुज़री "मां" की जो पीड़ा होती है, बंटवारे के बाद वह पीड़ा हिन्दुस्तान भी भुगत रहा था और सांप्रदायिक दंगों की गंभीरता ने यहां की स्थिति को एबनॉरमल बना दिया था। अपने एक हिस्से के अलग हो जाने की जानलेवा तकलीफ को बरदाशत करना यहां भी आसान नहीं था, लेकिन एक अनहोनी वास्तविक रूप लेकर दो देशों की शक्ल में स्थापित हो चुकी थी और यथार्थ को स्वीकारना सब की मजबूरी थी। व्यवस्था और व्यावहारिकता के मद्देनज़र दोनों देशों की वस्तु स्थिति में पैदाइशी तौर पर थोड़ा फर्क था। चूंकि ब्रिटिश सरकार के विभिन्न विभागों के मुख्यालय दिल्ली, कलकत्ता और हिन्दुस्तान के अन्य बड़े शहरों में मुख्यतः कार्यरत थे, अतः यहां बनी बनाई व्यवस्था और कारगर

इन्फ्रास्ट्रक्चर मौजूद थे। बंटवारे का असर यहां भी था, लेकिन उसे जल्द ही पटरी पर लाने की यहां पूरी गुंजाइश थी। लेकिन, वहां पाकिस्तान में बहुत कुछ नए सिरे से बनाया जाना था। नए मुल्क के लिए मुनासिब अर्थव्यवस्था के साथ नए प्रशासनिक इन्फ्रास्ट्रक्चर को विकसित करना तो था ही, नए मुल्क के तकाज़ों के मुताबिक माहौल और लोगों की मानसिकता भी बनानी थी, जो कोई आसान काम नहीं था। सब बड़े कल-कारख़ाने, बिजली घर, खनिज पदार्थों के भंडार, डिफेन्स के प्रायः सभी बड़े इस्टेब्लिशमेंट हिन्दुस्तान के हिस्से में आए थे। अतः, पाकिस्तान के सामने मुश्किलें ही मुश्किलें थीं। पैदाइशी तौर पर वह दो हिस्सों में बंटा हुआ भी था। एक हिस्से से दूसरे हिस्से (पूर्वी पाकिस्तान) तक आने-जाने के लिए हज़ारों मील का समुद्री रास्ता तय करना पड़ता था और जो ज़मीनी और हवाई रास्ते थे, वे हिन्दुस्तान से होकर गुज़रते थे, जिसे इस्तेमाल करने के लिए उसे हिन्दुस्तान की इजाज़त की ज़रूरत थी। नए देश "पाकिस्तान" के बन जाने और जज़्बाती माहौल के स्थिर होने के बाद जब वास्तविकताएं सामने आईं, तब पता चला कि नए मुल्क पाकिस्तान के ज़िम्मेदार लोगों के सामने हर क्षेत्र में चुनौतियां-ही-चुनौतियां मुंह बाये खड़ी थीं।

दोनों देशों की साझी विरासत रही, एक ही इतिहास और भूगोल रहा, लेकिन उन्हें अब दो बनाने की प्रक्रिया चल रही थी। सत्ता में भागीदारी की कशमकश और साम्राज्यवादी अंग्रेज़ों के षड्यंत्र के नतीजे में हिन्दुस्तान की दो मुख्य इकाइयों को "दौ क़ौम" साबित करती सत्ता की राजनीति सफल हो गई थी और अब हिन्दुस्तान की वास्तविकताओं से अनजान रेडिकिल्फ़ ने हिन्दुस्तान को विभाजित करने के लिए जो टेढ़ी-मेढ़ी लकीरें खींची थीं, उसके आधार पर भौगोलिक वास्तविकताओं को भी बदला जा रहा था। दोनों तरफ पेचीदगियां-ही-पेचीदगियां थीं। दोनों तरफ एक-दूसरे के प्रति अविश्वास का माहौल था।

हिन्दुस्तान के विभिन्न संगठनों के स्थापित बड़े हिन्दू नेताओं और कांग्रेस और उसे सर्मथन देनेवाली पार्टियों के मुस्लिम नेताओं ने मुस्लिम लीग के "दो राष्ट्र" के सिद्धांत और उस बुनियाद पर "पाकिस्तान" के बनने की भरपूर मुख़ालफत की थी। लेकिन, मुख़ालफत के बावजूद परिस्थिति ने "पाकिस्तान" को एक वास्तविकता के रूप में बदल दिया था। 14 अगस्त, 1947 को उसकी स्थापना का एलान हो गया और एक आज़ाद देश की हैसियत में वह विश्व बिरादरी में शामिल होकर मान्यता प्राप्त कर चुका था। लेकिन, अभी भी हिन्दुस्तान में ऐसे लोग थे, जिन्हें यह तबदीली गवारा नही थीं। पाकिस्तान के वजूद को अस्वीकार करनेवाले ऐसे ही ज़िम्मेदार लोगों के अक्सर वक्तव्य भी देखने को मिल रहे थे कि "पाकिस्तान" बन तो गया है, पर वह कितने दिनों

तक टिकेगा...? बस साल-दो साल... महीने-छह महीने, यही इसकी ज़िंदगी है। जिन परिस्थितियों में पाकिस्तान वजूद में आया था, वह अपने आप में भयावह परिस्थिति थी। उस माहौल में नए-नए बने पाकिस्तान के संबंध में फैली अफ़वाह और निराशाजनक वक्तव्य का पाकिस्तान में रचनात्मक असर नहीं पड़ रहा था। वहां भी हिन्दुस्तान के खिलाफ नकारात्मक मानसिकता मज़बूत हो रही थी। गोवा सत्याग्रह और फिर गोवा का हिन्दुस्तान में विलय, हैदराबाद में हिन्दुस्तान का पुलिस एक्शन (1948) और जूनागढ़ का हिन्दुस्तान में विलय (1948) कुछ ऐसी घटनाएं थीं, जिनकी वजह से डर की मानसिकता में गिरफ्तार वहां की लीडरशिप और आम लोग "हिन्दुस्तान" को सशंकित नज़रों से देखने लगे। शक के वातावरण में वहां लोगों के ज़ेहन में यह बात बैठ गई कि हिन्दुस्तान और हिन्दुस्तानी, ख़ासकर यहां के हिन्दू, जो अखंड भारत का सपना वर्षों से दिलों में संजोये हुए थे, वे उसको भूलने को तैयार नहीं, पाकिस्तान के वजूद को मानने को ही तैयार नहीं, वे किसी वक्त उसे ख़त्म कर सकते हैं, ताक़त के ज़ोर पर पुनः अपने में मिला भी ले सकते हैं। नतीजतन अपनी स्थापना के कुछ दिनों के बाद ही अपनी सुरक्षा के मद्देनज़र पाकिस्तान बग़दाद और सिन्टो-पैक्ट जैसे पश्चिमी देशों के सैनिक-सुरक्षा संगठनों का सदस्य बन कर अमेरिकी ख़ेमे में जा बैठा। कश्मीर में पाकिस्तान समर्थित कबाइली घुसपैठ (1947) के साथ दोनों नए पड़ोसी देशों के बीच कटुता भरे टकराव का सिलसिला शुरू हुआ । यही वह समय है, जब पाकिस्तान की सरकारी नीतियों में फ़ौजियों की दख़लंदाज़ी भी शुरू हुई, जो समय बीतने के साथ मज़बूत और अनिवार्य होती चली गई, नतीजतन वहां प्रजातंत्र की जड़ें नहीं जम सकीं। वहां की राजनीतिक स्थिति अमेरिकी खेमों को वहां पैर जमाने का मौका देती रही । नतीजा यह हुआ कि पाकिस्तान में न आत्म-निर्भरता आई, और न आत्म-विश्वास और न वहां सरकारों की स्थिरता। 1971 में पूर्वी पाकिस्तान बांग्लादेश बन गया और पाकिस्तान कटट्रपंथियों का गढ़। पड़ोसी देश अफ़ग़ानिस्तान की घटनाओं का असर भी यहां पड़ना था ही, लिहाज़ा किसी-न-किसी बहाने वहां अमेरिकी दख़लंदाज़ी शुरू हुई। यू.एन.ओ. के प्रस्ताव की आड़ में उन कटट्रपंथियों पर अमेरिकी बम गिरने लगे और वह क्षेत्र नए अमेरिकी हथियारों की प्रयोगशाला बन गयी। नतीजतन पाकिस्तान ही नहीं पूरे उपमहाद्वीप के लिए आज ख़तरनाक स्थिति बनती चली जा रही है।

पाकिस्तान के बाबा-ए-क़ौम कायदे आज़म मोहम्मद अली जिन्ना (1876-1948) की 11 सितंबर, 1948 को मृत्यु और हिन्दुस्तान की अंतरिम सरकार में वित्त मंत्री रहे पाकिस्तान के पहले प्रधानमंत्री लियाक़त अली खां की पेशावर की जनसभा में 1951 में हत्या के बाद वहां राजनैतिक अस्थिरता

और साज़िशों का सिलसिला चला। 17 अप्रैल, 1953 को दूसरे प्रधानमंत्री ख़्वाजा निज़ामुद्दीन को जनरल गुलाम मुहम्मद ने बर्ख़ास्त कर खुद को राष्ट्रपति घोषित कर वहां न ख़त्म होने वाली राजनीतिक अस्थिरता और फ़ौजी दख़लअंदाज़ी की शुरुआत कर दी। क्षेत्रीयता के अभिशाप ने भी रंग लाना शुरू किया। सत्ता की कशमकश के उस माहौल में हिन्दुस्तान से गए मुहाजिरों के लिए बुरे दिनों की आमद की आहट सुनाई पड़ने लगी थी। केंद्रीय सत्ता में निराशाजनक तबदीलीयों का ऐसा सिलसिला चला कि लोग यह कहने की स्थिति में नहीं रहे कि आज जो प्रधानमंत्री या राष्ट्रपति वहां हैं, कल वे रहेंगे भी या नहीं। मार्शल लॉ, राष्ट्रपतियों की तानाशाही, मंत्रियों और प्रधानमंत्रियों की हत्याओं ने पाकिस्तानियों की रोज़मर्रा की ज़िंदगी को तो उलझा दिया ही, वहां की व्यवस्था सवालों के घेरे में आती गई। सरकारी नीतियां, ख़ासकर विदेश नीति, हिन्दुस्तान-विरोध पर ही केंद्रित रही और हिन्दुस्तान के प्रति हमेशा आशंकाओं का माहौल ही बना रहा। नतीजतन दोनों देशों के बीच तीन लड़ाइयां हुई और सर्द और गर्म रिश्तों का सिलसिला अब तक चलता आ रहा है। कश्मीर की समस्या दोनों देशों के बीच अविश्वास और टकराव की फिज़ा बनाने में अहम मुद्दा रही है। 1971 में बांग्लादेश के बनने के बाद इस उपमहाद्वीप की राजनीति ने मज़ीद उलझनों को जन्म दिया और दोनों देशों के बीच मौजूद गहरी खाई और गहरी हो गई है।

आज़ादी के बाद हिन्दुस्तान में भी स्थिति को नॉरमल होने में काफ़ी वक्त लगा। यहां प्रशासनिक इन्फ्रास्ट्रक्चर मौजूद था और तजुर्बेकार लीडरशीप की मौजूदगी में स्थिति को संभालने में जल्द कामयाबी मिली। गांधीजी अभी मौजूद थे और अपनी मान्यताओं पर पड़ रहे चौतरफ़ा हमलों के साथ अपने अनुयायियों की बेरुख़ी की पीड़ा झेल रहे थे। लेकिन, शांति और सौहार्द का माहौल कैसे बना रहे उनकी प्राथमिकता रही। आज़ादी की लड़ाई में सक्रिय भूमिका निभानेवाले उनके अनुयायियों के सामने जब सत्ता आ गई, तो उन्होंने उसे ही तरजीह दी, गांधीजी को नज़रअंदाज़ कर दिया था। बंटवारे के बाद पाकिस्तान के वजूद को उन्होंने एक यथार्थवर्दी स्टेट्समैन के नाते खुले दिल से स्वीकार किया था और दोनों देशों के बीच अच्छे रिश्ते क़ायम रहें, इसके लिए उचित माहौल बनाने में वे सक्रियता से लगे रहे। वे कश्मीर की परिस्थिति से चिंतित थे और इस समस्या को यू.एन.ओ. में ले जाने के खिलाफ थे, लेकिन सत्ता में बैठे लोगों ने उसे अस्वीकार किया। 4 जनवरी, 1948 को दिल्ली की अपनी प्रार्थना सभा में उन्होंने कहा था कि इन देशों (हिन्दुस्तान और पाकिस्तान) को अपनी समस्याएं खुद मिल बैठ कर तय कर लेना चाहिए। अपने विवादों को हल करने के लिए तीसरे पक्ष को इसमें लाना इन दोनों देशों के लिए नुकसानदेह होगा

और आगे चल कर दोनों बड़ी शक्तियों के गुलाम हो जाएंगी। गांधीजी की वे शंकाऐं अब वास्तविक रूप में हमारे सामने हैं।

गांधीजी पूरी तरह समझ चुके थे कि जवाहर लाल और कांग्रेस उनके सपनों के हिन्दुस्तान की अवधारणाओं से सहमत नहीं। "हिन्द-स्वराज्य" की मान्याताओं के बजाय पश्चिमी पार्लियामेंट्री डेमोक्रेसी और वहां का विकास मॉडल ही उनकी प्राथमिकता है। जवाहर लाल ने गांधीजी को लिखे अपने पत्रों में इसका संकेत दे दिया था और अपने उठाए कदमों से स्पष्ट कर दिया कि भारत का नव-निर्माण और उसकी चौतरफ़ा तरक्क़ी पार्लियामेंट डेमोक्रेसी और पश्चिम की विकास पद्धति को अपनाने से ही सम्भव है। अक्टूबर 1945 में गांधीजी से हुये उनके पत्राचार से यह बात स्पष्ट हो गई थी कि आज़ाद हिन्दुस्तान गांधीजी की परिकल्पनाओं का हिन्दुस्तान नहीं बनने जा रहा है। गांधीजी अपने अनुयायियों के बदले रवैये से निराश हो चुके थे, लेकिन देश की जो परिस्थिति बन गई थी उसमें कोई नई पहल करना उन्होंने मुनासिब नहीं समझा। अतः, शांति स्थापना ही उनकी प्राथमिकता बनी रही।[1] चौसंठ वर्षों के आज़ाद हिन्दुस्तान का इतिहास स्पष्ट कर रहा है कि इस उपमहाद्वीप की अधिकतर समस्याएं और हिन्द-पाक रिश्तों की उलझने कश्मीर से ही जुड़ी हुई हैं, और पश्चमी शक्तियां यू.एन.ओ. की आड़ में चूहे-बिल्ली का खेल खेल कर अपने हथियारों का कारोबार चमकाये हुए हैं और अब तक का अपनाया विकास मॉडल भी सब हिन्दुस्तानियो की तक़दीर नही बदल सका है।

हम उन राजनीतिक परिस्थितियों का जायज़ा ले चुके हैं, जहां स्थिति कुछ ऐसी बन गई थी जहां गांधीजी अकेले नज़र आते हैं, और उनके नहीं चाहने के बावजूद देश का विभाजन हुआ और हिन्दुस्तान की कोख से पाकिस्तान का जन्म हुआ। अपनी कोशिशों में मात खाए गांधीजी ने खुले दिल से यथार्थ को स्वीकारा और न सिर्फ पाकिस्तान के वजूद को खुले दिल से कबूल किया, बल्कि अपने शांति मिशन में उसी तन्मयता से लगे रहे, जिस तरह पहले लगे हुए थे। दोनों देशों के बीच शांतिपूर्ण रिश्ता कायम हो, दोनों देशों की अवाम के बीच सौहार्द का रिश्ता बना रहे, यह कोशिश उनकी प्राथमिकता थी, उस मकसद से वह पाकिस्तान जाने की योजना भी बना चुके थे। उनका मानना था कि पाकिस्तान और अखंड हिन्दुस्तान की कशमकश अब समाप्त हो चुकी है। इस वास्तविकता को हमें स्वीकारना होगा और दोनों देशों में हिन्दू और मुसलमान सामान्य नागरिक के रूप में साथ-साथ रहें, यही कोशिश सब की होनी चाहिए। बीते हुए कल की बातों पर मातम करना आगे बढ़ने के रास्ते में सहायक नहीं, बल्कि बाधक ही बनेगा। उन्होंने साफ शब्दों में लोगों से कहा। उन्होंने सलाह दो कि वस्तुस्थिति को स्वीकार करते हुए अपने को सभ्य-नागरिक के रूप में विकसित करने की लोगों को

कोशिश करनी होगी। हौसला बढ़ाते हुए अल्पसंख्यकों को उन्होंने सलाह दी कि उन्हें भी समझना चाहिए कि बहुसंख्यकों की तरह वे भी इस देश के सम्मानित नागरिक हैं और देश के निर्माण में उन्हें अहम भूमिका भी निभानी है।

ऐतिहासिक घटनाओं के परिप्रेक्ष्य में परिस्थिति के निष्पक्ष मूल्यांकन से स्पष्ट होता है कि गांधीजी ही एक मात्र ऐसे "हिन्दू" हैं, जिन्होंने पाकिस्तान बनने की पुरज़ोर मुख़ालफ़त करते अपनी लाश पर देश के विभाजन की बात की, लेकिन जब उनकी चाहत के खिलाफ़ राजनीति ने करवट ले ली और पाकिस्तान बन गया, तो उसके वजूद को खुले दिल से स्वीकार किया। हिन्दुस्तान के साथ पाकिस्तान में भी शांति स्थापित हो, उसके लिए अपनी प्रतिबद्ध तत्परता दिखाई और वहां की परिस्थिति का जायज़ा लेने पंडित सुन्दरलाल को अपना नुमाइंदा बना कर पाकिस्तान के गवर्नर जनरल मुहम्मद अली जिन्ना और प्रधानमंत्री लियाक़त अली खां से मिलने के लिए भेजा था, ताकि अपने शांति मिशन में वह पाकिस्तान जा सकें, यह फ़िज़ा बने। 12 फरवरी, 1948 का दिन भी उनकी रवानगी का लगभग तय था, लेकिन अफ़सोस की बात है कि उनकी वह योजना कामयाब नहीं हो सकी, सत्ता की राजनीति रास्ते में हायल हो गई। 30 जनवरी, 1948 को उनके मार दिये जाने के बाद "पाकिस्तान" को एक आज़ाद और सार्वभौम देश माननेवाला शायद ही कोई "हिन्दू" बच रहा हो। आज चौंसठ वर्षों के बाद जो परिस्थिति है, उसमें स्पष्ट होता है कि वाकई "पाकिस्तान" एक सार्वभौम मुस्लिम देश "पाकिस्तान" के रूप में हिन्दुस्तानियों, ख़ासकर हिन्दुओं की अकसरियत को मान्य नहीं है। वास्तविकताओं को भूठलाते इस नकारात्मक दृष्टिकोण का नतीजा भी ग़ैर रचनात्मक ही शुरू से दिखता चला आ रहा है। इस मानसिकता का बुरा प्रभाव दोनों पड़ोसियों के रिश्तों पर तो पड़ता ही रहा है। यहां की हिन्दू और मुस्लिम आबादी के रिश्तों को भी इसने बहुत प्रभावित किया है । नतीजतन दोनों समुदायों की ख़ासी बड़ी आबादी के बीच अविश्वास के रुझान का न ख़त्म होनेवाला सिलसिला चलता आ रहा है। चूंकि सोच की यह "कुंठा" हमारे बीच गहराइयों तक मौजूद है, परिस्थिति के मद्देनज़र वह कभी उभर कर सामने आती है और कभी अंदर-ही-अंदर हमारी सोच और व्यवहार को स्थिर नहीं होने देती और "सांप्रदायिकता" के रूप में अक्सर वह उभर आती है। यह गर्म और सर्द रिश्तों का सिलसिला हमारी ही नहीं, शायद इस पूरे उप-महाद्वीप की तकदीर बन गई है।

बंटवारे के फलस्वरूप दो आज़ाद देश तो बन गए लेकिन दोनों के बीच के रिश्तों पर अविश्वास का कोहरा छाया रहा। पाकिस्तान में किसी तरह की बदअमनी उभरे या वहां कोई दुखद वारदात हो, वहां की व्यवस्था को उस घटना के पीछे हिन्दुस्तानी एजेंट और खुफिया एज़ेंसी रॉ (RAW) का हाथ नज़र आने

लगता है और फिर बड़े पैमाने पर हिन्दुस्तान विरोधी प्रचार शुरू हो जाता है। वहां बच रहे हिन्दू और सिख उसी दुखद परिस्थिति से दो-चार हो जाते हैं, जो यहां के मुसलमानों की अकसर हो जाती है। ख़ौफ की मानसिकता से ग्रस्त पाकिस्तान हमारे मुकाबले में छोटा देश है और वहां बदकिस्मती से डेमोक्रेसी की जड़ें नहीं जम पाई हैं। वहां की नीतियों के निर्धारण में "सिविल" से ज्यादा "मिलिट्री" फोर्सेज़ का हस्तक्षेप होता रहा है। पाकिस्तान को तोड़ कर बांग्लादेश बनाए जाने के बाद हिन्दुस्तान मुख़ालिफ मानसिकता वहां और मज़बूत हुई है। इस क्षेत्र में अपने हितों को साधने के लिए पश्चिमी देशों की भी नीति रही है कि इस इलाके में असंतुलन बना रहे, ताकि उन्हें उनकी बिगड़ी हुई स्थिति से फ़ायदा मिले। उनके हथियारों का कारबार भी चमके और दोनों देशों के बीच मध्यस्थता करने का सुअवसर भी उन्हें मिले और मानव मूल्यों के प्रहरी की उनकी तथाकथित छवि बरक़रार रहे।

यहां हिन्दुस्तान में भी थोड़े फ़र्क़ के साथ सोचने का अंदाज़ वहां से बेहतर नहीं है। हर अप्रिय घटना के पीछे पाकिस्तानी ख़ुफिया एजेंसी आई.एस.आई. (ISI) या उससे तथाकथित प्रेरित व्यक्तियों और संगठनों की करतूत हमें भी नज़र आने लगती है। दोनों तरफ़ की कुछ धटनाओं में इन संगठनों के हाथ हो भी सकते हैं और नहीं भी, दोनों स्थिति की गुंजाइश है। चूंकि दोनों देशों के बीच आशंकाओं और अविश्वास की जड़ें पैदाइशी तौर पर गहरी हैं, इसलिए बिना तहक़ीक़ात के उनकी तरफ़ इशारा कर देना बहुत आसान होता है। दोनो देशों की सरकारें तो आमने-सामने दिखने लगती ही हैं, हिन्दुओं और मुसलमानों के बीच भी कटुता बढ़ती है, तनाव पैदा हो जाता है। दोनों देशों के आपसी शक-व-शुभा के माहौल में विघटनकारी तत्व परिस्थिति का लाभ उठाना चाहते हों, इसकी भी पूरी गुंजाइश बनी रहती है। पाकिस्तान से प्राप्त विश्वसनीय सूचनाओं के अभाव में वहां के बारे में यक़ीन से कुछ कहना मुश्किल है, लेकिन यहां हिन्दुस्तान में जब कोई अप्रिय घटना घटती है, तो कुछ रटे-रटाये मुस्लिम संगठनों का नाम उछाल कर बिना जांच किए, बिना वारंट के पुलिस कुछ मुसलमानों को पहले सलाख़ों के पीछे पहुँचा देती है और उसके बाद जांच-पड़ताल में लगती है। देखा गया है कि इस प्रक्रिया में ज्यादातर निर्दोष मुसलमान पुलिस के टारगेट बन जाते हैं। पहले दाढ़ी वाले मौलवी, मदरसे और नौजवान शिकार बनते थे और अब व्यवसायी, कारीगर, इंजीनियर, कंप्यूटर के जानकार और डॉक्टरों की शामत आई हुई है। इस प्रकरण में पुलिस और जांच एजेंसियों की निष्पक्षता सवालों के घेरे में है। ऐसे पुलिस एक्शन का देशव्यापी विरोध होने लगा है। बिहार और यू.पी. के कुछ इलाके ऐसे एक्शन के निशाने पर हैं और यहां की स्थानीय सरकारें मुसलमानों के साथ मानवीय अधिकारों से

जुड़े संगठनों की आलोचनाएं झेल रही हैं क्योंकि इस पक्षतापूर्ण रवैये से असली मुजरिम तक पहुंचना मुश्किल हो रहा है।

दुनिया में हमारी पहचान एक ऐसे बड़े प्लूरल बनावट वाले लोकतांत्रिक सेक्युलर देश की है, जिसका धार्मिक और सामाजिक ताना-बाना बडा़ उलझा हुआ है। अपने हितों को साधने की कोशिशों में आपसी कशमकश और टकराव की स्वाभाविक परिस्थिति भी अक्सर बनती रहती है। शुद्ध सत्ता की राजनीति करनेवाले लोगों के लिए यहां की सामाजिक संरचना की उलझी स्थिति अक्सर अनुकूल सिद्ध होती है और उससे फ़ायदा उठाने का खूब मौक़ा उन्हें मिलता रहता है। वेस्ट मिनिस्टर पद्धति पर आधारित हमारा लोकतंत्र बालिग़ मताधिकार की एक व्यक्ति एक वोट व्यवस्था पर आधारित है। इस व्यवस्था का ग़लत इस्तेमाल यहां खुल कर होता रहा है। अगर संजीदगी से देखा जाए, तो थोड़े से अंतर के साथ "जातीय" और "सांप्रदायिक" राजनीति एक ही सिक्के के दो पहलू हैं। लेकिन, इस राजनीति का समाज पर जो असर पड़ता है, उसमें थोड़ा फर्क है। एक समाज में विषमता पैदा करती है तो दूसरा कटुता और जल्द न मिटने वाली खाई। और परिस्थति से फायदा उठाने की फिराक में दोनों ही मानसिकता वाले लोग लगे रहते हैं। ख़ासकर सांप्रदायिकता की राजनीति करनेवाले तत्व ऐसे मौकों की तलाश में ही रहते हैं और मौक़ा न मिले, तो भी वैसी स्थिति बनाने में उन्हें महारत हासिल है। सांप्रदायिकता फैलाने के सिलसिले में यहां की मीडिया का रोल भी रचनात्मक नहीं रहा है। कुछ असली और कुछ फर्जी तथ्यों को ड्रामाई अंदाज़ में प्रस्तुत करने की वजह से दो समुदायों के बीच जो तनाव बढ़ता है, उसका असर सरहद पार तक पहुंचता है । दोनों तरफ हिन्दुओं और मुसलमानों के बीच अविश्वास की खाई कुछ और ही बढ़ जाती है। सुबह से शाम तक अकसर यही प्रचार-प्रसार किया जाता है कि यहां की सारी अप्रिय घटनाओं के पीछे पाकिस्तान का हाथ है। ऐसे दुष्प्रचारों का परिणाम यह होता है कि "पाकिस्तान" और यहां के मुसलमानों के खिलाफ नकारात्मक माहौल बनता है, क्योंकि उस "षड्यंत्रकारी पाकिस्तान" को तो मुसलमानों ने ही बनवाया है, यहां यही मानसिकता पहले से बनी हुई मौजूद है। देश के बंटवारे के वक्त से ही ग़लत जानकारियों की बुनियाद पर जो वातावरण बनाया गया, उसकी रोशनी में पाकिस्तान बनवाने के मुजरिमों में सिर्फ-और-सिर्फ "मुसलमान" ही दिखाए जाते रहे हैं, जो ऐतिहासिक सच्चाई नहीं है। मुस्लिम लगी कुछ मुसलमानों की पार्टी रही। उसमें पाकिस्तान की मांग की, उसे साफ़ कहने के बजाय सब मुसलमानों को अनकिए जुर्म के इल्ज़ाम में कटघरे में खड़ा किया जाता रहा, जो मुनासिब नहीं है। एक सोची-समझी नीति के तहत कांग्रेस और बड़ी संख्या में उसके नेतागण, हिन्दू महासभा, अकाली दल, जनसंघ और संघ

परिवार, कम्युनिस्ट पार्टी ऑफ इंडिया और अन्य पार्टियों के साथ तत्कालीन अंग्रेज़ी सरकार के देश के बंटवारे में रहे रोल को जुर्म की हद तक छुपाने की कोशिश की गई। लिहाज़ा मुसलमानों और सिर्फ मुसलमानों को बंटवारे का मुजरिम मान कर राजनीति की जाती रही और यहां का माहौल दूषित होता रहा। और ऐसे वह लोग जिन लोगों की नज़र में यहां के मुसलमान हमेशा खटकते ही रहे हैं, उनको अपनी राजनीति को चमकाने का सुनहरा मौका मिलता रहा। नतीजतन मुसलमानों के लिए सुरक्षा और सौहार्द की ज़मीन सिकुड़ती गई। हिन्दुस्तानियों का यह दूसरा बड़ा समूह अपनी सुरक्षा और इज़्ज़त के साथ ज़िंदा रहने की फिक्र में चौबीसों घंटे मुबतला कर दिया गया। स्थिति ऐसी बन गई है कि जिस पार्टी ने उनकी जान-माल की मुहाफज़त की ज़मानत देने का भरोसा दिलाया या ससम्मान, खुशहाल ज़िंदगी जीने के अवसर मुहैया कराने का सब्ज़बाग़ दिखाया, यह उनके साथ लगते गए। आज चौंसठ वर्षों के आज़ाद हिन्दुस्तान में वह कहां पर खड़े हैं, यह गोपाल सिंह, रंगनाथ मिश्र और सच्चर कमीशन की रिपोर्टें बतला रही हैं।

"सांप्रदायिकता" अल्पसंख्यकों की हो या बहुसंख्यकों की, दोनों ही ख़तरनाक और निंदनीय हैं, क्योंकि उसकी वजह से सिविल सोसाइटी का बना बनाया ताना-बाना बिखर जाता है। इस परिपेक्ष्य में अधिकांश विद्वान एक मत हैं कि "बहुसंख्यकों" की सांप्रदायिकता ज्यादा ख़तरनाक है, क्योंकि वहां संख्या का उन्माद मौजूद होता है, साथ ही राष्ट्रीयता का वह लबादा ओढ़े रहती है। ऐतिहासिक तथ्य स्पष्टता से इस दलील को पुष्ट करते हैं। सांस्कृतिक राष्ट्रवाद का उभार 1904-05 से ही हिन्दुस्तान में होने लगा था। पिछले अध्यायों में हमने देखा है कि किस तरह हिन्दुओं और मुसलमानों के बीच चले सुधार और पूनर्जागरण के आंदोलनों ने उनके बीच जागृति लाई, लेकिन यह भी सच्चाई है कि उन आन्दोलनों ने हिन्दुओं और मुसलमानों को एक-दूसरे के आमने-सामने तीखे तेवर लिये ला खड़ा भी किया है। गुलामी के दिनों में कटुता और टकराव के मुख्यतः मुद्दे थे शुद्धि, संगठन, गौ-हत्या, जेहाद, कुरबानी, काफ़िर, मस्जिदों के सामने बाजों का बजाना और तबलीग़। इन मुद्दों पर आज़ादी से पहले काफी बहसें हो चुकी हैं। हिन्दुओं और मुसलमानों के बीच सिर-फुटव्वल और सांप्रदायिक दंगे भी खूब हुए हैं। एक-दूसरे से दूरी बनाने की जो लगातार कोशिश हुई, फलस्वरूप उसने देश को बंटवारे की हदों तक पहुंचा दिया। लेकिन, इतनी बड़ी कीमत चुकाने के बावजूद हमारी मानसिकता में बुनियादी बदलाव नहीं आ सका, यह हमारी बदकिस्मती है, देश का बंटना, लाखों लोगों का मारा जाना और बेइंतहा बरबादी हमें सकारात्मक सीख नहीं दे सकी। पाकिस्तान बनने के बाद जो माहौल बनता रहा, उसके निष्पक्ष मूल्यांकन से पता

चलता है कि बहुसंख्यकों के सांप्रदायिक तत्वों के लिए ये घटनाएं "सीख" बनने के बजाय "शक्तिवर्धक टॉनिक" सिद्ध हो गई। देश विभाजन को मुद्दा बना कर उनके सांप्रदायिक अभियान और तेज़ हुए और उन अभियानों ने ऐसी ज़हरीली फिज़ा बना दी, जहां उनके लिए सत्ता प्राप्ति सुलभ हुई, लेकिन पाकिस्तान और बहुत हद तक हिन्दुस्तानी मुसलमानों के खिलाफ माहौल ग़ैर-दोस्ताना बनता गया।

आज़ादी से पहले जो परिस्थिति बनी हुई थी उसमें वे बहुसंख्यकों के सांप्रदायिक तत्व अपनी संकीर्ण मान्यताओं पर आधारित लक्ष्य की प्राप्ति में नाकाम अवश्य रहे, लेकिन उन्होंने सांप्रदायिकता के विस्तार की ज़मीन पुरी तरह तैयार कर दी। आज़ाद हिन्दुस्तान में उसी एजेंडा पर उन्होंने फिर मुस्तैदी से काम करना शुरू किया। आज़ादी के बाद हिन्दुस्तान ने जो सेक्युलर-प्रजातांत्रिक व्यवस्था को अपनाया, वह उन्हें आज भी मान्य नहीं है। फ़ासिस्ट मानसिकता के पोषक आर.एस.एस. और संघ-परिवार ने सब हिन्दुस्तानियों को समान संवैधानिक अधिकार और अवसर की ज़मानतें मुहैया कराती राजनैतिक व्यवस्था "प्रजातंत्र", और सेक्युलर प्रजातांत्रिक संविधान को भी "हिन्दुस्तान" के लिए कभी उचित नहीं माना है। इन तत्वों के प्रेरणास्रोत रहे आर.एस.एस. के संस्थापक सरसंचालक डॉ. हेडगेवार और उनके उत्तराधिकारी गुरु माधव सदाशिव गोलवलकर नस्लपरस्त जर्मन फासिस्ट डिक्टेटर हिटलर को अपना रोल मॉडल मानते रहे और यहां हिन्दुस्तान में भी वैसी ही व्यवस्था कायम करना उनकी प्राथमिकता रही है। गुरु गोलवलकर ने अपनी पुस्तक "Our Nationhood Defined" के 1947 के संस्करण में स्पष्ट शब्दों में कहा "हिन्दुस्तान में रहनेवाले ग़ैर-हिन्दुओं को हिन्दू संस्कृति और हिन्दू धर्म का सम्मान करना होगा, उसे श्रद्धा से देखना होगा। जो लोग विदेशों की ओर देखते हैं, उन्हें यहां का वफ़ादार होना पड़ेगा। उन्हें हिन्दू-राष्ट्र का वर्चस्व कबूल करना होगा। उन्हें कोई ख़ास रियायत नहीं मिलनी चाहिए, यहां तक कि उन्हें हिन्दुस्तान की नागरिकता का अधिकार भी नही मिलना चाहिए।" उन्होंने अपने संगठन आर.एस.एस. की स्थापना (1925) के साथ जिस ख़तरनाक एजेंडा पर काम करना शुरू किया, वह खुले तौर पर हिटलर द्वारा अपनाई गई राह ही है। यहां के मुसलमानों और ईसाइयों के साथ वह वही बरताव करना उचित मानते, जो हिटलर ने जर्मनी में यहूदियों के लिए जायज़ माना था। अपने विचारों को स्पष्ट करते हुए गुरु गोलवलकर "Our Nationhood Defined" में कहते हैं- "अपनी संस्कृति और नस्ल को स्वच्छ रखने की दृष्टि से जर्मनी में जो यहूदियों की नस्लकुशी की गई, उससे दुनिया को बहुत गहरी चोट पहुंची। अपने ख़ास नस्ल के प्रति गर्व के एहसास की वह पराकाष्ठा है। विभिन्न नस्लों का एकीकरण करना कितना कठिन है, उसे जर्मनी

ने सिद्ध किया है। हिन्दुस्तान के लिए यह सीख बन सकती है, इसका फ़ायदा इसे उठाना चाहिए।" गोलवलकर वहीं पर नहीं रुकते हैं। 1966 में उनकी पुस्तक, जिसे संघ परिवार अपनी प्रेरणादायक "मार्ग-दर्शिका" मानता है, बंच-ऑफ-थॉट्स (Bunch of Toughts) प्रकाशित हुई। इस पुस्तक में उन्होंने हिन्दुस्तान की सुरक्षा के लिए मुख्यतः तीन ख़तरों को चिह्नित किया है। वे हैं- मुसलमान, ईसाई और कम्युनिस्ट। उनके पदचिह्नों पर चलते हुए जनसंघ के प्रतिष्ठित नेता रहे बलराज मधोक ने अपनी पुस्तक Indianization "भारतीयकरण" में इन ख़तरों से निबटने के लिए वैसे ही कदम उठाने की सलाह दी है, जिन पर चल कर हिटलर ने जर्मनी में सफल प्रयोग किये थे। बलराज मधोक ने स्पष्ट शब्दों में यहां के अल्पसंख्यकों, ख़ासकर मुसलमानों को भारतीय हिन्दुओं के रंग में खुद को रंग लेने की धमकी भरी सलाह दी, अन्यथा उन्हें अपने भविष्य के बारे में सोचना पड़ेगा। इसी मानसिकता को आगे बढ़ाते हुए "विश्व हिन्दू परिषद", "बजरंग दल" और "संघ परिवार" ने उन्हें साफ संकेत भी दे दिया है, "पाकिस्तान" या "क़ब्रिस्तान"। इसी ज़हरीली ज़ेहनियत का अभी सबूत दिया है जनता पार्टी के अध्यक्ष, जो आर.एस.एस. के सक्रिय सदस्य रहे हैं और अभी मशहूर अमेरिकी हार्वर्ड विश्वविद्यालय में अर्थशास्त्र के प्रोफेसर हैं, सुब्रमण्यम स्वामी ने। उन्होंने 1 जुलाई, 2011 के डी.एन.ए. पत्रिका में अपने एक लेख में स्पष्टता से कहा है कि भारतीय संविधान में मुसलमानों को जो वोट देने का अधिकार है, उसे ख़त्म कर दिया जाना चाहिए। इस वक्तव्य पर देश-व्यापी तीखी प्रतिक्रिया हुई और उसी विश्वविद्यालय से संबंधित 260 स्कॅालर्स ने जबरदस्त विरोध व्यक्त किया है और दो स्कॅालर्स, उमंग कुमार और संजय पिन्टू ने विश्वविद्यालय के अधिकारियों पर ज़ोर डाला है कि इस आपत्तिजनक आचरण को संजीदगी से लेते हुए स्वामी को हार्वर्ड यूनिवर्सिटी से निकाल दिया जाना चाहिए। **(हिन्दुस्तान टाइम्स, पटना, जुलाई 29ए 2011)**

हिन्दुस्तान में सेक्युलर सोच और मानवीय मूल्यों में यक़ीन रखते लोगों की कमी नहीं है। उन्होंने हिन्दुस्तान के इतिहास का गहराई से अध्ययन किया है, उसे निष्पक्षता से देखा और परखा है। हिन्दुस्तान को बनाने और संवारने में मुसलमानों के ऐतिहासिक योगदान को स्वीकारते हुए उसे वे हिन्दुस्तान के इतिहास का सुनहरा अध्याय मानते हैं। कई मायने में उस योगदान को इस क्षेत्र के लिए वरदान माना है। नफ़रत से भरी संकीर्ण संघीय मानसिकता को ऐसे लोगों ने कभी पसंद नहीं किया, बल्कि उन्होंने प्लूरल-हिन्दुस्तान के लिए निहायत ख़तरनाक और घातक माना है। ऐसे लोग वैचारिक स्तर पर संघ-परिवार का विरोध तो करते ही हैं आए दिन सामाजिक और राजनैतिक स्तर पर उनके दृष्टिकोण के ख़िलाफ़ मोर्चा भी संभाले हुए हैं। सेक्यूलर मूल्यों और इनसानी

मान्यताओं में आस्था रखनेवाले यही वे लोग हैं, जिन्होंने मुसलमानों के लिए तंग होती ज़मीन में उनका हौसला बनाए रखा और हर परीक्षा की घड़ी में उनके साथ दयानतदारी से खड़े रहे हैं। प्रतिकूल परिस्थिति के बावजूद निराशाओं के भंवर में फंसे मुसलमानों की पुश्तपनाही में सक्रीय रहे यही लोग हिन्दुस्तान की उस मिली-जुली साझी संस्कृति के प्रतीक हैं, जिस संस्कृति पर हमें गर्व है। आज़ाद हिन्दुस्तान के चौंसठ वर्षों के इतिहास पर नज़र डालने से स्पष्ट होता है कि ऐसे लोग ही सेक्युलर प्रजातांत्रिक हिन्दुस्तान की आबरू बचाए रखने की ज़मानत भी हैं। संघ परिवार उन पर भी निशाना साधने में हिचकिचाता नहीं। आज़ादी के बाद बहुत ऊंच-नीच झेलता हिन्दुस्तान अब उस मुक़ाम पर आ पहुंचा है, जहां से उसके पीछे लौटने का प्रश्न ही नहीं उठता, विश्व बिरादरी में इसकी अपनी पहचान स्थापित हो चुकी है और यह पहचान हिन्दुस्तान ने अपनी मान्यताओं के आधार पर हासिल की है। अगर संकीर्ण और कुंठित विचारवालों का ज़ोर बढ़ता है, तो वह हिन्दुस्तानी इथोस के खिलाफ होगा और उसे आश्रय देना, प्रोत्साहित करना हिन्दुस्तान की बरबादी को दावत देने जैसा होगा।

"पाकिस्तान" के बन जाने के बाद हिन्दुओं को गुमराह करने वाली विचारधारा के पोषकों को हिन्दुस्तान में अपना प्रभाव क्षेत्र बढ़ाने का सुअवसर मिला। देश के विभाजन का ज्वलंत मुद्दा तो उनके पास था ही, मुसलमानों के ख़िलाफ़ हर तरह की ग़लतफहमी पैदा करने और फैलाने के सुनियोजित अभियान चले। मुसलमानों की चार शादियां, उनकी बढ़ती हुई आबादी, पाकिस्तान के लिए जासूसी, कॉमन सिविल कोड, धारा 370, उर्दू और अलीगढ़ मुस्लिम विश्वविद्यालय जैसे जज़्बाती मुद्दों को आधार बना कर स्थिति को उलझाने की लगातार कोशिश होती रही। नतीजतन मुसलमानों के लिए कभी सर्द और कभी गर्म परिस्थिति बनती रही है। बंटवारे के बाद कुछ दिनों तक यहां की सिविल सर्विस, पुलिस महकमा और मिलिट्री स्टेबलिशमेंट अंग्रेज़ों के ज़माने में बने निष्पक्ष ढर्रे पर चली, सांप्रदायिकता के ज़हर से वह बची रही। ज़िम्मेदार जगहों पर पदस्थापित करनेवाले अधिकारियों और नीचे के कर्मचारियों की नियुक्तियों में चौकसी बरती गई थी, ताकि व्यवस्थागत इन्फ्रास्ट्रक्चर संकीर्ण कुंठाओं से पाक रहे। अंग्रेज़ों ने "लड़ाओ और राज करो" की नीति अवश्य अपनाई थी, लेकिन यहां की प्लूरल समाज की वास्तविकताओं और कार्य में गुणवत्ता का उन्होंने हमेशा ख्याल रखा, क्योंकि चुस्त-दुरुस्त विधि व्यवस्था उनकी हुकूमत को बरकरार रखने के लिए बहुत ज़रूरी ज़मानत थी। लेकिन, समय बीतने के साथ आज़ादी के बाद राजनीति के प्रभाव में इस क्षेत्र में भी सांप्रदायिक तत्वों की सुनियोजित घुसपैठ शुरू हो गई। बड़ी कीमत चुकाने के बावजूद आज़ादी के बाद भी "सांप्रदायिकता" के ज़हर ने हमारा पीछा नहीं

छोड़ा। आज़ादी के कुछ दिनों के बाद ही संकीर्ण मानसिकता से ग्रसित तत्वों ने सक्रियता से सिर उठाना शुरू किया और दंगे का दौर शुरू हुआ। आज़ाद हिन्दुस्तान में पहला बड़ा सांप्रदायिक दंगा 1961 में मध्य प्रदेश के जबलपुर में हुआ। उसके बाद यह सिलसिला चल पड़ा। एक सरकारी रिपोर्ट के अनुसार 1963 में 16, 1964 में 31, 1965 में 56, 1966 में 63, 1967 में 61 और 1968 में 111 बड़े दंगे यहां हुए जहां बड़ी संख्या जान और माल की बरबादी हुई। ज़ाहिर सी बात है कि इन दंगों में अल्पसंख्यक मुसलमानों को ही बहुत कुछ भुगतना पड़ा। 1969 में गुजरात के बड़े हिस्से में हिन्दू-मुस्लिम दंगे हुए। अहमदाबाद, बड़ोदरा और सूरत के दंगे तो अपनी तबाही के मद्देनज़र अत्यंत निंदनीय, दुखद और गंभीर रहे। 1969 गांधी जन्म शताब्दी वर्ष था और भारत सरकार के निमंत्रण पर सरहदी गांधी खां अब्दुल ग़फ्फार खां शताब्दी समारोह के मुख्य अतिथि के रूप में भारत आए हुए थे। गांधीजी के शहर में उनके शताब्दी वर्ष में धर्म के नाम पर खूनी खेल का खेला जाना और मुसलमानों का गुजरात के बड़े हिस्से में जीना दुश्वार हो जाना, गांधीजी के प्रति ही नहीं हिन्दुस्तान के साथ शर्मनाक मज़ाक था। स्थिति को नॉरमल बनाने के लिए बादशाह खां को आमरण अनशन पर बैठना पड़ा था। गांधी शताब्दी वर्ष के मद्देनज़र देशव्यापी कार्यक्रमों के सिलसिले में वह जहां भी गए हिन्दुस्तान की परिस्थिति पर अपनी गंभीर चिंता व्यक्त करते हुए लोगों को आगाह किया कि हिन्दुस्तान की वह सेक्युलर डेमोक्रेसी ख़तरे में है, जिसकी जड़ों को गांधीजी ने अपने खून से सींचा है। उन्होंने सरकार और संवेदनशील हिन्दुस्तानियों को आगाह करते हुए बहुत चौकस रहने की ज़रूरत पर ज़ोर दिया। बदकिस्मती देखिए दूसरे वर्ष ही 1970 में महाराष्ट्र के भिवंडी, जलगांव और महाद में बड़े पैमाने पर सांप्रदायिक दंगे हुए जहां सरकार बिल्कुल बेबस नज़र आती है। मुसलमानों की जानी और माली नुकसान का अंदाज़ा इसी से लगाया जा सकता है कि हिन्दुस्तान का "मैनचेस्टर" कहे जाने वाले भिवंडी, जलगांव और महाद के हैंडलूम और हथकरघों के कारोबार को बरबाद कर दिया गया और उससे जुड़े कारीगर, जो अधिकतर मुसलमान ही थे, खाने-खाने को मुंहताज हो गए। जो मारे गए सो मारे गए, जो बचे उनमें अधिकांश लोग मामूली मज़दूरी करने पर मजबूर कर दिए गए। इन दंगों के निष्पक्ष विश्लेषण से जो कटु हकीकत सामने आती है, वह है, "संघ परिवार" की एक नपी-तुली वह योजना, जिसके तहत मुसलमानों को मानसिक और आर्थिक तौर पर मजबूर बना कर रख देना तय है, ताकि यह समुदाय अपने अस्तित्व और बाइज्ज़त जीने की कशमकश झेलते ऊहा-पोह की ज़िंदगी में ही हमेशा मुबतला रहे। यह मानसिकता न हिन्दुस्तानियों के प्रति इंसाफ़ है और न हिन्दुस्तान के प्रति ही।

उन दिनों हिन्दुस्तान में सांप्रदायिकता की वजह से जो परिस्थिति बनी थी उसकी गूंज संसद में भी पहुंची थी। स्थिति की गंभीरता पर अपनी चिंता दरसाते हुए कांग्रेस के वरिष्ठ नेता डॉ. चन्द्रजीत यादव ने 5 दिसंबर, 1969 को संसद में कहा था :

"आज देश के अन्दर जो सांप्रदायिक स्थिति है, वह एक गंभीर चिंता का विषय बन गई है। वर्षों से जिस प्रकार से सांप्रदायिक दंगे देश के विभिन्न भागों में हुए हैं, उनसे भारत सरकार, राज्य की सरकारें और देश के सभी विवेकशील लोग आज चिंतित हैं।....मैंने अहमदाबाद का दंगा देखा था। इससे पहले भी कई दंगों के मौकों पर स्थिति देखने का मुझे मौका मिला है, लेकिन जिस प्रकार से इतने बड़े पैमाने पर, जिस निर्मम तरीके से नृशंस हत्याएं हुई हैं, छोटे बच्चों की, महिलाओं की, और निर्दोष लोगों की, उस दंगों को देख कर आंखों से आंसू नहीं खून बहता है। दंगों के बीच जो स्थिति बनती है, उसे पूरा समाज, पूरी-की-पूरी जनता निःसहाय होकर स्थिति को देखती रहती है। जो चीज़ें देखने को मिलती हैं, उससे हिन्दुस्तान के अल्पसंख्यक महसूस करते हैं कि उनकी ज़िंदगी, उनकी संपत्ति यहां हिन्दुस्तान में सुरक्षित नहीं।"

अपने संबोधनों के क्रम में उन्होंने सैकड़ों मस्जिदों और मज़ारों को तोड़े जाने की चर्चा करते हुए इन घटनाओं का मुसलमानों पर क्या असर पड़ रहा होगा, विस्तार से रोशनी डाली थी। उनके भाषण के बीच जनसंघ के बलराज मधोक आदि ने लगातार व्यवधान डालने की कोशिश की। डॉ. यादव ने स्पष्टता से कहा था कि सांप्रदायिक तत्वों द्वारा बार-बार मुसलमानों से देश के प्रति वफादारी का सबूत मांगना अत्यंत आपत्तिजनक है। इसे देशद्रोही कदम माना जाना चाहिये।[2]

बाद के दिनों में भी ये दंगे परेशानी की वजह बनते रहे हैं। एक अध्ययन के मुताबिक 1998 से 2002 के बीच विभिन्न प्रांतों में हुए दंगे की तफसील निम्न प्रकार है : महाराष्ट्र 1192, उत्तर प्रदेश 1112, मध्य प्रदेश 860, गुजरात 823, कर्नाटक 654, उड़ीसा 357, बिहार 524, पश्चिम बंगाल 205, दिल्ली 83, हिमाचल प्रदेश 11, 1980 के दशक में मुरादाबाद (यू.पी.) में हुए दंगों के बाद दंगों के चरित्र में व्यापक बदलाव आया है। पहले हिन्दू-मुस्लिम दंगे होते रहे, लेकिन अब मुसलमान और सरकारी पुलिस तंत्र आमने-सामने नज़र आते हैं। पुलिस और सरकारी तंत्र में सांप्रदायिक तत्वों की पैठ हो रही थी, लेकिन अब दंगों के मामले में पुलिस ही कटघरे में है, जिसकी पराकाष्ठा 1992 के गुजरात दंगों में देखने को मिलती है। गुजरात हाईकोर्ट और सुपरीम कोर्ट द्वारा गठित जांच रिर्पोटों के मुताबिक पुलिस का आई.जी. और डी.आई.जी. दंगाइयों की कतार में फर्ज़ी इनकाउंटर को अंजाम देते नज़र आते हैं और मुख्यमंत्री तजुर्बेकार रिंग मास्टर की तरह दंगाइयों की कमान संभाले हुए मिलते हैं।

देश विभाजन के समय जब इधर-से-उधर और उधर-से-इधर बदकिस्मत शरणार्थियों के क़ाफ़िले आ और जा रहे थे, तब पटियाला स्टेट में मुसलमानों को बड़े दर्दनाक स्थिति से गुज़रना पड़ा था, क्योंकि वहां की रियासती सरकार की व्यवस्था ने दंगाई का खुलकर साथ दिया था। वह मानसिकता अभी ख़त्म नहीं हुई है। 6 दिसंबर 1992 को बाबरी मस्जिद विध्वंस और गोधरा कांड के बाद गुजरात में वहां के मुख्यमंत्री और सरकारी तंत्र की देख-रेख में एक घिनौनी रणनीति के तहत जो मुसलमानों का कत्लेआम हुआ, उसने पटियाला की क्रूरता को भी शर्मसार कर दिया। तत्कालीन एन.डी.ए. सरकार के भाजपाई प्रधानमंत्री अटल बिहारी वाजपेयी को अपनी पार्टी के मुख्यमंत्री नरेंद्र मोदी को "राज्य धर्म" निभाने की नसीहत देनी पड़ी। अब जो तथ्य सामने आ रहे हैं, उससे स्पष्ट हो रहा है कि मुख्यमंत्री नरेंद्र मोदी ने अपने वफ़ादार ऊंचे ओहदों पर तैनात अधिकारियों की देख-रेख में कत्लेआम को अंजाम दिलाया और कहीं-कहीं उसे फ़र्ज़ी इनकाउंटर साबित करने की कोशिश भी हुई।

1967 के बाद के हिन्दुस्तान की राजनीति काफ़ी उलझी हुई और दिलचस्प रही है। समाजवादी स्वतंत्रता सेनानी डॉ. राम मनोहर लोहिया के नेतृत्व में ग़ैर-कांग्रेसवाद की ज़ोरदार मुहिम चली और 1967 के चुनाव के नतीजे में बिहार सहित 9 प्रदेशों में पहली बार ग़ैर-कांग्रेसी पार्टियों की कोऑलिशन सरकारें सत्ता में आ गईं। इस ऐतिहासिक महत्व के राजनैतिक घटना-चक्र का बिहार में बहुत दिलचस्प पहलू देखने को मिलता है। कम्युनिस्ट, संयुक्त सोशलिस्ट पार्टी और जनसंघ के नेताओं ने मिल कर महामाया प्रसाद के नेतृत्व में पहली ग़ैर-कांग्रेसी सरकार बनाई। इस गठजोड़ का ताना-बाना अपने आप में बड़ा दिलचस्प रहा। कहां वर्ग संघर्ष में यक़ीन रखने वाले सेक्युलर मार्क्सवादी कम्युनिस्ट, पार्टिसिपेट्री डेमोक्रेसी और सेक्यूलरिज़्म की पक्षधर सोशलिस्ट पार्टी और कहां वर्ण-व्यवस्था और संकीर्ण-राष्ट्रवाद की पोषक आर.एस.एस. समर्थित घोर सांप्रदायिक पार्टी जनसंघ? राजनीति में एक-दूसरे को अछूत समझने वाली पार्टियों ने अपने मूल्यों, मान्यताओं और प्रतिबद्धताओं को तिलाजंलि दी और सत्ता की अवसरवादी राजनीति और बेजोड़ गठबंधन को प्राथमिकता देते सत्ता की कुर्सियों में जा धंसीं। एक तरफ़ पैदाइशी सेक्यूलरिज़्म की दावेदार पार्टी कांग्रेस है, तो दूसरी तरफ़ उसको सत्ता के सिंहासन से हटाने की मुहिम में सेक्यूलर कम्युनिस्ट और सोशलिस्ट घोर सांप्रदायिक संगठन जनसंघ से हाथ मिलाए मैदान में हैं। सत्ता के इस विचित्र खेल में सेक्यूलर पार्टियों में अपनी भलाई और भविष्य ढूंढ़ने वाले मुसलमानों की स्थिति ठगे गए बदहवास समूह वाली उलझी हुई दिखाई देती है। अब हिन्दुस्तान की राजनीति ऐसे मुकाम पर पहुंचती नज़र जाती है, जहां मर्यादाओं और सिद्धांतों की जड़ों पर लगातार हमले होने लगते हैं। कभी

वही मूल्य प्रेरणा के स्रोत माने जाते रहे, अब उनकी प्राथमिकता को ग़ैर ज़रूरी माना जाने लगता है। इस प्रकरण में एक और दिलचस्प बात सामने आती है, सांप्रदायिक आर.एस.एस. को सोशलिस्ट और अन्य पार्टियों के नज़दीक लाने की शुरुआत समाजवादी विचारक डॉ. राम मनोहर लोहिया ने की, जब आर.एस.एस. के सहयोग से कांग्रेस के खिलाफ चुनाव जीत कर वे पहली बार संसद में पहुँचे।

एक वह समय था, जब आचार्य नरेन्द्र देव, डॉ. लोहिया, जयप्रकाश नारायण, आदि कांग्रेस के सक्रिय युवा नेता की हैसियत से जवाहर लाल नेहरू के निकटतम सहयोगियों में माने जाते थे। आनंद भवन से ही इन लोगों की सक्रीय राजनीति के सफ़र की शुरुआत हुई और कांग्रेस पार्टी के विभिन्न प्रकोष्ठों की ज़िम्मेदारी इन लोगों ने बखूबी संभाल रखी थी। कांग्रेस के सोशिलिस्ट नेता जवाहर लाल इनके आइडियल थे, लेकिन सरदार पटेल, राजाजी, डॉ. राजेन्द्र प्रसाद आदि के दृष्टिकोण से उन्हें गहरा मतभेद रहा। उसी का नतीजा था कि 1934 में नौजवान कांग्रेसियों की कांग्रेस के अंदर ही प्रखर समाजवादी ग्रुप गठित हुई थी। कुछ दिनों तक तो ये साथ-साथ चले, लेकिन सरदार पटेल की रुख़ को देख कर कांग्रेस पार्टी से वे अलग हो गए। 1952 में सोशलिस्टों ने चुनावी मैदान में भी अपनी उपस्थिति दर्ज कराई, यानी दोनों की राहें अलग-अलग हो गईं। बाद के दिनों में जयप्रकाश जी भूदान से जुड़े। वरिष्ठ समाजवादी डॉ. लोहिया सब से ज्यादा सक्रियता से कांग्रेस के विरोध में सामने आए और उसे परास्त करने की कोशिश में सांप्रदायिक तत्वों से भी समझौता करने में उन्हें परहेज़ नहीं हुआ। कांग्रेस के विरोध का जो सिलसिला चला, वह व्यापक होता गया और 1967 के चुनाव में उसने रंग लाया, जब 9 प्रांतों में कांग्रेस की सरकारें तो ख़त्म हुई ही, 1977 में दिल्ली की केंद्रीय सरकार में बदलाव की ज़मीन भी तैयार हो गई।

1967 के राजनैतिक बदलाव ने हिन्दुस्तान की राजनीति में एक नए युग की शुरुआत की। उसके बाद सत्तर का दशक महत्वपूर्ण राजनीतिक उथल-पुथल का ऐसा दशक है, जिसने इस महाद्वीप के भूगोल और इतिहास दोनों को ही प्रभावित किया है। पाकिस्तान में चुनाव हुए, शेख मुजीब की पार्टी आवामी-लीग को बहुमत मिलने के बावजूद उन्हें प्रधानमंत्री नहीं बनने दिया जाना, पाकिस्तान के शासकों, फ़ौजी कमांडर-इन-चीफ़ याहिया खां और जुल्फ़िक़ार अली भुट्टो की रणनीति, बांग्लादेश मुक्ति आंदोलन और फिर 1971 का भारत-पाक युद्ध, पाकिस्तान का टुकड़े होना और पूर्वी पाकिस्तान का बांग्लादेश बनना, ये महत्वपूर्ण घटनाएं हैं, जिसने इस महाद्वीप को हर दृष्टि से प्रभावित किया और आज भी उसका गहरा प्रभाव तीनों देशों में देखा जा रहा है। पाकिस्तान के शासकों के साथ बहुत से पाकिस्तानियों ने बांग्लादेश आन्दोलन को पाकिस्तान

को तोड़ने की हिन्दुस्तान की सुनियोजित साजिश माना। 1971 में पाकिस्तान के टूटने का जनसंघ और संघ-परिवार के साथ असंख्य लोगों ने स्वागत किया। जब भारत-पाक युद्ध में पाकिस्तान पराजित होकर अपना एक हिस्सा खो बैठा था, तो संघ-परिवार ने यहां खुशियां मनाईं और उस विजयी अभियानों का सेहरा प्रधान मंत्री इंदिरा गांधी के सिर बांधते हुए उन्हें दुर्गा, काली और चंडी जैसे नामों से अलंकृत किया था। अखंड भारत का सपना देखनेवालों ने भारत को दूसरी बार बंटने का जश्न मनाय, क्योंकि वह उस "पाकिस्तान" का टूटना था, जिसे उनके जैसे ही "हिन्दुओं" ने अभी तक स्वीकारा नहीं है। उनकी मुस्लिम विरोधी मानसिकता की भी बड़ी संतुष्टि हुई और उधर पाकिस्तान में हिन्दुस्तान के खिलाफ एक और अहम नया मुद्दा मिल गया।

सत्तर के दशक में ही देशव्यापी छात्र-असंतोष आंदोलन के रूप में नज़र आता है। बिहार का ऐतिहासिक 1974 का "संपूर्ण क्रांति" आंदोलन और गुजरात में नवनिर्माण-मंडल के बैनर के तहत वहां के छत्रों का चिमन भाई की कांग्रेसी सरकार के खिलाफ आंदोलन महत्वपूर्ण है। गुजरात में चिमन भाई की तथाकथित भ्रष्ट कांग्रेसी सरकार को भंग करने की मुहिम उस समय चरम सीमा पर पहुंच गई, जब मोरारजी देसाई ने संसद में ही आमरण भूख हड़ताल शुरू कर दिया। परिस्थिति से बाध्य होकर इंदिरा गांधी को गुजरात की सरकार को भंग करने का अनचाहा, अप्रिय कदम उठाना पड़ा था। वहां जो कुछ हो रहा था, उसका देशव्यापी असर पड़ रहा था। ऐसे ग़ैर कांग्रेसी नौजवान, जो देश की बिगड़ती राजनैतिक स्थिति से चिंतित थे और उचित विकल्प की तलाश में थे, उनके लिए गुजरात की घटनाएं प्रेरणादायक सिद्ध हो रही थीं। पटना विश्वविद्यालय के छात्रों ने अपने कुछ मुद्दों को लेकर विश्वविद्यालय प्रबंधन के खिलाफ आंदोलन शुरू कर रखा था। उस आंदोलन को और प्रभावकारी बनाने के लिए उनके और बिहार के अन्य विश्वविद्यालयों के छात्रों के बीच आपसी विचार-विमर्श का सिलसिला चल रहा था। इसी क्रम में 17-18 फरवरी, 1974 को पटना में बिहार के हर विश्वविद्यालय का प्रतिनिधित्व करते छात्रों का राज्यस्तरीय सम्मेलन आयोजित हुआ था। उन दिनों फ्रांस और कई यूरोपीय देशों में भी अपनी व्यवस्था के खिलाफ छात्रों के आंदोलन चल रहे थे और यहाँ के छात्र दिलचस्पी से वहां की स्थिति पर नज़र रखे हुए थे। उन छात्र आंदोलनों के साथ गुजरात की स्थिति पर भी पटना में एकत्र छात्रों ने गहन विचार-विमर्श किया था। अजीब संयोग है, चंद दिनों पहले ही अपने यूथ-फॉर-डेमोक्रेसी अभियान के क्रम में जयप्रकाश नारायण ने 22 जनवरी और 1 फरवरी, 1974 को पटना विश्वविद्यालय के छात्रों को संबोधित किया था और नौजवानों को हिन्दुस्तान की डेमोक्रेसी को सुदृढ़ बनाने में उनकी रचनात्मक पहल का आह्वान

किया था। बांग्लादेश-वार की जीत के बैकग्राउंड में हुए आम चुनाव में कांग्रेस की अप्रत्याशित जीत ने केंद्र की लीडरशीप को निरंकुशता की हदों तक पहुंचा दिया था। यूथ-कांग्रेस के नौजवानों की बेलगाम कार्य पद्धति से लोगों के अंदर बेचैनी पाई जा रही थी, ख़ास कर विपक्षी पार्टियां मौक़े से फ़ायदा उठाने की ग़र्ज़ से सड़कों पर उतरने के लिए मौक़े की तलाश कर रही थीं। हिन्दुस्तान के बड़े हिस्से में असंतोष का अंडरकरंट चल रहा था और बिहार सहित कई अन्य प्रांतों में जहां नौजवान आंदोलित थे, विपक्षी दलों का उन्हें समर्थन मिल रहा था। 31 जनवरी, 1974 को सहरसा के राधोपुर में स्थिति का जायज़ा लेते हुए समाजवादी सर्वोदयी नेता जयप्रकाश नारायण ने कहा था : "लगता है, आज हम एक-दूसरे सन् 1942 के नज़दीक खड़े हैं। एक दूसरी क्रांति होने जा रही है।" 11 फरवरी को गुजरात के छात्रों के आमंत्रण पर जे.पी. अहमदाबाद भी गए थे और वहां के छात्रों के आंदोलन का जायज़ा लिया था। उन्हें बिहार और अन्य जगहों में भी छात्र असंतोष और उनके आंदोलन में व्यापक सामाजिक बदलाव के आसार नज़र आ रहे थे।

बिहार के विश्वविद्यालयों में आंदोलनात्मक फिज़ा के बैकग्राउंड में 17 और 18 फरवरी, 1974 को छात्रों का पटना में सम्मेलन हो चुका था। उसी सम्मेलन में 18 फरवरी को छात्रों ने अपनी रणनीति का ख़ाका तैयार किया था और 8 मांगों को अपने आंदोलन का मुद्दा बनाया था। उन मुद्दों में मंहगाई, हर स्तर पर बढ़ता हुआ भ्रष्टाचार, यूनिवर्सिटी के शैक्षणिक कैलेंडर की सुनियोजित व्यवस्था और विश्वविद्यालयों में छात्र यूनियन का चुनाव और यूनियन का गठन प्रमुख थे। इस आंदोलन का दिलचस्प और महत्वपूर्ण पहलू यह था कि इसमें कम्युनिस्ट,सोशलिस्ट,आर.एस.एस., विद्यार्थी परिषद, सर्वोदयी तरुण शांति सेना जैसी विभिन्न विचारधाराओं वाले छात्र संगठन अपनी समस्याओं के निदान के लिए एक "छात्र संघर्ष समिति" के प्लेटफॉर्म पर जमा हुए थे और कांग्रेस की सरकार उनके निशाने पर थी। अपने तयशुदा प्रोग्राम के तहत छात्रों ने 18 मार्च, 1974 को एसेंबली का घेराव किया और राज्यपाल के भाषण में रुकावट डाली। वहां से लौटते हुए छात्रों ने एसेंबली के डिप्टी सिक्रेटरी के घर पर तोड़-फोड़ की। उसमें आग लगाई, फिर रास्ते में पड़रहे सर्चलाइट-प्रदीप अख़बारों के प्रेस और दफ्तर को भी आग की नज़र कर दिया। छात्र नेताओं का कहना था कि उन्होंने इस शर्मनाक हरकत को अंजाम नहीं दिया, उनके साथ कुछ असामाजिक तत्व लूट-पाट की गर्ज़ से आ लगे होंगे और इस दुखद घटना को अंजाम दिया होगा। सच्चाई जो भी रही हो, लेकिन उस दिन यह अप्रिय घटना घटी, जिसने संवेदनशील लोगों को परेशान किया था। उस घटना के बाद सरकार हरकत में आई और बड़े पैमाने पर आंदोलनकारी छात्रों की गिरफ्तारी शुरू हुई। स्थिति को

काबू में रखने के लिए पटना में कर्फ्यू लगाया गया, मिलिट्री के फ्लैग मार्च होने लगे। शहर में ख़ौफ का माहौल बन गया। शैक्षणिक संस्थाऐं बंद कर दी गईं। डर से लोगों ने घरों से नहीं निकलने में ही अपनी आफ़ीयत समझी। पटना की ज़िंदगी अस्त-व्यस्त हो गई थी। परिस्थितिवश 18 मार्च की शाम में छात्र संघर्ष समिति के तीन-चार सदस्य जयप्रकाशजी से मिलने कमदकुआं स्थित उनके निवास महिला चर्खा समिति पहुंचे और उनके सामने अपनी समस्याओं की तफ़सील रखी, साथ ही उनसे नेतृत्व की गुहार लगाई थी। वे छात्र 19 मार्च को भी जयप्रकाशजी से मिले थे। जे.पी. ने उन छात्र नेताओं से साफ शब्दों में कहा था कि वह राजनैतिक दलों से जुड़े संगठनों के छात्रों से सहानुभूति रखने के बावजूद उनको अपना सहयोग देने को तैयार नही हैं। बैठकों के कई दौर चले और जब छात्रों ने अपने को राजनैतिक दलों से "अलग" कर लेने का आश्वासन दिया, तब शांतिपूर्ण आंदोलन की अगुवाई का उन्होंने तय किया। आर.एस.एस. और विद्यार्थी परिषद जैसे सांप्रदायिक संगठनों से जुड़ाव पर जे.पी. से लोग उसी वक्त सवाल करने लगे थे। छात्र-संगठनों का नेतृत्व स्वीकार करने से पहले जे. पी. ने अपने सर्वोदयी-समाजवादी मित्रों की दो-तीन बैठकें महिला चर्खा समिति में बुलाई थी। उनमें मैं भी शरीक हुआ था। मैंने आंदोलन के संबंध में तकरीबन दस सवाल उनके सामने रखे थे, जिनमें आर.एस.एस. की मौजूदगी में मुसलमानों से सहयोग की कैसी उम्मीद की जा सकती है ?, भी एक था। उन्होंने हर प्रश्न का जवाब दिया था। उन सवालों और जे.पी. के जवाबों पर आधारित एक पुस्तिका बन गई (जयप्रकाश नारायण से दस सवाल), जिसे जे. पी. आंदोलन का एक महत्वपूर्ण दस्तावेज़ माना गया और उसकी हज़ारों प्रतियां उर्दू और हिंदी में छापी गइं। उस वक्त जे.पी. ने लोगों को यक़ीन दिलाया था कि सेक्यूलर तत्वों के साथ काम करने से आर.एस.एस. और विद्यार्थी परिषद के अंदर मौजूद सांप्रदायिकता का ज़हर कम होगा और वे समाज की मुख्य धारा में आयेंगे। लेकिन, बाद के दिनों में सिद्ध हुआ कि अपनी कोशिशों में वह कामयाब नहीं हो सके। 1974 के बाद जो राजनैतिक समीकरण देश में हुआ, उससे सांप्रदायिक स्थिति ज़्यादा उलझ गई और सांप्रदायिक तत्वों को अन्य पार्टियों और संगठनों से ताल-मेल और बारगेन करने का सुअवसर मुहैया हो गया।

छात्र असंतोष आंदोलन के रूप में पटना विश्वविद्यालय से शुरू हुआ था। धीरे-धीरे वह अन्य विश्वविद्यालयों में पहुंचा और फिर सड़कों और मुहल्लों से होते हुए पूरे बिहार में फैल गया था। नतीजतन सरकार सक्रिय हुई और पूरे प्रदेश में आंदोलन को सख़्ती से कुचल डालने की मुहिम तेज़ कर दी। बड़े पैमाने पर छात्रों की धर-पकड़ होने लगी। जब आंदोलन व्यापक होकर राजनैतिक दृष्टि से ज्यादा प्रभावकारी हो गया, तब कम्युनिस्ट पार्टी से संबद्ध छात्र संगठनों ने

अपनी पार्टी की तय की हुई रणनीति के मद्देनज़र खुद को आंदोलन से अलग कर लिया। जयप्रकाश नारायण द्वारा नेतृत्व कबूल कर लिए जाने के बाद छात्रों के आंदोलन का कैनवास बहुत बड़ा हो गया था। उसने जन-आंदोलन का रूप ले लिया था और सामाजिक सुधार और आमलोगों की समस्याओं के निदान की मांगें भी छात्रों की मांगों से जोड़ी गई थी। यहीं नहीं जे.पी. के आह्वान पर उनके बहुत से पुराने सोशलिस्ट और सर्वोदयी सहयोगी भी सामाजिक बदलाव के इस अभियान में सहयोग करने के लिए सक्रियता से आगे आ गए थे। 5 जून, 1974 को गांधी मैदान में "संपूर्ण क्रांति" का आह्वान हो चुका था और सतत क्रांति के माध्यम से हर दृष्टि से समाज में बुनियादी रचनात्मक बदलाव उसकी मंज़िल तय हो चुकी थी। आंदोलन के बीच सांस्कृतिक क्रांति Cultural Revolution की भी सुगबुगाहट देखने में आई जब नौजवान ज़ात-पात, शादी-ब्याह और दहेज की प्रथा के साथ रिश्वतख़ोरी के खिलाफ़ आवाज़ बुलंद करने लगे थे। कम्युनिस्ट छात्र संगठनों के आंदोलन से अलग हो जाने के बाद आंदोलन के चरित्र में स्पष्ट बदलाव आ गया था। संगठित विद्यार्थी परिषद, आर.एस.एस. और जनसंघ को इस ख़ाली स्पेस को भरने के साथ अपने को बढ़ाने के लिए तैयार ज़मीन और मान्यताप्राप्त बड़ा मैदान मिल गया। आंदोलन में समाजवादी युवजन सभा, सर्वोदय और खादी से जुड़े व्यक्ति और तरुण शांति सेना के कुछ छात्र थे, लेकिन आर.एस.एस. और विद्यार्थी परिषद के मुक़ाबले में वे कोई हैसियत नहीं रखते थे। ग़ैर-कांग्रेसी विरोधी पार्टियों से उनकी "छूत" के ख़त्म होने का वातावरण पहले ही बन चुका था, अतः, इस नई परिस्थिति का उन्होंने खूब फ़ायदा उठाया और धीरे-धीरे ऐसी परिस्थिति बनी कि सत्ता प्राप्ति का उनका वह सपना आगे चल कर पूरा हुआ, जो साधारण राजनैतिक परिस्थिति में कभी संभव ही नहीं था।

25 जून, 1975 को आंदोलन में शरीक विपक्षी पार्टियों की दिल्ली के रामलीला मैदान में अप्रत्याशित आम सभा हुई थी। लाखों लोग वहां एकत्र हुए थे। इसी सभा में जयप्रकाश जी ने सेना और पुलिस पदाधिकारियों को संबोधित करते हुए कहा था हिन्दुस्तान का संविधान सर्वोपरी है और उसकी अवहेलना करते किसी आदेश को उन्हें नहीं मानना चाहिए, वह आदेश प्रधानमंत्री का ही क्यों न हो। सत्ता पक्ष ने जे.पी. और उनके समर्थित नेताओं पर सैनिकों एवं पुलिस कर्मियों को बग़ावत पर उसकाने का इल्ज़ाम लगाया था। 26 जून को प्रधानमंत्री निवास पर सत्याग्रह का सिलसिला उस वक्त तक चलना था, जब तक कि प्रधानमंत्री इस्तेफ़ा नहीं दे देतीं। राम लीला मैदान में उस तैयारी की रणनीति की समीक्षा की गई थी। उसी रात पूरे देश में आपातकाल की घोषणा कर दिल्ली में मौजूद जे.पी. सहित अधिकांश नेता रात के अंधेरे में गिरफ्तार कर लिए गए। पूरे देश में पुलिस और मिलिट्री को चौकस कर दिया गया था और कुछ कानूनी

औपचारिकताओं की ख़ाना-पूरी भी की गई। लेकिन, हैरत की बात तो यह देखने में आई कि आर.एस.एस. और जनसंघ की गढ़ मानी जानेवाली दिल्ली में 26 जून के दिन विरोध के रूप में कुछ भी नज़र नहीं आया। 26 जून के "इंडियन एक्सप्रेस" अख़बार का सम्पादकीय कॉलम खाली था, काला बॉर्डर छाप कर अख़बार ने अपना विरोध जताया था। दिल्ली में किसी एक व्यक्ति ने भी आपातकाल और संविधान को सस्पेंड किए जाने की घोषणा पर विरोध करते सड़क पर निकलने की हिम्मत नहीं की। ऐसा लगा दिल्ली पर सक्ता तारी हो गया हो। पटना सहित दूसरे शहरों में विरोध में छोटी-मोटी बैठकें हुईं, जुलूस निकालने की कोशिश हुई, लोग गिरफ़्तार हुए लेकिन दिल्ली ख़ामोश रही। हिन्दुस्तानियों के सारे मौलिक अधिकार आपातकाल ने सोख़्त कर लिया और पूरे देश में हज़ारों की तादाद में आंदोलनकारी गिरफ़्तार कर जेलों में बंद कर दिए गए। यही हिन्दुस्तान का वह दौर है, जब सत्ताधारी ख़ेमे में "इंदिरा इज़ इंडिया, इंडिया इज़ इंदिरा" की गूंज सुनाई देने लगी थी। आश्चर्य की बात तो यह है कि इमरजेंसी उस व्यक्ति द्वारा देश में लगाई गई जिसकी बौद्धिक और राजनैतिक ट्रेनिंग के तुफ़ैल में दुनियां को "डिस्कवरी ऑफ इंडिया" और "गलिम्पसेज़ ऑफ वर्ल्ड हिस्ट्री" जैसी मशहूर किताबें मिलीं और अंतरराष्ट्रीय स्थिति पर जिनकी गहरी नज़र थी।[3]

प्रधानमंत्री इंदिरा गांधी के चुनाव के नतीजे को चुनौती देते मुकदमे का फ़ैसला इलाहाबाद हाई कोर्ट के न्यायमूर्ति जगमोहन लाल सिन्हा ने 12 जून, 1975 को दिया था। उस फ़ैसले के बाद हिन्दुस्तान में जो राजनैतिक उथल-पुथल की परिस्थिति बनी, वह 25 जून, 1975 के आपातकाल के लगाए जाने पर आकर ठहरी। उस चुनावी मुकदमे में राजनारायण की जीत ने सत्ता के ख़ेमे में भूचाल ला दिया था। आपातकाल के बाद दिल्ली के सत्ताधारियों ने संविधान की धज्जियां उड़ाने में कोई कसर नहीं छोड़ी थी। वही समय है, जब दिल्ली के इर्द-गिर्द ईलाकों से ट्रकों में भर कर भाड़े के लोगों को दिल्ली लाकर जनपथ और राजपथ पर धरने और हुल्लड़बाज़ी की ग़लत परंपरा शुरू हुई।

जे.पी. सहित पुराने कांग्रेसी, सर्वोदयी और समाजवादी नेताओं ने अपनी जेल यात्रा को सहर्षता से आज़ाद हिन्दुस्तान में अपने स्वतंत्रता सेनानी होने के लाइसेंस का रिनुअल माना था। लेकिन, जनसंघ, आर.एस.एस. और विद्यार्थी परिषद के नेताओं के लिए बिल्कुल नई आज़माइशी परिस्थिति थी। आज़ादी की लड़ाई में इनकी कोई भूमिका नहीं रही थी, न वे कभी जेल गए, न जेल की यातनाएं सही थीं। गांधीजी की हत्या के इल्ज़ाम में इनके कुछ नेता अवश्य गिरफ्तार हुए थे, लेकिन अभी स्थिति दूसरी थी। शाखाएं लगाने, कुछ देर लाठी भांजते परेड करना, अल्पसंख्यकों, ख़ासकर मुसलमानों के ख़िलाफ़ मानसिकता बनाने के

रटे-रटाए सबक़ दुहराने की ही इनकी आदत रही, लेकिन अभी एक नई परिस्थिति उनके सामने थी। आपातकाल की कठिनाइयों को झेलना और जेलों की यात्रा उनके लिए बड़े कठिन मरहले थे। कुछ दिनों तक ठीक-ठाक चला। गिरफ़्तार किए गए लोगों ने समझा था कि जल्द ही उनकी रिहाई हो जाएगी, जैसे आम धरना-प्रदर्शन के बाद हुआ करता है। लेकिन, जब "इमरजेंसी" का असली चेहरा सामने आने लगा, तब लोगों ने माना कि अब उनका जेल का सफ़र लंबा है। जनसंघ, विद्यार्थी परिषद और आर.एस.एस. के ख़ेमों में सब से ज़्यादा बेचैनी थी। बिहार के जेलों में बंद आंदोलनकारी बताते हैं कि यह लोग रातों में फूट-फूट कर रोते थे। यही नहीं जे.पी. को भी बुरा-भला कहते सुने गए। उनका मानना था कि जे.पी. की वजह से आंदोलन गंभीर हो गया, जो सच्चाई थी ही, और अब इंदिरा गांधी सब को जेलों में सड़ा ही देगी। उनकी ज़िंदगी ही ख़राब हो गई। लिहाज़ा ये लोग माफ़ी मांग-मांग कर जेलों से निकलने लगे। आंदोलन के बड़े नेताओं में आर.एस.एस. के सर-संचालक बाला साहेब देवरस पहले व्यक्ति थे, जिन्होंने इंदिराजी को पत्र लिख कर माफ़ी मांगी और उनके 20 सूत्री कार्यक्रमों को पूरा कराने का आश्वासन देकर जेल से बाहर आ गए थे।

इमरजेंसी का अठारह महीना प्रजातांत्रिक हिन्दुस्तान के इतिहास का एक दुखद अध्याय है। उस अवधि में भारतीय संविधान की खुलकर धज्जियां उड़ाई गई और सत्ता के दुरुपयोग की कहानियां बड़ी तकलीफ़देह हैं। यहां उसके दोहराने की गुंजाइश नहीं। स्वतंत्रता सेनानियों की पीढ़ी में बचे लोगों ने भी निरंकुश सत्ता के क़दम को ठीक नहीं माना और उसको चैलेंज दिया था। और 1977 में जब पार्लियामेंट के चुनाव हुए, तो उसके नतीजे ने लोगों को हैरत में डाल दिया। हिन्दुस्तान के हिंदीभाषी इलाके, जो कांग्रेस के गढ़ माने जाते रहे थे, कांग्रेस के लिए वाटरलू सिद्ध हो गए। आज़ादी के बाद से दिल्ली की केंद्रीय सरकार पर कांग्रेस का जो एकछत्र कब्ज़ा चला आ रहा था, वह 1977 के चुनाव के नतीजे में समाप्त हो गया। उस वक्त जो तब्दीलियां आईं, वह हिन्दुस्तान के इतिहास को प्रभावित करती महत्वपूर्ण मील का पत्थर सिद्ध हुईं। यहां ध्यान रखने की बात है कि 1969 में कांग्रेस पार्टी, व्यक्तिगत महत्वकांक्षाओं और इतिहास-चक्र का शिकार हुई और उसमें विभाजनों का सिलसिला चला, जिसके कारण उसकी ऑल इंडिया पहचान धूमिल होती गई, उसके समर्पित सदस्यों की तादाद घटती गई। कांग्रेस (ओ), कांग्रेस (जगजीवन), कांग्रेस (इ) में बंट कर उस राष्ट्रीय कांग्रेस ने अपना वह बुनियादी वजूद ही खो दिया, जिसकी स्थापना 1885 में हुई थी। खंडित कांग्रेस का जो टुकड़ा बड़ा था, वही कांग्रेस (इ) के रूप में ओरिजनल कांग्रेस की विरासत की दावेदार बनी और अभी वही कांग्रेस के रूप में अपनी पहचान बनाये हुए है। 1975 के बाद राजनीतिक परिस्थति ऐसी

बनी कि कांग्रेस (इ) को 1977 के चुनाव के बाद संसद में विपक्ष में बैठने पर मजबूर होना पड़ा। 1967 में डॉ. राममनोहर लोहिया के नेतृत्व में चली ग़ैर कांग्रेसवाद की लहर के नतीजे में 9 प्रदेशों में विभिन्न पार्टियों की कोऑलिशन सरकारें बनी थीं, जिनमें जनसंघ भी शामिल थी। वह जनसंघ, जो अपने परिवार के साथ बिहार सहित कई अन्य जगहों पर सत्ता में भागीदार बनी थी, अब जयप्रकाश नारायण के नेतृत्व में लड़े 1977 के चुनाव के नतीजे में केंद्र की सरकार में भी ज्यादा मज़बूती के साथ सत्ता में भागीदार बन कर उभरी। शुद्ध "सेक्युलरिज़्म" की बात करनेवाले लोग "सेक्युलरिज़्म" से आंखें चुराते नज़र आने लगे और वह वर्ग जिसका भविष्य "सेक्युलरिज़्म" से जुड़ा हुआ है ठगा सा महसूस करने लगा था।

जयप्रकाश नारायण की पहल पर आंदोलन में शामिल विपक्ष की सब ग़ैर-कांग्रेसी पार्टियों ने मिल कर समाजवादी चंद्रशेखर जी की अध्यक्षता में जनता पार्टी बनाई थी और इसी बैनर के तहत 1977 का चुनाव लड़ा गया था। चुनावी मैदान में, उधर कांग्रेस और उसकी सहयोगी सी.पी.आई. थी और इधर मैदान में पूरा विपक्ष। चुनाव का नतीजा चौंका देनेवाला सामने आया। केंद्र में कांग्रेस को पहली बार ज़बरदस्त झटका लगा था। चुनाव का नतीजा इतना निराशाजनक होगा, इसका अंदाज़ा इंदिरा जी और उनके सहयोगियों को तो कभी नही ही था, जनता पार्टी के लोगों ने भी ऐसी जीत का नहीं सोचा था। गठजोड़ और सत्ता में हिस्सेदारी की पहल के नतीजे में मोरारजी देसाई के नेतृत्व में बनी जनता पार्टी की सरकार में जनसंघ (जो अब जनता पार्टी में विलीन हो गई थी) परिवार से आए अटल बिहारी वाजपेयी को विदेश मंत्रालय और लालकृष्ण अडवानी को दूर-संचार जैसे महत्वपूर्ण विभाग मिले थे। यह सरकार ढाई वर्षों तक ही चली, लेकिन संघ-परिवार ने इस अवसर का भरपूर फ़ायदा उठाया। अपने अधिनस्थ विभागों में अपने लोगों को विभाग की महत्वपूर्ण जगहों पर जमाया, ख़ासकर मीडिया क्षेत्र में संघ-परिवार ने अच्छी ख़ासी घुसपैठ कर वहां अपनी ज़मीन मज़बूत कर ली, जिसका फ़ायदा आज तक उन्हें मिल रहा है।

सेक्यूलर सोशलिस्ट डॉ. राम मनोहर लोहिया ने संघ परिवार से "छूत" हटाने की शुरुआती पहल की थी और उनके सक्रिय सहयोग से संसद में पहुंचे थे। 1967 में ग़ैर-कांग्रेसवाद की उनकी मुहिम बहुत कामयाब सिद्ध हुई और बिहार सहित नौ-प्रदेशों में ग़ैर कांग्रेसी कोऑलिशन सरकारें बनीं, जिनमें जनसंघ और संघ-परिवार को सहज और सम्मानित स्पेस मिल गया। 1974 में सेक्यूलर-सोशलिस्ट-सर्वोदयी जयप्रकाश नारायण ने संघ परिवार को, देश के मेन-करंट में लाने और ग़ैर-सांप्रदायिक बनाने की कोशिश की लेकिन उन्हें उसमें कामयाबी तो नहीं ही मिल सकी, उल्टे ग़ैर-संघी पार्टियों की मान्यता और

सम्मानित राजनैतिक स्पेस के साथ सत्ता की महत्वपूर्ण कुर्सियां संघ-परिवार को हासिल हो गईं। आंदोलन के बीच गठजोड़ और पार्टियों के प्रांतीय पार्टी में "विलय" की प्रक्रिया में संघ-परिवार का दोहरा चरित्र हमेशा चर्चा का विषय रहा था। सिवाय संघ-परिवार के जनता पार्टी के अन्य घटक दलों ने गठजोड़-धर्म का दयानतदारी से पालन किया था। समाजवादियों ने न सिर्फ अपनी पार्टी के अस्तित्व को ख़त्म कर दिया था, बल्कि अपने युवा-संगठन समाजवादी-युवजन-सभा को भी पूरी तरह समाप्त कर दिया। लेकिन, संघ-परिवार ने हर स्तर पर केवल ढोंग रचा। जेल में विद्यार्थी परिषद और आर.एस.एस. से संबंधित लड़कों ने गुप्त रूप में अपना सदस्यता अभियान चलाए रखा था। जेलों में दूसरे लोगों ने इसका घोर विरोध किया था। इसकी सूचना जे.पी. को भी दी गई थी और पार्टी हाईकमान के ऊंचे स्तर पर इस प्रश्न को उठाया गया था। समाजवादियों ने जनता पार्टी में संघ-परिवार के दोहरे चरित्र के मद्देनज़र दोहरी-सदस्यता के सवाल पर कड़ी आपत्ति जताई थी और मतभेद इतनी गहराती गयी कि अंततोगत्वा जनता पार्टी ही टूट गई, जिसके नतीजे में दिल्ली से जनता पार्टी की सरकार ही ख़त्म हो गई। संघ-परिवार के दोहरे चरित्र पर आंदोलन के शुरू के दिनों में ही बिहार में प्रश्न उठने लगे थे। आर.एस.एस. और विद्यार्थी परिषद ने अपने को पार्टी से अलग हो जाने का जयप्रकाशजी को आश्वासन दिया था, लेकिन वे इस पर कायम नहीं रहे। संघ-परिवार का दोहरा चरित्र जब खुल कर सामने आया, तब तक बहुत देर हो चुकी थी। उन्होंने अपनी ज़मीन बहुत मज़बूत बना ली थी। 28 अगस्त, 1976 के "बिहारवासियों के नाम चिट्ठी" में जयप्रकाशजी आर.एस.एस. के मुद्दे पर कहते हैं :

"जहां तक आर.एस.एस. की बात है, यह ठीक है कि वर्षों पूर्व मैं इस संगठन का विरोधी था और कठोर शब्दों में आलोचना किया करता था। परंतु, दुनियां में कोई चीज़ अपरिवर्तनशील नहीं है। संगठन के भी रूप और सिद्धांत बदलते हैं और मैं मानता हूं कि अनुभवों से गुज़र कर आर.एस.एस. भी बदल रहा है। यह संगठन पहले जो भी रहा हो, आज बिल्कुल वही नहीं है, जो पहले था। आज उसके स्वंयसेवक अपनी प्रार्थना में जिन प्रातःस्मरणीय महापुरुषों के नाम लेते हैं, उनमें महात्मा गांधी भी एक हैं। आर.एस.एस. और जनसंघ पर सांप्रदायिक होने का आरोप अकसर लगाया जाता है। अतः, अपने संपूर्ण क्रांति के आंदोलन में उन्हें शामिल कर मैंने उनको डी-कम्युनलाइज़ करने, यानी उनको असांप्रदायिक बनाने की कोशिश की है। इन दोनों जमातों के युवकों ने इस आंदोलन में मुस्लिम छात्रों और युवकों के साथ कंधे से कंधा मिला कर काम किया है और एक साथ काम करने के दौरान एक-दूसरे की ग़लतफहमी दूर हुई है और पारस्परिक विश्वास बढ़ा है। सर्वधर्म समभाव (जिसे अंग्रेज़ी में

सेक्युलरिज़्म कहते हैं) के आदर्श को इस आंदोलन की ओर से यह एक बड़ी देन मिली है, इसको भी तटस्थ व्यक्ति स्वीकार करेगा। इस प्रकार जनसंघ और आर.एस.एस. को संपूर्ण क्रांति के सेक्युलर आंदोलन में शरीक कर मैंने सेक्युलरिज़्म की बुनियाद को मज़बूत बनाने की कोशिश की है। संप्रदायवाद को मिटाने की जो कोशिशें अब तक हुई हैं, उनसे भिन्न मेरी यह कोशिश है और मैं मानता हूं कि मेरी यह कोशिश अधिक रचनात्मक है।"[4]

यह अफ़सोसनाक सच्चाई है कि जिस तरह अधिकांश कांग्रेसियों ने गांधीजी के सत्य, अहिंसा और मानवता के बहुआयामी दृष्टिकोण को न समझा और न समझने की कोशिश की, उसी तरह जे.पी. आंदोलन के अधिकांश आंदोलनकारियों ने जे.पी. की संपूर्ण क्रांति के उद्देशों को न समझा और न समझने की कोशिश ही की। एक रणनीति के तहत उन्हें अपनाने का वे ढोंग रचते रहे और जब सत्ता की प्राप्ति हो गई, सब-के-सब संपूर्ण क्रांति के मूल उद्देश्यों को भूल गये। आर. एस.एस. और जनसंघ परिवार एक रणनीति के तहत संपूर्ण क्रांति आंदोलन से जुड़े रहे और अपने उद्देशों की पूर्ति उनका बुनियादी छुपा एजेंडा हमेशा बना रहा। खुद जे.पी. ने जब आर.एस.एस. में मुसलमानों को भी शामिल किए जाने की बात की, तो संघ परिवार के नीति निर्धारकों ने साफ इंकार कर दिया था और जे. पी. को कहना पड़ा कि "इनकी नीयत साफ नहीं है, जनता फिर ठगी गई''।

1978 में दोहरी सदस्यता के प्रश्न पर जनता पार्टी टूटी थी। इसी प्रकरण के बैकग्राउंड में आर.एस.एस. और संघ परिवार की नीतियों पर विस्तार से रोशनी डालते हुए प्रख्यात समाजवादी विचारक मधु लिमिये ने मई, 1979 के "दिनमान" में एक तफसीली लेख प्रकाशित किया था। उनका कहना है कि समाजवादियों और संघ-परिवार की राष्ट्रीयता की अवधारणाएं बिल्कुल अलग-अलग रहीं। समाजवादी हिन्दुस्तान के हर व्यक्ति को हिन्दुस्तानी नागरिक मानते रहे, जबकि संघ-परिवार "हिन्दुत्व" और "हिन्दू-राष्ट्र" तक राष्ट्रीयता सीमित रखना चाहते हैं। संघ-परिवार को प्रजातंत्र में भी यकीन नहीं, वे हिटलर की पद्धति को ठीक मानते। गुरु गोलवलकर "हिन्दू-राष्ट्र" और ग़ैर-हिन्दुओं के "हिन्दूकरण" के पक्षधर रहे और करोड़ों ग़ैर हिन्दुओं को नागरिक अधिकार से भी वंचित कर देना चाहते रहे। उन्होंने हिटलर की नस्लवादी शुद्धता (Purity of Race) के अभियान को जायज़ माना है। संघ-परिवार ज़ात-पांत और वर्ण-व्यवस्था को ठीक मानता है, जिसे सोशलिस्ट कभी भी उचित नहीं मानते। संघ-परिवार ने हिन्दुस्तान के लिए प्रजातंत्र और उसके संघीय ढांचा (Federal Structure) को कभी उचित नहीं माना, उसका हमेशा मज़ाक उड़ाया है। गुरु गोलवलकर ने अपने Bunch of Thoughts में हिन्दुस्तान के संविधान को पसंद नहीं किया है, उसे बदल कर यूनिटरी तर्ज़ का संविधान बनाने पर ज़ोर दिया। उन्होंने हिन्दुस्तान

के राष्ट्रीय झंडा तिरंगा को भी अमान्य किया है। यही वजह रही कि सोशलिस्टों ने नानाजी देशमुख और आर.डी.भंडारे जैसे आर.एस.एस. के वरिष्ठ, लेकिन संकीर्ण कटट्रपंथियों को जनता पार्टी से बरख़ास्त कर देने की पुरज़ोर वकालत की थी। एन.डी.ए. सरकार के समय संविधान के बुनियादी ढांचे में बदलाव लाने की देशव्यापी बहस चलाई गई, लेकिन हर जगह इस पहल की मुख़ालफत देखने में आई और संघ परिवार संविधान में छेड़-छाड़ करने की हिम्मत नहीं कर सकी।

1967 से 6 दिसंबर, 1992 के बाबरी मस्जिद के विध्वंस तक का संघ परिवार का सफ़र बड़ा दिलचस्प और उनके लिए काफ़ी फ़ायदेमंद रहा है। जज़्बाती मुद्दों को राजनीति की बिसात पर किस खूबी से और किस वक्त रखा जाये, उसे कैसे इस्तेमाल किया जाये, संघी "थिंक टैंक" की नपी-तुली सफल रणनीति रही और आज भी है। "सांप्रदायिक दंगा" उनकी रणनीति की बिसात का हमेशा अहम "पासा" रहा है। गुरु गोलवलकर की ज़िंदगी तक तो ऐसा देखा गया कि जिस शहर में वह गए, अपनी शाखा लगाई और वहां सांप्रदायिक दंगा होना-ही-होना था। दंगे हुए और हिन्दुओं के बीच संघ परिवार की लोकप्रियता का ग्राफ़ ऊपर उठा, हमेशा देखने में आया है। देश का विभाजन तो उनका प्राथमिक एजेंडा रहा ही, उसके अलावे उन्होंने कभी गौ-भक्ति का सहारा लिया, तो कभी अलीगढ़ मुस्लिम यूनिवर्सिटी, उर्दू, कॉमन सिविल कोड, धारा 370, शिला पूजन और मंदिर-मस्जिद विवाद का। नतीजतन दूसरे पार्लियामेंट में 2 सदस्यों वाली पार्टी धीरे-धीरे अपने को विस्तार देती गई और गठबंधन की राजनीति के दौर में 22 पार्टियों के सहारे केंद्र में सत्ता में आ गई। उसके सदस्यों को हिन्दुस्तान के वित्त मंत्री, विदेश मंत्री, प्रधानमंत्री, उप-प्रधान मंत्री और उप-राष्ट्रपति बनने का गौरव प्राप्त हुआ। और आज विपक्ष के नेता उसी पार्टी के हैं। प्लूरल बनावट वाले समाज में विभिन्न समुदाय और जातीय पहचान के बीच तनाव और खट-पट के अनेक मुद्दे मौजूद होते हैं। ऐसे मुद्दों में निःसंदेह सांप्रदायिकता सबसे ख़तरनाक है और दिलचस्प हक़ीक़त है कि इसी में संघ-परिवार की शक्ति का राज़ निहित रहा है।

इस उप-महाद्वीप के लिए आज़ादी से पहले और आज़ादी के बाद "सांप्रदायिकता" ने काफ़ी परेशानियां पैदा की हैं। इसके राजनैतिक दुरुपयोग ने अकसर यहां के सामाजिक ताने-बाने को ख़तरनाक हद तक उलझा कर तोड़ा-मरोड़ा है। इसी विषय को केंद्रित करते भारत सरकार के National PoliceAcademy के पूर्व Director General, एस. सी. मिश्रा की उनके तुजुर्बों पर आधारित एक महत्वपूर्ण पुस्तक Communal Riots in India, 1977 में प्रकाशित होकर सामने आई थी। उस पुस्तक में जिन तथ्यों को उन्होंने उजागर

किया वह किसी हालत में आज़ाद हिन्दुस्तान की सेहत के लिए अच्छे संकेत नहीं माने गए। उस पुस्तक की प्रस्तावना में CRPF के तत्कालीन Director General एन. सी. सक्सेना कहते हैं :

"हिन्दुस्तान में हुए सांप्रदायिक दंगों की अनेक ऐसी मिसाल मिलती हैं, जो एक शहर और उस शहर के एक ही इलाके में बार-बार हुए हैं। वहां विधि-व्यवस्था बनाए रखनेवालों की यह पूरी तरह नाकामी है, क्योंकि पिछले दंगों को सख़्ती से नहीं दबाया गया। दंगा करने वालों, उन्हें भड़काने वाले गिरोहों के साथ राजनैतिक आंदोलनों की तरह का बरताव नहीं किया जाना चाहिए। रांची, मेरठ और सदर बाज़ार, दिल्ली नें, बार-बार एक इलाके में दंगों का इतिहास है, जिस से स्पष्ट होता है कि दंगों से निबटनेवाले तंत्र ने सांप्रदायिक दंगों को गंभीरता से लिया ही नहीं।"[5]

उसी कड़ी में हिन्दुस्तान की कैंसर - सांप्रदायिकता, के उभार की परिस्थिति में पुलिस की भूमिका को केंद्रित करता एक महत्वपूर्ण शोध आधारित अध्ययन यू.पी. के डायरेक्टर जेनरल ऑफ पुलिस डा. विभूति नारायण राय, वर्तमान कुलपति महात्मा गांधी अंतरराष्ट्रीय हिंदी विश्वविद्यालय, वर्धा की 1998 में "Combating Communal Conflict" के नाम से सामने आई। उस पुस्तक का उर्दू सहित कई अन्य भारतीय भाषाओं में अनुवाद हुआ और लोगों के बीच यह काफी लोकप्रिय हुई। पुस्तक के कई एडिशन प्रकाशित हो चुके हैं। इस पुस्तक में उन्होंने सांप्रदायिकता और सांप्रदायिक दंगों में पुलिस के रवैये के इतिहास पर तफ़सीली रोशनी डाली है। पुस्तक की प्रस्तावना में वे कहते हैं :

"वर्तमान परिदृश्य में परिस्थिति पर नज़र डालने से हिन्दुस्तान जैसे बहुलता वाले समाज में सांप्रदायिकता सब से बड़ा ख़तरा है। इस से हमारे संविधान के बुनियादी ढांचे को ख़तरा पैदा हो गया है। हिन्दुस्तान ने सेक्युलर-प्रजातंत्र की राह अपनाई, लेकिन गत कई दशकों से सेक्यूलर व्यवस्था पर लगातार हमले होते आ रहे हैं। अगर हिन्दुस्तानी समाज को सांप्रदायिक रंग देने की सोच को दंगों के रूप में बदलने की कोशिश मज़बूत होती रही, तो एक न्यायपूर्ण सेक्युलर प्रगतिशील हिन्दुस्तान की इमारत, जिसका ख़्वाब हमारे रहनुमाओं ने देखा था, वह चकनाचूर हो जायेगा।"

12 जून 2011 को पटना के गांधी संग्रहालय में वार्षिक श्री रामचरित्र सिंह स्मृति व्याख्यान देते हुए डॉ. विभूति नारायण राय ने "सांप्रदायिकता का प्रश्न और स्वस्थ व्यवस्था की चुनौतियां" पर बोलते हुए हिन्दुस्तान की पुलिस व्यवस्था के सांप्रदायिक चरित्र पर व्यापक रोशनी डाली। वर्तमान प्रधानमंत्री डॉ. मनमोहन सिंह की सरकार के उस विधेयक की भी उन्होंने चर्चा की, जो सांप्रदायिकता

पर रोक लगाने के लिए तैयार की गई है। अपने तजुर्बों और प्रशासकीय अनुभवों के आधार पर उन्होंने कहा था :

"सांप्रदायिक हिंसा के विरुद्ध बिल के बहाने सबसे पहले इसके द्वारा बढ़े अधिकारों का उपयोग करने वाली संस्थाओं की क्षमता, इच्छाशक्ति और पूर्व में उनके द्वारा विधि से प्राप्त अधिकारों के उपयोग अथवा दुरुपयोग के इतिहास को खगांलना आवश्यक है। मुझे पूर्व में इसी बिल के ड्राफ्ट पर विचार करने के लिए आयोजित एक गोष्ठी की याद आ रही है, जिसमें सर्वोच्च न्यायालय के पूर्व मुख्य न्यायाधीश जे.एस.वर्मा ने बहुत अच्छा सवाल उठाया था कि क्या भारत के मौजूदा कानून सांप्रदायिक हिंसा से निबटने के लिए पर्याप्त नहीं हैं ? वे संभवतः पूछना चाहते थे कि अगर भारतीय राज्य में मौजूदा कानूनों की तरह इस नए कानून को लागू करने के लिए भी ज़रूरी इच्छाशक्ति का अभाव रहा, तो इसका भी हश्र उन्हीं जैसा तो नहीं हो जायेगा ? अब यह कानून की शक्ल लेने जा रहा है, तो मेरे मन में एक और सवाल कौंध रहा है। क्या भारतीय राज्य की जिस संस्था को मुख्य रूप से इन प्रावधानों का उपयोग करना है, वह इसके योग्य है भी या नहीं ? अदालतों तक पहुंचने के पहले पुलिस इस नए कानून का उपयोग या दुरुपयोग करेगी। पिछला अनुभव बताता है कि विधि में उपलब्ध प्रावधानों का उपयोग पुलिस ने इस तरह किया है कि दंगों में पीड़ितों, ख़ास तौर से अल्पसंख्यकों, के मन में हमेशा यह कसक रही है कि भारतीय राज्य ने वह सब नहीं किया, जो उसे ऐसी स्थिति में करनी चाहिए थी या उसने वह सब किया, जो उसे नहीं करना चाहिए था। 1960 के बाद के हर सांप्रदायिक दंगे में पुलिस के उपर पक्षपात के आरोप लगे हैं। आरोप लगानेवालों में सिर्फ मुसलमान ही नहीं, बल्कि मानवाधिकार संगठनों से जुड़े लोग, स्वतंत्र मीडिया और विभिन्न जांच आयोगों की रपटें शामिल हैं। यदि हम सरकारी आंकड़ों का ही यकीन करें, तब भी हम यही पाएंगे कि हर दंगे में मरने वालों में ज्यादातर मुसलमान थे। न सिर्फ ज्यादा, बल्कि अधिकांश मामलों में तो तीन चौथाई से भी ज्यादा। उस पर तुर्रा यह कि इनमें पुलिस कार्यवाही भी अधिकतर मुसलमानों के खिलाफ हुई। अर्थात जिन दंगों में मरनेवाले अधिकतर मुसलमान थे उनमें भी पुलिस की गाज उन पर ही गिरी। मतलब ज्यादा मुसलमान गिरफ्तार हुए, अधिकतर तलाशियां भी उन्हीं के घरों की हुई और उन दंगों में भी, जहां मरनेवाले तीन चौथाई से अधिक, मुसलमान थे, वहां भी अगर पुलिस ने गोली चलाई, तो उनके शिकार भी मुख्य रूप से मुसलमान ही हुए। मुसलमानों में पुलिस के प्रति अविश्वास इतना अधिक है कि अपने एक शोध के दौरान जब मैंने दंगा पीड़ितों से एक बहुत साधारण-सा प्रश्न पूछा कि उस समय, जब

उनकी जान और माल ख़तरे में हो, तो क्या वे मदद के लिए पुलिस के पास जाना चाहेंगे ? दुनिया के किसी भी दूसरे मुल्क में इस तरह का सवाल केवल पागल ही पूछ सकता है, क्योंकि कहीं भी खतरे में पड़ने पर नागरिक "राज्य" की तरफ ही स्वाभाविक रूप से देखेंगे। "राज्य" का मुख्य कर्तव्य ही नागरिकों के जान-माल की हिफ़ाज़त करना है और राज्य का सबसे दृश्यमान अंग पुलिस इस भूमिका को निभाती है, पर आप इसे क्या कहेंगे कि मेरे प्रश्न के उत्तर में अल्पसंख्यक दंगा पीड़ितों की बहुसंख्या ने कहा कि वे उस समय भी, जब उनकी जान-माल ख़तरे में हो, पुलिस के पास नहीं जाना चाहेंगे। उनका यह संकोच किसी शून्य में नहीं उपजा है। इसके पीछे ठोस ऐतिहासिक कारण हैं। उन्होंने विभिन्न सांप्रदायिक दंगों में पुलिस के पक्षपातपूर्ण व्यवहार का दंश झेला है। मैंने खुद अपने शोध के दौरान और 35 वर्षों की भारतीय पुलिस सेवा की अवधि में ऐसे बहुत से मामले देखे हैं, जब सांप्रदायिक हिंसा की आग में लुटा-पिटा कोई मुसलमान पुलिस के पास पहुंचा, तो कंधों पर आश्वस्तकारक थपथपाहट के बजाय अपने गालों पर एक झन्नाटेदार झापड़ पाया। 1984 में सिखों के अनुभव भी कुछ-कुछ ऐसे ही थे, जब दिल्ली जैसे शहर में भी पुलिस ने अधिकांश मामलों में मुसीबतज़दा सिखों की मदद करने की जगह बलवाइयों का साथ दिया और कई मामलों में तो अगर पुलिस न पहुंची होती तो, सिख अपनी जान बचाने में कामयाब हो गए होते।"

जबलपुर दंगे के बाद 1961 से 2002 तक गठित निम्न कमीशन, जस्टिस श्रीवास्तव कमीशन, 1961, जस्टिस दयाल कमीशन, 1967, जस्टिस रेड्डी कमीशन, 1969, जस्टिस मदान कमीशन, 1970, जस्टिस विथ्थाटुल्ल मकीशन, 1971, जस्टिस नारायण एवं रिज़वी कमीशन, 1979, एन. सी. सक्सेना कमीशन, 1982, जस्टिस बी. एन. श्रीकृष्ण कमीशन, 2009, ने पुलिस और सरकार के पक्षपातपूर्ण रवैये की सख़्त शब्दों में भर्त्सना की है और स्पष्ट तौर पर सरकारी तंत्रों को मुसलमानों के साथ नाइंसाफी का मुजरिम माना है। बाबरी मस्जिद के तोड़े जाने के बाद नियुक्त जस्टिस लिब्राहन कमीशन ने सतरह वर्षों तक काम किया, उसकी समय सीमा सैंतालीस बार बढ़ाई गई और जो रिपोर्ट आई, उस पर अभी तक कार्यान्वयन का इंतज़ार है। इस कमीशन ने जिन मुजरिमों की शिनाख़्त की है, उन पर सेक्यूलर स्टेट हाथ भी डालती है या नही अभी देखना बाक़ी है।

गुलामी के दिनों में 1924 के बाद हिन्दुस्तान के कई इलाकों में ज़बरदस्त हिन्दू-मुस्लिम दंगे हुए थे और यह सिलसिला महीनों चला। प्रथम असहयोग सह खिलाफत आंदोलन (1920-22) के बीच जो हिन्दू-मुस्लिम एकता के इतिहास का सुनहरा अध्याय लिखा गया था, वह टुकड़े-टुकड़े होकर हवा में बिखर गया।

उन्हीं दिनों 24 मार्च, 1931 को कानपुर में भी ज़बरदस्त फ़साद हुआ था, जिसकी वजह से कई दिनों तक शहर अफ़रा-तफ़री में मुबतला रहा। "प्रताप" के संपादक प्रख्यात पत्रकार और यू.पी. कांग्रेस कमिटी के अध्यक्ष गणेश शंकर विद्यार्थी उस दंगे को शांत कराने की कोशिश में मारे गए थे। उस दंगे के कारणों की जांच के लिए Indian National Congres ने अपने 1931 के कराची-अधिवेशन में भगवान दास की अध्यक्षता में एक जांच कमिटी बहाल की थी। उस जांच कमिटी के सेक्रेटरी पंडित सुन्दर लाल थे और अन्य सदस्य थे पुरुषोत्तम दास टंडन, मंज़र अली सोखता, अब्दुल लतीफ बिजनौरी और जफरूल मलिक। इस कमिटी ने अक्टूबर, 1931 को अपनी रिपोर्ट तत्कालीन कांग्रेस अध्यक्ष सरदार बल्लभ भाई पटेल को सौंपी थी। इस कमिटी ने सांप्रदायिकता के प्रश्न और अंग्रेज़ों द्वारा अपनाई गई पॉलिसी पर ऐतिहासिक परिप्रेक्ष्य में तफ़सीली रोशनी डाली थी। वह इस नतीजे पर पहुंचे थे कि दोनों समुदायों की अकसरियत के बीच सांप्रदायिकता का ज़हर मौजूद है और अगर उससे निजात नहीं पाया गया, तो हिन्दुस्तान का भविष्य उज्ज्वल नहीं कहा जा सकता। बाद के दिनों के घटना-चक्र ने साबित कर दिया कि हमने अपनी रविश नहीं बदली, जिसका अंजाम बहुत दर्दनाक सामने आया। हिन्दुस्तान बंट गया और अंग्रेज़ों को गए भी चौंसठ वर्ष हो गए, लेकिन हमारी मानसिकता में बुनियादी तबदीली नहीं आई। जो परिस्थिति उस वक्त थी, कुछ तबदीलियों के साथ वही स्थिति आज भी मौजूद है। इस अफसोसनाक परिस्थिति का फायदा उस वक्त भी राजनीतिक हितों को साघने के लिए हुआ और आज भी वही हो रहा है। जहां मुसलमानों को मौका मिला, उन्होंने स्थिति का फायदा उठाया और जहां हिन्दुओं को मौका मिला, उन्होंने उसे इस्तेमाल किया। आबादी के अनुपात में जब देखेंगे, तो स्पष्ट होगा कि अल्पसंख्यकों को ज्यादा ही भुगतना पड़ा है।

स्थिति के निष्पक्ष आकलन से पता चलता है कि संघ परिवार ने अपने तय किए हुए हिडेन एजेंडा पर अमल करने के किसी मौके को हाथ से नहीं जाने दिया है। जब-जब मौक़ा मिला, उसने सरकारी महकमों में अपने भरोसेमंद कैडर को अच्छी तरह स्ट्रेटजिक प्वाइंट्स पर फिट किया, ताकि वे अपने अधीन ज्यादा-से ज्यादा अपने लोगों को जहां गुंजाइश नज़र आती हो, भर दें। और जब राजनैतिक स्तर पर पार्टियों की मिली-जुली सरकारों का समय आया, तो इस मौके का सब से ज्यादा फ़ायदा संघ-परिवार को ही मिला, क्योंकि उसके अपने लोग महत्वपूर्ण स्थानों पर पहले से मौजूद थे। उन्होंने प्रशासकीय रसूख़ और मुस्लिम विरोधी मानसिकता का इस्तेमाल किया और अपने विभिन्न 70-75 सक्रिय संगठनों के माध्यम से सामाजिक और राजनैतिक तौर पर मज़बूत विकल्प की हैसियत से अपने को अच्छी तरह स्थापित कर लिया। उन्होंने हर उस

सवंदेनशील मुद्दे को अपने अभियानों का एजेंडा बनाया, जो अल्पसंख्यकों, ख़ासकर मुसलमानों को नुकसान पहुंचाने की भरपूर सलाहियत रखती हो, ताकि उसका उचित राजनैतिक लाभ उन्हें मिल सके। अपने इस ख़तरनाक खेल में उन्होंने देश के हितों का भी कतई ख्याल नहीं रखा है, हां, राष्ट्रवाद का नारा अवश्य लगाते रहे हैं। 1977 में दिल्ली की केंद्रीय सरकार में शरीक रहने का जो सुनहरा मौका उन्हें मिला, उसका फ़ायदा उठाते हुए उन्होंने अपने लिए भविष्य की राजनैतिक ज़मीन तैयार की। बाद में बड़े पैमाने पर सुनियोजित शिलापूजन, अयोध्या में राम मंदिर निर्माण के अभियान, काशी विश्वनाथ मंदिर का प्रश्न और विभिन्न साधु, संतों, साध्वियों और एल.के.आडवाणी की रथयात्रा ने पूरे देश में जो सांप्रदायिक माहौल बनाया, वह संघ परिवार के लिए "प्रिमियम" अदा करने जैसा मुनाफाबख़्श सौदा साबित हो रहा है।

जानकार सूत्रों की इत्तला के मुताबिक़ संघ-परिवार की मुस्लिम विरोधी मानसिकता की एक और महत्वपूर्ण घटना ध्यान देने लायक़ है। जनता पार्टी की सरकार में जब अटल बिहारी वाजपेयी हिन्दुस्तान के विदेश मंत्री थे, उन्होंने उस इज़राइल, जिसे भारत सरकार ने अभी तक राजनैतिक मान्यता नहीं दी, और न इज़राइल से कोई राजनैतिक संबंध स्थापित था, के प्रधानमंत्री मोसादयान, जिसकी पहचान एक खतरनाक आतंकवादी की रही है, को गुप्त तरीके से हिन्दुस्तान बुलाया। अटलजी ने बहुत चाहा कि प्रधानमंत्री मोरारजी देसाई उनसे थोड़ी देर के लिए भी मिल लें, लेकिन ऐसा नहीं हो सका। जिस गोपनीय तरीक़े से मोसेदायान हिन्दुस्तान लाए गए, उसी गोपनीय तरीके से उन्हें वापस भेज दिया गया। संघ-परिवार की यह कोशिश भारत सरकार को, ख़ासकर अब तक की मान्य रही विदेश नीति को ज़बरदस्त झटका देने के साथ हिन्दुस्तान के मुसलमानों और अरब देशों पर भी अपनी मुस्लिम दुश्मनी को स्पष्ट कर देने जैसा क़दम था। भारत सरकार ने अपनी मान्यताओं के आधार पर अपनाई गई विदेश नीति के परिप्रेक्ष्य में राजीव गांधी की सरकार तक इज़राइल को राजनैतिक मान्यता नहीं दी थी। भारत सरकार ने इज़राइल के संबंध में जो नीति अपनाई थी, उसके संवेदनशील ऐतिहासिक कारण रहे हैं। ज़ायोनिस्ट (Zionist) यहूदियों के ख़तरनाक नस्ल-परस्त अभियान और फिलिस्तीनियों के साथ उनकी लगातार नाइंसाफी और दुर्व्यवहार को हिन्दुस्तान ने कभी पसंद नहीं किया, बल्कि उसकी हर स्टेज पर मुख़ालफत की है।

साम्राज्यवादी यूरोपीय देशों ने अपनी हितों की रक्षा और आपसी वर्चस्व की प्रतिस्पर्द्धा में दो विश्व युद्धों की आग में दुनियां को झोंका है। उन्ही यूरोपीय देशों के एक जर्मन डिक्टेटर एडोल्फ हिटलर ने वहां की कमान संभालने के बाद यहूदियों के साथ निहायत क्रूर बरताव किया और कहा जाता है कि हज़ारों

यहूदियों को गैस चैंबर में झोंक दिया था। लेकिन, विडंबना यह रही कि ज़र्मनी के किए उन दुष्कर्मों की सज़ा उसे न देकर सुनियोजित तरीके से बेकसूर फ़िलिस्तीनियों को दी जाने लगी। यूरोपीय देशों और अमेरिका के समर्थन से हज़ारों वर्षों से फ़िलिस्तीन में आबाद मूल फिलिस्तीनियों को उनको अपने घरों से ज़बरदस्ती बेघर कर, उनकी जायदाद पर ज़बरदस्ती नाजायज़ कब्ज़ा किया गया। जर्मनी से भागे और भगाए गए यहूदियों के अलावा दूसरी जगहों से भी यहूदियों को वहां थोप कर बसाने का सिलसिला चला। एलाइड-पावर्स के षड्यंत्रों के तहत मिडिल ईस्ट में अमेरिका और उसके यूरोपीय समर्थकों का एक मज़बूत सैनिक अड्डा "इज़राइल" के रूप में स्थापित कर दिया गया और सबके आर्थिक और सैनिक सहयोग से उसकी शक्ति बढ़ती गई। आज वह एक न्यूक्लियर देश के रूप में मिडिल ईस्ट में सिरदर्द बना हुआ है। इज़राइली नाइंसाफ़ियों और उनकी आतंकवादी हरकतों से मजबूर लाखों की तादाद में फिलिस्तीनी रिफ्यूजी-कैंपों में आज भी अमानवीय यातनाएं झेल रहे हैं। फ़िलिस्तीनियों के प्रश्न पर पूरी दुनिया दोहरा चरित्र अपनाए मगरमच्छ के आंसू बहाती रही है। यू.एन.ओ. के अनेक प्रस्तावों के बावजूद "फ़िलिस्तीन" एक आज़ाद और सर्वभौम राष्ट्र की शक्ल नहीं ले सका है। अमेरिकी यहूदी पूंजीपतियों, मीडिया-मालिकान और घातक हथियारों के सौदागरों के सामने किसी दूसरे की कुछ नहीं चलती है। यहां तक कि यू.एन.ओ. और अन्य अंतरराष्ट्रीय संगठन भी अमेरिकी प्रभाव में इज़राइल के पक्ष में खड़े हो जाते हैं और इज़राइल की सारी नाइंसाफियों को विश्व बिरादरी नज़रअंदाज़ कर रही हैं। नतीजतन जब चाहता है, जहां चाहता है इज़राईल अपने रॉकेट दागता रहता है, अपनी कॉलोनी बसाता जा रहा है।

यह तकलीफ़देह मगर ऐतिहासिक सच्चाई है कि एलाइड-पावर्स ने "ज़ाओनिज़्म" को अपना पूरा समर्थन दिया है। अपनी नीतियों से उन लोगों ने साबित कर दिया कि वह अभी भी उसी नैतिकता-विहीन शोषण आधारित "शायलोक मानसिकता" वाली संस्कृति के पोषक हैं जहां "मूल्य" और "इनसानियत" कोई अहमियत नहीं रखती रही है। उस अंधकार में एक ही प्रभावशाली व्यक्ति महात्मा गांधी रोशनी की किरण के रूप में नज़र आते हैं, उन्होंने उस कुंठित नस्लवादी (Zionist) विचारधारा की पुरज़ोर मुख़ालफ़त की। उस मुख़ालफ़त की वजह से उन्हें अपने परम हितैषी मित्र हरमन कैलनबाख़ की दोस्ती भी गंवानी पड़ी। जिन दिनों दक्षिण अफ़्रीक़ा में रंग-भेद और नस्लवाद के ख़िलाफ गांधीजी (1893-1915) अहिंसक लड़ाई लड़ रहे थे, उसी समय सामुदायिक जीवन के प्रयोगों के लिए उन्होंने 1910 में ट्रान्स्वाल में टाल्सटाय फर्म की स्थापना की थी। उस फार्म के लिए ज़मीन और शुरुआती आर्थिक

सहयोग उनके एक यहूदी आर्टिटेक्ट मित्र हरमन केलेनबाख़ (1871-1945) ने दिया था। वह खुद भी सत्याग्रहों में शरीक हुए थे और जेल की सज़ा भी काटी थी। वह गांधीजी के साथ हिन्दुस्तान आने के ख़्वाहिशमंद भी थे। लेकिन, यहूदी होने के कारण ब्रिटिश सरकार ने उन्हें हिन्दुस्तान आने की इजाज़त नहीं दी। यहूदियों के "ज़ाओनिस्ट" आन्दोलन के बड़े समर्थक होने के कारण केलेनबाख़ चाहते थे कि उनके मित्र गांधी "ज़ाओनिज़्म" को अपना समर्थन दें। परंतु गांधी ने घोर नाइंसाफी और संकीर्ण मान्यताओं पर आधारित उस आंदोलन को न सिर्फ नकारा बल्कि बड़े सख़्त शब्दों में उस सोच की निंदा करते हुये उसकी मुख़ालफ़त की। फ़िलिस्तीनियों के पक्ष का पूरा समर्थन करते हुए उनके साथ किए जा रहे नाइंसाफियों और अमानवीय बरताव की उन्होंने भर्त्सना की। गांधीजी के कड़े रुख़ से केलेनवाख़ को काफ़ी तकलीफ़ पहुंची, वे नाराज़ हो गए, वर्षों की उनकी गांधीजी से दोस्ती में दरार आगई।

26 नवंबर, 1938 को गांधीजी ने अपनी पत्रिका "हरिजन" में फ़िलिस्तीन की समस्या पर अपना एक विस्तृत लेख प्रकाशित किया था। इतना अरसा गुज़ार जाने के बाद भी वह लेख आज की परिस्थति में भी पूरी तरह प्रासंगिक है, क्योंकि फ़िलिस्तीन की समस्या ज्यों-की-त्यों बनी हुई है और फ़िलिस्तीनी अभी भी इंसाफ़ की राह देख रहे हैं। गांधीजी के दृष्टिकोण को समझने के लिए उस लेख के कुछ हिस्से को यहां प्रस्तुत करना मुनासिब मालूम होता है। गांधीजी कहते हैं :

My sympathies are all with the Jews... They have been the untouchables of Christianity. The parallel between their treatment by Christians and the treatment of untouchables by Hindus is very close. Religious sanction has been invoked in both cases for the justification of the inhuman treatment meted out to them...

But my sympathy does not blind to the requirements of justice. The cry of the national home for the Jews does not make much appeal to me. The sanction for it is sought in the Bible and the tenacity with which the Jews have hankered after return to Palestine. Why should they not,like other peoples of the earth, make that country their home where they are born and where they earn their livelihood ?...

Palestine belongs to the Arabs in the same sense that England belongs to the English or France to the French. It is wrong and inhuman to impose the Jews on theArabs. What is going on in Palestine today cannot be justified by any moral code of conduct. The mandates have no sanction but that of the last war. Surely it would be a crime against humanity to reduce the proud Arabs so that Palestine can be restored to the Jews partly or wholly as their national home ...

And now a word of the Jews in Palestine. I have no doubt that they are going about in the wrong way. The Palestine of the Biblical conception is not a geographical tract. It is in their hearts. But if they must look to the Palestine of geography as their national home, it is wrong to enter it under the shadow of the British gun...

पश्चिमी साम्राज्यवादी शक्तियों, ख़ासकर ब्रिटिश और अमेरिकी प्रभाव में कार्यरत यू.एन.ओ. का संरक्षण प्राप्त, ग़रीब फलिस्तीनियों की जबरन कब्ज़ा की हुई ज़मीन, संपत्ति और मकानों पर स्थापित इज़राइल के ज़ाओनिस्ट प्रोपेगंडा ने वहां के विकास मॉडल, कॉपरेटिव फारमिंग और किबूज़ की कम्युनिटी-निविस का इतना प्रचार किया कि अनेक नए आज़ाद हुए देश उनकी माया-जाल के शिकार हो गए। हिन्दुस्तान के नव-निर्माण के लिए प्रयत्नशील लोग भी उस प्रोपेगंडा से नहीं बच सके थे। भारत सरकार ने फ़लिस्तीनियों की ग़सब की गई संपत्ति, छीने गये इलाकों पर साम्राज्यवादी शक्तियों के संरक्षण में स्थापित इज़राइल को मान्यता नहीं दी थी, लेकिन यहां के शोसलिस्टों ने अपने बहुत से कार्यकर्ताओं को वहां कुछ सीखने के लिए भेजा था। वहां की ज़मीन पर सोशलिज़्म के उतर आने के प्रोपेगंडा के जादू का इतना असर पड़ा कि लोग भूल गए कि इज़राइल की स्थापना फ़िलिस्तीनियों को उनके घरों से बेघर कर नाइंसाफियों की बुनियाद पर हुई है और वहां के नेताओं के हाथ बेक़सूर ग़रीब फलिस्तीनियों के ख़ून से लथ-पथ हैं। ऐसे मुल्क में जिसकी बुनियाद में नाइंसाफी ही नाइंसाफी दर्ज हो वहां शोसलिज़्म का ज़मीन पर उतरना न उतरना कोई मायने नही रखता।

पश्चिमी देशों की पुश्तपनाही प्राप्त वही इज़राइल आज हिन्दुस्तान से राजनैतिक मान्यता हासिल कर अपने ख़तरनाक खुफिया तंत्र "मोसाद" के लिए यहां "स्पेस" मुहैया कराने में कामयाब हो चुका है। अमेरिकी संसाधन और मीडिया पर कब्ज़ा जमाए ज़ाओनिस्ट यहूदी बेशुमार दौलत और प्रचार माध्यमों के सहारे हिन्दुस्तान के सुदूर ग्रामीण इलाकों में भी पैर फैलाने में कामयाब हो रहे हैं, जो हिन्दुस्तान के लिए अच्छे संकेत नहीं। ग़रीबी, अशिक्षा और उलझी हुई सामाजिक संरचना ने पहले से ही यहां की स्थिति को संवेदनशील बना रखा है, उस स्थिति में साम्राज्यवादी स्टूज को स्पेस मुहैया कराना कितना नुकसानदेह सिद्ध होगा, अभी देखना बाकी है। भाजपाइ लीडरशिप में एन.डी.ए. गठबंधन ने इज़राइल को मान्यता देकर आज़ादी के बाद स्थापित राजनैतिक परंपरा को तोड़े

जाने की जो पहल की है, उसकी कीमत तो हिन्दुस्तान को आज न कल चुकानी ही पड़ेगी।

पश्चिमी देशों पर इज़राइल और यहूदियों के प्रभाव का अंदाज़ा इसी से लगाया जा सकता है कि फ़लिस्तीनीयों पर उनके द्वारा किए जा रहे घोर नाइंसाफियों पर यू.एन.ओ. के प्रस्तावों के बावजूद आज तक इज़राईल पर अंकुश नहीं लगाई जा सकी है, उसके आगे यू.एन.ओ. भी एक मजबूर फ़ोरम बनकर रह गई है और पश्चिमी देश असहाय मूक दर्शक। यहूदी पूंजी-पतियों के शिकंजे में जकड़े हुए यूनी-पोलर-वर्ल्ड में कमज़ोर देशों के लिए ज़मीन तंग होती जा रही है और मिडिल ईस्ट तो उनके ख़तरनाक षड्यंत्रों का अड्डा बन कर ही रह गया है और अब इस उप-महाद्वीप की शायद बारी हो यह देखना समय की बात है।

संघ परिवार की पहल पर इज़राइल से राजनैतिक संबंध स्थापित करने तक ही बात सीमित नहीं रही है। कहा जाता है कि एन.डी.ए. गठबंधन के बड़े घटक के रूप में सत्ता में आते ही उसके पहल पर कुख्यात इज़राइली खूफिया एजेंसी "मोसाद" और अमेरिकी "सी.आई.ए." से हिन्दुस्तान की आंतरिक सुरक्षा-व्यवस्था की निगरानी और संयुक्त सुरक्षा बन्दोबस्त के संबंध में समझौता भी कर लिया गया। दूसरे शब्दों में हम कह सकते हैं कि यहां के मामलों में दख़लअंदाज़ी और मैनीपुलेशन की पूरी छूट उन्हें मुहैया करा दी गई, यहां की गोपनीयताओं की कुंजी उन्हें सौंप कर उनके "लीक" हो जाने की पूरी व्यवस्था कर दी गई। एन.डी.ए. सरकार ने मुस्लिम दुश्मनी में हिन्दुस्तान ही नहीं पूरे उप-महाद्वीप की गरदन में ज़हरीले सांप लपेट दिये हैं। वह सांप जब मुसलमानों को डसेगा, तो हिन्दुओं की तरफ उंगली उठेगी और यही कैफ़ियत होगी जब वह हिन्दुओं को डसेगा, तो मुसलमान मुजरिमों की तरह कटघरे में होंगे। हिन्दुस्तान, पाकिस्तान और बांग्लादेश के आपसी रिश्तों का भी यही हाल होता रहेगा। चूंकि एक दूसरे के प्रति संदेह और अविश्वास हमारे दिलों में घर किये हुए है, इस महाद्वीप में बसनेवालों की बड़ी आबादी छुई-मुई मानसिकता की शिकार है। एक-दूसरे के प्रति यही अविश्वास "मोसाद" और "सी.आई.ए." जैसे ख़तरनाक संगठनों को अपने ऐजेंडे पर अमल करने का लगातार मौका देते रहेंगे। स्थिति स्पष्ट करती है कि अब हिन्दुस्तान अमेरिकी प्रभाव में पूरी तरह आ गया है और हिन्दुस्तान की विदेश नीति "ब्लैकमेलिंग" का दबाव झेल रही है। इस स्थिति में इस उप-महाद्वीप के टारगेटेड ग्रुप "अल्पसंख्यकों" को ज्यादा भुगतना पड़ेगा और वे भुगत भी रहे हैं।

जब हिन्दुस्तान में कोई दुखद घटना घटती है, तो पुलिस तंत्र के साथ स्थानीय मीडिया चंद रटे-रटाये मुस्लिम संगठनों के नाम दुहराने लगती है और

अकसर बेकसूर लोगों को बिना वारंट, बिना कोई पुख़्ता सबूत मुहैया कराए, जेलों में बंद कर दिया जाता है। मिडिया में वारदात की तफ़सील ऐसे वसूक़ से प्रसारित की जाती है कि मानो उन वारदातों को अंजाम देने वालों ने उन्हें पूर्व इत्तेला देकर वह क़दम उठाया है। चूंकि मुसलमानों को और इस्लाम को बदनाम करना मुख्य मक्सद होता है कुछ वास्तविक और अधिकांश काल्पनिक मुस्लिम नहीं "इस्लामिक आतंकी" संगठनों की बड़े पैमाने पर चर्चा होने लगती है। समझौता एक्सप्रेस, बम्बई सेंट्रल रेलवे स्टेशन पर ख़ूनी ड्रामा, एस.पी. करकरे की हत्या, अजमेर दरगाह, हैदराबाद की मक्का मस्जिद और मालेगांव के धमाकों के बैकग्राउंड में साध्वी प्रज्ञा, स्वामी असीमानन्द, कर्नल पुरोहित, जैसे ज़िम्मेदार लोगों के नाम आतंकवादियों के रूप में जब सामने आए तो पूरा देश अचंभे में पड़ गया। बड़ी मुश्किल से लोगों की समझ में आया कि वेदों के श्लोकों के बजाय मुसलमानों के विरुद्ध ज़हर उगलनेवाली साध्वी ऋतंभरा और उमा भारती के अलावा भी बम और पिस्तौल चलानेवाली सक्रिय साध्वी संघ परिवार में मौजूद हैं। और नानदेर, जहां बम बनाते हुए आर.एस.एस. के कुछ लोग मारे गये थे, ने तो यह भी साबित कर दिया कि संघ परिवार के असलहाख़ानों में नकली दाढ़ी, बालों के विग और टोपियों की भी काफ़ी तादाद मौजूद रहती है, ताकि अपने स्वयंसेवकों को मुसलमानों की भेश-भूषा में मिडिया के सामने मुजरिमों के रूप में पेश कर देना उनके लिए आसान हो जाए और लोग भ्रमित होते रहें कि यहां की हर अप्रिय घटना के पीछे मुसलमानों का ही हाथ रहता है।

1981 में तमिलनाडु के मीनाक्षीपुरम में कुछ दलितों ने अपना धर्म परिवर्तन कर इस्लाम कबूल कर लिया और मुसलमान हो गए थे । इस धर्म-परिवर्तन पर पूरे देश में हिन्दुओं की तीखी प्रतिक्रिया हुई थी। उसकी आड़ में कटट्रपंथी हिन्दुओं ने बड़े पैमाने पर मुसलमानों के खिलाफ माहौल बनाने की कोशिश की। इसी घटना को केंद्रित करते अक्टूबर, 1981 में डॉ. कर्ण सिंह की अध्यक्षता में विराट हिन्दू समाज सम्मेलन आयोजित हुआ था। उस सम्मेलन के लिए दिए अपने संदेश में जगजीवन राम ने बड़ी तफ़सील से हिन्दू धर्म और हिन्दुस्तान के दलितों और मुसलमानों के साथ किए जा रहे नामुनासिब बरताव पर रोशनी डाली थी। उन्होंने स्पष्ट शब्दों में कहा था कि इस धर्म परिवर्तन पर वबाल तो मचाया जा रहा है, लेकिन कोई न उन अछूतों से वस्तुस्थिति की जानकारी लेना चाहता है और न मुसलमानों से ही। चूंकि अछूतों का वजूद तो बड़ी जाति के हिन्दुओं के लिए नगण्य है, अतः उनसे पूछने का प्रश्न ही नहीं और मुसलमान तो अपराधी ही मान लिये गए हैं, फिर उनसे क्या पूछना ? वे कहते हैं :

"इस मामले में अछूतों से कुछ पूछना आवश्यक नहीं समझा गया। बड़े-बड़े नेताओं के संयुक्त वक्तव्य धर्म परिवर्तन के संबंध में निकाले जाते हैं, निकलते

हैं, पर वे अछूतों से, मुसलमानों से क्यों पूछने जाएं ? वे आज तक अछूतों को नगण्य मानते हैं। रही बात मुसलमानों की, तो उनको तो अपराधी मान ही लिया गया है। अपराधी मान कर ही संतोष नहीं, अब तो इन्हें राष्ट्र की सुरक्षा के लिए ख़तरा बताया जा रहा है। कितनी ज़हरीली ज़ेहनियत को उभारा जा रहा है? देशभक्त सिर्फ सवर्ण हिन्दू हैं? देश के प्रति मुसलमानों की वफ़ादारी पर खुलेआम संदेह किया जा रहा है, उन पर आक्रमण किया जा रहा है, जो किसी हाल में उचित नहीं। अछूतों को बदनाम किया जा रहा है उन्हें बिकने वाला कहा जा रहा है।"[6]

प्लूरल सामाजिक बनावटवाले हिन्दुस्तान की दूसरी बड़ी इकाई – मुसलमानों के बारे में हिन्दुओं के दिलों में बैठी "गांठ" का इज़हार आए दिन उनके वक्तव्य और व्यवहार से होता रहता है। लाखों हिन्दू बौद्ध हो गये, या जैन, सिख धर्म को अपना लिया, हिन्दुओं के बीच कोई हल-चल नही हुई। लेकिन अगर कोई हिन्दू, मुसलमान, हो जाए, तो तूफ़ान खड़ा हो जाता है। हमारी सोच का यह पहलू दिलचस्प और गौ़रतलब है।

जगजीवन राम ने अपने 77वें जन्म दिवस के अवसर पर आयोजित समारोह में, जहां फ़ारूक अब्दुल्ला भी मौजूद थे, मुसलमानों की स्थिति की तरफ़ इशारा करते हुए 5 अप्रैल 1984 को कहा था :

"मैं उनको (फारूक अब्दुल्ला) इतना इत्मीनान दिलाना चाहता हूं कि भारत का शासन-तंत्र उनके बारे में चाहे जो सोचता हो, या प्रचार करता हो, परंतु भारत का प्रत्येक नागरिक उनको सच्चा हिन्दुस्तानी मानता है। मैं इस बात को दोहराऊंगा, जो मैं भारत के मुसलमानों से अकसर कहा करता हूं कि ख़ुदा के लिए हिन्दुस्तान से वफ़ादारी की सफाई तुम मत दिया करो। किसको यह हक़ है कि तुमसे वफ़ादारी की मांग करे। तारीख़ इस बात की गवाह है कि मुल्क से गद्दारी मुसलमानों ने नहीं की है। मैं एक बात का ज़िक्र किया करता हूं। जब मैं हिन्दुस्तान का रक्षा मंत्री था, पाकिस्तान से लड़ाई हुई। जब शंकरगढ़ की तरफ़ हमारी फ़ौज बढ़ी, तो हमको बहुत से लोगों ने सलाह दी थी कि आगे के मोर्चे पर मुसलमानों को मत भेजना और मैंने ठीक उसका उलटा किया। सबसे आगे एक मुस्लिम बटालियन रखा, क्योंकि मुझको भरोसा था कि हिन्दुस्तान का मुसलमान हिन्दुस्तान के लिए लड़ता है और यह सबूत पक्का उतरा कि उस मुस्लिम बटालियन ने पाकिस्तान की फ़ौज को मार भगाया। इसके बाद भी अगर कोई मुसलमान से सफाई मांगे, मैं कहता हूं उसका दिमाग सही नहीं है।[7]

हिन्दुस्तान के बंटवारे के फलस्वरूप आज़ादी के बाद हिन्दुस्तानी मुसलमान शंकाओं के घेरे में नज़र आता है। "मुस्लिम लीग" और "पाकिस्तान

मुख़ालिफ़ मुसलमान" यहां तक कि बड़े कांग्रेसी मुस्लिम नेता भी अविश्वास के थपेड़े महसूस कर रहे थे। प्रथम पंक्ति के स्वतंत्रता सेनानी, बिहार सरकार के मंत्री डॉ. सैयद महमूद का अपने तत्कालीन मुख्य मंत्री डॉ. श्रीकृष्ण सिंह को 1948 में लिखे पत्र से उस समय के हिन्दुस्तान की स्थिति की गंभीरता का पता चलता है। वह लिखते हैं :

प्रिय श्रीबाबू,

इधर कुछ हफ्तों से मैं ज़ेहनी परेशानी में मुबतला हूं, लेकिन आपके जन्म-दिन उत्सव के मद्देनज़र आपको परेशान करना मुनासिब नहीं समझा।

जिस तरह मुसलमानों के घरों और रास्ता चलते मुसलमान राहगिरों की तलाशी ली जा रही है इस सूबे के मुसलमानों में काफ़ी बेचैनी पाई जा रही है। इस रवैये से बहुत सारे हिन्दू भी खुश नहीं हैं। इज़्ज़तदार घरों की महिलाओं और बुर्कापोश औरतों की सरेआम तलाशी ली जाती है। अख़बारों में मुसलमानों के यहां हथियारों की बरामदगी की झूठी ख़बरें बढ़ा-चढ़ा कर प्रकाशित की जा रही हैं। बड़े मुस्लिम सरकारी अधिकारी भी इस बेइज़्ज़ती से नहीं बच रहे हैं। आपको हैरत होगी कि आपके आई.जी., पुलिस, आबकारी महकमा के कमिश्नर और अफसरान भी नहीं बख़्शे जा रहे हैं। मुसलमानों के घरों की और उनकी तलाशी इस तरह ली जा रही है, मानो सारे मुसलमान अपराधी हों।

क्या आपको मालूम है कि मैं, जो आपके मंत्रिमंडल का एक सदस्य हूं, की गाड़ी के ड्राइवर की मुख़ालफ़त के बावजूद पुलिस द्वारा तलाशी ली गई। पुलिसवाले हमारे आवास पर यह तहक़ीक़ात करने आए कि हमारे घर में कितने हथियार जमा हैं। ऐसा पहली बार हुआ है। यह मेरा नहीं, पूरे मंत्रिमंडल का अपमान है। जब तक, मैं आपके मंत्रिमंडल का सदस्य हूं मुझे कुछ विशेष अधिकार और सहूलियतें प्राप्त हैं। एक कांग्रेसी होने के नाते आधी ज़िंदगी अंग्रेज़ी सरकार के हाथों बेइज़्ज़ती झेलता रहा। अब कुछ दिनों की बची ज़िंदगी कांग्रेसी सरकार द्वारा अपमानित होता रहूंगा। क्या मैं ग़लत कह रहा हूं?

पीड़ा में मुबलता

आपका

सैयद महमूद[8]

हिन्दू और मुसलमान - हिन्दुस्तान की ये दो बड़ी इकाइयां सैकड़ों वर्षों से साथ-साथ रह रही हैं, यह ऐतिहासिक सच्चाई है। इनके बीच के रिश्तों के विभिन्न पहलुओं पर आज भी हमें संजीदगी से ध्यान देना ज़रूरी है, क्योंकि इनके आपसी रिश्तों पर हमारी गंगा-जमुनी संस्कृति की खूबसूरती निर्भर तो करती ही रही है, इक्कीसवीं सदी के तकाज़ों को भी इनके सौहार्दपूर्ण रिश्ते ही पूरा करनेवाले हैं।

इस अध्याय को **कमलेश्वर** के शब्दों से समाप्त करना मुनासिब लगता है : अदालत में जब बाबर हाज़िर हुआ, तो बहुत थका हुआ और नाराज़ था। कब्र से निकल कर आने में उसे बहुत तकलीफ हुई थी। उसे अच्छा नहीं लगा था कि मर जाने के बाद भी उसके चैन में ख़लल डाला गया था। वह काबुल से चल कर आया था। जैसे ही वह अदालत में हाज़िर हुआ, अदालत ने मुर्दों से पूछा :

– इसे पहचानते हो?

– नहीं... नहीं... हम नहीं पहचानते! सारे मुर्दे बोल पड़े थे।

– ये बाबर है! अदालत ने बताया।

एक भयानक सन्नाटा वहां भर गया

अदालत ने अर्दली से कहा– इन्हें एक कुर्सी दो!

– बैठने के लिए मुझे अपना शाही तख़्त चाहिए... आख़िर मैं शहंशाह हूं... हिन्दुस्तान का बादशाह! बाबर गरजा।

– ताज़ो-तख़्त ख़त्म हो गए हैं। अब राजा और बादशाह भी नहीं हैं। अब नेता लोग अपनी जनता के कंधों या गरदनों पर बैठते हैं। तुम इनकी गरदनों पर बैठना चाहोगे? अदालत ने सवाल किया।

– मैं तो आराम से लेटा हुआ था। अब बुलाया है, तो कहीं भी बैठा दीजिए! बाबर बोला।

– ठीक है, जहां मर्ज़ी हो बैठ जाओ और मेरे सवालों के उत्तर दो! अदालत ने कहा।

– जी!

– तुमने हिन्दुस्तान पर हमला क्यों किया था?

– हमला! तो एक बादशाह और क्या करता? जब फ़रग़ना और बुख़ारा की मेरी सल्तनत छिन गई, तो मुझे दूसरी सल्तनत तो बनानी ही थी... मैंने हिन्दुस्तान पर कई हमले किए, लेकिन जीत नहीं पाया। आख़िरी बार जब मैं जीता, तो सच्चाई यह है कि हिन्द पर हमला करने और इसे जीतने के लिए मुझे सुल्तान इब्राहिम लोदी के चाचा, पंजाब के सूबेदार दौलत खां और रणथंभौर के हिन्दू राजपूत राणा सांगा ने बुलाया था! बाबर बोला।

– यह झूठ बात है! राणा सांगा कभी भी देश के विरुद्ध ग़द्दारी नहीं कर सकते थे! त्रिशूलधारी बोला।

– चुप! अदालत ने उसे झिड़का।

अर्दली ने आगे बढ़ कर उसके हाथ से त्रिशूल छीन लिया - यहां मुर्दे की तरह अदब से बैठो! समझा! नहीं तो अभी नीचे भेज दिया जायेगा... वहां फिर मारे जाओगे!

त्रिशूलवाले का चेहरा भयग्रस्त हो गया। वह हाथ जोड़ कर गिड़गिड़ाने लगा

– नहीं, मैं फिर वही मौत नहीं मरना चाहता!

– क्यों ? मरने से पहले तो तुम कहा करते थे कि दस बार नहीं, हज़ार बार मरना पड़े, तो भी तुम रामजन्म-भूमि के लिए मरोगे... अब क्यों डर रहे हो? अर्दली ने उसे दुत्कारा।

– इसलिए कि अब मैं इनसान हूं... मुझे अब मौत से बहुत डर लगता है!

– तो जब मरे थे, उस वक्त तुम क्या थे?

– तब मैं हिन्दू था!

– हिन्दू क्या इनसान नहीं होते?

– होते हैं, लेकिन जब नफ़रत का ज़हर मेरी नसों में दौड़ता है, तब मैं इनसान का चोला उतार कर हिन्दू बन जाता हूँ!

– ये नफ़रत का ज़हर कहां से आया!

– उसी सन सैंतालीस वाली फ़सल से यह ज़हर जनमा है हुज़ूर! जो हिन्दू को ज्यादा बड़ा हिन्दू और मुसलमान को ज्यादा बड़ा मुसलमान बनाता है! अर्दली बोला।

– मेरा वक्त बरबाद न कीजिए... अपने झगड़े आप निपटाइए। बाबर ने आजिज़ी से कहा।

– लेकिन सारे झगड़ों की जड़ तो तुम हो। न तुम राम मंदिर मिसमार करते, न ये झगड़े खड़े होते ! त्रिशूल वाला इस बार शालीनता से बोला।

– मेरा अल्लाह और तारीख़ गवाह है...मैंने कोई मंदिर मिसमार नहीं किया और न हिन्दुस्तान में कोई मस्जिद अपने नाम से कभी बनवाई। इस्लाम तो हिन्दुस्तान में मेरे पहुंचने से पहले मौजूद था... क्या इब्राहिम लोदी खुद मुसलमान नहीं था, जो आगरा की गद्दी पर बैठा हुआ था ! मैंने उस मुसलमान इब्राहिम लोदी को 20 अप्रैल, 1526 के दिन पानीपत में हरा कर उसकी सल्तनत जीती थी। उसका सिर काट कर मेरे सामने पेश किया गया था। मैंने हुमांयू को तब दिल्ली भेजा था और मैं खुद आराम करने के लिए आगरा चला गया था। आगरा ही इब्राहिम लोदी की राजधानी थी।[9]

सन्दर्भ

1. आस्टीन ग्रेन वाईल, दी इंडियन कन्व्यूशन, कॉरनरस्टोन आफ ऐ नेशन, कलारम्डन प्रेस, आक्सफोर्ड, लंदन, 1966, पृष्ठ 39
2. डी.पी.यादव, संसद में चन्द्रजीत यादव, एस. चांद एंड कम्पनी, नई दिल्ली, 2012, पृष्ठ 149-154
3. 21 जुलाई, 1975 को चंडीगढ़ जेल से जयप्रकाश जी ने प्रधान मंत्री को लिखे अपने पत्र में बिहार आन्दोलन की तफ़सील लिखते हुए उनसे अपील की थी कि हिन्दुस्तान के लोकतंत्र को बर्बाद न करें, प्रिज़न डायरी, पृष्ठ 1, पोपुलर प्रकाशन, बम्बई, 1977, पृष्ठ 101-109
4. जय प्रकाश नारायण, बिहारवासियों के नाम चिट्ठी, बिहार सर्वोदय मंडल, पटना, 1976, पृष्ठ 22-23
5. एस. सी. मिश्रा, कम्यूनल राईट्स इन इंडिया, डायरेक्टर जेनरल, सेन्ट्रल रिज़र्व फोर्स, नई दिल्ली,

1977, पृष्ठ XIII

6. इं. राजेन्द्र प्रसाद, मुक्ति के अग्रदूत, बाबू जगजीवन राम, जगजीवन आश्रम ट्रस्ट, नई दिल्ली, 2006, पृष्ठ 74
7. इं. राजेन्द्र प्रसाद, मुक्ति के अग्रदूत, बाबू जगजीवन राम, जगजीवन आश्रम ट्रस्ट, नई दिल्ली, 2006, पृष्ठ 74
8. वी.एन.दत्ता, बी.ई.क्लेगरोन, ए नेशनलिस्ट मुस्लिम एंड इंडियन पोलिटिक्स, मैकमिलन, 1974 पृष्ठ 273-74
9. कमलेश्वर, कितने पाकिस्तान, राजपाल एंड सन्स, दिल्ली - 6, 2002, पृष्ठ 68-69

जिन दिनों 1947 में गांधीजी अपने सहयोगियों के साथ बिहार की कौमी आग को शान्त करने और सौहार्दपूर्ण माहौल बनाने की मुहिम में बिहार में मौजूद थे, मुस्लिम लीग के सरदार अब्दुर्रब निश्तर और फिरोज़ खां नून भी पटना में थे। जयप्रकाश नारायण, रेणु, गंगा शरण सिंह और रामवृक्ष बेनीपुरी के साथी शोसलिस्टों के अख़बार 'जनता' से जुड़े अहद फातमी ने सरदार निश्तर और फिरोज़ खां नून के एक प्रेस कांफ्रेंस की चर्चा करते हुए मुझे बताया था कि बड़े नपे-तुले अंदाज़ में हिन्दू-मुस्लिम दंगों की चर्चा करते हुए उन्होंने कहा था "Now we have achieved Pakistan"। प्रेसवालों के सवालों का जवाब देते हुए उन्होंने स्पष्ट किया था कि मुस्लिम लीग तो ब्रिटिश सरकार और दुनिया को यही बताना चाहती रही है कि अंग्रेजों के जाने के बाद ये बहुसंख्यक हिन्दू अल्पसंख्यक मुसलमानों को उनका जायज़ हक़ देना तो दूर, उन्हें चैन से जीने भी नहीं देंगे।

दो पाटों के बीच...

हमें भी सत्ता में हिस्सेदारी चाहिए...

सुना आपने, हमें भी हमारे अधिकार और, सम्मान के साथ जीने के अवसर मिलने चाहिए...

हमें वे सहूलियतें और ऐसा माहौल भी चाहिए जहां हम निश्चित और निर्भीक होकर देश के निर्माण में अपनी सक्रिय भूमिका निभा सकें...।

अरे! अपना अधिकार और हिस्सेदारी मांगते यह कौन लोग हैं...?

जी, यह वही हिन्दुस्तानी मुसलमान हैं, जिनके पुरखों ने हिन्दुस्तान को सोने की चिड़िया ही नहीं, जन्नत-निशान बनाने में अपनी पूरी ज़िंदगी और सलाहियतें लगा दी है।... सुनहरे अक्षरों में लिखे अपने इतिहास के पन्नों के साथ इनके पास कुतुबमीनार, लाल किला, ताज-महल और हिन्दुस्तान के सैकड़ों शहरों के शानदार ऐतिहासिक अवशेषों के ऑरिजनल मास्टर प्लान के ब्लूप्रिंट के साथ अज़ीमबाद के पीर अली सहित उन सत्तरह हज़ार शहीदों के नामों की सूची भी है, जिन्हें 1857 में मेरठ से दिल्ली तक सड़कों के दोनों किनारों के पेड़ों पर लटका दिया गया था... दिल्ली और अवध की बेग़मात की आंसुओं और बेग़म हज़रत महल और ज़ीनत महल के खून से लथपथ ओढ़नियों में बंधी बहादुर शाह ज़फ़र के कब्र की मिट्टी भी है जो रंगून से लाई गई है। शहीद अशफ़ाकुउल्लाह खां, मक़बूल शिरवानी और हवलदार अब्दुल हमीद की शहादत के सर्टिफिकेट के साथ आज़ाद हिन्दुस्तान का वह व्यापक और सुंदर संविधान भी उनके पास है, जो उनके अधिकारों की उन्हें ज़मानत मुहैया करा रहा है। साथ ही यूनिवर्सल डिक्लरेशन ऑफ ह्यूमन राइट्स, 1948, भारतीय ह्यूमन राइट्स और अल्पसंख्यक आयोग के दस्तावेज़ भी यह लाए हुए हैं। उनके साथ आज़ाद हिन्द फ़ौज के जनरल शाहनवाज़ खां, कर्नल इसहाक़, कर्नल महबूब और ब्रिगेडियर अब्दुररहमान भी आये हैं।

हूँ... अच्छा... अच्छा...।

"हमें भी सत्ता में हिस्सेदारी चाहिये," यही वह मांग रही है, जिसने देश की सत्ता और संसाधनों पर अपना एकाधिकार मानने वालों को कभी अच्छा नहीं

लगा है (महाभारत और कुरुक्षेत्र की त्रासदी इसी तरह की कशमकश की कहानी है)। जिस किसी ने इस सवाल को उठाने की जुर्रत की है, उसे तरह-तरह की परेशानियां झेलनी पड़ी है और अगर वे "अल्पसंख्यक" रहे हों, तो उन्हें देश का ग़द्दार और सांप्रदायिक घोषित कर प्रताड़ित करना और भी आसान हुआ है। हिन्दुस्तानियों की वह दूसरी बड़ी आबादी जो "मुसलमान" है, उसने जब अपना हक़ मांगा है, इस प्रश्न पर खुद को संगठित किया, संवैधानिक अधिकारों की प्राप्ति के लिए लोकतांत्रिक तरीके से एकजुट हुए, उसे उचित नहीं माना गया, उन पर तरह-तरह के इल्ज़ाम लगाए गए हैं। आज़ादी की लड़ाई के बीच भी इनकी एक बड़ी तादाद को "सेपरेटिस्ट" कहा गया और देश के विभाजन का सारा इल्ज़ाम इन्हीं के मत्थे थोप उन्हें मुजरिमों की तरह, कटघरे में खड़ा कर दिया गया। यहां के ऐसे बहुसंख्यक-हिन्दू, जिनके लिए धर्म और सांस्कृतिक राष्ट्रीयता का लाबादा ओढ़ना हमेशा आसान रहा, उसने अपने जुर्मों को छुपाया और बड़ी होशियारी से अपने से बहुत कम संख्या वालों को सवालों के घेरे में हमेशा लाकर खड़ा किया है, क्योंकि सत्ता में उन्हें उनकी जायज हिस्सेदारी देने की उनकी मानसिकता ही नहीं रही है।

आज़ादी के चौंसठ वर्षों के बाद हिन्दुओ के बाद हिन्दुस्तान की दूसरी बहुसंख्यक और सबसे बड़ी "अल्पसंख्यक" आबादी "हिन्दुस्तानी मुसलमान" को इंसाफ मिलने का अभी भी इंतज़ार हो, यह अपने आप एक अफ़सोसनाक त्रासदी है। ऐसा सुलूक उनके साथ क्यों होता आ रहा है ? एक संवेदनशील तटस्थ व्यक्ति अकसर यह सवाल करता है। कभी-कभी यह बात भी ज़ेहन में आती है कि उन मुस्लिम लीगी-मुसलमानों के किए जुर्मों की सज़ा तो इन्हें नहीं दी जा रही है, जिन्होंने सत्ता में उचित भागीदारी के प्रश्न पर पाकिस्तान की मांग की, और हालात ने उन्हें कामयाब भी बना दिया, देश दो हिस्सों में बंट गया। अगर इस अंदेशे में कुछ भी वज़न है, तो यह भी अफसोस की बात है... करे कौन, भरे कौन...। कांग्रेस और मुस्लिम लीग की सत्ता में भागीदारी की कशमकश ने उलझनें पैदा की और हिन्दुस्तान और सत्ता की कशमकश में सक्रिय दोनों पार्टियों के कॉमन-दुश्मन, अंग्रेज़ों ने अपने ख़तरनाक षड्यंत्र के तहत एक चक्रव्यूह रचा और हिन्दुस्तान को दो हिस्सों में बांट दिया। पाकिस्तान की मांग करनेवाले अपने राजनैतिक खेल में कामयाब हो गए और मुख़ालफत करनेवाले मुसलमान और हिन्दू दोनों पूरी तरह मात खा गए, यह सच्चाई है। क्या मात खाए हिन्दू यहां के मात खाए मुसलमानों को पाकिस्तानियों के एवज़ में सबक सिखा देने पर ऊतारू हैं, पिछले चौंसठ वर्षों से चल रहे खेल से यह शक पैदा होता है......। ब्रिटिश समाजशास्त्री एस. हारमेन ने हिन्दुस्तानी मुसलमानों की दुर्दशा की कई वजहों में एक अहम वजह हिन्दुओं की उस मानसिकता को माना

है, जिसने सदियों पहले हिन्दुओं के धर्म-परिवर्त्तन कर इस्लाम स्वीकार कर लेने और मुसलमान हो जाने को सही नहीं माना है। धर्म परिवर्तन करनेवाले उन लोगों को और उनकी औलाद को हिन्दुओं ने अब तक माफ नहीं किया है, वही गुस्सा बीच-बीच में मुसलमानों के खिलाफ फूट पड़ता है।[1] वजह जो भी रही हो, मुसलमानों की स्थिति के मद्देनज़र हिन्दुस्तान की वास्तविकताओं पर नज़र रखनेवाले निष्पक्ष व्यक्ति को यह एहसास अवश्य होता कि मुसलमानों के साथ इंसाफ़ नहीं हुआ है । अंग्रेज़ों के आने और यहां जम जाने के बाद उन पर पड़ी आफ़तों का जो सिलसिला शुरू हुआ, वह उनके जाने के बाद भी किसी-न-किसी रूप में अब तक चल ही रहा है। 1937 के बाद हालात कुछ ऐसे बनते गये, जब मुस्लिम-लीग और कांग्रेस के बीच सत्ता में मुनासिब भागेदारी का सवाल हल नहीं हो सका और देश के बंटवारे को टाला जाना नामुमकिन हो गया। लेकिन, उस त्रासदी को भी चौंसठ वर्ष हो गए । विभाजन के बाद हिन्दुस्तानी मुसलमानों की नई नस्ल की दूसरी-तीसरी पीढ़ी भी उस जुर्म की सज़ा झेले, जो उनके बाप-दादों के सिर ग़लत बुनियादों पर डाला जाता रहा है, इससे बढ़ कर और क्या नाइंसाफी होगी ? आज भी जब एक मुसलमान अपने संवैधानिक अधिकारों के लिए सक्रियता से आवाज़ उठाता है, लोकतांत्रिक तरीके से संगठित होकर कोई पहल करता है, तो उस पर "सांप्रदायिक" और "पाकिस्तानी एजेंट" होने का इल्ज़ाम लगता है, तरह-तरह के सही और काल्पनिक देश विरोधी संगठनों के सदस्य होने के जुर्म में उन्हें यातनाएं झेलने पर मजबूर कर दिया जाता है। उन पीड़ितों की बिलबिलाहट सुन कर जब कोई ग़ैर-मुस्लिम मदद के लिए आगे आता है, तो उस पर "तुष्टिकरण" का इल्ज़ाम लगता है। इसी "तुष्टिकरण" के इल्ज़ाम में गांधीजी मारे जा चुके हैं। अब "सांप्रदायिकता" और "तुष्टिकरण" के "दो पाटों के बीच" में पिस रहे यह लोग क्या करें ?

चौंसठ-पैंसठ वर्षों के आज़ाद हिन्दुस्तान में सराहनीय उपलब्धियों के बावजूद आम हिन्दुस्तानियों की स्थिति अच्छी नहीं कही जा सकती है। जस्टिस सेन गुप्ता के अंदाज़े के मुताबिक यहां की 125 करोड़ की आबादी में 87 करोड़ लोगों की रोज़ाना की आमदनी महज़ बीस रुपये प्रति दिन है। 20 करोड़ घर ऐसे हैं, जहां रात में चूल्हे नहीं जलते और लगभग 25 करोड़ स्वस्थ पढ़े-लिखे नौजवान बेकारी की मार झेल रहे हैं। विश्वस्तरीय मानक के मुताबिक भी हम शिक्षा और स्वास्थ्य के मामलों में निचले पायदान पर ही हैं। सार्वजनिक क्षेत्रों में भ्रष्टाचार का देशव्यापी बोल-बाला है और अनैतिकता की बाढ़ में तो हमारी परंपराएं और उपलब्धियां ऊब-डूब करने लगी है। इस गंभीर स्थिति के शिकार सब हिन्दुस्तानी हैं, बहुसंख्यक भी और अल्पसंख्यक भी। लेकिन, कुछ दिनों पहले जब अल्पसंख्यकों की स्थिति का संजीदगी से जायज़ा लेते मूल्यांकन

किया गया, तो उनकी स्थिति निहायत ही गंभीर नज़र आई है। गोपाल सिंह, रंगनाथ मिश्र और सच्चर कमिटी की रिपोर्टों ने संवेदनशील लोगों के होश उड़ा दिए हैं। लोग सहजता से इस नतीजे पर पहुंचे हैं कि न सरकार ने मुनासिब तरीके से उनकी मदद की और न समाज ने उन्हें साथ लेकर आगे बढ़ने में उन्हें सहारा दिया है। न सेक्यूलर सरकार ने अपना संवैधानिक कर्तव्य निभाया है और न विश्व कुटुम्बकम का दावा करने वाले हिन्दुस्तानी समाज ने संवेदनशीलता दिखलाई है।

करोड़ों हिन्दुस्तानियों के साथ मिलकर मुसलमानों ने भी आज़ाद हिन्दुस्तान का सुनहरा सपना देखा थ । देश आज़ाद होगा और वह भी आज़ाद हिन्दुस्तान के स्वाभिमानी नागरिक की तरह बिना ख़ौफ जीने की जद्दोजहद करते आगे के सफर को तय करेंगे, अपने वतन को संवारने-बनाने में पहले की तरह ही अपनी भूमिका निभाएंगे। लेकिन ऐसा हुआ नहीं। आज़ादी के पहले और तुरंत बाद के सांप्रदायिक दंगों और व्यवस्था के पक्षपातपूर्ण रवैयों ने मुसलमानों के अंदर हीनता और ख़ौफ की मानसिकता पैदा कर दी, वह अपने जान-माल और बाइज्ज़त जीने की फिक्र में चौंबीसों घंटे डरे-सहमे मुबतला नज़र आने लगे। हिन्दुस्तान की इस इकाई को मायूसियों ने चारों तरफ से दबोच लिया है जो देशहित में कतई नहीं है ।

आज़ादी की लड़ाई का इतिहास हिन्दुस्तानियों के लंबे अर्से की जद्दोजेहद का इतिहास है। इस लंबी अवधि में संघर्ष के साथ आज़ाद हिन्दुस्तान का राजनैतिक और आर्थिक ख़ाका भी तैयार होता रहा । इसी क्रम में आज़ाद हिन्दुस्तान के लिए उचित संविधान तैयार करने के लिए 1946 में ही संविधान-सभा गठित की गई थी। देश भर के चुनिंदा बैरिस्टर, शिक्षाविद् और अपने-अपने क्षेत्रों के नामी गिरामी बुद्धिजीवी आज़ाद-हिन्दुस्तान का संविधान तैयार करने में तन-मन से लगे थे। आज़ादी की लड़ाई के बीच 1916 में कांग्रेस और लीग के बीच हुए लखनऊ पैक्ट, मान्टीगो चेम्स फोर्ड रिफार्म्स, गवर्नमेन्ट ऑफ इंडिया एक्ट 1935 और नेहरू रिपोर्ट 1928 के तजुर्बों के साथ दुनिया के अच्छे संविधानों की नज़ीर सामने रख कर हिन्दुस्तान की प्लूरल सामाजिक बनावट के मद्देनज़र एक संतुलित संविधान तैयार किया गया और यह ज़मीन तैयार हुई कि आज़ादी के बाद हिन्दुस्तान एक सेक्युलर प्रजातंत्रिक देश होगा । यहां की पेचीदा सामाजिक संरचना और विभिन्नताओं के मद्देनज़र प्रजातंत्र के कई स्वरूपों में ब्रिटेन की वेस्ट-मिनिस्टर पद्धति, यानी बालिग़ मताधिकार (Adult Franchise) की बुनियाद पर बनी डेमोक्रेसी, हिन्दुस्तान के लिए उचित और उपयुक्त विकल्प मानी गई । लिहाज़ा अपने संविधान के तहत 26 जनवरी, 1950 को हिन्दुस्तान एक सेक्युलर प्रजातांत्रिक देश के रूप में विश्व बिरादरी

में शामिल हुआ। हिन्दुस्तान के इतिहास में 15 अगस्त, 1947 की तरह यह दूसरा दिन भी ऐतिहासिक महत्व का दिन है। 15 अगस्त को पहली बार सब हिन्दुस्तानी गुलामी की बंधनों से आज़ाद हुए थे और 26 जनवरी, 1950 को बिना भेद-भाव के सब हिन्दुस्तानियों को अपनी तक़दीर बनाने के साथ अपनी मंज़िल तय करने का अवसर और अधिकार मिला।

हिन्दुस्तान के ऐतिहासिक वास्तविकताओं के बैकग्राउंड में यहां के नए संविधान में "अल्पसंख्यकों" के लिए विशेष सुविधाओं का प्रावधान किया गया। "अल्पसंख्यकों" में मुसलमान, ईसाई, बौद्ध, जैन, सिख, पारसी, आर्य-समाजी, ब्रह्म-समाजी आदि सब ग्रुप के लोग आते हैं। लेकिन, जब "अल्पसंख्यकों" की बात होती है, तो प्राय: वह "मुसलमानों" की बात ही होती है, क्योंकि ईसाइयों और पारसियों को छोड़ कर अन्य ग्रुप "हिन्दू" सामाजिक संरचना के ही एक अंग हैं। "मुसलमान" संख्या के एतबार और ऐतिहासिक कारणों से बहुसंख्यक हिन्दुओं के मुकाबले में हमेशा आमने-सामने रहे हैं। सत्ता में भागीदारी के यही प्रबल दावेदार भी रहे, अत: इनके और बहुसंख्यक हिन्दुओं के बीच खींच-तान चलती रही है। ऐतिहासिक तथ्यों को अंग्रेज़ों ने हमेशा तोड़-मरोड़ कर सामने लाया और उसके ग़लत इंटरप्रेटेशन से दोनों के रिश्तों को और उलझा कर फ़ायदा उठाया। अंग्रेज़ों ने अपनी कूटनीति से धीरे-धीरे ऐसी परिस्थिति बना दी कि हिन्दुओं और मुसलमानों की एक बड़ी संख्या साथ रहने को तैयार नहीं दिखी और अंततोगत्वा देश ही दो-हिस्सों में बंट गया। नतीजतन विभाजित-आज़ाद हिन्दुस्तान में "मुसलमान" शंकाओं के घने कोहरे में उलझ गए और विभाजन के कारणों से अनजान बहुत से हिन्दुओं की टेढ़ी नज़रों ने आज भी उनका पीछा नहीं छोड़ा है। लेकिन, हर निर्णायक मोड़ पर हिन्दुस्तान का इथोस सिल्वर-लाइनिंग के रूप में हमेशा मौजूद भी दिखी है। कुछ लोगों की संकीर्ण-मानसिकता के बावजूद भारतीय संविधान में "अल्पसंख्यकों" के लिए जो प्रावधान किए गए, वे अपने आप उदार-दृष्टिकोण की अद्‌भुत मिसाल हैं। आज़ादी की लड़ाई के बीच गांधीजी की लीडरशिप में जो हमारी उदार राष्ट्रीय पहचान बनी थी, देश के बंटवारे के सख़्त झटके के बावजूद वह बरकरार रही। आज़ादी मिलने के बाद हमारे रहनुमाओं के हाथों में देश-निर्माण की जब चुनौतियों भरी ज़िम्मेदारी आई, उस वक्त उनमें ऐसे लोगों की अकसरियत रही, जिन्होंने बंटवारे के ज़ख्मों के बावजूद हिन्दुस्तान में एक सुदृढ़ सिविल सोसाइटी विकसित और स्थापित करने के सराहनीय कदम उठाए। आज का सेक्यूलर डेमोक्रेटिक हिन्दुस्तान उनलोगों की कोशिशों का ही नतीजा है। कानूनी दृष्टि से बिना किसी भेद-भाव के हर हिन्दुस्तानी को सम्मान के साथ जीने और अपने भविष्य के बारे में रणनीति बनाने के साथ जद्दोजहद करने की संविधान पूरी ज़मानत मुहैया कराता

है। संविधान पर अमल करने के सिलसिले में कुछ प्रैक्टिकल दिक्कतें ज़रूर पेश आती हैं, लेकिन अन्ततोगत्वा देर या सवेर रूल-आफ-लॉ को ही जीत हासिल होती रही है।

1920 के बाद की आज़ादी की लड़ाई के इतिहास को "गांधी युग" का इतिहास माना जाता है। गांधी-युग शुरुआत है उस सुनहरे युग की, जब बुद्धिजीवियों के साथ बिना किसी भेदभाव के आम हिन्दुस्तानियों की आज़ादी की लड़ाई में सहभागिता दर्ज हुई है। यह वह दौर है, जब ख़िलाफ़त के सवाल पर हिन्दुस्तानी मुसलमानों के बीच देशव्यापी अंग्रेज़-विरोधी आंदोलन अपनी चरम सीमा पर है और हिन्दुस्तान की राजनीति में गांधीजी के सक्रिय होने की फ़िज़ा बन रही है। वे दक्षिण अफ्रीका से 1915 में हिन्दुस्तान लौटे हैं और 1917 में हिन्दुस्तान की धरती पर चंपारण में उनकी पहली सत्याग्रह कामयाब हुई। 1918 में अहमदाबाद के मिल-वर्क्स और खेड़ा में उनकी पद्धति के कामयाब प्रयोग हो चुके थे। लेकिन, हिन्दुस्तान की राजनीति में अभी उनकी पहचान नहीं बनी थी। ख़िलाफ़त आंदोलन के बड़े नेताओं में मौलाना मुहम्मद अली, शौकत अली, हसरत मोहानी आदि विभिन्न जेलों में बंद थे और मौलाना आज़ाद रांची में नज़रबंद की ज़िंदगी गुज़ार रहे थे। इसी राजनीतिक माहौल में हिन्दुस्तान लौटे महात्मा गांधी अपने दक्षिण अफ्रीका के तजुर्बों की रोशनी में मुसलमानों के व्यापक असंतोष और हिन्दुस्तान की परिस्थिति की समीक्षा कर रहे थे। मुसलमानों के उत्तेजित देशव्यापी आंदोलन को रचनात्मक दिशा देकर आज़ादी की लड़ाई के आधार को व्यापक बनाने की कोशिशों में एक सकारात्मक रणनीति उन्होंने तैयार की। हिन्दू-मुस्लिम एकता और आपसी सौहार्द की शक्ति की बुनियाद पर सफल हुए दक्षिण अफ्रीका के सत्याग्रह का कारगर तजुर्बा उनको था। अतः उसी रणनीति के तहत यहां हिन्दुस्तान में भी अपने अभियानों के लिए समर्पित लोगों को साथ लेना हर दृष्टि से न्यायसंगत समझा। मुसलमानों के देशव्यापी आसंतोष ने उन्हें मुसलमानों के कैडर पर बना-बनाया माहौल उपलब्ध करा दिया। इसी बैकग्राउंड में कांग्रेस के स्पेशल कलकत्ता अधिवेशन (1920) में "ख़िलाफ़त" के प्रश्न को कांग्रेस पार्टी का मुद्दा बनाने की कोशिश की और बड़ी मुश्किलों से वहां वे कामयाब हुए थे। प्रस्ताव तो मंजूर हो गया, लेकिन उस वक्त के बड़े कांग्रेसी नेताओं की जो प्रतिक्रिया हुई थी, वह काफी दिलचस्प है। अभी के निर्णय के मुताबिक कांग्रेस एक ऐसा कदम उठाने जा रही थी, जिसका अंतरराष्ट्रीय कैरेक्टर था और उसका असर हिन्दुस्तान की सरहदों से बाहर भी पड़ने वाला था। इस तरह के अंतरराष्ट्रीय एजेंडे पर कांग्रेस के पूर्व के अधिवेशनों में कभी चर्चा भी नहीं हुई थी, क्योंकि उसका कैनवास अभी सीमित था, जनआकांक्षाएं अभी कांग्रेस का मुद्दा नहीं बनी थीं। प्रसिद्ध

इतिहासकार स्टेनली आलपर्ट इस स्थिति की समीक्षा करते हुए कहते हैं :

"कलकत्ता कांग्रेस में गांधीजी (1869-1948) की जीत पहली बड़ी कामयाबी थी। बंगाल के सम्मानित नेता सी. आर. दास (चितरंजनदास, 1870-1925), बी. सी. पाल (बिपिन चन्द्र पाल,1858-1932), मिस्टर जिन्ना (1876-1948) और ऐनी बेसेंट (1847 - 1933) ने प्रस्ताव का कड़ा विरोध किया था, लेकिन महात्मा गांधी ने अली बंधुओं और मोतिलाल नेहरू के सहयोग से बहुमत से प्रस्ताव को पारित करा लिया। खिलाफ़ती डेलिगेट्स से पंडाल भर गया था और इस सफल व्यवस्था के पीछे बम्बई के मशहूर व्यापारी मियां मोहम्मद छोटानी की बड़ी अहम भूमिका थी। भारी बहुमत से प्रस्ताव के पारित हो जाने के बाद कांग्रेस के ढांचागत चरित्र पर भी असर पड़ा। अब कांग्रेस एक पोपुलिस्ट पार्टी में बदलती नज़र आने लगी। कांग्रेस मारवाड़ियों द्वारा समर्थित मध्यवर्गीय ऐसे औसत लोगों की पार्टी हो गई, जिस पर हिन्दू-मुस्लिम उद्योगपतियों, व्यापारियों और उन से जुड़े लोगों की पकड़ साफ तौर पर दिखने लगी। गांधीजी ने 1 अगस्त, 1920 से सत्याग्रह की शुरुआत की । अजीब इत्तफाक, इस शुरुआत से एक दिन पहले लोकमान्य तिलक का देहांत हो गया। एक धर्मनिष्ठ हिन्दू होने के नाते तिलक ने "खिलाफत" को कांग्रेस का मुद्दा बनाने को नहीं पसंद किया था, पहले ही समर्थन देने से इंकार कर दिया था। ऐनी बेसेंट गांधीजी पर भरोसा नहीं करती थीं। वह मानती थी कि इस आंदोलन से लोगों के बीच कटुता बढ़ेगी। अत: गांधीजी की पहल की उन्होंने भर्त्सना की। गोपाल कृष्ण गोखले द्वारा स्थापित (Servants of Indian Society) में उनके उत्तराधिकारी वी. एस. श्रीनिवास शास्त्री ने उसे गांधी का "सपना" मात्र माना था। फिरोज़शाह मेहता के शिष्य दीन शा वाचा गांधीजी को एक घमंडी और सिरफिरा व्यक्ति मानते थे । मांटीगों चेम्सफोर्ड ने ज़िंदगी भर गांधीजी की "महात्मायी राजनीति" को न समझा और न पसंद ही किया, उसे वह बोल्शेविक षड्यंत्र की कड़ी ही मानते रहे। कलकत्ते में गांधीजी की कामयाबी के बाद चेम्सफोर्ड के सिक्रेटरी ने लिखा था कि मुसलमानों के असंतोष की आड़ में यह बोल्शेविक (कम्युनिस्ट) स्थापित स्थानीय सरकारों के खिलाफ षड्यंत्र रच रहे हैं और मुझे तो डर लग रहा है कि कहीं मुसलमानों की पैन-इस्लामिज़्म हिंसक रुख़ न अपना ले।[2]

यह मानव इतिहास की सच्चाई है कि समर्पित निष्ठावान व्यक्ति अपनी प्रतिबद्धताओं और दृढ़ इच्छाशक्ति के सहारे हालात के रुख़ ही नहीं मोड़ देता है, बल्कि नया इतिहास भी रच देता है। कुछ दिनों के अंदर ही उस "सिरफिरा" और "ख्याली सपना" देखनेवाले व्यक्ति महात्मा गांधी ने उसे सही साबित किया और अपनी उपलब्धियों से हिन्दुस्तान के इतिहास का रुख़ तो बदल ही दिया, विश्व इतिहास पर भी अपनी ज़बरदस्त छाप छोड़ी। "गेम ऑफ स्कॉन्ड्रल्स"

मानी गई सत्ता की "राजनीति" को नैतिक मूल्यों पर आधारित जनसेवा मुखी राजनीति में बदला और हिन्दुस्तान की आज़ादी की लड़ाई को सत्य, प्रेम और अहिंसा आधारित "सत्याग्रह" रूपी अचूक पद्धति दी, जो दुनिया के लिए एक अद्‌भुत नज़ीर बनी। "सहअस्तित्व" और "जियो" और "जीने दो" की बुनियाद पर विकसित जीवन शैली अपनाई और इन्हीं स्द्धिांतों को अपनाए उनके नेतृत्व में हिन्दुस्तान आज़ाद हुआ। कृतज्ञ राष्ट्र ने उन्हें "राष्ट्रपिता" माना। टालस्टाय और उनके समकालीन दुनियां के अनेक बड़े चिंतक गांधी विचार और व्यक्तित्व की विशालता के क़ायल हुए और महान वैज्ञानिक आइन्सटाईन को कहना पड़ा कि "आनेवाली नस्लें बड़ी मुश्किल से यक़ीन करेंगी कि हाड़-मांस का बना कोई ऐसा व्यक्ति दुनिया में पैदा हुआ था।" लेकिन, अजीब विडंबना रही कि ब्रिटिश इंपायर को मात देनेवाला वह व्यक्ति महत्वाकांक्षाओं के शिकार अपने क़रीबी अनुयायियों से ही मात खा गया। जिस "स्वराज्य" रूपी हिन्दुस्तान का सपना उन्होंने देखा था, वह तो सपना ही रह गया, हिन्दुस्तान भी एक नहीं रह सका, वह दो हिस्सों में बंट गया और उनकी हिन्दू-मुस्लिम एकता की कोशिशों की राह में नफ़रत के सैलाब ने दिक्कतें-ही-दिक्कतें पैदा की। हिन्दुस्तान की प्राचीन सभ्यता और सांस्कृतिक उपलब्धियों पर अंधविश्वास की मोटी परतों से पैदा हुई परिस्थिति और यहां पनपी संकीर्णता ने हर क़दम पर उनके लिए रुकावटें खड़ी की और अपनी ज़िंदगी के अंतिम पड़ाव पर वे अपनी मान्यताओं की सलीब उठाए अकेले नज़र आते हैं। मायूसी के उसी माहौल में त्रासदियों की यातनाएं झेलते दिल्ली के लुटे-पिटे मुसलमानों का एक प्रतिनिधिमंडल मौलाना हिफ़ज़ुर्रहमान की अगुवाई में गांधीजी से मिला था और मुसलमानों की दर्दनाक स्थिति की तफसील बताते उनसे कहा था:

बापू ! हम आपके सहारे यहां रहे, लेकिन अब तो यहाँ की ज़मीन हमारे लिए तंग हो गई है! हम पाकिस्तान जाने से रहे, क्योंकि हमने शुरू से ही उस विचार का विरोध किया और इंग्लैंड भी नहीं जाऐंगे,क्योंकि हमने आपकी रहनुमाई में उससे आज़ादी की लड़ाई लड़ी है, आप बताएं हम क्या करें, कहां जाएं?

अखंड आज़ाद हिन्दुस्तान के लिए जद्दोजेहद करते हिन्दू-मुस्लिम एकता को समर्पित उस व्यक्ति के दिल पर इस गुहार को सुनकर क्या गुज़री होगी, उस पीड़ा का हम अंदाज़ा भी नहीं लगा सकते।

1916 में कांग्रेस और मुस्लिम लीग ने लखनऊ में सेपरेट- एलोक्टोरेट को बुनियाद मान कर साथ-साथ आज़ादी की लड़ाई लड़ने का समझौता किया था। बाल गंगाधर तिलक (1856-1920), गोपाल कृष्ण गोखले (1866-1915), मदन मोहन मालवीय (1861-1946) और मोहम्मद अली जिन्ना (1876-1948) ने इस समझौते को अंतिम शक्ल देने में अहम भूमिका निभाई थी। अक्टूबर,

1916 में मिस्टर जिन्ना ने बम्बई प्रांतीय कॉन्फ्रेंस के अहमदाबाद अधिवेशन की अध्यक्षता की थी। अपने अध्यक्षीय संबोधन में उन्होंने कहा था :

''मैं समझता हूं सही सोच रखनेवाले सब लोग इस बात में यक़ीन रखते हैं कि हमारी तरक़्क़ी का राज़ हिन्दुस्तान के दोनों मुख्य समुदायों के आपसी सौहार्दपूर्ण रिश्तों और एकता में निहित है। दोनों की एकता की प्राथमिकता पर हमें ध्यान केंद्रित करने की ज़रूरत है, क्योंकि इस समस्या का हल ज़्यादा मुश्किल नहीं है।

''मैं अपने बहुसंख्यक हिन्दू दोस्तों से अपील करूंगा कि वे मुसलमानों के संबंध में खुले दिल से उदार रवैया अपनाएं और सेपरेट इलेक्टोरेट के प्रश्न पर अपने त्यागपूर्ण सहयोगी रुख़ का परिचय दें। प्रश्न सत्ता के हस्तांतरण का है, हमें ब्यूरोक्रेसी से डेमोक्रेसी की तरफ बढ़ना है। हमें सरे-दस्त इसी मुद्दे पर अपना ध्यान केंद्रित करना चाहिए। हिन्दुओं और मुसलमानों की एकता बनाए रखते हुए हमें संवैधानिक विकल्पों को अपना कर आगे बढ़ना है, ताकि जल्द-से-जल्द सत्ता का हस्तांतरण संभव हो सके। हम सही और सीधे रास्ते पर चल रहे हैं और मुराद मांगी मंज़िल सामने है। आगे बढ़े चलें, नया हिन्दुस्तान हमारा लक्ष्य है।''[3]

"हिन्दू" और "मुसलमान" पुश्तहापुश्त से एक साथ रहे, हर सर्द और गर्म को साथ-साथ झेला है। आज़ादी की लड़ाई में साथ-साथ अपना कर्तव्य निभाया है, लेकिन सत्ता में हिस्सेदारी के प्रश्न ने स्थिति को उलझा दिया, क्योंकि हमने उदारता की जगह अपनी ईगो और खुदगर्ज़ियों को प्राथमिकता दे दी। नतीजतन यहां की दो महत्वपूर्ण इकाइयां एक-दूसरे के लिए अजनबी बनती गई। स्थिति ऐसी बन गई कि कुछ लोगों को इनका साथ रहना भी गवारा नहीं हुआ और देश बंट गया। हिन्दुस्तान में हिन्दुस्तानी मुसलमान और पाकिस्तान में पाकिस्तानी हिन्दू, सिख और दूसरी छोटी धार्मिक इकाइयां अपने मुल्कों में "अल्पसंख्यक" हो गई और इनकी आज़माइशों का न ख़त्म होनेवाला सिलसिला शुरू हो गया।

हिन्दुस्तान ने अपनी प्लूरल सामाजिक बनावट के मद्देनज़र अंतरराष्ट्रीय स्तर का अपना संविधान बनाया और यहां के हर नागरिक के अधिकारों की सुरक्षा की ज़मानत दी। "अल्पसंख्यकों" की संवेदनशील कमज़ोर स्थिति के मद्देनज़र संविधान में उन्हें कुछ विशेष रियायतें भी दी गई। लेकिन जब उन प्रावधानों पर कार्यान्वयन की पेशकदमी हुई, तब बात उलझी है। "अल्पसंख्यकों" को उनकी जायज़ सुविधाओं को उपलब्ध कराने की जब पहल हुई है, तब जुर्म की हद तक उनको नज़दअंदाज़ किया गया है। वह सरकारी मिशनरी, जिसे संवैधानिक प्रावधानों का लाभ "कमज़ोर तबक़े" और "अल्पसंख्यकों" तक पहुंचाने की व्यवस्था करनी है, आमतौर पर अपनी ज़िम्मेदारियों के प्रति उसमें न प्रतिबद्धता

है और न "अल्पसंख्यकों" के प्रति संवेदनशीलता और हमदर्दी। अब तक के तजुर्बे स्पष्ट करते हैं कि उल्टे वह जुर्म की हद तक कोशिश करते रहे हैं कि "अल्पसंख्यकों" तक संवैधानिक सहूलियतों के लाभ पहुंच ही नहीं सके। इस अफ़सोसनाक भेदभावपूर्ण पॉलिसी का नतीजा है कि आहिस्ता-आहिस्ता मुसलमान हाशिये पर आ गए हैं और उन्हें समाज के लिए "अनवांटेड-एलिमेंट" बनाया जा रहा है। कुंठित मानसिकता से ग्रसित तत्व भूल जाते हैं कि हमारा प्रजातंत्र छह दशकों की धूप-छांव के तजुर्बे हासिल कर इक्कीसवीं सदी की चुनौतियों से रू-ब-रू है। हम ग्लोबलाइज़ेशन के दौर से गुज़र रहे हैं और दुनिया की नज़रें दुनिया के सबसे बड़ी लोकतंत्र की ओर, यानी हमारी ओर, लगी हुई है। हम परिपक्वता के जिस मुकाम पर पहुंच गए हैं, वहां अब समाज के किसी वर्ग को उसके कानूनी अधिकार और सहूलियतों से वंचित रखना न मुनासिब है और न ही संभव। लेकिन, यह भी सच्चाई है कि आज भी लोगों के साथ नाइंसाफी हो रही है। अपने साथ की जा रही नाइंसाफियों के ख़िलाफ़ जब ये "अल्पसंख्यक" आवाज़ उठाते हैं, अपनी मांगों को लेकर लोकतांत्रिक पहल करते हैं, सड़कों पर उतरते हैं, तो "सांप्रदायिकता" का इल्ज़ाम लगता है और अगर ग़ैर-मुस्लिमों ने हमदर्दी दिखाई तो "तुष्टिकरण" उनका पीछा नही छोड़ती है। "बहुसंख्यक" हिन्दुओं का वह सांप्रदायिक तत्व, जो इनसानियत विरोधी मानसिकता, फासिज़्म से प्रेरित है, उसकी मुसलमानों के संबंध में सोच हमेशा ग़ैर-मुनासिब रही है, वह चाहता रहा है कि यहां के मुसलमान असहाय, मुहताज और दो नंबर के नागरिक बन कर रहें। यह सोच हिन्दुस्तान की अपनी सांस्कृतिक परंपराओं और वैधानिक तथा मानवीय मान्यताओं के विपरीत होने के साथ इक्कीसवीं सदी के तकाज़ों को भी नकारती है।

1937 में आज़ादी की पहली किस्त मिली और सत्ता-सुख भोगने के अवसर की शुरुआत भी हुई थी। उसी समय से विभिन्न समुदायों के बीच सत्ता में भागीदारी की कशमकश तेज़ हुई। आज़ादी के बाद तो वह स्थाई मुद्दा बन गया, क्योंकि सत्ता की राजनीति वोट की राजनीति बन कर एक व्यक्ति एक वोट के इर्द-गिर्द घूमने लगी। "अल्पसंख्यकों" के साथ क्या व्यवहार हो, इस प्रश्न पर लोग शुरू से चौकस नज़र आते हैं, क्योंकि इस बड़ी आबादी को नज़रअंदाज़ करती कोई व्यवस्था सफल हो ही नहीं सकती। 1937 के चुनाव के नतीजे में जब कांग्रेस 11 प्रांतों में सरकार बनाने की स्थिति में थी, तो लोग समझ रहे थे कि हालात के मद्देनज़र एक या दो प्रांतों में मुख्यमंत्री "अल्पसंख्यकों" में से भी अवश्य होगा, लेकिन दुर्भाग्यवश ऐसा नहीं हुआ। उस वक्त बम्बई प्रेसिडेंसी और बिहार दो प्रांत ऐसे थे, जहां कांग्रेसी "अल्पसंख्यकों" की भूमिका बड़ी अहम थी। मुख्यमंत्रियों (जो उस वक्त प्रधानमंत्री/प्रिमियर कहलाते थे) के

चुनाव में कांग्रेस ने वहां भी "अल्पसंख्यकों" को वह मौका नहीं दिया। इसकी प्रतिक्रिया अच्छी नहीं हुई। लोगों ने इसे कांग्रेसियों की सांप्रदायिक मानसिकता माना। कांग्रेस के वरिष्ठ नेता मौलाना अबुल कलाम आज़ाद और कई विद्वानों ने कांग्रेस के रवैये की तीखी आलोचना की थी। बम्बई में के. एफ. नरीमन की बहुआयामी शख़्सियत बड़ी लोकप्रिय थी, पारसियों के बड़े लीडर तो थे ही, वहां वह कांग्रेस की जान माने जाते थे। लेकिन, उन्हें प्रिमियर न बना कर बी. जी. खेर को प्रिमियर बनाया गया। और बिहार में सीनियर लीडर, जवाहर लाल नेहरू के इंग्लैंड के सहयोगी रहे डॉ. सैयद महमूद को मौका न देकर डॉ. श्रीकृष्ण सिंह, जो सेंट्रल एसेंबली के सदस्य चुने गए थे, को प्रिमियर बनाया गया। इस प्रकरण पर मौलाना अबुल कलाम आज़ाद अपनी पुस्तक "इंडिया विन्स फ्रिडम" में कहते हैं :

"के. एफ. नरीमन बम्बई में कांग्रेस के सर्वमान्य लोकप्रिय नेता थे और लोग समझ रहे थे कि उन्हें ही प्रिमियर बनाया जायेगा। इसका मतलब यह होता कि एक पारसी मुख्यमंत्री होता और बाकी हिन्दू उनके सहयोगी। सरदार पटेल को यह बात पसंद नहीं आई, उन्होंने कहा कि यह हिन्दुओं के साथ नाइंसाफ़ी होगी। अत: बी. जी. खेर को मुख्यमंत्री बनाया गया। नरीमन ने इस नाइंसाफ़ी के ख़िलाफ़ जवाहर लाल और गांधीजी से भी गुहार लगाई थी, लेकिन उन्हें वहां भी इंसाफ़ नहीं मिल सका। नतीजतन उनकी राजनैतिक ज़िंदगी ही नाइंसाफ़ी और निराशाओं की भेंट चढ़ गई। ठीक इसी तरह का वाकया बिहार में भी देखने में आया। जब चुनाव हुआ था, तो डॉ. सैयद महमूद बिहार कांग्रेस के सम्मानित नेता थे। वे ऑलइंडिया कांग्रेस कमिटी के जेनरल सेक्रेट्री भी थे। चुनाव में कांग्रेस ने बहुमत प्राप्त किया था और लोग समझ रहे थे कि डॉ. सैयद महमूद मुख्यमंत्री होंगे। लेकिन, ऐसा नहीं हुआ। डॉ. श्रीकृष्ण सिंह और डॉ. अनुग्रह नारायण सिंह जो सेंट्रल एसेंबली के सदस्य थे, उन्हें वापस बिहार बुलाया गया और डॉ श्रीकृष्ण सिंह को मुख्यमंत्री के लिए तैयार किया गया। बम्बई में सरदार पटेल ने जो रोल अदा किया था, बिहार में डॉ. राजेन्द्र प्रसाद ने वही किया। बम्बई और बिहार में एक फर्क यह रहा कि डॉ. श्रीकृष्ण सिंह की बनी हुकूमत में सैयद महमूद को मंत्रिमंडल का एक सदस्य बनाया गया, लेकिन बम्बई में नरीमन हाशिये पर डाल दिए गए।

"इन दोनों घटनाओं का तत्काल अच्छा असर नहीं पड़ा। बड़े दुख और अफ़सोस से मानना पड़ता है कि कांग्रेस की राष्ट्रीयता अभी तक परिपक्व और निष्पक्ष नहीं हो सकी थी। वह सांप्रदायिक भावनाओं से भी ऊपर नहीं उठ सकी थी। "बहुसंख्यक" और "अल्पसंख्यक" होने की बुनियाद पर फ़ैसले लिये जाते थे, क्षमता और योग्यता फ़ैसले के आधार नहीं।"[4]

1937 के चुनाव में जीत के बाद जब कांग्रेस ने कुछ आपत्तियों के मद्देनज़र बिहार में सरकार बनाने से इंकार कर दिया था, तो उस समय बिहार में एक दिलचस्प राजनैतिक सरगर्मी देखने में आई। गवर्नर ने सरकार बनाने का वैकल्पिक रास्ता ढूढ़ते हुए बिहार एसेंबली नें दूसरी बड़ी पार्टी, मुस्लिम इंडिपेंडेंट पार्टी के नेता मिस्टर मोहम्मद युनूस को सरकार बनाने का न्योता दे दिया। मिस्टर युनूस ने अपने तीन सहयोगियों के साथ बिहार के पहले प्रिमियर के रूप में 24 मार्च, 1937 को शपथ ली। उनके मंत्रिमंडल के सदस्य थे गुरुसहाय लाल, कुमार अजीत प्रसाद सिंह देव और अब्दुल वहाब खां। इस अप्रत्याशित राजनैतिक पहल का कांग्रेस ने ज़बरदस्त विरोध किया। जयप्रकाश नारायण के नेतृत्व में एक उग्र भीड़ ने प्रिमियर निवास के सामने अपना ज़बरदस्त विरोध दर्ज कराया। उस मौके पर जयप्रकाश नारायण सहित बहुत से लोग गिरफ्तार हुए थे। शपथ ग्रहण करने के बाद निस्टर युनूस की सरकार ने जो पहला निर्णय लिया, वह था, गिरफ़्तार किये इन लोगों की बाइज़्ज़त रिहाई। लगभग साढ़े तीन महीने के बाद जब कांग्रेस सरकार बनाने को सहमत हो गई तो मोहम्मद युनूस ने इस्तीफा दिया और डॉ. श्रीकृष्ण सिंह को कांग्रेसी प्रिमियर के रूप में 20 जुलाई, 1937 को शपथ दिलाई गई। नई कांग्रेसी सरकार ने पूर्व प्रिमियर मुहम्मद युनूस के संबंध में कुछ ऐसे प्रतिशोधात्मक कदम उठाये, जिनका बहुत ग़लत सिगनल बिहार ही नहीं पूरे देश के मुसलमानों के बीच चला गया। मोहम्मद युनूस की अपनी मिल्कियत फतुहा-इस्लामपुर लाइट रेलवे का कई संगीन इलज़ाम लगाते हुए अधिग्रहण कर लिया गया। उनके कमर्शियल बैंक और इंशोरेन्स कंपनी पर भी कई तरह के मुकदमे दायर किए गए, नतीजतन उन्हें भी बंद कर देना पड़ा। मिस्टर युनूस को घर में नज़रबंद-सा कर दिया गया और उनकी पार्टी के सदस्यों को भी विभिन्न तरीकों से परेशान किया गया, जिसे मुसलमान तो अलग इंसाफपसंद हिन्दुओं ने भी पसंद नही किया था।[5] इस घटनाचक्र ने तो बिहार की राजनीति की तसवीर ही बदल दी। उस वक्त बिहार कांग्रेस ने जो रवैया अपनाया (हो सकता है केंद्रीय संगठन का समर्थन भी उसे प्राप्त हो) उससे वह मानसिकता उजागर होती है कि "सत्ता" की हक़दार सिर्फ़ और सिर्फ़ "कांग्रेस" ही है, कोई और नहीं। मिस्टर मोहम्मद युनूस की पार्टी का सरकार बनाना कांग्रेसियों को किसी हाल में नही सुहाया। बाद के दिनों में उस जुर्रत की सज़ा तरह-तरह से उन्हें दी जाने लगी, जिसका बुरा नतीजा कांग्रेस को बहुत जल्द भुगतना पड़ा।

1937 में बिहार में मुस्लिम लीग एक पार्टी की हैसियत से अपना कोई वजूद नहीं रखती थी। लेकिन, 1937 के यू.पी. और बिहार के घटनाचक्र ने मुसलमानों के बीच उसके घुसपैठ की फिज़ा बना दी और 1946 तक

आते-आते वह कांग्रेस के सामने मज़बूती के साथ आकर खड़ी हो गई। गवर्नमेंट ऑफ इंडिया एक्ट-1935 के तहत 1937 में सेपरेट एलेक्टरेट की बुनियाद पर हुए चुनाव में बिहार में मुसलमानों के लिए रिजर्व 40 सीटों में एक सीट पर भी मुस्लिम लीग नहीं आई थी, क्योंकि यहां उसका जनाधार ही नहीं था। कांग्रेस सत्ता में आई, लेकिन उसने मुसलमानों की सत्ता में भागीदारी के सवाल पर मुसलमानों को बहुत मायूस किया। इस नकारात्मक प्रक्रिया का मुस्लिम लीग ने फ़ायदा उठाते हुए अपने को बिहार में संगठित और मज़बूत किया। नतीजतन 1946 के चुनाव में 40 में 36 सीटों पर मुस्लिम लीग को कामयाबी मिली और पाकिस्तान की मांग करनेवाली पार्टी बिहार में मज़बूती से उभरी और सक्रिय हुई। 1937 के चुनाव के नतीजे में विभिन्न प्रांतों में कांग्रेस की बनी सरकारों के काम-काज विपक्षी मुस्लिम लीग की आलोचनाओं के निशाने पर रही। सत्ता से वंचित रहने की कसक ने लीगी नेताओं को कांग्रेसी सरकार के ख़िलाफ़ सक्रिय कर दिया। इसी माहौल में 1938 में पटना में मिस्टर जिन्ना की अध्यक्षता में मुस्लिम लीग का वार्षिक अधिवेशन हुआ था। जिन्ना साहेब की तर्कपूर्ण दलीलों ने सत्ता से वंचित मुसलमानों के अंदर अपने जायज़ हक़ूक़ की प्राप्ति के लिए ललक पैदा कर दी और जब 1946 में चुनाव हुये, उसका चौंका देने वाला नतीजा सामने आया, मुस्लिम लीग काफी मज़बूत होकर सामने आई। एसेंबली में 40 में से 36 सीटें तो मुस्लिम लीग को मिली ही, पूरे प्रदेश में मुसलमानों के बीच मुस्लिम लीग की पैठ मज़बूत हो गई। इस नई परिस्थिति का असर कांग्रेस के नेशनलिस्ट मुसलमानों पर पड़ा था और कांग्रेस को अलग से मुस्लिम संपर्क समिति बनाने पर बाध्य होना पड़ा था।

पटना हाईकोर्ट के पूर्व चीफ़-जस्टिस सरवर अली ने मुझे बताया था कि एक छात्र की हैसियत से 1938 के मुस्लिम लीग की उस सभा में वह मौजूद थे, जिसे मिस्टर जिन्ना ने संबोधित किया था। जिन्ना साहेब ने वहां बड़े शांत अंदाज़ में कहा था :

"अभी-अभी आज़ादी की पहली किस्त हमें मिल चुकी है। अब हिन्दुस्तान आज़ाद होकर रहेगा, दुनियां की कोई ताक़त अब आज़ादी को रोक नहीं सकेगी। हिन्दुओं के साथ मुसलमान भी आज़ाद होंगे। आगे उन्होंने ड्रामाई अंदाज़ में मजमे से पूछा :

अमेरिका आज़ाद है, लेकिन सब अधिकारों से वंचित वहां के काले नेगरो क्या आज़ाद हैं...? जलसे में मौजूद लोगों ने एक सुर में कहा नहीं, वह आज़ाद नहीं हैं। जिन्ना साहेब ने मौके की नज़ाकत को भांपते हुए कहा... आप सब की भी वही हालत होगी। ये कांग्रेसी हिन्दू आपके मालिक होंगे और आप उनके

अधीन...। तीर निशाने पर लग चुका था, मुस्लिम लीग ज़िंदाबाद, क़ायदे आज़म ज़िंदाबाद, के नारों से फिज़ा गूंज उठी।

हम देख चुके हैं किस तरह 1935 के गवर्नमेंट ऑफ इंडिया एक्ट के तहत 1937 में हुए चुनाव के नतीजे हिन्दुस्तान के लिए टर्निंग प्वाइंट साबित हुए। 1916 के लखनऊ पैक्ट के बाद कांग्रेस और लीग की गठजोड़ चलती रही थी। मुस्लिम लीग ने इस एडजस्टमेंट के तहत अपनी ज़मीन फैलाने और अपने को मज़बूत बनाने पर ज्यादा ध्यान नही दिया था। मुसलमानों के लिये "रिजर्व सीट" को ही मुसलमानों ने अपने लिए मुनासिब विकल्प समझा था। 1937 के चुनाव के नतीजे इसकी पुष्टि करते हैं। मुसलमानों के लिए सुरक्षित सीटों पर लीग के सदस्य नहीं, कांग्रेस और उसके समर्थित संगठनों के लोग भी विजयी हुए थे। मुस्लिम-बहुल प्रातों में मुस्लिम लीग की हालत और भी ख़राब रही। उत्तर-पश्चिम सीमांत प्रांत, पंजाब और बंगाल में सरकारें मुस्लिम लीग की नहीं, दूसरी पार्टियों की बनी थी पंजाब में सिकंदर हयात खां की यूनियनिस्ट पार्टी, बंगाल में फ़ज़ल हक़ की कृषक प्रजा पार्टी और सीमांत प्रांतों में डॉ. खां साहेब और अब्दुल ग़फ़्फ़ार खां की खुदाई ख़िदमतगार का बोल-बाला रहा। चुनाव के नतीजे ने जवाहर लाल नेहरू के "ईगो" को और बढ़ा दिया था, मुस्लिम लीग के सिलसिले में वे ज़्यादा ही बेलचक ओर हिसाबी नज़र आने लगे। अब मुस्लिम लीग और उसके नेता मिस्टर जिन्ना की हैसियत उनकी नज़रों में कुछ रही ही नहीं। उत्तर प्रदेश नें कांग्रेस और लीग ने एक समझौते के तहत चुनाव लड़ा, लेकिन जीत के बाद मंत्रिमंडल में मुस्लिम लीग के दो मंत्रियों की मांग की जगह एक लीगी-मंत्री पर जवाहर लाल राज़ी हुए और स्थिति उलझ गई। परिस्थिति को सुलझाने के लिए मिस्टर जिन्ना ने बी. जी. खेर को गांधीजी के पास भेजा था, लेकिन वे भी कुछ नहीं कर सके, ख़ामोश रह गये। इस उलझे प्रश्न पर गांधीजी के पोते प्रख्यात लेखक राज मोहन गांधी टिप्पणी करते हुए कहते हैं : गांधीजी के सचिव के अनुसार नेहरू और पटेल जिन्ना से निबटने को मुश्किल मुद्दा मान रहे थे। अत: उनसे दूरी बनाए रखना ही ठीक समझा। प्यारे लाल ने इस नीति को कांग्रेस की नीतिगत भयंकर भूल मानी है।[6] उस वक्त सत्ता में मुसलमानों की उचित हिस्सेदारी के इनकार से जो परिस्थिति बनी, वह उलझती ही गई और देश के बंटवारे पर आकर थमी।

दुनिया के सबसे बड़े प्रजातंत्र हिन्दुस्तान में सब कुछ ठीक चल रहा हो, ऐसे दावों में वज़न नहीं है। वर्तमान परिस्थिति स्पष्ट करती है कि आज़ादी के बाद अपनाई गई आर्थिक विकास नीति बहुत-सी उपलब्धियों के बावजूद हिन्दुस्तान को मुनासिब फ़ायदा नहीं पहुंचा सकी है। अच्छी नीयत से पश्चिमी ढर्रे पर विकास की योजनाएं बनीं और उन पर अमल भी किया गया, लेकिन

चाही मुराद हासिल नहीं हो सकी। एक रिपोर्ट के मुताबिक आज प्रत्येक हिन्दुस्तानी 33 हज़ार रुपयों का कर्ज़दार है और 87 करोड़ लोगों की रोज़ाना आमदनी महज़ बीस रुपये प्रति दिन है। यहां 20 करोड़ घरों में रात में चुल्हे नहीं जलते और लगभग 25 करोड़ पढ़े-लिखे तंदरुस्त नौजवान बेकार हैं। इनमें बहुसंख्यक भी हैं और अल्पसंख्यक भी, हिन्दू भी हैं, मुसलमान और अन्य धार्मिक पहचानवाले भी। दुनिया के ग़रीबतरीन मुल्कों में हिन्दुस्तान भी एक है और भूख, अशिक्षा और स्वास्थ्य व्यवस्था के मामले में भी अंतिम पायदान पर ही इसकी जगह है। ऐसा नहीं कि हमने तरक्की नहीं की है, लेकिन उन उपलब्धियों से फ़ायदा उठानेवाले लोगों की तादाद सीमित है। हमारे विकास मॉडल का लाभ अधिकतर ऊपरी पंद्रह-बीस प्रतिशत लोगों तक ही सिमटा हुआ है, जिसकी वजह से सामाजिक ताना-बाना काफ़ी उलझ रहा है। नकारात्मक परिस्थिति को तो सब हिन्दुस्तानी झेल रहे हैं, लेकिन वंचित वर्ग को कुछ ज्यादा ही भुगतना पड़ रहा है। चूंकि हिन्दुस्तानी मुसलमान आर्थिक और शैक्षणिक दृष्टि से बहुत कमज़ोर हैं। अत: उन्हें यहां की परिस्थिति कुछ ज्यादा ही रुला रही है।

आज़ादी की लड़ाई के बीच एक आज़ाद, स्वाभिमानी, स्वावलंबी, स्मृद्ध राष्ट्र हिन्दुस्तान का सपना देखा गया था। आज़ादी मिलने से पहले ही उसकी तैयारी शुरू हो चुकी थी। एक अच्छे संविधान की रूप-रेखा की तैयारी हुई, जो आज़ादी के बाद 1950 में अपनाई गई। हिन्दुस्तान की प्लूरल सामाजिक बनावट के मद्देनज़र यहां का संविधान तैयार हुआ और पश्चिमी लिबरल विचारों पर आधारित सेक्यूलर स्टेट हमारे लिए उचित समझा गया, लेकिन हिन्दुस्तानियों की धार्मिक आस्था को एक दम ख़ारिज नहीं किया गया। सर्व-धर्म समभाव ही यहां की सेक्यूलरिज़्म की बुनियाद मानी गई। स्टेट का कोई धर्म नहीं होगा, उसे स्पष्ट किया गया। हिन्दू बहुल देश में सेक्यूलर संविधान को अपनाना अपने आप में एक सराहनीय क्रांतिकारी कदम था।[7] यही नहीं हर धर्म के मानने वालों को अपने धर्म के प्रचार-प्रसार का अधिकार भी दिया गया। संविधान के प्रावधानों के मद्देनज़र "अल्पसंख्यकों" के लिए फराख़दिली दिखलाई गई और इतना कुछ देने की ज़मानत दी गई कि किसी तरह के भेद-भाव और बदहाली की शंका की गुंजाइश ही नहीं रही। लेकिन, जब उन प्रावधानों पर कार्यान्वयन की बात आई, तो कार्यान्वयन करने वाली मशीनरी और उसे संचालित करनेवाले तत्वों की संकीर्णता बड़े सूक्ष्म तरीक़े से काम करने लगी। यही परिस्थिति रही सेक्युलरिज़्म को वास्तविक रूप में प्रदर्शित करने की भी। इसे बदकिस्मती ही कहेंगे कि प्रत्यक्ष तौर पर "सेक्यूलरिज़्म" पर चोट पड़ने की शुरुआत राष्ट्रपति भवन से हुई। प्रधानमंत्री जवाहर लाल नेहरू की मर्ज़ी के खिलाफ तत्कालीन राष्ट्रपति डॉ. राजेन्द्र प्रसाद ने सोमनाथ मंदिर के जीर्णोद्धार में न सिर्फ पूरी दिलचस्पी ली थी,

बल्कि उसका उद्घाटन भी खुद उन्होंने ही किया। सर से पानी उस वक्त ऊपर हो गया, जब माननीय राष्ट्रपति ने बनारस के पंडों के पैर धोए।[8] सरकारी आयोजनों की शुरुआत भी प्राय: हिन्दू धार्मिक विधियों के मुताबिक ही होने लगी और अक्सर हमारा "सेक्यूलरिज़्म" संविधान के अनुच्छेदों में ही सिमटा रहा, उसकी शोभा ही बढ़ाया। डरे-सहमे मुसलमानों के अंदर इतनी हिम्मत कहां थी कि अपने लिये बुरे दिनों की आमद के इन संकेतों पर कुछ आवाज़ उठा सकें। लेकिन, इन क़दमों को "सेक्यूलरिज़्म" में यक़ीन रखनेवालों ने पसंद नहीं किया था। स्वतंत्रतासेनानी समाजवादी डॉ. राम मनोहर लोहिया, डॉ. अम्बेडकर और दूसरी प्रोग्रेसिव पार्टियों ने इन कदमों का कड़ा विरोध किया। राष्ट्रपति द्वारा उठाए कदमों को उन्होंने सेक्यूलर-हिन्दुस्तान के लिए बहुत ही शर्मनाक क़दम माना। उन दिनों से ही "बहुसंख्यक" बहुसंख्यक हैं और "अल्पसंख्यक" अल्पसंख्यक, यह सिगनल लोगों को मिलते रहे हैं।

अपने वक्त में मशहूर वकील, बैरिस्टर, समाजशास्त्री, अर्थशास्त्री और विधि व्यवस्था पर पकड़ रखनेवाले तजुर्बेकार लोग संविधान सभा के सदस्य थे। उन्होंने "फुल प्रूफ़" संविधान बनाने की कोशिश की ताकि आज़ाद हिन्दुस्तान का हर व्यक्ति कानूनी हैसियत से खुद को सुरक्षित महसूस करे। एक ऐसे कानूनदां को ड्राफ्टिंग कमिटी का अध्यक्ष बनाया गया था, जिसे हिन्दुस्तानी सामज की पेचीदगियों की पूरी जानकारी तो थी ही, उसे भेद-भावपूर्ण सामाजिक कुंठाओं को भी ज़लील किये जाने की हद तक झेलना पड़ा था। लिहाज़ा संविधान में "कमज़ोर वर्गों" और "अल्पसंख्यकों" की सुरक्षा और उनके अधिकारों की ज़मानत दिए जाने पर बड़ी प्रतिबद्धता दिखलाई गई थी। संविधान ब्रॉडबेस्ड और हिन्दुस्तानी समाज के हर वर्ग और समुदाय की आकांक्षाओं की तर्जुमान भी हो, इसकी भी पूरी कोशिश की गई। इस सिलसिले में लिबरल सोशलिस्ट प्रधानमंत्री जवाहर लाल नेहरू की भी महत्वपूर्ण भूमिका रही। हिन्दुस्तान में तत्कालीन अमेरिकी राजदूत चेस्टर बाऊल्स ने टिप्पणी करते हुए कहा था :

''प्रधानमंत्री जवाहर लाल नेहरू का मुसलमानों के संबंध में सबसे महत्वपूर्ण कदम हिन्दुस्तान को एक सेक्यूलर-स्टेट बनाना था, ताकि पाकिस्तान नहीं जानेवाले पैंतालीस मिलियन मुसलमान अम्न-चैन की ज़िंदगी यहां जी सकें, यह ज़मानत उन्हें मिली।''[9]

गांधीजी की ज़िंदगी में संविधान सभा गठित हो चुकी थी। उनकी रज़ामंदी की मुहर लग चुकी थी कि आज़ाद हिन्दुस्तान एक सेक्यूलर स्टेट होगा और यहां एक व्यक्ति, एक वोट के आधार पर डेमोक्रेसी क़ायम होगी, ताकि हर हिन्दुस्तानी आपने अधिकारों के संबंध में आश्वस्त रहे। "स्वराज्य" आज़ादी की लड़ाई की मंज़िल रही और उस मंज़िल पर पहुंचने के लिए "प्रजातंत्र" पहली

सीढ़ी मानी गयी थी। लेकिन संविधान बने और वह लागू हो, उससे पहले ही गांधीजी मार डाले गए। उनके बाद जवाहर लाल ने उसी सोच को अपनी मान्यताओं के अनुसार आगे बढ़ाया, वैक्यूम नहीं पैदा हुई।

"सांप्रदायिकता" की राजनीति ने हिन्दुस्तान को बंटवारे की हदों तक पहुंचाया था। बँटवारे के ज़ख्मों से चूर हिन्दुस्तान अपने नवनिर्माण के ताने-बाने को दुरुस्त बनाने की चुनौतियों को झेलते इसी "सांप्रदायिक" समस्या को हल करने को प्राथमिकता दे रहा था। "सांप्रदायिकता" ने माहौल को कुछ इस तरह बिगाड़ दिया था कि कुछ लोग इस विचार के हो गए थे कि हिन्दू-मुस्लिम आबादी को पूरी तरह बदलैन (Exchange of Population) कर लिया जाए, ताकि यह प्रश्न हमेशा के लिए ख़त्म हो जाए। इस विचार पर जवाहर लाल की बड़ी तीखी प्रतिक्रिया हुई थी। उन्होंने 1950 में पार्लियामेंट में बड़ी स्पष्टता से कहा था :

''इस तरह के सुझाव विश्व बिरादरी के सामने हमें शर्मिंदा करने वाले हैं। इससे यह स्पष्ट होता है कि हम संकीर्ण मानसिकता से ग्रसित ऐसे कुंठित पोंगा-पंथी लोग हैं, जो प्रजातंत्र की बात तो करते हैं, लेकिन दुनिया और इस महान देश के बारे में सकारात्मक अन्दाज़ में सोचने की सलाहियत भी नहीं रखते। ऐसी सोच के मुताबिक हमें अपने देशवासियों से कहना होगा कि हम तुम्हें इसलिए देश से निकाल बाहर कर रहे हैं कि तुम्हारी धार्मिक मान्यताएं हम से भिन्न है। अगर ऐसा होता है, तो इसका मतलब होगा अपनी मान्यताओं की अवहेलना। हिन्दुस्तान का संविधान हमें कुंठित मानसिकता अपनाने और पोंगा-पंथी रवैया आपनाने की इजाज़त नहीं दे सकता।''[10]

इसमें शक नहीं कि हमारे देश निर्माताओं ने खुलूस के साथ हिन्दुस्तान के नव-निर्माण की पहल की और "अल्पसंख्यकों" के हितों की सुरक्षा की ज़मानत को अक्षुण्ण रखना चाहा। इस क्रम में कुछ लोगों पर "मुस्लिम तुष्टिकरण" का इलज़ाम भी लगाया जाता रहा है। लेकिन, आश्चर्य की बात तो यह है कि इन सब कवायद और घोषणाओं के बावजूद आज़ादी के बाद मुसलमान ज़िंदगी के हर क्षेत्र में पिछड़ते ही चले गए और खुद सरकारी रिपोर्ट के मुताबिक वे दलितों से भी बुरी हालत में पहुंच चुके हैं। स्थिति की गंभीरता से संवेदनशील लोग काफी परेशान हैं। हालात के थपेड़ों ने मुसलमानों को बहुत हद तक नाइंसाफियों को झेलने का आदी ज़रूर बना दिया है, लेकिन वे पस्त-हिम्मत नहीं हुए हैं। हिन्दुस्तान के बंटवारे के सिलसिले में विश्वसनीय दस्तावेज़ी सबूतों की रोशनी में उनके "एक मात्र" ज़िम्मेदार मुजरिम होने के इलज़ाम से बरी होने की मिली राहत ने उनके अंदर बाइज़्ज़त जीने की जुस्तजू और हिम्मत पैदा कर दी है। बांग्लादेश के बन जाने के बाद इनके पलायन की मनोवृत्ति पर रोक लगी और

यहीं जीने-मरने का हौसला पैदा हुआ। वे अपने अधिकारों के संबंध में सचेत हुए हैं और हीन भावनाओं के घेरे को तोड़ कर उन्हें हासिल करने की जद्दोजहद में आगे आए हैं। लेकिन, बदकिस्मती अभी आसानी से उनका पीछा छोड़नेवाली नहीं है। अपने अधिकारों के लिए उनके जद्दोजेहद पर किसी-न-किसी गोशे से "सांप्रदायिकता" का इल्ज़ाम लगता है और उनकी मदद के लिए आगे आनेवालों को "तुष्टिकरण" की बौछार सहनी पड़ती है। लिहाज़ा "सांप्रदायिकता" और "तुष्टिकरण" के दो पाटों के बीच पिसते लोगों की समस्या सभ्य हिन्दुस्तानी समाज, जिसे सेक्यूलर डेमोक्रेसी में विश्वास है, के लिए भी एक गम्भीर चुनौती है।

बहुत से संवेदनशील लोगों का मानना है कि मुसलमान हिन्दुस्तान के मेन-करंट में सक्रिय नही, उन्हें सक्रियता से अपनी भूमिका निभानी चाहिए। इस कथन में कुछ हद तक सच्चाई भी है। आजादी के बाद उनके ख़िलाफ़ जो पक्षपातपूर्ण वातावरण बनाय गया, हर जगह "प्रिजुडिस" से ही उन्हें वास्ता पड़ता रहा। सांप्रदायिक हिन्दू संगठनों द्वारा देशभक्ति के सर्टीफ़िकेट की लगातार मांग ने उनके अंदर निगेटिव सोच को मज़बूत बनाया और वे अपनी ख़ोल में सिमटते गए हैं। जब कोई पोलिटिकल पार्टी मुसलमानों को सक्रिय होने का मशविरा देती है, तो उसका मतलब साफ़ होता है, मुसलमान अपने वोटों के साथ उनके साथ आ जाए, उन पर ही निर्भर हो जाए। वोट बैंक की राजनीति का यह खेल अरसे से यहां खेला जाता रहा है और मुसलमान उसका महज़ एक मुहरा बने रहे हैं, यह सच्चाई है। यह भी सच्चाई है कि मुसलमान एकजुट होकर जिधर वोट डालता है, सत्ता उसी के पक्ष में होती रही है। लेकिन प्रश्न सिर्फ वोट बैंक का नहीं है। प्रश्न है मुसलमानों की ससम्मान हिन्दुस्तानियों की तरह ज़िंदगी जीने और संवैधानिक अधिकारों को पूरा करते सत्ता में उनकी उचित भागीदारी का। यही वह अहम मुद्दा है, जहां मुसलमान अपने को ठगा-सा महसूस करते हैं। यही एहसासे-मायूसी उनकी गुमराही की अकसर वजह भी बन जाती है और "एक्शन के रिएक्शन" पर रोक लगाना असंभव हो जाता है। दो पाटों के बीच पिसते यह हिन्दुस्तानी, कहां अपने दर्द की दवा ढूंढ़ें ? इन्हें तो सब्ज़बाग़ सबने दिखलाया है, मगर उनकी आकांक्षाओं की भरपाई कम ही की गई है। संघ परिवार की उग्र सांप्रदायिकता और तथाकथित सेक्यूलर पार्टियों की हिन्दू वोटों पर लगी नज़रों के कारण पनपी सूक्ष्म सांप्रदायिकता के चक्रव्यूह से निकलने में हम इन्हें सहयोग तो दें। इन्हें खुले दिल से अपना रोल अदा करने का अवसर तो संजीदगी से दीजिए !

आज़ादी के बाद पहला ज़बरदस्त फसाद जवलपुर में हुआ था। बंटवारे के बाद डिमोरलाइज़्ड मुसलमानों के लिए यह पहला बड़ा झटका था। डॉ. सैयद महमूद, डॉ. फ़रीदी, मौलाना हिफ़्ज़ुर रहमान जैसे कुछ क़द्दावर स्वतंत्रता सेनानी

मुस्लिम रहनुमा अभी ज़िंदा थे। मुसलमान खुद को बिल्कुल बे-यार व मददगार न महसूस करें, उसके लिये डॉ. सैयद महमूद ने पहल की थी, और कई मुस्लिम संगठनों का लखनऊ में सम्मेलन आयोजित हुआ, जहां "मजलिस मुशावरत" वजूद में आई थी। 10 जून, 1961 को सैयद महमूद ने अपने अध्यक्षीय भाषण में देश में बढ़ती सांप्रदायिकता और मुसलमानों की दुर्गती पर विस्तार से रोशनी डालते हुए मुसलमानों को धैर्य बनाए रखने और संयम बरतने की सलाह दी। प्रांतीय एवं केंद्रीय सरकारों और उनके अधिकारियों को मुसलमानों के साथ पक्षपातपूर्ण रवैया न अपनाने की अपील भी की, ताकि आज़ाद हिन्दुस्तान में मुसलमान भी आज़ाद हिन्दुस्तानी की भूमिका निभा सकें। उन्होंने अपने संबोधन को निम्न शब्दों के साथ समाप्त किया था :

"Our asking for a rightful place in India is not communalism, it is an indication of our love for our motherland. It is our duty as the citizen of our country to make the government and the majority community realize that discrimination in any shape or form will sound the death of Indian secularism and all the high ideals associated with it."[11]

आगे चल कर मुस्लिम पर्सनल बोर्ड भी बना। लेकिन, सियासी स्टेज पर कारगर पहल नहीं हो सकी। मुसलमान आबादी के लिहाज़ से अपने लिए मुनासिब स्पेस नहीं हासिल कर सके।

ऐसी बात नहीं कि आज़ादी के बाद प्रजातांत्रिक तकाज़ों को पूरा करते संवैधानिक इन्स्टचूशंस में मुसलमानों का प्रतिनिधित्व करने का मौक़ा मुसलमानों को नहीं मिला है। आज़ादी की लड़ाई में अपनी छाप छोड़नेवाली पीढ़ी के ख़त्म होने के बाद भी आबादी के अनुपात में न सही, लेकिन हिन्दुस्तान में अनेक मुस्लिम छोटे-बड़े पदाधिकारी, सांसद, एम.एल.ए.,एम.एल.सी. मंत्री, राज्यपाल, राष्ट्रपति और उपराष्ट्रपति हुए हैं। मान-सम्मान और पद-पदवियों ने उन्हें भी उसी 15% सुविधाभोगी ऊपरी वर्ग के हिन्दुस्तानियों के घेरे में क़ैद कर रखा। उनका रहना, न रहना, आम मुसलमानों के लिए इश्तेहारी हैसियत के अलावा कोई मायने नहीं रखता रहा है। आज़ादी के बाद मुसलमान लगातार आज़माइशों से दो-चार रहे हैं, लेकिन मुस्लिम काउज़ के लिए नाइंसाफीयों के खिलाफ़ सिख काउज़ में एक्शन ब्लूस्टार के प्रश्न पर प्रोटेस्ट करते सरदार खुशवंत सिंह की तरह का एक भी मुस्लिम लीडर सामने नहीं आ सका। यह मुसलमानों की त्रासदी है। सम्मानित कुर्सियों पर बैठे मुसलमान प्राय: एहसास-कमतरी के शिकार हैं या अपनी खुदग़र्ज़ियों के। उन्हें लोग "सांप्रदायिक" न कह दें, उनकी "सेक्युलरिज़्म" पर उंगली न उठे, इसी फ़िक्र में मुसलमानों पर हो रही नाइंसाफियों को वे देख रहे होते हैं, लेकिन उसके निदान के लिये पहल करने

की हिम्मत नहीं जुटा पाते। मुसलमानों की स्थिति पर टिप्पणी करते हुये डॉ. एस. हारमैन कहते हैं :

"हिन्दुस्तानी मुसलमानों की हालत उत्तरी आयरलैंड के कैथलिक्स से भी बुरी है, क्योंकि उन कैथलिक्स् को उम्मीद है कि आज, न कल उनकी समस्याओं का पोलिटिकल हल निकलेगा। लेकिन, हिन्दुस्तानी मुसलमान तो आगे की सोच ही नहीं सकते, क्योंकि उन्हें सारे संवैधानिक अधिकार पहले से प्राप्त हैं। फलस्तिनियों से बुरी हालत हिन्दुस्तानी मुसलमानों की है, क्योंकि फलीस्तीन में स्पष्ट हल मौजूद है, लेकिन हिन्दुस्तानी मुसलमानों की वह स्थिति नहीं है। अमेरिका और अमेरिका के नीग्रो और दुनिया के अन्य देशों के अल्पसंख्यकों की तुलना नें भी यहां हालत ठीक नहीं है, क्योंकि हिन्दुस्तान के विचित्र सामाजिक ताने-बाने अन्य जगहों की तरह सीधे-सपाट नहीं।"[12]

सत्ता की राजनीति का मिज़ाज कभी तोला, कभी माशा हुआ करता है। हिन्दुस्तान में राजनैतिक हलचल की शुरुआती दौर से 1940 तक आते-आते सत्ता में भागीदारी के प्रश्न के मिज़ाज में आसमान-ज़मीन का फ़र्क़ आ गया था। जवाहर लाल नेहरू ने 1930 में हिन्दू महासभा को कोई महत्वपूर्ण संगठन नहीं माना और न ही उसकी योजनाओं के बारे में गंभीरता से सोचा था। मुस्लिम लीग को तो वह रिएक्शनरी लोगों की पार्टी ही मानते रहे। उसे कांग्रेस विरोधी और नीति-विहीन जज़्बाती मुद्दा उठानेवाली पार्टी से ज़्यादा अहमियत नहीं दी।[13] समय बीतने के साथ जवाहर लाल नेहरू की बातें बेवजन होती नज़र आती हैं, क्योंकि "हिन्दू महासभा" और "मुस्लिम लीग" दो अहम संगठनों की हैसियत से हिन्दुस्तान में स्थापित हुए और हिन्दुस्तान की तक़दीर को तय करने में महत्वपूर्ण भूमिका निभाई। जवाहर लाल नेहरू ने कुछ चीजों को बड़ी सहजता से लिया, अपनी मान्यताओं को अपनी "ईगो" का प्रश्न बना लिया, जिसका नतीजा भी आगे चल कर देश के लिये नुकसानदेह साबित हुआ।

हिन्दुस्तान की सामाजिक संरचना उलझी हुई रही है। हज़ारों साल की अपनी परंपरा, दुनिया की अन्य प्राचीन सभ्यताओं से जीवंत संपर्क और विभिन्न जातियों और संस्कृतियों के मेल-जोल से पनपी और विकसित मान्यताओं के मद्देनज़र यहां की परिस्थिति का मूल्यांकन करने में अक्सर स्कॉलर्स को परेशानी हुई है। प्रख्यात इतिहासकार डॉ. विमल प्रसाद ने अपनी पुस्तक "पाथवे टू इंडियाज़ पार्टीशन" में इस मुद्दे पर विस्तार से रोशनी डाली है। 1924 के बाद के घटनाचक्र ने जिस सांप्रदायिक मानसिकता को मज़बूत किया, उसके नतीजे में कांग्रेस और मुस्लिम लीग की दूरी बढ़ती गई और समय बीतने के साथ जो स्थिति बनी वह त्रासदियों से भरी रही।[14] संकीर्ण विचारधारा में यक़ीन रखने वाले ऐसे लोग, जिन्होंने मुसलमानों के वजूद को हिन्दुस्तान के लिए नुकसानदेह

माना है, वह खुल कर बोलें या न बोलें परिस्थितिवश वे भी अब इस निष्कर्ष पर पहुंचे हैं कि मुसलमानों की इस बड़ी आबादी से "जान छुड़ाना" मुमकिन नहीं। उन लोगों के अंदर का "इनसान" यह मानने लगा है कि हिन्दुस्तानियों के "इस वर्ग" के साथ इंसाफ नहीं किया गया है, नाइंसाफ़ियों का सिलसिला रुक भी नहीं रहा है और जब तक यह सिलसिला रुकता नहीं देश का संतुलित विकास संभव नहीं है। यह हक़ीक़त है कि जब तक लोगों को "इंसाफ" नहीं मिलता, समाज में असंतोष व्याप्त रहेगा और ऐसी हालत में विघटनकारी शक्तियों को सिर उठाने का मौक़ा मिलता ही रहेगा। इक्कीसवीं सदी की चुनौतियों का मुकाबला करने के लिए सामाजिक और आर्थिक समरसता ज़रुरी है । अत: मुसलमानों को उनका जायज़ अधिकार और ससम्मान जीने की सुविधाएं मुहैया करानी ही होगी, यह वक्त का तकाज़ा है। ग्लोबलाइज़ेशन के दौर में हम जी रहे हैं। क्या उचित है, और क्या अनुचित, अब विश्वस्तरीय पैमाने से तय किया जाता है । इसी आधार पर किसी देश की राजनैतिक, आर्थिक और सामाजिक स्थिति का दर्जा तय होता है। हिन्दुओं और मुसलमानों के आपसी रिश्ते कैसे हैं, उस दृष्टि से भी हिन्दुस्तान को जांचा परखा जाता है। हिन्दुस्तान की इन दो मुख्य इकाइयों के सौहार्दपूर्ण रिश्तों पर ही हिन्दुस्तान के उज्ज्वल भविष्य का दारोमदार है । हिन्दुस्तानी मुसलमान भी हिन्दुस्तान की शानदार धरोहर और परंपराओं के वैसे ही वारिस हैं, जैसे हिन्दू, इस सोच को और मज़बूत बनाने की ज़रूरत है। डॉ. सर्वपल्ली राधाकृष्णन कहते है : हिन्दुस्तान का हज़ारों वर्षो का सांस्कृतिक इतिहास अच्छी तरह स्पष्ट करता है कि यहां की विभिन्नताएं एकता के धागों से जुड़ी हुई हैं। यह मज़बूत जुड़ाव किसी ताकत के इस्तेमाल का नतीजा नहीं है । हमारे दार्शनिकों, कवियों और कलाकारों की कल्पनाओं की अदभुत उड़ान की शक्ति ने यहां की एकता के बंधनों को ज्यादा मज़बूत और स्थाई बनाया है।[15]

हमने बड़ी कुरबानियों के बाद आज़ादी हासिल की है। आज का अच्छा या बुरा हिन्दुस्तान हमारी साझी कोशिशों का नतीजा है और इसकी एकता और संपन्नता हमारी साझी सोच पर निर्भर भी करती है । सब हिन्दुस्तानियों का कर्तव्य बनता है, यहां एक ऐसा माहौल बनाएं जहां मुसलमानों को "सांप्रदायिकता" और "तुष्टिकरण" के दो पाटों से बाहर निकल कर देश के निर्माण में अपनी उचित भूमिका निभाने का अवसर मिल सके। प्रख्यात शिक्षाविद् स्वतंत्रता सेनानी डॉ. आबिद हुसैन का मानना है कि विभिन्नताओं में एकता हिन्दुस्तान की संस्कृति की अद्भुत पहचान रही है। एक नई हिन्दुस्तानी संस्कृति बने और विकसित हो, हमारी संयुक्त कोशिश होनी चाहिए। अगर हम अपनी कोशिशों में कामयाब हो जाते हैं, तो विश्वस्तरीय समस्याओं का हल ढूंढ़ने में भी हम मददगार हो सकते हैं।[16] "दो पाटों के बीच" से निकलने की कोशिशों में लगे लोगों की मानसिकता

को हमें नए तथ्यों की रोशनी में गुज़रे कल के कुछ ऐसे मुद्दों पर संजीदगी से पुनर्विचार करना होगा जो विवादों की अब तक जड़ मानी जाती रही हैं। उनमें "सेपरेटिज़्म" भी एक है, उसके बारे में भी हमें खुले दिल से सोचना चाहिए। इस क्रम में सर सैयद अहमद खां की 27 जनवरी, 1883 को पटना में हुई एक तक़रीर बहुत महत्व रखती है, आज उसके गहन विश्लेषण की ज़रुरत है, ताकि उसे केंद्र में रखकर बनी मानसिकता में लचक की गुंजाइश बन सके और केवल मुसलमानों को ही "सेपरेटिज़्म" लिए कटघरे में नहीं रखा जाए। उन ग़ैर मुस्लिमों पर भी हमारी नज़र जाए जो हिन्दू और मुसलमानों को अलग-अलग मान कर राजनीति कर रहे थे। सर सैयद अहमद खां ने कहा था :

I have always said that our land of India is like a newly wedded bride whose two beautiful and luscious eyes are the Hindus and the Musalmans. If the two exist in mutual concord the bride will remain forever resplendent and becoming, while if they make up their mind to see in different directions the bride is bound to become squinted and even partingly blind.[17]

भारतीय प्रशासकीय सेवा के वरिष्ठ सदस्य, बिहार और झारखंड के पूर्व चीफ़ सेक्रेट्री लक्ष्मेश्वर दयाल ने इस संवेदनशील मुद्दे का गहराई से अध्ययन किया है। सर सैयद और अलीगढ़ मुस्लिम यूनिवर्सिटी के संगठनात्मक चरित्र के संबंध में उनके विचार भी क़ाबिले ग़ौर हैं :

''सर सैयद अहमद खां बहैसियत एक हिन्दुस्तानी बड़े सेक्युलर और साफ ज़ेहन के व्यक्ति थे। हिन्दुओं और ईसाइयों से उनके रिश्ते बहुत ही अच्छे रहे। अलीगढ़ मुस्लिम विश्वविद्यालय में ग़ैर-मुस्लिमों से भेद-भाव नहीं किया जाता था। संस्कृत भाषा वहां के कोर्स में थी और अनेक हिन्दू, ईसाई और पारसी वहां के छात्र थे। प्रोफेसर ईश्वरी प्रसाद वहां के पहले स्नातक थे। 1887 के मैनेजिंग कमिटी में तीन हिन्दू सदस्य थे और 1894 में सात शिक्षकों में दो हिन्दू थे। हिन्दुओं की आस्था के मद्देनज़र वहां गाय नहीं ज़बह होती थी। वहां के दिन-प्रतिदिन के मामलों में धर्म की कोई जगह नहीं थी। नतीजतन देवबंदी और वहाबी उलेमा उनसे खुश नहीं रहते थे।''[18]

सांप्रदायिकता की राजनीति करने वालों के लिए अलीगढ़ मुस्लिम यूनिवर्सिटी बहुत फ़ायदे का मुद्दा रहा है। मुसलमानों से एलर्जी रखने वाले लोग हिन्दुओं को गुमराह करने के लिए इसका ख़ूब इस्तेमाल करते हैं। वह अपने वोटर्स को यह नही बतलाते कि वहां पढ़ने और पढ़ाने वाले ग़ैर-मुस्लिम पैंतालीस से साठ प्रतिशत हैं, वहां सिर्फ मुसलमान ही नहीं पढ़ते और पढ़ाते। वह एक सेंट्रल यूनिवर्सिटी है और सबके लिए दरवाज़ा वहां खुला हुआ है।

प्रख्यात अर्थशास्त्री प्रोफ़ेसर अमर्त्य सेन ने राष्ट्रीय विकास के प्रश्न के साथ समावेश (Inclusion) एवं बहिष्कार (Exclusion) के मुद्दे को जोड़ना आवश्यक माना है। उनका मानना है कि एक बहु-भाषा- भाषी या बहु-सांस्कृतिक-राष्ट्र में विकास की प्रक्रिया में सभी समूहों या सांप्रदायों की सहभागिता प्रायः समान नहीं हो पाती है। फलस्वरूप विकास से होनेवाले लाभ भी समाज के विभिन्न सांप्रदायों को समान रूप से प्राप्त नहीं होते हैं। ऐसे हालत में विकास की प्रक्रिया सामाजिक-आर्थिक दूरी को घटाने के बजाय उसे और भी बढ़ा देती है। इस समस्या के दो विभिन्न पक्षों की चर्चा करते हुए प्रोफ़ेसर अमर्त्य सेन कहते हैं कि प्रायः बहु-सांस्कृतिक समूहों में "अल्पसख्यकों" को अपनी भाषा, पर्व-त्योहार, वेश-भूषा के प्रयोग करने की पूरी छूट या स्वतंत्रता नहीं होती है, क्योंकि "बहुसंख्यक" की जीवन शैली "अल्पसंख्यकों" पर अपनी छाप डालती है। ऐसी स्थिति में विकास की प्रक्रिया में "अल्पसंख्यकों" की सहभागिता प्राप्त नहीं हो पाती।... अतः "अल्पसंख्यक", राष्ट्र की मुख्यधारा से कट जाते हैं और विकास की प्रक्रिया में अपनी सहभागिता न तो दे पाते हैं और न ही विकास कार्यक्रम का लाभ ही वे ले पाते हैं। "बहुसंख्यक" समाज के विकास के कार्यक्रमों को सफल बनाने के लिए "अल्पसख्यंक" समूहों को विशेषकर इनमें सम्मिलित करने का प्रयास निहायत ज़रूरी है। "अल्पसख्यंकों" की संस्कृति, भाषा, जीवन-शैली, धर्म, पर्व-त्योहार को अगर उचित मान्यता नहीं दी जायेगी, तो इसका स्वाभाविक परिणाम यह होगा कि वे अपने को पूरे समाज के साथ जोड़ नहीं पाएंगे।[19] आज हिन्दुस्तान उलझे हालात से दो-चार है। इसे ज़रूरत है सामाजिक सौहार्द और समरसता की। उसकी प्राप्ति के लिए हमें अपनी सोच में समय अनुसार बदलाव लाना ज़रूरी है, ताकि "दो पाटों के बीच" फंसे पिसते लोगों के लिये ससम्मान जीने का उचित स्पेस मिले और राष्ट्रनिर्माण में अपनी भागीदारी वे दर्ज करा सकें।

कशमकश हेयात लोगों के अंदर जीने का हौसला पैदा करती है। हम हिन्दुस्तानियों ने हौसले के साथ आगे बढ़ने का तय किया है। हमने "निष्पक्षता" की दृढ़ता भी दिखाई है, हमारा संविधान इसका गवाह है। लेकिन, यह भी सही है कि "निष्पक्षता" के सारे दावों के बावजूद मुसलमान अक्सर भेद-भाव और प्रिजूडिस के शिकार होते रहते हैं। सरकारी नौकरियां हों या निजी क्षेत्र की सेवाएं, मुसलमानों को अक्सर ऐसे ही सूरतेहाल से वास्ता पड़ता रहा है। हिन्दुस्तानी मुसलमानों की आर्थिक और शैक्षणिक स्थिति को देखकर गंभीरता का अंदाज़ा लगाया जा सकता है। सरकारी दावों और वादों के आलोक में नौकरियों और संसद एवं विधानसभाओं में मुसलमानों की कितनी नुमाइंदगी है, उससे ही सत्ता में भागीदारी की स्थिति को जांचना संभव है। अभी हम सिर्फ एडमिनिस्ट्रेटिव

सर्विसेज का जायज़ा लेते हैं, तो पता चलता है कि मुसलमानों की स्थिति दयनीय है। नतीजतन मुसलमानों के लिए जो रिज़र्वेशन के साथ संविधान की धारा 341 में संशोधन की मांग उठ रही है, उसे ग़ैरमुनासिब नहीं कह सकते :

सर्विसेज	कुल	मुसलमान
आई.एस.एस.,आई.एफ.एस.,आई.पी.एस.	8827	285
कंपीटीशन के बाद	6466	155
स्टेट सर्विसेज	2367	130
इंडियन एडमिनिस्ट्रेटिव	4790	142
डायरेक्ट सर्विसेज	3542	80
कंपीटीशन स्टेट सर्विसेज	1248	62
कंपीटीशन फौरन सर्विसेज	828	15
सीधे नियुक्ति	621	12
आई.एस.एल. ग्रेड	207	0
आई.पी.एस.	3209	128
कंपीटीशन डायरेक्ट	2297	63
स्टेट सर्विसेज	912	65[20]

भारत सरकार द्वारा समय-समय पर गठित जांच आयोग और नेशनल इंट्रीगेशन काउंसिल की सिफ़ारिशों की रोशनी में सांप्रदायिक सौहार्द क़ायम करने तथा हिन्दू-मुस्लिम दंगों पर काबू पाने के लिए पुलिस फोर्स में आबादी के अनुपात के अनुसार अनिवार्य रूप में मुसलमानों की बहाली होनी चाहिए, लेकिन अब तक इस ओर ध्यान नहीं दिया गया। 1983 में गठित डॉ. गोपाल सिंह कमिटी की रिपोर्ट के अनुसार 1971 से 1979 तक केवल 2% मुस्लिम ही पुलिस फोर्स में बहाल हुए। 23 वर्षो बाद बहाल हुए सच्चर कमीशन ने जो रिपोर्ट 2006 में दी, वह तो भ्यावह हद तक और निराशाजनक है। केंद्रीय नौकरियों में ऊपरी जाति के हिन्दू लोग 42% हैं। ओ.बी.सी (हिन्दू) और शिड्यूल कास्ट 23% ए जबकि मुसलमान 6% ही हैं। डिफेंस सर्वीसेज में केवल 4% मुसलमान हैं, जबकि ओ.बी.सी. (हिन्दू) 23% ए ए.सी. 12% ऊपरी ज़ात के 52%। उपरोक्त आंकड़े स्पष्ट करते हैं कि हर क्षेत्र में मुसलमानों को वंचित रखने की ही साज़िश चल रही है।

शुरू से बिहार हिन्दुस्तान का एक जागरूक प्रांत रहा है। इसका इतिहास ही हिन्दुस्तान का गौरवपूर्ण इतिहास कहलाता है। बुद्ध, महावीर, गुरु गोविन्द सिंह, अशोक, चन्द्रगुप्त, शेरशाह के साथ यह गांधीजी की कर्मभूमि है। अफ़ग़ानों और मुगलों के वक्त में तो बिहार की राजधानी अज़ीमाबाद की विशेष स्थिति रही, औरंगज़ेब के पोते अज़ीमुशशान की ताजपोशी यहीं हुई थी। सांस्कृतिक तौर पर

यह दिल्ली, बनारस और लखनऊ से किसी तरह कमतर नहीं रहा। कम्युनिस्टों और सोशलिस्टों ने भी यहां अपने कामयाब कार्यक्रम चलाए हैं, लोगों की मानसिकता को रचनात्मक दिशा दी है। आज मुसलमानों की यहां भी क्या स्थिति है, निम्न आंकड़ों से स्पष्ट हो जाता है :

1. मुसलमानों की 51% आबादी खेतिहर मज़दूर है।
2. कुल साक्षरता 42%
3. महिला साक्षरता 31%
4. सरकारी नौकरी में मुस्लिम कर्मचारी 7.6%
5. शिक्षा विभाग 12.3%
6. स्वास्थ्य एवं महिला शिशु कल्याण 2.6%
7. गृह विभाग 6.9%
8. परिवहन 10.9%., उच्च पद 8.6%, निम्न पद 6.4%
9. अन्य विभाग 7.6%

बिहार की कुल आबादी में मुसलमानों का प्रतिशत 16.5 है और विधानसभा में उनका प्रतिनिधित्व आठ से नौ प्रतिशत है। 2005 के चुनाव में सिर्फ 16 मुसलमान ही विधायक बने थे। आज़ादी के बाद बिहार में मुसलमानों का यह सबसे कम प्रतिनिधित्व का रेकॉर्ड है। 2010 के बिहार विधान-सभा चुनाव में कुल 19 मुस्लिम प्रत्याशी जीते।

बिहार की राजनीति में बाबरी मस्जिद के तोड़ने से लेकर गोधरा के नायकों-खलनायकों के नाम पर राजनीति चल रही है और इस राजनीति के केंद्र में मुसलमान ही हैं। दरअसल पार्टियों को वोट बैंक की तो काफी चिंता रहती है, लेकिन टिकट देते वक्त शायद उनका गणित बदल जाता है। हर चुनाव में मुसलमानों के प्रतिनिधित्व का सवाल गौण हो जाता है।

बिहार की 40 सीटों पर सभी पार्टियों को मिला कर चार-पांच मुसलमान ही लोकसभा चुनाव में जीतते रहे हैं। कोई भी पार्टी मुसलमानों को आबादी के अनुसार टिकट नहीं देती। 1952 से 2009 तक बिहार में सिर्फ 54 मुसलमान लोकसभा पहुंच सके, इनमें 14 पिछड़े मुसलमान थे। 2009 में सिर्फ असरारूल हक, मुनाज़िर हसन और सैयद शाहनवाज़ हुसैन जीते, जबकि आबादी के आधार पर कम-से-कम बिहार से सात मुसलमानों को लोकसभा में होना चाहिए।

बिहार विधानसभा में भी मुसलमानों के प्रतिनिधित्व का यही हाल है। 1952 से 2010 के बीच बिहार विधानसभा में मुसलमानों के पहुंचने की दरसात से 20 प्रतिशत के बीच ही रही। झारखंड, जब बिहार में शामिल था, तब राज्य में विधानसभा की 323 सीटें थीं, लेकिन बंटवारे के बाद बिहार विधानसभा में सीटों की संख्या 243 हो गई है। सिर्फ 1985 में बिहार विधानसभा में मुसलमान

विधायकों की संख्या 31 थी। बिहार विधानसभा 2010 के चुनाव में कुल 19 जीतनेवाले मुसलमान विधायकों में 7 जदयू, 1 भाजपा, 6 राजद, 2 लोजपा तथा कांग्रेस के 3 प्रतिनिधि शामिल हैं। मुस्लिम विधायकों के प्रतिनिधित्व का यह आंकड़ा लालू प्रसाद के मुस्लिम आधारों के क्षरण की बानगी है। यह बताता है कि लालू प्रसाद का "माय" (मुसलमान और यादव) समीकरण टूट गया।

विधानसभा की फ़रवरी और अक्टूबर-नवंबर 2005 के चुनाव में राजद के मुस्लिम आधारों में क्षरण के कारण मुस्लिम विधायकों की संख्या घट कर 16 से 11 हो गई थी। जदयू के पांच में से चार प्रत्याशी जीतने में सफल हुए थे। फरवरी के चुनाव में 24 प्रतिशत विधायक जीते थे, लेकिन अक्टूबर- नवंबर के चुनाव में मुसलमानों की संख्या घट कर सोलह पहुंच गई।

बिहार विधानसभा में मुसलमानों का प्रतिनिधित्व

वर्ष	सीट	प्रतिशत
1952	24	7.27
1957	25	7.84
1962	21	6.60
1967	18	5.66
1969	19	5.97
1972	25	7.85
1977	25	7.72
1980	28	8.64
1985	34	10.50
1990	20	6.19
1995	19	5.88
2000	20	9.87
2005	16	6.58
2010	19	7.80

(कुल सीट 324, 323 तथा 243 के आधार पर)

लोक सभा में मुसलमान

वर्ष	जीते
2009	3
2004	5
1999	3
1998	6
1996	4

1991	6
1989	3
1984	6
1980	4
1977	2
1971	3
1967	2
1962	2
1957	3
1952	3[21]

(कुल सीट 54 तथा 40)

ग्लोबलाइज़ेशन के तकाज़ों के मद्देनज़र मुसलमान भी जीने की जद्दोजहद में पीछे रहना नहीं चाहते। नतीजतन जहां उन्हें अवसर मिलता है, वह अपनी प्रतिभा की छाप हर क्षेत्र में छोड़ रहे हैं। "दो पाटों के बीच" पिसते हिन्दुस्तानियों को मौक़ा दीजिए, उन्हें प्रिजूडिस का शिकार मत बनाएं, वे हिन्दुस्तान की कीमती पूंजी हैं, उन्हें अपना उचित रोल अदा करने दीजिए...। पढ़े-लिखे प्रतिष्ठित बुद्धिजीवी ही नहीं, आम मुसलमानों को भी स्कूल, कॉलेज में दाख़ले के साथ योग्यता के अनुसार नौकरियों और पौश एलाकों में मकान (किराया या खरीदा हुआ) मिलने में दिक़्क़त नहीं हो यह फिज़ा बननी चाहिए। जब तक मुसलमानों की हर क्षेत्र में मुनासिब नुमाइंदगी नही होगी, उनके प्रति उदारता नहीं दिखलाई जाती, यह वातावरण नहीं बनेगा। "दो पाटों के बीच" पिसते लोग हिन्दुस्तान के लिए "पूंजी" साबित हों, ऐसा वातावरण बनाना ज़रुरी है। हम सब हिन्दुस्तानी हैं, इस मानसिकता को मज़बूत बनाने की हमारी प्रतिबद्धता ज़रूरी है ताकि मुसलमान यह समझें कि वह हिन्दुस्तान के दूसरे नंबर के नागरिक नही हैं और हमारे बहुसंख्यक हिन्दू भाई उनके हमदर्द और बहीख़्वाह हैं।

It is for the majority community to uphold the nations unity. It must never bargain by the minorities about how much of rights should it have and to how much others hare to share .Every minority all the world over worries about being submerged or it indentities being effaced. This is not a political issue and it is only when the majority community wins and retains the confidence of the minorities in a country that it makes it possible for the nation to endure.

Rabindra Nath Tagore

❑❑

सन्दर्भ

1. एस. हारमैन, प्लाईट ऑफ मुस्लिम इन इंडिया, लंदन, 1977 पृष्ठ 55
2. जूड़िथ ब्राऊन, गांधीज राइज़् टू पावर, इंडियन......... 1915-1922, कैम्ब्रिज यूनिवसिर्टी प्रेस, 1972, पृष्ठ 273, उर्धरित स्टेनली आल्पार्ट, जिन्ना ऑफ पाकिस्तान, आक्सफोर्ड प्रेस, 2010, पृष्ठ 67
3. स्टेनली आल्पार्ट, पृष्ठ 45
4. मौलाना अबुल कलाम आज़ाद, इंडिया विन्स फ्रीडम, ओरियन्ट लोंगमेन, 1995, पृष्ठ 16-18
5. श्री तकी रहीम की पुस्तक "ज़िक्र युनूस, पटना, 1958, में मिस्टर युनूस के एक मित्र शाह ऊसमानी के लेख में पृष्ठ 19 पर पूरी तफसील दी गई है।
6. राज मोहन गांधी, अंडरस्टैंडिंग मुस्लिम माइंड, पेनगुईंग, नई दिल्ली, 1987, पृष्ठ 69
7. डोनाल्ड एस. स्मिथ, इंडिया एज़् ए सेक्युलर स्टेट, प्रिस्टन यूनिवसिर्टी प्रेस, 1963, पृष्ठ 6-7
8. एम.ओ.मथाई, रेमिनिसेन्सेज़् ऑफ दि नेहरू एज, विकास पब्लिकेशिंग हाउस, नई दिल्ली, 1978, पृष्ठ 71
9. चेस्टर बाऊल्स, एन एम्बेसडर्स रिर्पोट, हारपर एंड ब्रदर्स, न्यूयार्क, 1954, पृष्ठ 104, उद्धित डोनाल्ड एस स्मिथ, इंडिया एज़् ए सेक्युलर स्टेट, 1963, पृष्ठ 411
10. जवाहर लाल नेहरू, स्पीचेज़्, 1949-53, पब्लिकेशन डिविज़न, भारत सरकार, 1954, पृष्ठ 309-310
11. वी.एन.दत्ता, बी.ई.क्लेगरोन, ए नेशनलिस्ट मुस्लिम एंड इंडियन पोलिटिक्स, मैकमिलन, 1974 पृष्ठ 328-329
12. एस. हरमन, पृष्ठ 155-156
13. शो क्रूवॉज़िमा, मुस्लिम नेशनलिज्म एंड दी पार्टीशन, मनोहर, 1988, पृष्ठ 132
14. डा. विमल प्रसाद, पाथवे टू इंडियाज़् पार्टीशन, मनोहर, 1999, पृष्ठ 40-41
15. डॉ. आबिद हुसैन, नेशनल कल्चर ऑफ इंडिया, नेशनल बुक ट्रस्ट, 1994, पृष्ठ 12
16. वही पृष्ठ 160
17. के. ए. निज़ामी, सर सैयद अहमद खां, 1966, पृष्ठ 144
18. लक्ष्मेश्वर दयाल, द ट्रुथ एबाउट इस्लाम, अनामिका पब्लिकेशन, दिल्ली, 2010, पृष्ठ 149-150
19. सहयात्री, रांची, दिसंबर 2011, पृष्ठ 7
20. राष्ट्रीय सहारा, उर्दू, पटना-रांची, 31 मई 2012
21. श्रीकांत, राज्य और समाज, वाणी प्रकाशन, 2011, पृष्ठ 149-151

संदर्भ सूची

1. अबुल कलाम आज़ाद, इंडिया विन्स फ्रिडम, ओरियंट लौंगमैन, कलकत्ता, 1961
2. अबुल कलाम आज़ाद, खुतबाते आज़ाद, संकलन मालिक राम साहित्य अकेडेमी, दिल्ली, 1981
3. अमलेन्दू डे, इस्लाम इन मॉडर्न इन्डिया, माया प्रकाशन, कलकत्ता, 1982
4. अशोक मेहता, अचुत पटवर्धन, दी कम्युनल ट्रेंगिल इन इंडिया, किबाबिस्तान, इलाहाबाद, 1942
5. आयशा जलाल, दी सोल स्पोक्समैन जिन्ना, दी मुस्लिम लीग एंड डिमान्ड ऑफ पाकिस्तान, कैम्ब्रिज यूनिवर्सिटी प्रेस, 1985
6. आर. के. प्रभु, माईंड ऑफ महात्मा, आक्सफोर्ड प्रेस, 1945
7. आस्टीन ग्रीन वाईल, द इंडियन कन्सटीच्यूशन, आक्सफोर्ड, लंदन, 1966
8. ई. राजेन्द्र प्रसाद, मुक्ति के अग्रदूत, बाबू जगजीवन राम, जगजीवन ट्रस्ट, नई दिल्ली, 2006
9. ए. आर. देसाई, सोशल बैकग्राऊंड ऑफ इंडियन नेशनलिज़्म, पोपुलर बुक डिपो, बम्बई, 1954
10. ए. त्रिपाठी, दी एक्सट्रीमिस्ट चैलेंज, इंडिया बिटविन 1890-1910, ओरियंट लौंगमैन, कलकत्ता, 1967
11. ए. जी. नूरानी, जिन्ना एंड तिलक, कामरेड इन फ्रिडम स्ट्रगल, आक्सफोर्ड प्रेस, करांची, 2010
12. ए. सी. बनर्जी, टू नेशन्स्, कनसेप्ट पब्लिकेशन, दिल्ली, 1981
13. एच. डब्ल्यू हडसन, दी ग्रेट डिवाइन, हचीसन, लंदन, 1969
14. एम.एच. सईद, दी साउंड ऑफ फयूरी, ए पोलिटिकल स्टडी ऑफ एम.ए. जिन्ना, डक्युमेंट प्रेस, नई दिल्ली, 1981
15. एम.एन.रॉय, दी हिस्टोरिकल रोल आफ इस्लाम, वोरा एंड कम्पनी, बम्बई, 1937, रिवाइज़ एडिशन

16. एम. ओ. मथाई, रेमिनिसेन्सेज़ ऑफ दी नेहरू एज, विकास पब्लिकेशन हाउस, दिल्ली, 1978
17. एल. दयाल, ट्रूथ अबाउट इस्लाम, अनामिका पब्लिकेशन, नई दिल्ली, 2010
18. एस. सी. मिश्रा, कम्युनल राइट्स इन इंडिया, सी.आर.पी.एफ., नई दिल्ली, 1977
19. एस. हरमैन, प्लाइट ऑफ मुस्लिमम इन इंडिया, लंदन, 1977
20. कमलेश्वर, कितने पाकिस्तान, राजपाल एंड सन्स, दिल्ली-6
21. काज़ी मुहम्मद अदील अब्बासी, तहरीक ख़िलाफ़त, तरक़्क़ी उर्दू बोर्ड, नई दिल्ली, 1978
22. किथ क्लार्ड, पाकिस्तान ए पोलिटिकल स्टडी, जार्ज एलन एंड एनविन, लंदन, 1957
23. के. एल. गौबा, असीसीनेशन ऑफ महात्मा गांधी, जेको पब्लिकेशन, बम्बई, 1969
24. के. के. गंगाधरण, सोशीयोलॉजी ऑफ रिवाइवलिज़्म, कलमकार प्रकाशन, नई दिल्ली, 1970
25. गोपाल गोडसे, गांधी वध क्यों ? देतिस्ता पब्लिकेशन, पूना, 1973
26. चेस्टर बाऊल्स, एन एम्बसेडर्स रिपोर्ट, हाय्पर एंड ब्रदर्स, न्यूयॉर्क, 1954
27. चौधरी ख़लीकुज़्जमा, पाथवे टू पाकिस्तान, ओरियंट लौंगमैन, 1961
28. जनकधारी प्रसाद, कुछ अपनी कुछ देश की, जानकी प्रकाशन, पटना, 2009
29. जयप्रकाश नारायण, इन द लाहौर फोर्ट, साहित्यालय, पटना, 1947
30. जयप्रकाश नारायण, नेशन बिल्डिंग इन इंडिया, नव चेतना प्रकाशन, बनारस (वर्ष नहीं है)
31. जयप्रकाश नारायण, प्रिज़्न डायरी, पोपुलर प्रकाशन, बम्बई, 1977
32. जयप्रकाश नारायण, बिहारवासियों के नाम चिट्ठी, बिहार सर्वोदय मंडल, पटना, 1976
33. जवाहल लाल नेहरू, डिस्कवरी ऑफ इंडिया, आक्सफोर्ड प्रेस, 1981
34. जवाहर लाल नेहरू, रिसेंट एसेज़ एंड रायटिंग्स, किताबिस्तान, इलाहाबाद, 1934
35. जी. एम. ब्राउन, गांधीज़ राइज़ टू पॉवर, इंडियन पोलिटिक्स 1915-1922, कैम्ब्रिज यूनिवर्सिटी प्रेस, 1972
36. जी. डी. खोसला, द ईस्टर्न रेकानिन्स, भवनानी एंड सन्स, नई दिल्ली, (वर्ष नहीं है)
37. जी. डी. खोसला, द मॅर्डर ऑफ महात्मा, शीटू एंड विन्डर्स, लंदन, 1963
38. जे.बी.कृपलानी, माई टाइम्स इन ऑटोबाइग्राफी, रुपा एंड कंपनी, 2004
39. जे. सी. घोष, बंगाली लिट्रेचर, आक्सफोर्ड यूनिवर्सिटी प्रेस, 1948

40. ज़ेड. ए. अहमद, मेरे जीवन की कुछ यादें, नेशनल बुक ट्रस्ट, नई दिल्ली, 2009
41. डब्ल्यू. सी. स्मिथ, मॉडर्न इस्लाम इन इंडिया, विक्ट्र क्लेस, लंदन, 1946
42. डॉ. आबिद हुसैन, द डिस्टीनी ऑफ इंडियन मुस्लिमस्, एशिया पब्लिकेशन हाउस, 1965
43. डॉ. आबिद हुसैन, गांधी एंड कम्युनल यूनिटी, ओरियंटल लौंगमैन, 1969
44. डॉ. जसवंत सिंह, जिन्ना, इंडिया, पार्टिशन-इंडिपेंडेंस, रूपा एंड कम्पनी, 2009
45. डॉ. ताराचन्द, फ्रिडम मूवमेंट ऑफ़ इंडिया, प्रकाशन विभाग, भारत सरकार, नई दिल्ली, 1999
46. डॉ. मुशीरूल हसन, द पार्टीशन आमनीबस, आक्सफोर्ड यूनिवर्सिटी प्रेस, 2002
47. डॉ. मुशीरूल हसन, नेशनलिज़्म एंड कम्युनल पालिटिक्स इन इंडिया, मनोहर पब्लिकेशन, नई दिल्ली, 1979
48. डॉ. मुशीरूल हसन, मुहम्मद अली, ऑडियालोजी एंड पोलिटिक्स, प्रिन्ट इंडिया, नई दिल्ली, 1981
49. डॉ. राम गोपाल, इंडियन मुस्लिम्स्, पोलिटिकल हिस्ट्री, 1958-1947, एशिया पब्लिकेशन हाऊस, 1959
50. डॉ. राम मनोहर लोहिया, गिल्टीमैन ऑफ़ इन्डियाज़ पार्टिशन, किताबिस्तान, इलाहाबाद, 1960
51. डॉ. विमल प्रसाद, पाथवे टू इंडियाज़ पार्टिशन, मनोहर, 1999
52. डॉ. सच्चिदानन्द सिन्हा, जिन्ना, जैसा उन्हें मैंने जाना, खुदा बख़्श खां ओरियंटल लाइब्रेरी, पटना, 1993
53. डी. ग्राहम पोल, इंडिया इन ट्रान्ज़िशन, ल्यूनार्ड एंड वरज़िनिया उल्फ, लंदन, 1932
54. डी. जी. तेन्दुलकर, महात्मा, विट्ठल भाई झवेरी, बम्बई, 1951
55. डी. पी. यादव, संसद में चन्द्रजीत यादव, एस. चांद एंड कंपनी, नई दिल्ली 2012
56. डेविड पेज, प्रिलूड टू पॉर्टिशन, आक्सफोर्ड, न्यूयार्क, 1982
57. तक़ी रहीम, ज़िक्र यूनुस, पटना, 1958
58. तुफ़ैल अहमद, मुसलमानों का रौशन मुस्तक़बल, मकतबा जामिया, दिल्ली, 1945
59. दिलीप कुमार विश्वास, दी लाइफ एंड लेटर्स ऑफ़ राजा राम मोहन राय, साधारण ब्रह्मों समाज, कलकत्ता, 1962
60. दुर्गा दास, इंडिया फ़्रॉम कर्ज़न टू नेहरू एंड आफ़्टर, हारपर कोलिंस, 2000
61. नथथू राम गोडसे, मे इट प्लीज़ योर ऑनर, वतिस्ता पब्लिकेशन, पुने, 1977
62. निकोलस सनमार्ग, दी ट्रान्सफर ऑफ़ पावर - 1942-47, हरमजेस्ट्रीज स्टेशनरी आफ़िस, लंदन, (वर्ष नहीं है)
63. निर्मल कुमार बोस, सलेक्शन फ़्रॅाम गांधी, नवजीवन, अहमदाबाद, 1948

64. पट्टाभी सीतारमैय्या, दी हिस्ट्री ऑफ इंडियन नेशनल कांग्रेस, पदमा पब्लिकेशन, बम्बई, 1946
65. प्यारे लाल, लास्ट फ़ेज़ II, नवजीवन, अहमदाबाद, 1950
66. पिंडर मून, डिवाइड एंड कुविट, आक्सफ़ोर्ड यूनिवर्सिटी प्रेस, 1997
67. पी. हार्डी, दी मुस्लिमस ऑफ ब्रिटिश इंडिया, कैम्ब्रिज यूनिवर्सिटी प्रेस, 1972
68. पी.सी. घोष, दी डेवलपमेंट ऑफ़ इंडियन नेशनल कांग्रेस 1892-1909, फरमा के. एल. मुखोपाध्याय, कलकत्ता, 1960
69. बी. आर. अम्बेडकर, लेख और भाषण, शिक्षा विभाग, महाराष्ट्र सरकार, 1990
70. बी. आर. नन्दा, एसेज़ इन मॉडर्न इंडियन हिस्ट्री, आक्सफोर्ड, 1980
71. बी.आर. पुरोहित, हिन्दू रिवाव्यलिज़्म एंड इंडियन नेशनलिज़्म, शक्ति प्रकाशन, सागर, 1965
72. बेनी प्रसाद, इंडियाज़ हिन्दू-मुस्लिम क्वेशचन, जार्ज एलन एंड एनविन, लंदन, 1946
73. महमूद हुसैन, हिस्ट्री ऑफ द फ्रिडम स्ट्रगल : 1831-1905, पाकिस्तान हिस्टोरिकल सोसाइटी पब्लिकेशन, रिनांसा पब्लिकेशिंग हाउस, दिल्ली, 1984
74. मधु लिमये, डॉ. अम्बेडकर, एक चिन्तन, सरदार बल्लभ भाई पटेल एजुकेशन सोसाइटी, नई दिल्ली 1990
75. मारगेट बुक वाईट, हाफ वे टू फ्रिडम, सोइमन एंड शूस्टर, न्यूयार्क, 1942
76. मुहम्मद मुजीब, इंडियन मुस्लिमस्, जार्ज एलन एंड एनविन, लंदन, 1967
77. मो. क. गांधी, द वे ऑफ काम्युनल हारमोनी, नवजीवन, अहमदाबाद,1963
78. मौलाना शिब्ली नोमानी, मुक़ालात शिब्ली, दारूल मुसननीफिन, आज़मगढ़ (वर्ष नही है)
79. रजनी पाम दत्त, इंडिया टुडे, पीपुल्स पब्लिकेशन हाउस, बम्बई, 1949
80. राजगोपालाचार्य, गांधीज़ टीचिंगस एंड फिलोस्फी, विद्या भवन, बम्बई, 1974
81. राजमोहन गांधी, अन्डरस्टैंडिंग मुस्लिम माइंड, पैनगुईन, नई दिल्ली, 1987
82. राजेन्द्र प्रसाद, अपनी कहानी, गोपीनाथ अमन, साहित्य एकाडमी, नई दिल्ली, 1961
83. राजेन्द्र प्रसाद, हिन्दुस्तान का मुस्तक़बल, हाली पब्लिशिंग हाउस, दिल्ली, 1946
84. रामधारी सिंह दिनकर, संस्कृति के चार अध्याय, राजपाल एंड सन्स, दिल्ली, 1956
85. राम बृक्ष बेनीपुरी, कुछ मैं कुछ वे, अनामिका पब्लिकेशन, दिल्ली, 2012
86. रावदाद खां, द अमेरिकन पेपर्स, आक्सफोर्ड यूनिवर्सिटी प्रेस, 1999
87. लारीकोंस, डोमिनीक ला पेयरे, फ्रिडम ऐट मिड नाईट, साईमन एंड सोस्टर,

न्यूयार्क, 1975

88. लाला लाजपत राय, आर्य समाज, उत्तरचन्द्र कपूर एंड सन्स, लाहौर, 1932
89. लाला लाजपत राय, स्पीचेज एंड राइटिंग्स, यूनिवर्सिटी पब्लिकेशन, नई दिल्ली, 1966
90. लूई फ़िशर, लाइफ ऑफ़ महात्मा, जोनाथन कैप, लंदन, 1962
91. विरेन्द्र कुमार बर्नवाल, जिन्ना, एक पुनर्दृष्टि, राज कमल प्रकाशन, दिल्ली, 2005
92. विरेन्द्र ग्रोवर, राजा राम मोहन राय, दीप एंड दीप पब्लिकेशन, नई दिल्ली, 1998
93. वी.एन.दत्ता, बी.ई.क्लेगरोन, ए नेशनलिस्ट मुस्लिम एंड इंडियन पोलिटिक्स, मैकमिलन, 1974
94. वी. पी. मेनन, दी ट्रान्सफर ऑफ पावर, ओरियंट लौगमैंन, 1993
95. शरीफुल मुजाहिद, कायदे आज़म, स्टडीज़ एंड इन्टरप्रेटेशन, जिन्ना एकाडमी, कराची, 1981
96. शिवस्वामी अय्यर, इंडियन कान्सटीच्यूशनल प्रॉब्लम, बी. डी. तारापुरवाला, बम्बई, 1928
97. शो कूवाज़िमा, मुस्लिम नेशनलिज़्म एंड दी पार्टिशन, मनोहर, 1998
98. श्रीकांत, राज और समाज, वाणी प्रकाशन, नई दिल्ली, 2011
99. श्रीप्रकाश, पाकिस्तान (स्थापना और शुरूआती हालत), मकतबा जामिया, नई दिल्ली, 1968
100. स्टेनली ओलपार्ट, जिन्ना ऑफ़ पाकिस्तान, आक्सफोर्ड यूनिवर्सिटी प्रेस, न्यूयॉर्क, 1984
101. सव्वसाची भट्‌टाचार्य, टुवार्ड्स फ्रिडम, आक्सफ़ोर्ड यूनिवर्सिटी प्रेस, 2007
102. सी. ए. नईम, इक़बाल, जिन्ना एंड पाकिस्तान, जिन्ना पब्लिकेशन हाऊस, दिल्ली, 1982
103. हेक्टर बोलिथो, जिन्ना, क्रियेटर ऑफ पाकिस्तान, जान मरे, लंदन, 1954

पत्र-पत्रिकाएं

यंग इंडिया, हरिजन, सहारा ऊर्दू-पटना, हिन्दुस्तान टाइम्स-पटना, सहयात्री, राँची

अनुक्रमणिका

च

छ

ज

न

प

म

य

र

ल

व

श

स

ह

□□